南京大学人文基金资助集刊

中文社会科学引文索引（CSSCI）来源集刊

# 民 国 研 究
## STUDIES ON REPUBLICAN CHINA

2020 年秋季号 　总第 38 辑

主　编／朱庆葆

社会科学文献出版社

SOCIAL SCIENCES ACADEMIC PRESS (CHINA)

民国研究

2020 年秋季号　总第 38 辑

# 目　录

Studies on Republican China

Autumn 2020    No. 38

# Contents

## Call for Papers

# 抗战时期广州湾孔道探析

陈国威[*]

**提　要**　抗战时期，无论是国民政府还是日本，均以各种各样的手段谋取战争物资，以维护自身的利益；而战争的爆发，亦为难民产生的主要原因；各种各样的孔道随环境而生产。滇越铁路、滇缅公路、驼峰航线、西北孔道等皆是战时孔道中的著名者。广州湾地处中国的南疆，三面环海，战时为法国租借地。独特的地理与政治环境，为战时孔道的形成奠定了基础，大批量物资经由这条路线或流向内地，或流向海外，或流向战场，无论国民政府还是日本都利用广州湾孔道抢送物资。同时华南沿海各地的沦陷造成难民潮，数十万甚至上百万难民通过广州湾这条通道获得生路。广州湾孔道在为战争服务的同时，也促使自身成为一个现代化都市。

**关键词**　抗日战争　广州湾　物资孔道　人员孔道

战争是牵涉方方面面的事情，尤其是物资方面。在抗战时期，国民政府为获取外援物资、打破日本封锁，维持抗战力量，一直致力于开辟交通运输线。"如何维持国际运输路线，乃有关中国存亡之问题。"[①]粤港交通线、滇越铁路、滇缅公路、印支通道、西北国际交通线、驼峰航线等，都是当时国民政府努力开辟的国际交通线。对此学界已有不少的论述与研

---

　*　陈国威，岭南师范学院历史系副教授。
　①　国民政府交通部编《十五年来之交通概况》，1946，第69页。

究，取得了不俗的成果。① 但对于"港澳湾"这个交通网络，学界研究不多。"港"指香港，"澳"指澳门，"湾"指广州湾（现湛江市），它们当时分别是英国、葡萄牙、法国的租借地。但时人及一些学者都认为这条交通运输线是很重要的战时运输线："这几年间，广州湾却俨然成为渝方拖延妄战的谋略要地。""自从滇越和滇缅路线截断及日军占领香港后，广州湾已成为渝方仅存的密输路线，因为一切物资的输入，只要经过寸金桥的法方检问站，便可以沿着遂章公路转入广西和重庆；内地物产的输出，也可以不经汕头广州，而由广西直接运到广州湾。"② "可是民国二十七年后，广州湾乃继香港之后而成为援渝要道。至二十九年七月，日本海军在广州湾设监视圈，以监视取缔物资之出入。三十年十二月……日军占领了香港。于是广州湾便成了内地物资交流根据地。"③ "自从战争的烽火在华南燃起之后，广州湾才急激的'繁荣'了起来。而且，曾一度成为海内外的交通的重要孔道。"④ 抗战爆发不久，"在短短几年时间里，形成了一个对外联系港澳、广州湾、海防、仰光，对内联系中南、西南各省的综合运输网"。⑤ "抗战时期，……香港、澳门、广州湾是日本重要的走私基地。"⑥但对于"港澳湾"交通运输线的情况如何，运输物资的品种是什么，数量有多大，发挥多大作用等，目前少有作者做比较系统的研究。⑦ 现笔者根据相关史料，对其中一环广州湾交通网络情况进行梳理，探讨战时广州湾孔道的概况，希望对这段历史研究做一个抛砖引玉。

---

① 如肖雄《抗战时期日本对华的交通封锁及国民政府的反封锁对策》（《抗日战争研究》2011 年第 1 期），田兴荣《抗战时期粤汉铁路运输之考察》（《军事历史研究》2007 年第 4 期），刘卫东《抗战前期国民政府对印支通道的经营》（《近代史研究》1998 年第 5 期）、《印支通道的战时功能述论》（《近代史研究》1999 年第 2 期），侯凤云《抗日战争时期的西北国际交通线》（《江苏社会科学》2005 年第 4 期），刘莲芬《抗战期间中美的战略合作与驼峰空运的发展》（《军事历史研究》2007 年第 4 期），谭刚《西南土产外销与大后方口岸贸易变迁（1937~1945）——以桐油、猪鬃、生丝和药材为中心》（《近代史研究》2013 年第 2 期），李占才、张劲《超载——抗战与交通》（广西师范大学出版社，1996）等等。
② 银汉：《（日军进驻后之新生地带）广州湾一瞥》，《新亚》第 8 卷第 4 期，1943 年，第 18~19 页。
③ 子真：《广州湾的经济实况》（译自《东洋经济》创刊号），《经济月报》第 3 卷第 1 期，1944 年，第 58 页。
④ 黄洁苏：《忆广州湾——民刁俗弊！男盗女娼》，《永安月刊》第 38 期，1943 年，第 10 页。
⑤ 张晓辉：《抗战前期国统区的南方外贸运输线》，《民国档案》2006 年第 6 期，第 92 页。
⑥ 齐春风：《抗战时期日本在港澳湾地区的走私活动》，《中国边疆史地研究》2003 年第 3 期，第 82 页。
⑦ 笔者曾有一文《抗战时期广州湾"国际通道"探析》[《岭南师范学院学报》（哲学社会科学版）2018 年第 2 期]，但论述得比较宏观、笼统。

# 一　孔道产生的现实背景

既然是孔道、运输交通线，自然涉及陆路、水路及空中航线三个方面。广州湾地处中国南疆，仍处于高、雷、钦、廉、琼、崖交通枢纽，1909 年到 1911 年法国人最先将西营（现湛江霞山）至赤坎的牛车路扩修成马车大道，1913 年又改建为汽车路，长"约十二基罗密达（即公里）"。① 到抗日战争全面爆发前，广州湾的陆上交通网络即已成熟。"广州湾与广东以桥为界，北为粤属之麻章，南为法属之赤坎，麻章有公路直贯郁林，可径通梧州、桂林、邕宁、柳州等地，更进可达贵州、云南、四川、湖南、江西等省。以前汽车通行时一日可抵桂省各处。今以麻郁段公路破坏，运输全赖肩挑。行程须加五日，每日熙熙攘攘，数以千计。"② "抗战十余月间，西南公路遍设，本埠（按，即广州湾）与广东、广西、贵州、四川各省，均有陆路可通，广州沦陷后，湖南、湖北之交通，亦经广西，而南下于此。广州湾现已成为我国各省极大出海港口，谓为国际路线，亦无不可，其对于我国贸易运输上之重要性，不言而喻。"③ 也就是说，1937 年抗战全面爆发前，广州湾已拥有比较完备的公路网络，经过麻章、廉江、玉林、桂平、石龙、柳州、宜山、河池等地，直通大西南地区的贵阳、重庆等。按照当时的情况，整个"行程约两星期"。④ 据了解，早在 1934 年，广州湾就拥有长途汽车"31 辆，惟其中若干系华人营，若干系法人营，不得而知"。⑤ 道路能跑长途汽车，路况应该是不错的。根据战后的回忆，抗战时期总部设在重庆、资本额达法币 100 万元的利昌公司，在了解"由广州湾公路直达重庆，中途不须中转，汽车运输一周可到"的情况下，于 1938 年夏在广州湾设立办事机构，石体泉任经理，开展运输业务。年末西南公路局即与之达成协议，由西南公路局提供苏联援助的汽车 100 辆供公司使用，"专行驶广州湾路线"，回程空车可以"装运利昌公司货物，不装其它商货"；"行车事务由路局负责，装卸货物及沿途纳税由利昌负责"。这次合同原计划期限为六个月，但后因"交通中断"，只"履行合同不到三月"，"计由渝至广州湾行车三次，共装货 1200 吨，利昌收货

① 《法人广州湾之经营》，《东方杂志》第 5 卷第 11 期，1914 年。
② 《广州湾通讯》，《棉情月志》第 21 期，1939 年，油印本。
③ 陈玉潜：《广州湾及南路各地调查报告》，《银行周报》第 23 卷第 6 期，1939 年，第 10 页。
④ 《现实（上海 1939）》第 1 期，1939 年，第 78 页。
⑤ 巫宝三：《中国国民所得（一九三三年）》，商务印书馆，2011，第 587 页。

主运费每吨 300 元，共收入运费 36 万元左右。广州湾利昌分公司随即撤销，职工转移柳州，经营柳渝段业务"。① 大约在 1938 年底，广东省政府从战争角度考虑，破坏了从广州湾往广西方向的公路，自此开始，从广州湾到大西南的很长一段几乎都是靠步行的。凌叔华 1941 年从广州湾往桂林逃难就是依靠步行的："由赤坎到郁林，须走六天旱路……由赤坎到遂溪，约五十里……路亦渐平，走田陇中，我同小莹下轿走了近十里路……由廉江到石角，一路风景不坏，公路不宽，惜现已破坏了。电线杆沿路歪的斜的，甚至以一根细竹杆代替的，样子十分贫乏可怜，为什么无人注意呢？"② 我们在广东湛江市的广州湾历史民俗馆里，发现叶浅予当年逃难广州湾绘制的一套《从香港到桂林》漫画图片，内容是描述其夫妇逃难全过程。在其中一幅标示"2 赤坎至玉林"的图片中，一男士——想必是叶先生，手中拿着一根棍，戴着皮帽步行，而一女士——应该是戴爱莲女士，则坐轿。便利的陆路交通线，有助于物资的运输与人员的往来。

广东地区的雷州半岛海岸线长达 1188 千米，连海岛在内更可达 1450 千米，境内海湾、港口众多，是形成海路交通网络的好地方。赤坎是广州湾的商业中心，在清代道光二十九年（1849）此地已是"商船蚁集，懋迁者多；洋匪不时劫扰，商旅苦之"。③ 而现存之乾隆四十八年（1783）赤坎潮州会馆《题记正座碑记》一通，内记载该地的潮州籍客号商行船户 162 户捐题银数。④ 现存的嘉庆二十一年（1816）赤坎闽浙会馆《韶安港客商船户出海名次开列碑记》，则记载了旅居赤坎的福建韶安商号船户 45 家及店主姓名，以其"题银"多少为顺序，安排船号出海先后次序。闽浙会馆还存有另一块碑刻《云霄港碑记》。⑤ 也就是说，至少在清中期，赤坎已拥有成熟的海上交通线。而广州湾的政治中心西营则面临南海，是今湛江港的所在地。在租借地时期，法国在该地建设的"码头有：钢筋水泥突堤式栈桥

---

① 蓝德尊、蓝復初：《利昌公司》，西南地区文史资料协作会议编《抗战时期的西南交通》，云南人民出版社，1992，第 357～358 页。

② 凌叔华：《由广州湾到柳州记》，《妇女新运》第 4 卷第 8 期，1942 年，第 69 页。

③ 道光《遂溪县志》卷 6《兵防》，岭南美术出版社影印本，2009。

④ 碑高 1.78 米、宽 1 米，原嵌潮州会馆前厅墙壁，后因市第十一中学扩建会馆被拆除，现为市博物馆收藏。碑为乾隆四十八年（1783）岁癸卯桂月吉旦立。

⑤ 石碑现藏于湛江博物馆内。谭棣华、曹腾騑、冼剑民编《广东碑刻集》（广东高等教育出版社，2001）有收录。另，从现在所获知的地形遗址分析，诏安港、云霄港、漳浦港等，应该是当时商帮为了更便于货物运输，而各自设置的商帮码头，并非港口。有学者言："赤坎港是个自然小港……原为含云霄、诏安、漳浦、鸭馳四小港。"（吴建华：《雷州半岛历史上的港口及商业贸易特点》，广东炎黄文化研究会等编《岭峤春秋——雷州文化论文集》，中山大学出版社，2003，第 296 页）此说法值得商榷。

码头，全长 334.7 米，突堤长 108 米，宽 16.5 米，前沿水深 3 米，栈桥的右侧建有石砌堤岸码头，长 232.7 米，石砌防波堤一条，长 117 米，顶宽 2 米，顶高 2.8 米。小船避风塘一口。但所建之码头，只能停泊木帆船，而轮船即要停泊海上，进行过驳运输"。"光绪三十年（1904）以后，有法籍'于爱'、'海南'、'得利'号等轮船航行广州湾、香港、海口、北海、海防等港口。"① 亦有学者论及 20 世纪 30 年代，"华南走私"名词频繁见于报章，很大原因在于"初则华南一带肇其端倪，而以香港、澳门及广州湾为渊薮，继而延及全国海岸，尤以台湾对岸为最烈。不法电船，三五成群，潜自台湾装运私货秘密输入闽岸岛屿村落，再行分售内地"。② 这从另一个侧面说明广州湾的水路交通运输网络比较发达，与此同时也为抗战时期"港澳湾"一词频频见诸报刊提供历史渊源。据后人回忆，来往港湾之间的海轮一千吨位的就有一二十艘："航驶香港一线千吨以上的轮船就有'大宝石'、'大宝门'、'大金山'、'大中山'、'大顺康'、'凯门'、'鲤门'、'永和'、'永华'、'天成'等一二十艘。英商太古洋行的沿海船只也密集航行上海、香港、广州湾、海口、海防一线。"③ 同时笔者在各类报刊、报告上还见到关于往来"港湾"线、"澳湾"线轮船的记载：德忌利士公司的海轮"新海门"，太古轮船公司的"太原""庆元""绥阳"等，以及不知何公司的"基亚""益达""马士弼""福华""淑莲"等，在"港澳湾"线往来。

航空方面，1929 年以前，广州湾并没有正式开办航空邮件业务。④ 中国与法国 1929 年开始筹商两国的航空交通。1929 年，由法国航空 La Compagnie Aérienne Française（C. A. F.）组织了一次试验飞行，飞机型号是施雷克水上飞机（Schreck Seaplane），飞行员 Robbe 和 Tixier，飞行路线由西贡至香港。5 月 15 日从西贡起飞，5 月 18 日中途停留广州湾西营，5 月 19 日抵达香港。回程是 5 月 19 日从香港起飞，当日到达西营，5 月 20 日到达河内和西贡。1932 年 10 月 30 日，法国东方航空（Air Orient）再次试航西贡至香港，中途停留广州湾和广州。⑤ 1936 年，"广河线……以广州与

---

① 吴均：《广州湾的交通运输》，政协湛江市委员会文史资料研究委员会编《湛江文史资料》第 9 辑，1990，第 191~192 页。
② 李琴：《走私·缉私·中外贸易——以 1930~1949 年的华南地区为中心》，博士学位论文，暨南大学，2005，第 10 页。
③ 湛江市工商联史料编写组：《广州湾的商业琐谈》，政协湛江市委员会文史资料研究委员会编《湛江文史资料》第 5 辑，1986，第 57 页。
④ 吴均：《广州湾的交通运输》，《湛江文史资料》第 9 辑，第 186 页。
⑤ 陈灵：《广州湾航空邮政及其首航封初探》，王钦峰主编《广州湾历史文化研究》第 1 辑，广东人民出版社，2019，第 463~464 页。

法属安南之河内为起讫站，中途于广州湾设置一站，乃中法国际航空线，全线共长八三五公里，委由中国航空公司经营，……二月间开始飞行……其后增进此线运输便利起见，增设广河南线，仍以广州与河内为起讫站，中设广州湾、北海两站，全线共长八七五公里"；1937 "五月间开始飞行。惟据报广河间南北两线，现均暂行停航"。① 1939 年 7 月 19 日，尚处于中立状态的法国航空公司开通了广州湾至河内航线，它成为当时唯一可以对外通商通信的航线，解决了大量聚集在广州湾的中外贸易人员和物资进出口的需要。②

事实上，除了上面提及的硬件条件外，广州湾孔道的产生还有一大软件条件，就是它的租借地地位。抗战全面爆发后，日本自恃海军力量强大，即对中国"实行海面监视，促成对方（按，指中国）经济上的破产和军需上的枯竭"，③ 实施经济作战策略。1937 年 9 月 5 日，日本外务省和海军省联合发表第二次声明："日本政府……对于中国船舶，遮断在中国东南海岸交通。今次更扩张其区域，决自……9 月 5 日正午起，遮断中国船舶，在北纬 40 度 0 分东经 121 度 54 分，至北纬 21 度 33 分，东经 108 度 3 分之中国海岸（按，即北自秦皇岛，南至北海止），青岛及第三国之租界地不在此限。"也就是说，日本全面封锁中国沿海港口，"遮断"中国海路对外运输线。但"第三国之租界地"则不在此范围，如此一来，为广州湾成为华南对外运输港口提供了软件条件，毕竟 1899 年租借广州湾不久，法国就宣布广州湾是自由贸易港。"吾国沿海口岸自被敌施行封锁后，出口路线遂因之发生变动，就广东省而言，向由广州及潮汕出口者，今则悉由沙鱼涌运出。粤南沿海因受敌舰之监视，则悉改由澳门及广州湾出口。惟自中山江门陷落，拱北关通路完全切断后，所有出口货物，则均集中于广州湾。"④ 1942 年，从香港逃难的凌叔华也谈道："笔者去年十二月二日离香港搭船到广州湾，三日到广州湾西营，即乘公共汽车到赤坎。这地方因是法国租界，且由香港到内地，不必经过敌人防线之路。有此优点，故此两年地方突然繁荣起来。"⑤

---

① 中国第二历史档案馆编《中华民国史档案资料汇编》第 5 辑第 2 编《财政经济（10）》，江苏古籍出版社，1997，第 48 页。
② 孙振国：《从法航的首航封看抗战时期对外通邮五航线》，《集邮博览》2009 年第 11 期，第 26～28 页。
③ 《日本参谋本部关于华北用兵时的对华战争指导纲要》，李巨廉、王斯德主编《第二次世界大战起源历史文件资料集》，华东师范大学出版社，1985，第 7 页。
④ 孟昭瓒：《广州湾及广东南路视察报告》，香港档案馆藏，档案号：HKMS175－1－1296。
⑤ 凌叔华：《由广州湾到柳州记》，《妇女新运》第 4 卷第 8 期，1942 年，第 67 页。

## 二　孔道上的物资运输：中日都在进行

抗战爆发后，国民政府把抗战和建设的立足点放在外援上，对如何获取经济物资，国民政府不断寻求途径。1939 年 11 月，陈玉潜奉命来到广东南路各地调查，内容包括当地的概况、人口、语言、交通、贸易、设施、金融、政治组织、教育等。他认为："广州湾在南路未与各省沟通公路以前，仅为南路数县出入口货物所经之门户，但自抗战十余月间，西南公路遍设，本埠与广东、广西、贵州、四川各省，均有陆路可通，广州沦陷后，湖南、湖北之交通，亦经广西，而南下于此。广州湾现已成为我国各省极大出海港口，谓为国际路线，亦无不可，其对于我国贸易运输上之重要性，不言而喻。"① 无独有偶，1940 年 6 月，贸易委员会孟昭瓒亦奉命来到该地区进行调查，内容包括交通、商业币制、海关银行、外汇、走私等方面。他认为："自敌人封锁北海，侵占南宁，切断粤桂越交通路线后，广西土产出口以及舶来品之运往粤桂内地者，悉由此通过。该地遂逐渐繁荣。自西江、澳门路线受阻后，广州湾商业更有一日千里之势。"② 通过广州湾孔道进行物资运输的，既包括中国方面，亦包括日本方面；既有战略物资，也有生活物资。

1944 年 6 月 18 日，军统负责人戴笠在衡阳发密电，让重庆毛人凤转送给青帮大头目杜月笙。"密人凤兄亲译面送杜先生月笙兄赐鉴，弟于昨日抵衡阳，顷据曲江来衡同志报告，港记公司前运往广州湾之特货，因运至连县时，适值广州湾事变，是项特货遂搁连县，现为某某有力者之觊觎，并已索去一部份，意在内地销售。此事殊属祸国害民。兄处对此事所得情况如何？请即密示为祷。"③ 这批从香港转运的"特货"估计就是战略物资。而早在 1938 年 12 月，戴笠就有从香港购货转运广州湾的计划。"赖振球是项所缺材料究竟此次有无购来，如尚未全购，则应即照数补购也。现因敌图攻西江，进取广西甚急，广州湾一路，恐不久要断绝。本局现在港订购之卡车即须由港起运，是项材料，应即交其运来也。见乎抗战一年余来，我通讯科工作之凌乱迟误，兄实应负计划不周督饬不严之责也。"④鉴于广州湾特殊的社会环境，转运这些战略物资，往往是需要多方的努力

① 陈玉潜：《广州湾及南路各地调查报告》，《银行周报》第 23 卷第 6 期，1939 年，第 10 页。
② 孟昭瓒：《广州湾及广东南路视察报告》，香港档案馆藏，档案号：HKMS175 - 1 - 1296。
③ 《戴笠档案》，台北"国史馆"，数位典藏号：144 - 010104 - 0005 - 003。
④ 《戴笠档案》，台北"国史馆"，数位典藏号：144 - 010112 - 0001 - 059。

的，如在关于一批无线电器材及卡车等物资的电报中，戴笠就要求王云苏借助江浙金融界名人胡筠庄的力量："广州湾商会方面，务请筠庄先生代为疏通，必要时兄可往广州湾一行，愈快愈好，迟恐广西交通要受敌威胁也。"① 而有关从香港购置无线电器材通过广州湾转运内地的情况，我们也在相关档案中找到更多的信息。1941 年中央无线电器材厂鉴于 1940 年"被扣广州湾西营普生祥栈器材一批，计四十一件，共值美金二千二百七十三元一角八分又港币二千五百五十元，派员一再设法交涉，提运未果……迨时隔一年，几经接洽，终以碍于敌寇威力，仍无结果，兹香港沦陷，广州湾情形尤不如前，该批器材，希望已绝"，要求会计科目"拟列报意外损失"。但资源委员会认为，"此项器材价值颇巨，若即出为损失，嗣后帐面既无记录可查，并此经办人员亦可不再继续努力，似属碍难照准"。② 而根据香港《工商日报》驻港记者韦健的记载，普生祥在贝丁大马路（现逸仙路），③ 后来在 1943 年 3 月，"法越当局对于广州湾扣封器材较前松弛，经再派员前往广州湾向有关各方探询，逐商得赤坎捷福公司之同意，允代向法越当局疏通"，在有部分损失的前提下，要回了这批战略物资。④ 港澳湾捷福船务营运公司应是港澳湾联营公司，它在广州湾有两间分公司，其一在赤坎志满路（现在南方路），其一在西营丹社街。在 1938 年相关报道中亦有汽车从港到湾的记录："自八月以来，香港对广州湾出口统计几比前增加一倍。八月份为五三五，一四二港元，九月份为七一一，七三〇港元，十月份为一，〇三一，四五六港元。运输汽车出口统计系属初次。本年度九个月内，由香港出口运输汽车，共二千二百四十一辆，值九，七五九，八五三港元。至于上海贸易，前受战事影响衰落，贸易重心移至西南，与港适成一反比例。今港埠衰落后，上海又趋逐渐恢复旧状云。"⑤

　　1939 年前后，国民政府先后与美国、德国、英国等国家签订合同，采用以货易货的模式，从这些国家贷款、购买物资，这就涉及运输一大问题。其中广州湾是这些物资的运输孔道之一。"（1）□内尚有广州湾运出

① 《戴笠档案》，台北"国史馆"，数位典藏号：144 -010111 -0003 -082。另，闽浙会馆是当时广州湾的五大会馆之一，说明浙江人在当时广州湾还是有一定势力的。
② 《中央无线电器材厂内运器材被扣劫报损情形》，台北"国史馆"，《经济部资源委员会档案》，档案号：业 405 -403。
③ 韦健：《广州湾商业指南年鉴》（合辑全 1 册），香港东南出版社，1943，第 69 页。
④ 《中央无线电器材厂请购物料及运输与款项等处理情形（二）》，台北"国史馆"，《经济部资源委员会档案》，档案号：料 82 -1 -403。
⑤ 《商业月报》第 18 卷第 12 期，1938 年，第 8 页。

生锑一批，计八公吨未据列入，是否遗漏？应再声后。（2）广州湾纯锑部份，除事后发见储藏麻章仓库未及运出之七九七〇吨外，其交运之数计一七二二三六六八九吨，加入该数，则总额应为一七三〇三三六八九吨，国外贸易所仅列一七三〇三三六〇〇吨，计短〇.〇〇〇八九吨，系属错误。（3）根据上项情由，在美审收湾纯吨数为一六七一〇七八五五吨，则湾美运轮损失应转正为八三八八七七四吨……（5）麻章仓库事后发见之纯锑七九七〇吨，□□（径扩）运务处陈报，正退运北流。"① 麻章是与广州湾隔桥相望的一个集镇，雷州关就设置于此。据统计，这次锑矿运美，通过广州湾运输的数量约为 163107855 吨。1940 年《经济丛报》以 "日在广州湾扣留华贸易" 为题报道一短消息："八月二十九日香港国际社电称，此间人士今日获悉担保偿付类贷款之桐油、钨锡及鬃毛等各项出口货，在广州湾经日检查员之要求，即将运往日本，因此中国出口货商，已拒绝将出口货品经广州湾装运国外。此种货品泰半均产自广西，经越南而出口者。其他少量中国货物，亦须经广州湾而至香港。港地之猪只、鸡鸭等，系取给于各处。因此最近两月，价格已飞涨百分之八十，其他英美货品之输运至中国西南部内地者，虽非军火或违禁品，亦在广州湾被扣，同无放行之望，中国商人屡经交涉，卒归无效，彼等最后拟将此项货品重行装回上海或香港，然又须请发重行出口许可证，因此七月之广州湾，已成死市矣。□（华）方传不久以前，有美船一艘，驶至广州湾，卸下拟经马尼刺运美之桐油，但后遂无闻撑者，现桐油正经各处运抵此间，大批钨矿亦堆积此间，以应美国及其他中立各国之需。港地各报称，华方亦在加紧封锁广州湾，庶几日检查员不致扣留有价值军火作日厂之用，或以高价出售。甫自内地经越南抵港之某旅客称，日方检查员对华方出口货，均征重税，一日之内收入可达国币一万余元，华方反封锁计划，即在消灭日方之税收云。"② 这部分战略物资通过广州湾孔道运输的数量应该不少。1941 年 7 月，四联总处文件指出："供应集于一隅，流畅达于各省"，每月经广州湾内运货物总值约 2700 万元。③ 郑友揆在后期研究中就提出："1942 年申报运往法国在华南的租借地广州湾的货物竟占国统区出口总额的 38.4%。这些货物主要是政府统制的桐油、猪鬃等，它们实际上是运往美国或苏联的。1943 年 2 月底，日军封锁了通向广州湾的陆上通道，从而导致 1943

---

① 《锑业管理处呈报锑运损失情形》，台北 "国史馆"，《经济部资源委员会档案》，档案号：运 73 - 1 - 3 - 317。

② 《日在广州湾扣留华贸易》，《经济丛报》第 2 卷第 28 期，1940 年，第 52 页。

③ 重庆档案馆等编《四联总处史料》（下），档案出版社，1993，第 39 ~ 40 页。

年国统区对广州湾的出口额急剧下降。"① 亦有回忆录谈及利用广州湾运输
国民政府战略物资："（1939 年底）我接任后，首驻桂平，桂平为西江上
游分水点。先后利用电船拖带大船分批载运大宗邮包千余袋，及总局由广
州湾订购的美孚洋行小桶汽油 1000 桶。任务完成，转去梧州，抢运那边结
余的积件。"② 上述蓝氏的利昌公司亦是这类内容。

　　当然，除了战略物资外，还有大批生活物资通过广州湾孔道，联结串
通港澳湾与大西南生活圈。如 1940 年 5 月《大公报》就报道过："南路各
属多告米荒，省府行署为调节民食起见，成立南路米粮运销委员会，向香
港购买大帮洋米，并请准政府免税运入南路各属，以资调剂。现由太平洋
号轮运到第一批暹罗米三千包，已依照规定数量，分拨各县领销云。"③ 当
时有报刊谈及港湾的物资往来："广州湾一地，向为供应本港牲口之主要
途径，日来本港盛传该地于二十日起，禁运牲口出口，一般人士，对此消
息，极为注意。……查永和轮原定二十三日抵港，因禁运问题，延迟开
行，现仍在途中。大宝石轮开湾，早于永和轮一日，亦延至是日始行抵
港。在大宝石轮抵港前，猪牛商人多料其无牲口运到，故二十三日猪牛肉
价上涨。牛肉每斤一元二毫至三毫，猪肉每斤一元六毫，瘦肉每斤二元三
毫，五花腩每斤一元二毫。"④ 据统计，雷州关——当时设在寸金桥不远处
（即现赤坎海关楼一带），在太平洋战争爆发前的情况大致如下：1938 年，
洋货进口 3777617 元（国币），国货出口 5719689 元（国币），共计
9497306 元（国币），占全国总量的 0.57%，居第 14 位；1939 年，洋货进
口 15684721 元（国币），国货出口 18566369 元（国币），共计 34251090
元（国币），占全国总量的 1.44%，居第 10 位；1940 年，洋货进口
83131442 元（国币），国货出口 68818311 元（国币），共计 151949753 元
（国币），占全国总量的 9.78%，居国统区海关的第 1 位，次于沦陷区的上
海、天津和胶州；1941 年，洋货进口 328017923 元（国币），国货出口
97009799 元（国币），共计 425027722 元（国币），占全国总量的 7.91%，
居国统区海关的第 1 位，次于上海和天津。⑤ 或许《新华日报》一则短讯
更能说明广州湾孔道在生活物资转运中的重要性。"1942 年 3 月末，昆明

①　郑友揆著，程麟荪译，蒋学桢、汪烈校《中国的对外贸易和工业发展（1840～1948
　　年）——史实的综合分析》，上海社会科学院出版社，1984，第 193～194 页。
②　张人权：《西南军邮概况》，《抗战时期的西南交通》，第 443 页。
③　《洋米三千包运抵粤南》，《大公报》1940 年 5 月 13 日。
④　《广州湾驰禁牲口运港》，《经济汇报》第 4 卷第 10 期，1941 年，第 111 页。
⑤　见湛江海关编《湛江海关志（1685～2010）》，2011，第 118 页。

布匹价跌 40%，香烟跌 23%，其他日用品如牙膏，跌幅竟达 50%，探其原因，乃是金华及广州湾的走私货品涌到的缘故。"[1] 根据法国人的不完全统计，在 1939 年与 1940 年两年中，广州湾"国外进出口贸易，平均每年约达一千万美元。九龙所需之肉类，鸡蛋，桐油及菜蔬，或由该处转口者，其中百分之七十，系产自广州湾区域"。[2]

当然上述这些海关统计数字应该是不包括走私的。《大公报》曾计算相关地区的日货走私情况，认为"由广州湾附近麻章、遂溪一带密输华南各地的日货，年约 1 亿余元"。[3] 而时人常奥定先生曾对战时经济做过研究，他认为，经华南麻章、遂溪一路内输的私货，每日即达 40 万元之多，一年即为 1.4 亿元。其他各分散走私的日货，他估计每年为 2 亿元。统计各路日货倾销的总额，每年在 4 亿元以上。[4] 对于战时广州湾走私，后期学者，如林美莉、齐春风、张晓辉等人有一定的研究，可以参考之。[5] 或者从下面这则情报中，我们可以想象当时广州湾走私的情况："尤有甚者，在港澳经广州湾、遂溪、廉江、陆川、郁林直达贵县的这一条路线上，但见货运均以人力肩挑或用单车（自行车）、手推车等来载运，沿线居民多经营此种运输生意，贵县等地不论路上街上，随时随处可见络绎不绝的单车群在奔忙着。为购买涨价的单车，沿途居民不断不惜拍卖耕牛、田地，对当地农业生产产生相当大的冲击。"[6]

一方面出于与法国的关系，另一方面，也许是更主要的，就是掠夺战争物资，以达"以战养战"的目的，日本并未占领广州湾。如蒲包既可以用来装载货物，也可以在战斗壕沟里使用。而蒲包原材料是蒲草，在中国 90% 产自广东，而广东的产地又主要在雷州半岛，占 85% 左右。据了解，雷州半岛每年产蒲草大约为 500 万担，生产的蒲包数量为 2000 万张以上。"自日军 1940 年 7 月派监视团在广州湾驻扎后，在广州湾海军武官的许可

---

① 《昆明小窗》，《新华日报》（重庆）1942 年 3 月 30 日，转引自齐春风《中日经济战中的走私活动》，人民出版社，2002，第 268 页。

② 王言绥译《广州湾视察报告》（1946 年 7 月 29 日），《港工》第 2 卷第 2 期，1948 年，第 10 页。

③ 《如何防止资源掠夺》，《大公报》（重庆）1940 年 4 月 23 日，转引自齐春风《中日经济战中的走私活动》，第 242 页。

④ 常奥定：《经济封锁与反封锁》，1943，第 32 页。

⑤ 如张晓辉《抗战前期国统区的南方外贸运输线》（《民国档案》2006 年第 6 期）、齐春风《中日经济战中的走私活动》、林美莉《抗战时期的走私活动与走私市镇》（纪念七七抗战六十周年学术研讨会筹备委员会编《纪念七七抗战六十周年学术研讨会论文集》，台北，"国史馆"，1998）等。

⑥ 中央调查统计局特种经济调查处：《敌伪经济汇报》第 34 期，1942 年。

下，日本各大公司大力掠夺雷州半岛蒲包，主要满足泰、法属印度支那进口米包装等。同时日本公司加藤商会、岩井商店、安部幸、协同组等也加入进来，此外，万和公司、昭和通商、日本棉花、丸水商店等也实际上从事蒲草生意，大约是上述六家公司垄断了广州湾蒲包市场。据统计，驻广州湾三井、三菱公司自 1942 年 4 月到 1943 年 1 月发出的蒲包数量为 351 万张。"① 日本物资运输监视团的产生是在 1940 年日本与越南总督府达成的，包括整个法占印度支那地区："在河内、海防、老开等处设立监视所。六月廿九日敌监视首领西原少将率随员乘机五架抵河内，越政军当局均派代表至机场欢迎。七月三日，监视组又到廿余人。凡通中国铁路公路以及中等以上城市，均分别派往检查。七月十五日敌驻奥司令派大员佐藤抵河内，以献刀为名，越督欢谦后，即行开会，在座者有法国驻日武官及敌监视首领西原等。……除切断滇越交通检查我国货运之外，敌对越方要求据报尚有下列等项：1、检查行人及我方官员；2、镇南关敌驻军可向越境索米；3、驱逐黄强等十余人出境；4、借路攻滇；5、解散华侨爱国团体；6、没收现在越南各地积存及准备运往中国货品。"② 不久，日本亦派遣监视团到广州湾实施货物运输。"广州湾交通如常，惟货运受阻碍。海南岛日本陆海空军续增。（东京十二日外电）日本大本营海军部十二日发表派遣海军大佐圆山英助、海军少佐日高信作等十余名为监视员，前往广州湾，担任监视货物过境事宜，情形与越南相似。"③ 派遣物资运输监视团的主要目的就是限制中国的物资运输，以掠夺中国的物资。"自日本进兵越南后，港越贸易即陷于停顿，双方损失不少。据悉，恢复港越贸易关系之谈判，刻在进行中。谈判尚未获得结果，但闻刻在讨论中之计划，涉及利用广州湾以作转口商埠之问题。"④ 除上述公司外，日本在广州湾设立的规模较大的航运机构还有内河轮船组合、新兴公司、粤南航运社、和泰三记、义利庄、得泰庄、公利庄、华记等；这些商号中"尤以和泰三记为最活跃，自置铁拖一艘，往还阳江沿海偷运走私，一日载运二三次，活动量相当大"。⑤ 根据韦健的《广州湾商业指南年鉴》，我们知道华记有两间，一在西营达墟罗街，一在赤坎龙总督街（现和平路）；新兴公司在西营安

① 何杰：《抗战期间日本对雷州半岛蒲包的垄断和掠夺》，《湛江晚报》2017 年 12 月 24 日。
② 《越南事件（一）》，台北"国史馆"，《外交部档案》，档案号：013－2－21－12。
③ 《日本海军当局派员赴广州湾》，《大公报》1940 年 7 月 13 日。
④ 《港越互商恢复交通，谈判正进行尚未得结果》，《大公报》1940 年 10 月 23 日。
⑤ 林美莉：《抗战时期的走私活动与走私市镇》，《纪念七七抗战六十周年学术研讨会论文集》，第 580 页。

碧贾弥街，此街较出名的商号是南天酒店，另在赤坎汽车街（现胜利路）亦有一间新兴号；公利庄在西营保缘路，1943年这条路只有两家商号，另一家商号曰广荣行。如此多的日人商号，自然引起世人的注意。如《大公报》有多篇报道："近传西营已有日商租得洋楼数座，鸠工庀材，准备开设'洋行'，倾销日货。现此间中外人士均密切注意越南局势之变化，人心尚属镇定。"① "日方对广州湾市场久已垂涎，屡欲霸为己有，在此大量倾销日货，闻十四日有日人数名乘'大宝石'轮来湾，居于西营，其中俱为三井、三菱等洋行重要职员，奉派来此设立日'商行'。另一方面，则派败类收买矿砂、桐油及其他军火原料，交由日舰运返本国。闻西营经有陈某、赤坎潘某等在湾朋比为奸，吸收白银，散播谣言，谓国币稍有破坏者，即不值钱，企图扰乱金融，广州湾商会函询此间中央、中国、农民等银行，均称照常行使，且可掉换新币，该会当即布告商民周知，勿生误会。"② "西营、赤坎间劣货日渐涌进，满坑满谷，闻日方刻正积极设办所谓'兴亚'公司，大量推销，预定资金二百万元，由日商'三井'、'三菱'洋行认股一百万元，其余招奸商入伙。且有人筹办'联合公司'，除收买土产输出外；兼办航务，闻不日即有日轮行走广州、澳门、广州湾之间。则不久之将来，广州湾市场尽为日方垄断，商务前途，不堪设想。"③ "复查上项倾销火柴，实非沪上国货厂口出口，而为□□□□改装。除在广州湾推销外，更冒充国货，由广州湾经遂溪、梅菉两地中国海面，入销我南路各属。刻港澳各国货火柴厂，已进行将此种实情呈报国内当局，对此种冒充国货之火柴，作有效之查究云。"④ 即使是日本的报刊也有言及：自1942年七八月起，"日人商行设立很多。三十二年二月，日军进驻法租借地之后，输出入业皆受统制。这种统制乃为了容易获得内地物资……对日供给之重要物资尚有席包之输出和收买指定日商五家，○○和○○之类则由专营的商行办理"。⑤

　　而根据中统的调查，日伪在广州湾成立的商号、公司真的不少。"广州湾日商组合岩井行（即南满铁道组合之化身）有资金国币七万元，行址暂设西营南天酒店楼下石门厅西南日报办事处内，其负责人为敌国人喜多

① 《日舰驶入广州湾，法当局限制停留》，《大公报》1940年9月19日。
② 《日设商行，倾销劣货》，《大公报》1940年10月20日。
③ 《日人垄断广州湾商务》，《大公报》1940年12月6日。
④ 《冒充国货火柴大量倾销广州湾》，《大公报》1941年1月10日。
⑤ 子真：《广州湾的经济实况》（译自《东洋经济》创刊号），《经济月报》第3卷第1期，1944年，第59页。

彰，司理乃汉奸陈志仁。喜多彰另住南千一百零一号房，货仓设于西营红奋地方，上月（九月）□曾购入桐油二百余罐。"① 三井洋行，以收买桐油、矿产为主，主持者为松木；万和洋行，以收买桐油、矿产为主，主持者为机发；岩井商会，以收买桐油、矿产为主，主持者为喜多彰；三菱洋行，以收买青麻、五倍子、竹木为主，主持者为佐佐木；昌兴航业公司，主要业务为航运，主持者为濑尾；公利号（按，也叫公利庄，在西营保缘路）代理日方统办各项进出口货物，主持者为香港前东华医院经理肖澳惟；大原公司，设于广州湾西营贝丁街，向各行商收买钨砂、桐油、青麻及其他军需品；内河轮船组合，设于广州湾，主要业务为航运，主持者为大日风；广昌号，设于广州湾大通街，在桂南各地搜集废铁、桐油、青麻等资敌，主持者为李振兴；广新行，设于广州湾赤坎总督街，收买枪支、子弹、水银、松香、钨砂等重要物资资敌，由日商大原公司出资，主持者为文卓逸、蔡某；六国庄，以收买桂皮、五倍子、青麻、牛皮为主；而有余、三林两商号，名为湾商所办，实为日商资本，专收阳江、电白各地走私的钨砂，转运日、德两国。② 在中统 1942 年 9 月上半月广州湾轮船进出口调查中，不难发现，内河轮船组合经营的"白银丸""德清丸""旭江丸""南斗丸""福海丸""宜阳丸"，新兴公司经营的"东山丸""海刚丸""永华"除了载客外，载入货物是什货，载出货物则是桐油、钨砂。③《敌伪经济汇报》中有不少关于广州湾敌伪设置公司，以广州湾为孔道，转运物资的记载。"敌为便于搜刮我粤桂边境各地物资，近在湾设立'大东亚倾销场'，以引诱我内地奸商私运钨砂水银松香青麻等物出口。查该'倾销场'乃敌在湾主要走私机构之□，举凡输入之各种毒物，奢侈品等及走私出口之物资莫不以该机构为交换市场。"④ "王逆英儒所办之华南物资交易所自本（九）月一日正式成立后，即发出通告，限制雷州属内各项物资之输出，均应经该所核准，并由该所代颁许可证及转运执照，与代办买卖手续等。目下雷属及广州湾一带所有物资，有会归王逆统制之趋势。"⑤ 国民政府财政部也有报告提及："广州湾地区则由驻军当局直接管

---

① 中央调查统计局特种经济调查处：《敌伪经济汇报》第 40 期，1942 年。
② 以上据《敌伪经济汇报》各期资料整理，以及参考齐春风《抗战时期日本在港澳湾地区的走私活动》，《中国边疆史地研究》2003 年第 3 期，第 85～86 页。
③ 中央调查统计局特种经济调查处：《敌伪经济汇报》第 39 期，1942 年。
④ 中央调查统计局特种经济调查处：《敌伪经济汇报》第 53 期，1943 年。
⑤ 中央调查统计局特种经济调查处：《敌伪经济汇报》第 63 期，1944 年。

制物资，下设十二家公司受其指挥买卖货物。"①

　　下面是国民党中统机关一些有关敌伪商号以广州湾为孔道，购置物资的情况汇报："自香港沦陷后，偷运就未曾中断过，甚至汽油、棉纱、煤油、西药、五金等日方严密封锁的物资，也大量运往澳门，再由澳门用船运往法租界地广州湾，乘隙运往内地。"②　"广州湾西营敌商行大木公司，最近唆使奸商代为搜购银元铜元，计银元每个可换伪中储券百元，铜元每枚换□元。目下闻已购得银元数千元，铜元千余万枚。正待运返国中。又敌通商公司经理日人小泽系最近曾密派奸细携款百余万元潜赴内地收购钨矿水银松香等。"　"华南敌伪最近以高价及种种方便，利诱奸商代其向泰越等地购运米粮及其他货物至广州湾、澳门、香港及广州等地交敌收购，目的在避免敌方本身所受损失，以补其船运之不足。"　"广州湾西营敌商大原公司，近在赤坎就（应为龙）总督街另设广新行，派汉奸文卓逸及蔡某为经理，专事收买枪枝子弹及水银松香钨矿等重要物资。"③　"广州湾敌商搜购桐油自称积极。兹悉：该敌商近曾由粤南钦、廉、信宜等地，运入桐油数批，每批均在千桶以上。查内有一千余桶，系由奸商向信宜东镇财部复兴公司购得后疏通各地检查关卡私运来湾者。闻将续有大批出口。"④　有学者认为日本在广州湾的走私量是比较大的："广东省境内走私活动规模极大，以货运量最大的广州湾为例，在 1939 年中，每日由广州湾以人力运入的货物即有三千石左右。价值法币二三十万元，其中日货约占百分之八十，使得广州湾成为抗战以来华南地区日货最大集散地。"⑤

## 三　孔道上逃难的人员

　　早期广州湾的历史，似乎不是很明朗。如其商业中心赤坎，韦健的《大广州湾》载曰："赤坎，初为一僻静小镇，海边街对望即大海，附近尚无屋宇，古老渡街为渡船码头，但甚少船舶驶至。清乾隆末年（公历一七九五年间）有福建商人方某载货到坎贸易，颇与土人相得，寻且陆续招致

①　《财政部档案》，台北"国史馆"，档案号：259/1364，转引自林美莉《抗战时期的走私活动与走私市镇》，《纪念七七抗战六十周年学术研讨会论文集》，第 561 页。
②　中央调查统计局特种经济调查处：《敌伪经济汇报》第 34 期，1942 年。
③　中央调查统计局特种经济调查处：《敌伪经济汇报》第 63 期，1944 年。
④　中央调查统计局特种经济调查处：《敌伪经济汇报》第 66 期，1945 年。
⑤　见林美莉《抗战时期的走私活动与走私市镇》，《纪念七七抗战六十周年学术研讨会论文集》，第 602 页。

其同乡到坎经营"，遂成商埠。① 而广州湾能够成为一个大的现代化都市，主要是与抗战时大批人口来到该地有关。1928 年，"中日事变，广州湾商场得一大机会，广州琼崖失陷之后，游资汹涌而至，商业蓬勃，遂有'第二香港'之称，亦即广州湾之黄金时期"。"广州湾的人口，租借初期约为十五万，后增至廿余万，至民国十五年间约三十万，民廿七年间，内地难民多以此为尾闾，廿八年人口曾一度激增至六十余万，后以租界程度日高，陆续疏散。直至香港战前，人口仍有四十余万。"② "全埠人口，租借初期约为十五万，后增至廿余万，至民国，五年间约三十万，就中汉化黎裔为多，抗战以后，尤其是广州琼崖相继沦陷以后，内地难民多以此为尾闾。民廿八年间，人口一度激增至六十余万，后以□界生活程度日高，陆续疏散，最近又因香港沦陷，此唯一自由祖国之必经路线，人口又复略增，但亦仅就西营赤坎两市区言。"③ 如此规模的人口，在当时应该是比较大的。"1936 年澳门人口估计只有 12 万，随着难民移入而人口逐步上升，1938 年约 14 万，1939 年有 245194 人，1940 年则约有 40 万人，香港沦陷后可能升至 45 万人。"④

有学者言："无疑，在国民党领导人例如蒋介石眼中，广州湾的重要性在于能通过它向国统区运送战争急需的物资。广州湾的重要性因人而异。对国民政府官员来说，广州湾的意义是国际运输通道；对当地商人来说，广州湾的进出口贸易和走私利润丰厚；对于难民来说，广州湾几乎是进入国统区的唯一通道。尽管蒋介石希望重开滇缅公路可以缓解自由中国对广州湾贸易路线的依赖，当地人、难民、商人和土匪可全部指望着广州湾的特殊地位生存呢。"⑤ 甚至将广州湾喻为"中国的卡萨布兰卡"。实际上，随着广州湾周边地区，如广州、海南、香港等地的纷纷沦陷，它成为华南地区唯一没有被日军占领的港口，即使 1943 年 2 月，日军占领广州湾，但由于抢购物资等方面的需要，它并非如其他占领区那么严格管控。如翻译家孙源就是在日军占领广州湾后通过广州湾逃难内地的。⑥

战时，以广州湾作为逃难孔道，大致分为两个时期：第一个时期是太

① 韦健：《大广州湾》，香港，东南出版社，1942，第 10 页。
② 林欣欣：《广州湾印象记》，《新亚》第 9 卷第 1 期，1943 年，第 25 页。
③ 韦健：《大广州湾》，第 10 页。
④ 吴树燊：《抗战时期澳门镜湖医院》，《日本侵华史研究》2014 年第 2 卷，第 69 页。
⑤ 周锡瑞、李皓天主编《1943：中国在十字路口》，陈骁译，社会科学文献出版社，2016，第 346～347 页。
⑥ 孙源：《在广州湾》，《自学》第 5 卷，1943 年，第 58 页。

平洋战争爆发之前，以海南沦陷逃难难民为主；第二个时期则是在 1941 年 12 月香港沦陷之后，大批民众从港澳逃难而来，这部分民众包括之前广州沦陷后逃难到港澳的。

1939 年 2 月 10 日，日本海陆军在澄迈湾登陆，不久，海南沦陷，大批不愿被奴役的琼人纷纷外逃。与海南隔海相望的雷州半岛自然是琼人的首选之地。"由琼州逃难至广州湾西营之人民，在本年（按，指 1939 年）三四月间约有十余万人，除转往南洋者外，现住西营者约有万人。在八九月间复返琼州者约有四万余人。"[1] 当时国民政府迅速调整机构设置，将刚刚才设立的海口侨务局迁到遂溪、麻章，办理保侨救济等业务。[2] 侨务局的设立，为我们留下更为详细的战时琼民逃难资料。1939 年"本月份（4月）由琼州逃难之人民前赴广州湾者比较三月份有十余倍之多，统计有二万余人，而回国之侨民实居其半"。"本月份（5月）由琼州逃难之人民前赴广州湾者约有三四万人，以前两月合计之数，共有六七万人之多，而回国侨民实居其半，依此趋势，则海南全岛之侨民势必悉数逃难广州湾自可断言其数目亦难统计。"海口侨务局的压力自然是非常大的："本局尽可能范围内力予保护。"[3] 他们也迅速与广州湾商会合作，相继成立广州湾琼侨联欢会、广州湾慈善团体联合会、儿童送教养院等机构。八路军驻香港办事处则在硇洲岛成立"香港琼崖华侨救济会硇洲分会"，以及难童学校——初由知名人士高谪生负责（后由中共党员曾鲁接任救济会硇洲分处主任和难童学校董事长），对难琼实施救助。[4] 除了难琼将广州湾作为逃难的孔道外，太平洋战争爆发前还有诸如凌叔华等原居住在港澳等地民众通过广州湾往内地逃难。凌氏是 12 月 2 日从香港搭船到广州湾的，"我们因为要等待一个朋友同行，故在铜臭薰人，赌场林立的赤坎住了近一周"。后朋友还没有到时，战争的阴影已笼罩，故她们提前出发，"与我们结伴走的一个朋友联君"。往大西南走时，还在廉江遇到"萧氏父女正经此欲到广州湾转香港回沪，听我们说香港已开战，他们也停在廉江，预备走回路了"。[5]

---

[1] 中统特调处：《敌伪经济情报》第 7 期，1940 年。

[2] 之前由广东侨务处派联络员驻守广州湾指挥救济业务，并在"广州湾附近麻章墟筹设失业归侨安集所从事救济工作"。见《二十八年二月三日广东处处长徐天深函侨委会》，中国第二历史档案馆藏，全宗号：二二，案卷号：501。

[3] 《二十八年四月海口侨务局工作报告》《二十八年五月海口侨务局工作报告》，中国第二历史档案馆藏，全宗号：二二，案卷号：504。

[4] 中共湛江市委党史研究室编《中共在广州湾活动史料（1926~1949）》，广东人民出版社，1994，第 51 页。

[5] 凌叔华：《由广州湾到柳州记》，《妇女新运》第 4 卷第 8 期，1942 年，第 67~69 页。

香港沦陷后，大批文化界人士利用港湾、澳湾通航的便利，先从香港、澳门坐船到广州湾，然后转往内地，或者就直接留在广州湾，等抗战胜利后再回乡，甚至就在广州湾落地生根了。陈寅恪是在 1942 年 5 月经过众人的努力，带领一家人经澳门到广州湾，然后转到桂林大后方的。① 在这次营救陈寅恪的过程中，高廷梓在致朱家骅的信件中还提到："陈衡哲女士由杨伯平招（应是'接'之误）应，杨与温源宁家眷将由广州湾内迁，或将同行。"② 时任国民政府驻苏联大使傅秉常的母亲及弟弟也是通过广州湾逃到内地的。③ "无线电吸取之消息，谓我政府向维琪政府抗议敌人占领广州湾，用此根据地以攻粤南路各地。余中如焚，盖母亲等在湾，下落如何。琼芳、锦培又已赴湾，失陷时未悉已到达否。秉坤全家生活，均使我坐卧不安。"④ 香港恒生银行的创始人梁銶琚也是从香港到澳门，与何善衡、傅老榕、马万祺、马子登、何贤、李泽甫等人创办"大丰银号"，然后再到广州湾经营金融生意。⑤ 有关梁銶琚在湾的资料不多，但其在湾创办的大丰银号的广告页却保留了下来，银号地址在赤坎海边街四十七号（现赤坎民主路），铺内右边是"合成行"。大丰银号除了"找换、汇兑"业务之外，兼营各种药材、面粉、杂货。战争结束后，梁銶琚看到时局发展，认为广州湾的发展空间不大，结业后回到澳门，后又到香港定居。浙江人胡锡骥一家人也是在太平洋战争爆发后从澳门逃难至广州湾的。⑥ 当其时，其大伯父胡静澜已在广州湾开设世界书局。据目前初步统计，逃往广州湾，借助广州湾孔道再到达内地，或一直在广州湾居住，抗战胜利后回到原来居住地的文化名人还有夏衍⑦、高剑父、高奇峰、关山月、赵少昂、杨善琛、沈华山、连士升、端木蕻良、千家驹、高士其、马师曾、红线

---

① 夏蓉：《香港沦陷后朱家骅组织救助陈寅恪的经过》，《中山大学学报》（社会科学版）2006 年第 1 期，第 50～53 页。

② 转引自夏蓉《香港沦陷后朱家骅组织救助陈寅恪的经过》，《中山大学学报》（社会科学版）2006 年第 1 期，第 51 页。

③ 郭康强：《民国外交家傅秉常家人在广州湾的经历》，政协湛江市赤坎区委员会编《赤坎文史》第 8 期，2018，第 209～221 页。

④ 傅锜华、张力校注《傅秉常日记（1943～1945）》，1943 年 2 月 26 日，社会科学文献出版社，2017，第 28 页。

⑤ 陆焕方：《梁銶琚》，人民出版社，2007，第 20～21 页。

⑥ 胡锡骥：《逃难广州湾》，景东升、何杰主编《广州湾历史与记忆》，武汉出版社，2014，第 195～199 页。

⑦ 香港沦陷后，周恩来在 1941 年 12 月紧急致电南方局，指示两条撤离路线：一条是直达广州湾，另一条则是经广州湾到桂林（南方局党史资料征集小组编《南方局党史资料大事记》，重庆出版社，1986，第 180 页）。

女、薛觉先、谭兰卿、吴楚帆、张瑛、周俟松（许地山夫人）、陈香梅等。

"广州湾现为中国陆海交通仅有之国际路线，几由港、沪、青、津转内地，或由内地转赴港、沪、青、津，道经其地者，实繁有徒。"① 确是如此，特殊的地理位置，特殊的政治环境，促使广州湾成为抗战时期人们逃难的一条孔道。

# 余　论

抗日战争时期，无论是国民政府还是日本，均以各种各样的手段，以之谋取战争物资（包括战略物资、生活物资），以维战争的进行，从而为物资运输制造了多地区、多类型的孔道。同时，战争爆发之后，为谋求生命的延续或其他内容，难民加强了流动。广州湾地处中国南疆，三面环海，海上交通网络比较成熟与繁忙，陆路交通也比较便捷，可以直通大西南。战争时期，广州湾隶属于法属租借地，归属于法属印度支那总督府管辖，在政治法理上处于中立的地位。完善的交通网络，独特的政治环境，促使广州湾成为战时交通孔道。大量的战争物资通过这条孔道或到达大西南，或到达港澳，然后到达日本统治区，或到达东南沿海，形成物资大流通的盛况。同时，随着广州、海南、香港等地的沦陷，大批的难民逃难于此，或通过此地，转到大西南；或通过该孔道，转到海外；或居留于此，直到战争结束后再返乡里；部分难民甚至落地生根，成为新的广州湾（湛江）人。无论如何，抗战时期，广州湾因为独特的地理与政治环境，成为战时孔道，同时也成为一个现代化都市。② 广州湾交通孔道有两大特点：其一，早期国民政府与民间共同利用，后期民间使用更多——也就是说，走私成为主力；其二，中日两国都在利用。

---

① 《广州湾交通食宿概况——赤坎情况之一斑》，《申报》1938 年 12 月 1 日。

② 著名甲骨文篆刻大师简琴斋曾在战时到广州湾，目睹一些城市建设："赤坎方面，到处皆在大兴土木，现时建设将竣的有一座南华大酒店，听说预设极大的跳舞厅和极大的餐堂，新式的房厅有二三百个；对门一座国货公司亦在建筑中，细看他的图标，很像上海百乐门，将来这两座建筑物，大可以代表赤坎市了。除了一两条柏油路外，其他的马路尚待修理，才得平坦。论到面积，合之则可与澳门相埒，分之犹见其小，现在有一座寸金桥公立医院，正在奠基。"见简琴斋《广州湾见闻录》，《大公报》1940 年 5 月 25 日。

# 关于南京日本神社的建筑史研究

李百浩[*]

**提　要**　本文以日本侵华时期，攻占南京后建造的南京日本神社为研究对象，依据中日文史资料和实地调研，从建筑史视角，梳理原南京日本神社建设过程，分析了总体空间布局、主要建筑特征及现存状况、建筑用途和建筑观念的变化，揭示建筑名称、建造时间、建筑形式和建筑结构等史实，为正确理解这一特殊类型建筑的历史事实与本质、合理确定今后建筑保护与修缮原则，提供历史性、基础性信息。

**关键词**　抗日战争史　近代建筑史　南京日本神社　近现代史迹

## 引　言

神道是日本传统宗教，其理念源于万物有灵论、萨满教教义等，后逐渐转向以祖先神、土地神、国祖神崇拜为中心，至大和朝廷（4～7世纪）后期成为国家祭祀制度。[①] 明治维新后，日本政府为了再次实现以天皇为中心的政教合一，复兴古代神祀制度，建立了"国家神道"。[②] 在此制度

---

[*]　李百浩，东南大学建筑学院教授。

[①]　太田博太郎『日本建築様式史』美術出版社、2006年、36～37頁；丸山茂『神社建築史論——古代王権祭祀』中央公論美術出版社、2001年。

[②]　"国家神道"是支配日本国民的国家宗教以及宗教性、政治性制度。村山把国家神道的发展划分为四个阶段：形成期（1868年～19世纪80年代）——近代天皇制国家成立期的国家神道；教义完成期（1889～1905年）——近代天皇制确立期的国家神道；制度完成期（20世纪00年代后半～30年代初）——日本资本主义变帝国主义化时期的国家神道；法西斯国教期（1931～1945年）——天皇制法西斯主义时期的国家神道。此"国家神道"二战后被GHQ（General Head Quarters，联合国军最高司令官总司令部）发的《神道指令》所取缔。参见村山重良『国家神道』岩波書店、1970年。

下，对既有神社进行改造，同时又建造被称为"创建神社"① 的新神社。随着日本人活动范围的扩大，不仅在日本国内，而且在海外的居留地、殖民地、占领地也建设了许多"创建神社"，被称为"海外神社"。②

中岛三千男将海外神社分为两种类型：一类是"居留民设置神社"，指日本居留民为祈祷自己生活平安或为维持作为日本人的自我认识而建设的神社；另一类是"政府设置神社"，指日本政府、殖民地当局、日军等为统治需要而设置的神社。最初这两类神社没有直接关联性，然而从20世纪30年代中后期开始逐渐形成"政府神社为上，居留民神社为下"的政策定位，即使是居留民神社此时也开始具有政府神社的色彩。③

目前，对近代日本海外神社的研究积累，主要有历史学、社会学等学科分野，如宗教政策研究、④ 祭神研究、⑤ 地区或个别神社研究、⑥ 综合性研究。⑦ 建筑学领域研究成果较少，仅有中国台湾与朝鲜的神社研究、⑧ 东

① 日本国内第一座近代创建神社是凑川神社，显彰帮助后醍醐天皇打败镰仓幕府的楠木正成（1294~1336）。
② "海外神社"的地理概念有两种（以下数字是既往研究中的神社数量）：一是日本的殖民地（桦太128座、朝鲜82座）、租借地（关东州13座）、委任统制领（"南洋群岛"27座）、"满洲国"302座、占领地（中华民国57座、东南亚43座）；二是在日本没有统治权的夏威夷、美洲等的日本移民建的神社。参见中岛三千男「海外神社及びその跡地について」『非文字資料研究叢書2「神国」の残影 海外神社跡地写真記録』株式会社国書刊行会、2019年。
③ 中岛三千男『海外神社跡地の景観変容——さまざまな現在』御茶の水書房、2013年。
④ 蔡锦堂『日本帝国主義下台湾の宗教政策』同成社、1994年；王若茜：《东北沦陷时期的日本宗教》，《吉林大学社会科学学报》2002年第1期，第110~115页；同超：《东北沦陷时期宗教状况与教化统治研究》，博士学位论文，东北师范大学，2009；宫晓丽：《近代日本神道教在东北的建立与扩张（1905~1945）》，硕士学位论文，辽宁大学，2012。
⑤ 菅浩二『日本統治下の海外神社——朝鮮神宮・台湾神社と祭神』弘文堂、2004年。
⑥ 新田光子『大連神社史——ある海外神社の社会史』おうふう、1997年；嵯峨井建『満州の神社興亡史』美蓉書房、1998年；任其怿：《从神社看日本帝国主义对内蒙古地区的文化侵略》，《内蒙古大学学报》（人文社会科学版）2005年第11期，第36~40页；石晨曦、陈秀武：《关东州时期的日本神社》，《外国问题研究》2013年第2期，第10~16页；王梅：《满铁附属地与日本神社》，《佳木斯大学社会科学学报》2016年第10期，第159~161页；钟剑峰：《广东神社考略》，《日本研究》2016年第12期，第64~73页；钟剑峰：《实用与象征——广东神社建筑及其战后利用问题研究》，《中外建筑》2017年第8期，第43~47页。
⑦ 中岛三千男『海外神社跡地の景観変容——さまざまな現在』；王海燕：《日本侵华战争中的国家神道》，《抗日战争研究》2009年第1期，第26~33页；陈小法：《日本侵华战争的精神毒瘤——"在华神社"真相》，浙江工商大学出版社，2015。
⑧ 青井哲人『植民地神社と帝国日本』吉川弘文館、2005年。

北地区神社园林研究、① 长春原"建国神庙"和"建国忠灵庙"研究、②
原青岛神社研究③等。对于原南京日本神社，虽有谢任等学者的研究成果，
但使用的日语资料有限，且重点不在建筑方面。④《中国近代建筑史》一书
虽将南京神社纳入近代建筑史视野，但无论是从抗日战争史还是建筑史角
度，仍需进行深入研究。⑤

　　选取原南京日本神社⑥为研究对象的理由有四：一是南京是当时日伪政
权所在地，日本在此地建设神社的政治"重要性"不言自明；二是据统计，
在中国（不含台湾地区），日本曾建设大量神社，多达 372 座，⑦ 目前部分
建筑留存下来的仅有 4 座；⑧ 三是在历史的进程中，4 座原本作为"侵略工
具"⑨ 的神社建筑均被列为各级文物保护单位；四是南京日本神社社殿已列
入保护修缮计划，但保护修缮工作尚未开始。因此，对于尚未被关注的神社
建筑的历史研究，实属必要。

　　本文依据既有研究、史料及实地调研，从建筑史视角考察原南京日本
神社建设过程、总体布局、主要建筑特征及其演变，为揭示在华日本神社
的历史事实与本质，正确理解日本神社作为一种侵略工具与今日文保单位

① 张健、李竟翔：《昙花一现的近代中国东北神社园林》，《华中建筑》2016 年第 16 期，第
　　61～65 页。
② 王文锋：《日本侵华罪证的新发现——伪满洲国建国神庙遗址的发掘》，《地方史志》2002
　　年第 3 期，第 97～98 页；曲晓范、佟银霞：《伪满"新京建国忠灵庙"的建造及其祭祀活
　　动》，《社会科学战线》2011 年第 3 期，第 114～119 页；周妡怡：《伪满建国忠灵庙建筑空
　　间布局研究》，《吉林建筑工程学院学报》2011 年第 2 期，第 72～74 页；宁波：《伪满洲国
　　的建国忠灵庙与建国神庙营造之研究》，《溥仪研究》2011 年创刊号，第 100～105 页。
③ 江本砚、藤川昌树「中国青岛における贮水山公园の形成と变容」『ランドスケープ研
　　究』第 76 卷第 6 号、2013 年、421～426 页。
④ 谢任：《神社与它的躯壳——对南京五台山日本神社的考察》，《学海》2016 年第 3 期，
　　第 91～103 页。
⑤ 赖德霖、伍江、徐苏斌主编《中国近代建筑史》，中国建筑工业出版社，2019。
⑥ 如下所述，原南京日本神社包括"南京神社"与"南京护国神社"两座神社的概念。当
　　时日本官方用"南京神社""南京护国神社""护国神社"等称呼，而中国官方用"日本
　　神社"等。此"日本神社"包括"南京神社"和"南京护国神社"，但若只用"日本神
　　社"的话，又与其他地区的"日本神社"难以区分。因此，本文采用"南京日本神社"，
　　既能反映历史事实，又有利于文保单位命名。
⑦ 中岛三千男『海外神社跡地の景観变容——さまざまな现在』。
⑧ 长春的"伪满建国忠灵庙旧址"1987 年成为省级文物保护单位，2019 年成为全国重点文物
　　保护单位；"伪满国新京神社旧址"1984 年成为市级文物保护单位，2013 年成为第七批全
　　国重点文物保护单位。"淄博矿业集团德日建筑群"之淄川神社，2013 年成为第七批全国重
　　点文物保护单位。南京的"五台山 1 号建筑 -1"和"五台山 1 号建筑 -2"，1992 年成为南
　　京市文物保护单位，2011 年成为江苏省文物保护单位，名称为"日本神社旧址"。
⑨ 王海燕：《日本侵华战争中的国家神道》，《抗日战争研究》2009 年第 1 期，第 26～33 页。

的历史过程，合理确定建筑保护与修缮原则，提供历史性、基础性信息。

# 一 南京日本神社的建设过程

据记载，1898 年前后有日本人在南京居住，1904 年已有非正式社交聚会"日本人会"，1907 年开设南京日本领事馆。至 1908 年，日本居留民有 169 名，1912 年成立日本居留民会。① 会长须藤理助曾提出南京神社的建设设想，但未能实现。② 南京沦陷后，因日军的支持，南京日本神社终被建造起来，其建设过程如表 1 所示。

**表 1　南京日本神社建设**

| 年 | 阶段 | 月日 | 事件 |
|---|---|---|---|
| 1937 | 祭神确定与选址 | 12 月 13 日 | 日军占领南京 |
| 1938 | | 3 月 28 日 | 南京"维新政府"成立 |
| | | 4 月 | 南京日侨"决定在南京的中心区建立一条日人街" |
| | | 5 月 7 日 | 日本居留民会决定建设南京神社 |
| 1939 | | 5 月 10 日 | 制定了《造营奉齐会事项会则》 |
| | | 9 月 | 当局准建造神社 |
| | | 10 月 6 日 | 南京神社造营奉齐会召开了第一届理事会 |
| 1940 | | 1 月 | 小笠原省三出差到南京 |
| | | 3 月 30 日 | 汪伪国民政府成立 |
| 1941 | 征地与设计 | 4 月 | 开始征地，"领事馆""大使馆"及神社的公告 |
| | | 6 月 | 作为日本"大使馆""总领事馆"的基地，取得了五台山的官有地和民有地，一共 681 亩（约 45.40 公顷） |
| | | 7 月 | 开始挖掘坟墓 |
| | | 9 月 | 以南京神社的名义，取得了毗邻"大使馆"基地的五台山官有地与民有地，一共 145 亩（约 9.67 公顷） |
| | | 10 月 6 日 | 南京杉原总领事向丰田外务大臣申请护国神社建设的许可 |
| | | 10 月 15 日 | 完成南京神社社殿的基本设计 |
| | | 10 月 17 日 | 举行南京神社奠基仪式 |
| | | 11 月 | 征收土地，以后禁止入内 |

① 市来义道：《南京》，南京日本商工会议所，1941。
② 西岛五一「南京神社の御造营」『日本及日本人』第 379 期、1939 年 12 月、132～133 頁。

续表

| 年 | 阶段 | 月日 | 事件 |
|---|---|---|---|
| 1942 | 建筑施工与镇座 | 2 月 | 南京神社社殿开工 |
| | | 3 月 11 日 | 造营奉齐会要求伪南京特别市政府提供树苗 |
| | | 7 月 | 开始大规模的开工（至 1943 年 3 月） |
| | | 7 月 27 日 | 为了建设表参道的土地征收与公路的更改申请 |
| | | 8 月 | 南京神社社殿细部设计变更 |
| 1943 | | 2 月 | 南京护国神社社殿细部设计变更 |
| | | 10 月 | 南京神社社殿竣工 |
| | | 11 月 | 南京护国神社社殿细部设计变更 |
| | | 11 月 2 日 | 南京神社镇座祭 |
| 1944 | | 4 月 29 日 | 南京护国神社镇座祭（南京护国神社本殿、摔殿竣工） |

资料来源：笔者整理。

### （一）祭神确定与选址

1937 年 12 月日军占领南京后，决定在五台山上建设"忠魂碑"，[①] 以凭吊祭奠日军阵亡官兵。此后，日本居留民人数剧增，达 7111 人。[②] 1939 年 5 月 7 日，新任日本居留民会会长前田市治组织召开日本居留民会评议员会，决定在五台山建设南京神社，祭神是"天照大神、明治天皇与国魂大神"，[③]

---

① 根据西岛的记载，神社建设用地先有"忠魂碑"的建设计划。参见西岛五一「南京神社の御造营」『日本及日本人』第 379 期、1939 年 12 月、132～133 页。

② 市来义道：《南京》。

③ 天照大神作为天皇的祖神、明治天皇作为近代日本的建设者，在政教合一的近代日本被广泛信仰（村山重良『国家神道』；安丸良夫『神々の明治维新——神佛分离と废佛毁释』岩波书店、1979 年）。国魂大神是 1925 年在讨论朝鲜神宫的祭神中出现的神格，之后作为在海外被祭祀的特异的神只有 16 年的时间。但对于当时中华民国的神社来说，是较常见的神，是七七事变后以小笠原省三为中心成立"海外神社协会"的成果（菅浩二『日本统治下の海外神社——朝鲜神宫？台湾神社と祭神』弘文堂、2004 年）。小笠原将中华民国的国魂大神作为土地神，如同既有的神一般。1940 年 1 月小笠原来到南京，并针对南京神社的建设提出了相应的建议，即「本邦神社関係雑件第五卷 9 南京神社」［JACAR（アジア历史资料センター）Ref. B04012565300、『本邦神社关系杂件第五卷』（I-2-2-0-2_005）、外务省外交史料馆］中记载的 1 月 6 日小笠原的出差，从野村外务大臣给小森领事代理的公函上写着"当地ニ於テモ神社设立ノ议アルニ付是非共小笠原嘱託ヲ立寄ラシメラルル様致度シ 上海、南京、汉口ヘ转电セリ（因为在当地也有神社建设的计划，所以务必让小笠原顺路去上海、南京、汉口）"，可以认为在上海、南京和汉口都有神社建设计划，且为了讨论建设这些神社，南京是小笠原的目的地之一。小笠原自己也写道："济南神社、'蒙疆'神社、南京神社、北京神社，这些都是我从一开始就规划，一直到最后竣工及奉斋期间，曾多次去建设现场且帮忙的神社。"参见小笠原省三『海外神社史』上卷、海外神社史编纂会、2004 年复刻版、273 页。

与曾被当作示范神社的北京神社的祭神相同。① 同月 10 日制定《造营奉斋会事项会则》。10 月 6 日召开造营奉斋会第一届理事会并确定建设宗旨书、名誉总裁，将 11 月 3 日"明治节"② 定为开工日期，计划一年后完成。③

那么，为什么军方的"忠魂碑"和居留民的南京神社都选址于五台山呢？显然，军方选址在前，并影响了日本居留民会选址。依据既往研究和历史文献，主要选址理由有：第一是地势高。五台山是南京城内的制高点之一，可以俯瞰南京全城及城外西部广阔郊区直至长江。④ 既有高台又有丘陵的地形，适合建造"纪念性建筑物"。第二是可操作性。因为该用地的大部分在 1931 年已被童子军征收利用，所以日军占领后较容易利用，而且仍属可改造成"风景优美而又僻静的环境"⑤ 之地，符合神社选址于山脚或丘陵且有树木森林的一般原则。第三是接近市中心区。当时的南京已经形成了以新街口、中山路、"维新路"（现长江路）、中山东路、太平路（现太平南路）为中心的市中心区，而沦陷后该区域集中有日本"领事馆"、日本"总领事馆"以及日本人公司、店铺等，也曾有"日人街"的"开发"计划，⑥ 并且神社用地正好位于"维新路"⑦ 的轴线上（图 1）。

此外，可能还有两方面的原因：一是所谓场所政治象征意义。西岛说五台山是孙权建王城之地，不管这是不是真的，⑧ 他想用这种说法来提高神社选址的适合性，即宗旨书所述的以"皇道日本精神"⑨ 统治南京，或将以古代吴国为中心的"中支那"作为核心。二是据说五台山毗邻位于清凉山的一座日军军用小型火葬场，便于就近安放骨灰与举行祭奠仪式。⑩

---

① 根据小笠原的记载"他の蒙疆、济南、南京等の神社は多くこの北京神社に範を求めた（其他蒙疆、济南、南京等许多神社都以北京神社为范本）"，参见小笠原省三『海外神社史』上卷、253 頁。
② 明治天皇的生日 1927 年成为国家节日。
③ 西岛五一「南京神社の御造营」『日本及び日本人』第 379 期、1939 年 12 月、132～133 頁。
④ 经盛鸿：《南京沦陷八年史》，社会科学文献出版社，2005。
⑤ 谢任：《神社与它的躯壳——对南京五台山日本神社的考察》，《学海》2016 年第 3 期，第 91～103 頁。
⑥ 《南京将建立一条日人街》，《新申报》（上海）1938 年 4 月 10 日，转引自张宪文《南京大屠杀史料集 30 德国使领馆文书》，江苏人民出版社，2007。
⑦ 现长江路，1936 年到 1948 年的地图上写的是"国府路"，当时日本出版的鸟瞰图写的是"维新路"，是南京伪政府时期的名称，参见瀧藤治三郎『南京の全眺』华中洋行、1940 年。
⑧ 其实孙权的王城并不在五台山，而是先在石头山上筑城，然后在五台山东侧玄武湖南侧一带建造都城建业。
⑨ 西岛五一「南京神社の御造营」『日本及び日本人』第 379 期、1939 年 12 月、132～133 頁。
⑩ 经盛鸿：《南京沦陷八年史》。

**图 1　神社选址与城市的关系示意**

注："大使馆""总领事馆""维新路"为日伪政权所设。

资料来源：根据 1938 年的地图（《老地图南京旧影——1938 年〈最新南京地图〉沦陷后的南京城》，南京出版社，2012）绘制而成。

实际上，在建成的南京日本神社内"忠魂碑"不见踪影，反而有南京护国神社。从 1941 年 10 月 6 日南京杉木总领事致丰田外务大臣的公函中可以知道，军方提出了南京护国神社的建设许可请求，[①] 并希望在南京神社社殿右侧（东侧）建造护国神社社殿，以阵亡日军为"主祭神"。[②] 所谓"护国神社"是 1939 年出现的新型神社，其前身是"招魂社"，以安慰明治维新以来为"建设"近代日本而牺牲者的灵魂，被 1939 年 4 月施行的"护国神社制度"所继承。之所以建设护国神社，是为了强化对战死者的"英灵信仰"，从而提高日本国民的"协力战争"意识。[③]

---

[①] 「本邦神社関係雑件第五巻 9 南京神社」、JACAR（アジア歴史資料センター）Ref. B04012566100、『本邦神社関係雑件第五巻』（I-2-2-0-2-005）、外務省外交史料館。

[②] 南京护国神社的祭神是"中国事变中南京攻略战及之后在周边战死的军人以及属于军队的英灵"，参见「管内一般概況」、JACAR（アジア歴史資料センター）Ref. B15100137300、『領事会議関係雑件/議事録第六巻』（M-2-3-0-1-1-006）、外務省外交史料館。

[③] 而在日本国内的各道府县里只允许设立一座。参见阪本是丸《国家神道形成过程研究》，东京，岩波书店，1994；本康弘史『军部の慰灵空间——国民统合と战死者たち』吉川弘文館，2002。海外神社中，目前可以确认的是除了南京"护国"神社之外，还有桦太"护国"神社（1935 年创立时名为"招魂社"）、南苑"护国"神社（北京，1939 年创立）、九江"护国"神社（1940 年创立）、台湾"护国"神社（台北，1942 年镇座）、京城护国神社（首尔，1943 年创立）等六社，参见佐藤弘毅《战前海外神社一览 I》，《神社本厅教学研究所纪要第二号》，1997，第 145~213 页；佐藤弘毅《战前海外神社一览 II》，《神社本厅教学研究所纪要第二号》，1998，第 133~220 页。虽然护国神社相对于海外神社来说数量极少，但却处于核心地区及交通要地。

　　由此可见，最初的南京日本神社建设计划只包括南京神社的主体建筑社殿及社务所、鸟居、参道等设施。当确定在其范围内建造南京护国神社后，形成了同一基地内两个社殿并存的格局，所以后来所谓的南京神社，基本是一个总称（包括南京护国"神社"），当然有时也指南京神社社殿本身。

## （二）征地与设计

　　1940 年汪伪政府成立，1941 年 4 月伪市府勘文、公告南京神社建设事宜，7 月派工挖掘坟墓，[①] 9 月以"南京神社"名义购买官有地和民有地共 145 亩（约 9.67 公顷，价格银 165.8 元），[②] 此后禁止百姓入内。[③]

　　1941 年 10 月 15 日完成了南京神社社殿的基本设计。[④] 关于设计师，2002 年王炳毅撰文说是高见一郎。[⑤] 2003 年王晓曼等在文中说："在 1958 年（日式房屋）被拆除时，房基下曾发现一个木盒，盒子内装有图纸，上有建筑物的设计者，设计年代等文字记载。""因当年没有文物保护意识，木盒图纸等均遭毁失。"[⑥] 并未明确图纸上的设计者就是高见一郎。2005 年，经盛鸿提及"日军当局通过伪政府邀请南京的十几位建筑师参与神社设计，但均遭到各种方式的拒绝。后来，日军从东京调请建筑师高见一郎来南京"，[⑦] 但很难理解日军要中国人设计日本神社。2018 年，笔者得到

① 据载，"在五台山顶一片坟地上就发现二处千人坑，坑内白骨累累。它正是日军犯下的罪孽！1937 年底，攻入南京的日军第九师团某联队将被困于五台山的近二千中国警察、高射炮兵和难民全部杀害，就地挖坑掩埋"，五台山山顶原为一片坟地，也有日军刚挖的千人坑。参见王炳毅《南京也有一个日本神社》，《湖南档案》2002 年第 11 期，第 16～17 页。

② 「管内一般概況」、JACAR（アジア歴史資料センター）Ref. B15100137300、『管内一般概況』（M－2－3－0－1－1－006）、外務省外交史料館。

③ 五台坊联保主任：《关于日寇征用五台山、左所巷、峨嵋岭等处土地民房及神社建筑房屋范围的情况》，00001015，南京市档案馆藏，档案号：10030030242（00）0004。

④ 关于南京神社的设计图有 6 张，即南京神社社殿的 3 张——"第三号－南京神社社殿新筑设计姿图""第六号－南京神社轩里及兒屋伏图""第拾四号－南京神社拜殿兒屋详细图"，以及南京护国神社社殿的 3 张——"护国神社新筑设计平面图""第四拾七号－南京护国神社－拜殿兒屋梁行并币殿桁行详细图""第七十一号－南京护国神社御本殿兒屋组断面详细图"。未见南京神社平面图，只有立面图（"第三号－南京神社社殿新筑设计姿图"），图上记载有"昭和十六年一月一五日"。

⑤ 王炳毅：《南京也有一个日本神社》，《湖南档案》2002 年第 11 期，第 16～17 页。

⑥ 王晓曼、周兆涵、陈宗彪：《抗战时期日军在华设建神社初探》，918 爱国网，http://china918. net/news/read？id＝7934，2003 年 10 月 28 日。

⑦ 经盛鸿：《南京沦陷八年史》，第 782 页。

了仅有的 6 张原始设计图扫描件，[①] 然而图纸缺损，无法确认设计者名字。因此，设计者究竟是谁，是不是高见一郎，设计的详细细节有哪些，等等，目前尚无史料支撑，尚待进一步考证。

### （三） 建筑施工与镇座

奠基仪式是在 1941 年 10 月 17 日举行的，这个日子应该是按照"神尝祭"[②] 决定的。现场调研发现南京神社社殿基座上刻有开工与竣工时间，即 1942 年 2 月到 1943 年 10 月。[③] 据当年神社工地粮食申请配给档案，施工单位是日本的"出川组"，负责人为出川茂；该公司 1942 年 7 月到 1943 年 3 月曾招用大量中国工匠及工人，人数有时多达 350 名/月；[④] 中国人参与的工种有"石工""大工（木作）""左官（泥工）""水作""苦力（小工）"；尚未发现记载日本工匠参与建造的档案。

南京神社（包括社务所、鸟居、灯笼、参道等）竣工后的 11 月 2～3 日，[⑤] 举行了安放神体的镇座祭仪式，象征南京神社正式建成。因南京护国神社的建设决定迟于南京神社做出，举行南京神社镇座祭的 11 月还在修改南京护国神社图纸。[⑥] 目前不知南京护国神社的具体开工与竣工时间，仅知道其镇座祭举行时间为 1944 年 4 月 29 日，[⑦] 因此推测南京护国神社建造时间应在 1941 年 10 月至 1944 年 4 月之间。南京护国神社竣工后，表参道铺装、蓄水池、护坡以及里参道的建设均通过日本居留民的义务活动来完成。[⑧]

---

① 神奈川大学中岛三千男、津田良树提供给笔者的。据称，在奈良的工匠家中发现了 20 张海外神社设计图，包括上述的 6 张南京神社设计图。目前图纸数据公开在神奈川大学非文字资料研究センター"海外神社（迹地）に関するデータベース"（http://www.himoji.jp/database/db04/index.html）上。参见「図面が語る海外神社 戦前建設、技師宅から20 枚」『朝日新聞（大阪夕刊）』2008 年 12 月 3 日、第 14 版。

② 皇室大祭之一，此日天皇把当年收获的新米奉献给伊势神宫的天照大神。

③ 笔者调研时确认了在旧南京神社拜殿台基的陛板石部分，在被嵌入的石块上刻有时间。尽管表面部分损坏，难以阅读，但仍然可认出"起工昭和十七年二月/□□昭和十八年十月"，应该是"1942 年 2 月开工，1943 年 10 月竣工"的建设纪念碑。

④ 此资料是 1942 年 8 月出川为了给中国劳动者分配粮食而写的申请书。资料中所写的预定施工时间是 1942 年 7 月到次年 3 月。参见出川茂《请配给八月份的食米市神社建设工事一附名单函市府》（1942 年 8 月 7 日），南京市档案馆藏，档案号：10020021856（00）0043。

⑤ 《日侨庆祝神社落成》，《中报》1943 年 11 月 3 日。

⑥ 设计图"第七十一号－南京护国神社御本殿儿屋组断面详细图"上有记载"昭和十八年十一月调制"。

⑦ 《昨旅京日侨庆祝天长节》，《中报》1944 年 4 月 30 日；「嚴かな雅樂の流れ 古式床し・浦安の舞 聖氣胸うつ奉幣祭」『南京大陸新報』1944 年 5 月 1 日。

⑧ 「各區で月一回出動 五台山神域の勤勞奉仕」『南京大陸新報』1944 年 5 月 7 日。

# 二　总体布局与主要建筑特征

神社有四个构成要素：一是祭神；二是神社建筑，主要指本殿、拜殿、社务所等；三是神社用地，称为"境内"，包括参道、神苑等；四是崇敬者，即神职人员及氏子（信徒）。[①] 以下依据历史资料及现场调查，分析南京日本神社的总体布局与主要建筑的特征。

## （一）境内空间的区域

近代，一般神社内可以分为五个区域（图2）[②]：（1）神圣区，即镇座神灵的本殿及垣墙所围绕的禁地；（2）神严区，即准本殿位置，用作权

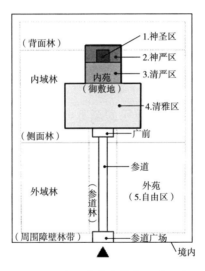

**图2　近代日本神社境内区域示意**

资料来源：笔者绘制，参见上原敬二『神社境内の設計』嵩山房、1919 年；山内泰明『神社建築』神社新報社、1967。

---

① 上原敬二『神社境内の設計』。

② 因为日本神社的历史悠久，而且数量颇多，所以其境内空间千式百样。近代，为了尽量统一空间结构，1935 年前后诞生了所谓"内务省样式"。参见青井哲人「神社建築設計における内務省様式の確立へ――"明治神宮"後、一九二〇年代の動向と技術者たち」『神園』第 9 卷、2013 年 6 月、67～76 頁。在此，笔者参考了如下两种文献并归纳了神社空间示意图：一是造园学者上原敬二在建设明治神宫时进行全国调研的研究成果，参见上原敬二『神社境内の設計』；二是当时的内务省神祇院技手山内泰明为了战后神职解释神社空间的书，参见山内泰明『神社建築』。

殿、① 神库以及摄末社②的基地；（3）清严区，即进行祭祀的祝词殿及拜殿、神馔所、③ 神舆库、祭器库等所在的位置；（4）清雅区，即管理奉务的社务所及斋馆、神乐殿、杂器库、神门、洗手亭等所在的位置；（5）自由区，即参拜者休息所、绘马殿及舞台等自由开放的活动区。上述（1）～（4）称为"御敷地"或"内苑"，第（5）项称为"外苑"。参道一般是指境内入口处到内苑入口处之间的通道。

南京日本神社入口最初计划是在永庆巷和表参道（现体育馆路）交叉口处，1942 年日本"领事馆"出面拓宽并改造了上海路至现体育馆路间的永庆巷，④ 使上海路与永庆巷交叉口处成为表参道的起点，设置参道广场与大鸟居。大鸟居高 10 米，宽 6 米，⑤ 既是境内入口标志，亦是划分俗界、神界之标志，成为"维新路"（现长江路）向西的端点，可以说，政府门前的主干道也变成了南京日本神社的"表参道"（图 3）。

从大鸟居开始，沿着等宽的曲折表参道，自东向西，由低到高，右转至神社的主要参道。该参道两侧种植樱花树，是一条自南向北、南低北高的宽阔直线林荫道（图 4），经内苑入口鸟居、内苑参道，与南京神社社殿建筑轴线重合。

为体现神社场所的环境，1942 年造营奉齐会要求伪南京特别市政府提供树苗，并且规定了树的尺寸和数量：松树 50 棵，高 1.5～2 丈，树干直径 1.5 尺左右；冬青 300 棵，高 1 丈上下，树干直径 5 寸以上。伪南京园林管理处不得已只能免费地将离中山陵 3 里以外的黑松给奉齐会。⑥

---

① 本殿修理时，暂时安放灵代的社殿。
② 摄社与末社。摄社指的是后神、子神、荒神等与本社的祭神关联性较强的神社，而末社是本社支配下的其他神社。
③ 制作、奉献给神菜肴的地方。
④ 1942 年 7 月 27 日，南京神社造营奉齐会会长在给日本总领事的公式书信中，提出了为建设参道而欲购买相关土地和变更公路的申请。参见伪市地政局《为南京神社征收土地扩充道路一案与公安局、日本总领事馆与市政府的往来文书》（1942 年 10 月 9 日），南京市档案馆藏，档案号：10020052135（00）0003。1943 年 3 月和 10 月伪南京特别市地政局给道路相关的地主等支付了 9766 元和 1773 元的地价补偿金，参见伪南京特别市政府秘书处《函送日本神社开避道路收用土地专款存储地价报查联和财政局公函》（1940 年 1 月 1 日），南京市档案馆藏，档案号：10020040753（00）0003；伪市地政局《关于日本神社表参道收用五台山土地孙劭勤应发地价费附请款书与财政局来往文件》（1943 年 10 月 8 日），南京市档案馆藏，档案号：10020040860（00）0044。
⑤ 王炳毅：《南京也有一个日本神社》，《湖南档案》2002 年第 11 期，第 16～17 页。
⑥ 伪南京特别市政府秘书处：《关于为日本神社从园林中移植松树等情函致园林管理处陈处长》（1942 年 3 月 19 日），南京市档案馆藏，档案号：10020010808（00）0083。

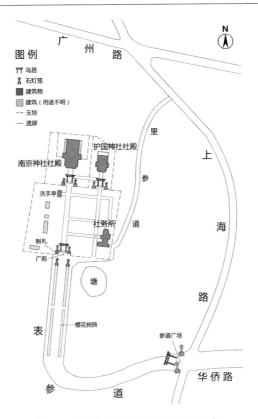

**图3    南京日本神社总平面复原示意**

资料来源：笔者绘制。

**图4    南京日本神社表参道**

资料来源：友声旅行团编《复兴后的首都》，友声旅行团，1946。

### （二）内苑空间

南京日本神社内苑呈"凸"字形，由南部的清雅区和北部的清严区、神严区以及神圣区组成。清雅区为两座神社共有，清严区、神严区和神圣区各自独立，它们之间以石制"玉垣（低矮的栏杆）"①区分，且南京神社的区域明显比南京护国神社的大（图5）。

该内苑的最大特征在于有两座神社，即内苑北部并列布置了南京神社（西侧）和南京护国神社（东侧），两者在内苑都有各自的轴线，只不过南京神社联系的是内苑主入口，南京护国神社的轴线则始自内苑次入口，很明显，南京神社处于主要地位。另外，两座神社共用的社务所在南京护国神社的轴线东侧，次入口附近。共用的清雅区比广前（指内苑入口前）高5级台阶，清严区又比清雅区高4级台阶，从而自境内入口到社殿愈走愈高。

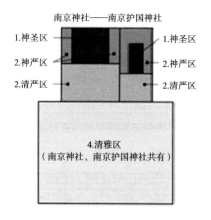

**图5　南京日本神社内苑示意**

资料来源：笔者绘制。

目前可以明确的是，两座神社的清严区入口处都有鸟居，其左右为石制玉垣，以划分清雅区与清严区。玉垣前参道两侧各置1个石灯笼（图6、7）；推测南京神社清严区前参道西侧的小建筑应是洗手亭；洗手亭南边的3栋小建筑尚无法确认。

---

① 玉垣指的是围绕神社的木造或石造的栅栏。

**图 6　竣工不久的南京神社照片**

资料来源：哈佛图书馆 Hedda Morrison photograph collection。

**图 7　南京护国神社奉币祭照片**

资料来源：「嚴かな雅樂の流れ 古式床し？ 浦安の舞 聖氣胸うつ奉幣祭」『南京大陸新報』1944 年 5 月 1 日、2 頁。

## （三）社殿建筑

南京神社社殿与南京护国神社社殿均为拜殿、币殿、本殿以及神馔所、祭器库合为一体的木结构建筑，屋顶都采用柏树皮茸，平面"十"字形对称布局。沿着自南向北的轴线，经内苑石参道、向拜，进入拜殿、渡殿、币殿和本殿，形成了逐渐升高的直线式重要空间序列，而向拜前的石台阶、渡殿前的木台阶、本殿前的木台阶，既表示出拜殿、币殿、本殿的独立性格，又突出本殿的中心地位。（图 8、图 9）

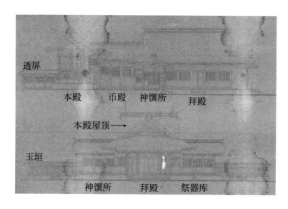

**图 8　南京神社社殿立面**

资料来源：原设计图"第三号－南京神社社殿新筑设计姿图"，文字系笔者加注。

**图 9　南京护国神社社殿平面**

资料来源：原设计图"护国神社新筑设计平面图"，文字系笔者加注。

拜殿是参拜的主要空间，举行正式仪式时参拜者在这里听取宫司的祝词，之后奉上"玉串"等供物。拜殿前面的向拜，既是进入拜殿的过渡空间，也用于平时简单的参拜仪式。南京神社拜殿设于混凝土基台上，其前后为向拜和渡殿，面宽 7 间，进深 6 间，属于"妻入"① 的"入母屋造（歇山）"建筑形式。拜殿建筑结构的最大特征是采用了西方建筑技术的桁架结构，② 只在外围设置金柱，形成室内无柱的大空间。金柱均为圆柱，向拜则采用的是 4 根方柱。南京护国神社拜殿也是设立在基台之上，面宽 3 间，进深 4 间，是"平入"③ 的入母屋造建筑形式，与南京神社桁架结构不同，采用了日本传统的"和小屋"④ 结构形式，也许是因为规模小无须特别的结构。在建筑装饰上，南京神社正面展示"妻饰"，即"鬼板（屋脊头）"，贴有金属的"破风板（搏风板）"、木悬鱼以及具有"扠首束（脊瓜柱）"的"豕扠首（叉手）"，室内天花板是均质的"格天井"⑤，柱间的大窗户均为"连子窗（直棂窗）"，以控制光线射入。而南京护国神社向拜与拜殿主体的连续屋面，看起来比南京神社更简洁素朴。

祭器库主要用于存放祭拜仪式用具，神馔所是烹调神馔的厨房。南京神社和南京护国神社的祭器库、神馔所均位于拜殿偏北的东西两翼，尽管二者的面宽和进深不尽相同，但其屋顶形式却都采用了切妻造（尖山顶悬山）。渡殿是东翼祭器库、西翼神馔所、拜殿以及币殿的联系空间。⑥

币殿是神职的主要仪式空间，是奉献祝词、神舞等的场所，同时也是从拜殿到本殿的联系空间。南京神社币殿总面宽与本殿相同，币殿是一个无柱的宽敞空间，本殿则为 3 开间。币殿进深大于面宽，为 4 间，且柱间距较窄。结构上，币殿北端与本殿共用方形向拜柱，同样南端与拜殿共用北侧圆柱，柱间开设连子窗。南京护国神社的币殿与南京神社的大致相同，只是进深少了一间。

安放神体的本殿是最重要的神社建筑，只不过南京神社与南京护国神社安放的神体不同。相同的是，两座神社本殿内部均划分为安放神灵附体之物的"内阵"与"外阵"空间两部分；不同的是，南京神社的内阵又细分成 3 处，⑦ 分别安置"天照大神、明治天皇与国魂大神"，因南京护国神社只安置"阵亡日军"，所以内阵无须细分。外阵是献上"币物"和"神馔"的地方，它们各自放在"币物案（安放币物的桌子）"和"神馔案

---

① 妻入，指以山墙面为正面的形式。
② 根据设计图"第拾四号 - 南京神社拜殿儿屋详细图"。
③ 平入，指以山墙面为侧面的形式。
④ 梁上立小屋束（童柱）的日本传统建筑结构。
⑤ 四方形格子组成的天花板。
⑥ 根据设计图"护国神社新筑设计平面图"。
⑦ 根据设计图"第六号 - 南京神社轩里及儿屋伏图"。

（安放神馔的桌子）"上。

如图 10 所示，南京神社本殿的建筑形式是屋顶上戴着"千木"① 和
"坚鱼木"② 的"三间社流造"③；双层台基，石制"基坛（台基）"上为
灰浆制"龟腹（台基）"；本殿主体结构木柱分圆、方两种，龟腹上架设圆
柱，且柱与柱之间用"地长押"④"切目长押""内法长押"联系；架设在
基坛之外的是方柱（向拜柱），两根向拜柱间以"向拜桁"连接；本殿左
右两侧设置具有栏杆作用的缘（相当于外廊），左右缘北侧端部设有"胁
障子（木板墙的一种）"，既有空间围合作用，也有装饰效果；椽类有檐椽
与飞椽，前面向拜部分可能有两重飞椽；墙用"横羽目板（横向木板）"；
斗栱只采用"舟肘木（瓜栱）"，此上放"虹梁"，其上再设具有"扠首束
（脊瓜柱）"的"豕扠首（叉手）"。虽然搏风板、门等处有金属装饰，但
整体上限制了装饰性元素。南京护国神社本殿与南京神社非常相似，除了
规模及内阵空间划分不同之外，主要差别是缘的空间，即南京护国神社本
殿北侧也设有缘，形成了左右两侧及北侧三面围绕本殿主体的缘。

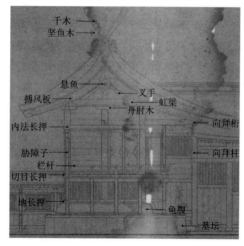

**图 10　南京神社本殿部分立面**

资料来源：原设计图"第三号 – 南京神社社殿新筑设计姿图"的部分放大，文字系笔者加注。

另外，南京神社社殿的木制玉垣按照两翼南侧的柱线向东西伸展，然

---

① 屋脊两端上搏风板向外延伸的装饰部分。
② 固定屋脊的剖面圆形的部件。
③ "三间社"指的是面宽三间的神社。"流造"是神社本殿形式之一，意指前面屋顶好像流
出来的样子。另外，其前面部分叫"向拜"。
④ "长押"是从两侧挤压柱子来承受水平力的部件。

后在第 5 间往北拐至本殿后面，而后围绕本殿。从正面来看，在中心，拜殿、左右两翼和玉垣形成钝角三角形，以增强视觉上的稳定感。玉垣内的"透屏"①，沿着两翼东西端柱线往北伸展，再次围合本殿，更增加了本殿的神秘性。然而，南京护国神社只有一重"透屏"。

## （四）社务所

社务所主要用于神社事务管理、接待以及神职值宿等。目前，尚未发现社务所原始设计图纸等资料。虽然现存建筑的内部空间和局部外观有所改变，但整体保存状况较好，仍能通过留存的建筑轮廓、结构体系、外墙材料、屋顶、装饰以及主入口的"车寄（门廊）"等元素，判断该社务所建筑采用三栋"入母屋造（歇山）"和两栋"切妻造（悬山）"合成一体的组合建筑形式（图 11 ~ 13）。

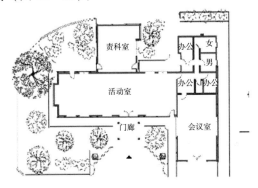

**图 11　社务所平面实测**

资料来源：笔者绘制。

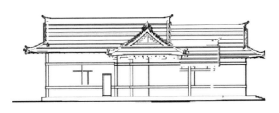

**图 12　社务所北立面实测**

资料来源：笔者绘制。

根据屋顶形式可知，从悬山门廊进入的歇山建筑部分是中心空间，应

---

① 具有连子窗（直棂窗）等，从其内部可以窥视的围墙。

**图 13　社务所实测鸟瞰**

资料来源：笔者绘制。

有一般接待室与 "参笼所"①；东侧最高的歇山建筑应该是贵人接待室；西侧最低的歇山建筑应该是办公室；南端东侧最低的悬山建筑应是神职值班室，包括生活起居等功能。

在建筑结构方面，采用钢筋混凝土框架的墙体承重与木制屋顶的复合结构形式（图 14），根据外观形式，比例尺度，构造方式如木柱、长押、瓜栱等的传统木结构形态，其属于近代和风建筑。

**图 14　社务所檐椽照片**

资料来源：笔者拍摄。

建筑装饰比较古式素朴，与近代复古江户之前神社建筑的做法相同。例如，歇山山墙的 "妻饰" 包括叉手、搏风板、屋脊头、悬鱼等元素（图15）。另外，主入口的车寄采用的是木结构，传统建筑式样，有 "木鼻

---

① 举行神职仪式前在此闭居清洁身心，作为斋戒沐浴的设施。

（穿枋端部的雕刻）"、"蟆股（正面穿枋上虹梁下的木板）"①、瓜栱、虹梁、搏风板、悬鱼②和屋脊头等装饰（图16）。

**图15 社务所的"妻饰"**

资料来源：笔者拍摄。

**图16 社务所车寄（门廊）**

资料来源：笔者拍摄。

# 三 南京日本神社空间的演变

## （一）现存状况与变化

虽然现仅存有原南京神社拜殿和社务所，但仍可确认整个神社的大致范围与空间格局、参道的位置与走向、4个鸟居与原南京护国神社的位置以及石灯笼等。（图17）

---

① 根据张十庆的研究，从中国的驼峰发展成日本的蟆股，此名称表现的是蛙腿张开的形态。参见张十庆《古代建筑象形构件的制形及其演变——从驼峰与蟆股的比较看中日古代建筑的源流和发展关系》，《古建园林技术》1994年第1期，第12~15页。

② 车寄部分未发现悬鱼，但有其痕迹。

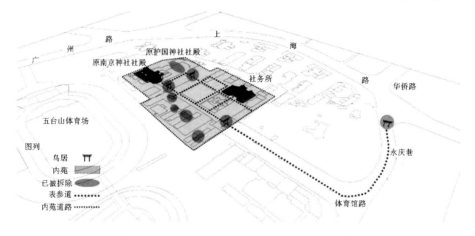

**图 17　现存建筑、参道位置及被拆除的建筑**

资料来源：笔者绘制。

现永庆巷与体育馆路的位置与走向，即为原表参道的位置与走向。体育馆路是当时主要表参道空间，南北向布置，为烘托神社气氛而采用了宽而直的林荫大道，直对内苑主入口，只是原来的樱花树已替换为杉树（图 4）。

4 个鸟居（分别位于现永庆巷与上海路交叉处的境内入口①、现江苏省五台山体育中心 4 号门处的内苑入口、南京神社拜殿前入口、南京护国神社前入口）以及南京护国神社社殿均已被拆除，② 其他如铺地、石阶、石灯笼和"制札（公告牌）"③ 等部分构件尚存。此外，原内苑南部清雅区中心已变为庭院及网球场，仍可确认其与北部（清严区、神严区以及神圣区）的界线。

比较设计图与现状可知，原南京神社社殿的拜殿部分（包括两翼的祭器库和神馔所）属于原物，只是柱子、长押、穿枋、瓜栱、搏风板、悬鱼、两重椽等都被刷漆，屋顶材料由丝柏树皮变成了水泥瓦，门窗亦非原型；原币殿、本殿则是先被拆除，在原址新建了现在的建筑，与拜殿连成

---

① 现永庆巷与上海路交叉处的境内入口的大鸟居，"1990 年五台山地区改造扩路时才被市政府部门平毁"，参见王炳毅《南京也有一个日本神社》，《湖南档案》2002 年第 11 期，第 16 ~ 17 页。

② 根据王晓曼等的记载，"大的一幢主体建筑面积 322 个平方米，柱础台基、歇山顶。小的一幢建筑面积 124 平方米。这二幢房无论是正门还是四周的外墙结构，都有'开'字形的神社大门的特定标志"（参见王晓曼、周兆涵、陈宗彪《抗战时期日军在华设建神社初探》，918 爱国网，http://china918.net/news/read？id = 7934，2003 年 10 月 28 日）可知，2003 年除了南京神社社殿之外，护国神社和神社前面的两座鸟居都还在。

③ 写有禁止事项的公告牌。

一体（图18~20）。

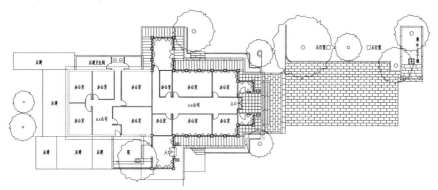

**图18    原南京神社社殿实测平面**

资料来源：笔者绘制。

**图19    原南京神社社殿实测南立面**

资料来源：笔者绘制。

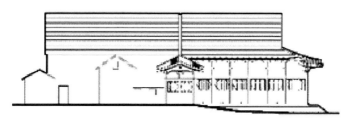

**图20    原南京神社社殿实测西立面**

资料来源：笔者绘制。

从社务所的现状看，建筑的基本结构以及外观似乎保留信息较多，内部空间改变很大，目前尚未发现其设计图纸。

### （二）　建筑用途的变化

南京日本神社既供奉"天照大神、明治天皇与国魂大神"等，也有战死者之灵，企图营造的是一种"神圣"而又带有血腥的战争气息。[1] 可见，为日本侵略战争服务是南京日本神社最重要的用途。如，1943 年 11 月 23 日，日本新尝祭，南京的日本侨民集于南京日本神社供奉新谷；[2] 11 月 28 日，日本大东亚省次官山本熊一来宁参拜南京神社；[3] 12 月 8 日，日本对英美宣战二周年，南京日侨在神社举行祭礼，甚至还有购机献金等活动。[4] 诚如学界研究所言，南京日本神社实际上是"南京神社"与"南京护国神社"两者的结合，旨在令参拜者折服于战争。[5]

抗战胜利后，作为侵略象征的神社建筑，在全国或被拆除或被改造，南京也不例外。

1946 年 1 月 14 日，南京市政府提出神社改造方案：将两座神社社殿迁移至东侧空地，改造作为图书馆；在神社原址新建忠烈祠纪念堂（图 21）；剔除"东洋式""日本式"等元素，移走樱花树。[6] 1946 年 5 月 30 日，"首都战利品陈列馆"开馆，内苑主入口处的制札换成了"战利品陈列馆"的牌板（图 22），在南京神社社殿前竖起了"中国抗战阵亡将士纪念堂"石碑（图 23），南京护国神社社殿被用作"日军战利品陈列室"（图 24），[7] 这时的两座社殿尚未被迁移或拆除，只是改变了用途。此外，对象征神社入口的鸟居进行了改造，即在鸟居上面的"额束（童柱）"处挂上了国民党党徽和中华民国国旗，在穿枋上标有"英灵护国"横批，右

---

① 谢任：《神社与它的躯壳：对南京五台山日本神社的考察》，《学海》2016 年第 3 期。

② 《昨为日本新尝祭日，京日侨悬旗庆祝》，《中报》1943 年 11 月 24 日，第 3 版。

③ 《山本次官谒陵致敬》，《申报》1943 年 11 月 30 日，第 3 版。

④ 《大东亚战争二周年，中日双方庆祝仪式》，《中报》1943 年 12 月 9 日，第 2 版。

⑤ 谢任：《神社与它的躯壳：对南京五台山日本神社的考察》，《学海》2016 年第 3 期。

⑥ 1946 年 1 月 14 日，南京市政府提出神社改造方案：一、依忠烈祠设立及保管办法第九条规定会同内政部办理保管之；二、将原有正面两殿房屋移建右侧空场中改作图书馆之用，并将屋上东洋式附件消除；三、移动原有正面两殿后就原有基地建造新式忠烈祠纪念堂（设计图案附后）；四、日本式纪念坊纪念碑路灯拟改变方式加增忠烈纪念字样以壮观瞻；五、将原有行道树（日本樱花）移植别处，改植国花（蜡梅）和松树，用间栽法；六、忠烈祠内图书馆陈列书籍应征集我国历代民族英雄传史种种书册公开阅览。参见市社会局《职员鲁之翘等关于五台山原日人神社等设忠烈祠的意见》，00000223，南京市档案馆藏，档案号：10030030242（00）0002；市社会局《呈请市政府派员接收五台山所建神社并将其各作市先烈遗物馆及市立图书馆》，00000920，南京市档案馆藏，档案号：10030030242（00）0006。

⑦ 《秦风图文笔记》，山东画报出版社，2008，第 117 页。

侧柱写有"□□□连合地义",左侧柱写有"功序□□□天□",形成对联等。

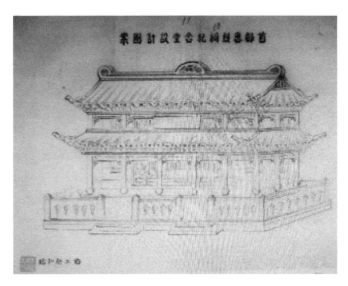

**图 21　忠烈祠纪念堂设计图案**

资料来源:市社会局:《职员鲁之翘等关于五台山原日人神社等设忠烈祠的意见》,00000223,南京市档案馆藏,档案号:10030030242(00)0002。

**图 22　改造后的鸟居与制札**

资料来源:叶兆言《老南京:旧影秦淮》,重庆大学出版社,2014,第 128 页。

**图 23 南京日本神社社殿改造成
中国抗战阵亡将士纪念堂**

资料来源：秦雨编著《你没见过的历史照片》第 3 集，山东画报出版社，2004，第 264 ~ 265 页。

**图 24 原护国神社改造成
日军战利品陈列室**

资料来源：秦雨编著《你没见过的历史照片》第 3 集，第 266 ~ 267 页。文字系笔者所加。

1949 年后，原南京日本神社用地划归江苏省体委、省体育总会、省体委招待所使用。[①] 之后，原南京日本神社社殿相继被用于江苏省乒乓球运动员集训地（1960 年前后）、江苏省体育局老干部活动中心，[②] 2012 年 2 月出租给江苏省建工集团第七建筑公司，目前闲置。社务所一开始是南京市体育运动委员会的会议室，2005 年第十届全运会时用作志愿者培训中心，2012 年 2 月成为老干部中心。[③] 其间，不仅建筑用途发生了改变，

① 王炳毅：《南京也有一个日本神社》，《湖南档案》2002 年第 11 期，第 16 ~ 17 页。
② 秦雨编著《你没见过的历史照片》第 3 集。
③ 秦雨编著《你没见过的历史照片》第 3 集。

而且还实施了改造和部分拆除，如拆除了原南京神社不便使用的本殿和币殿，将社殿改造成乒乓球场，1958 年屋顶的丝柏树皮给了造纸厂，拆除了南京护国神社。

## （三）建筑观念的转变

应该说，诞生于日本侵华战争时期的南京日本神社留存至今，经历了从空间使用价值到作为一种近现代史迹的观念转变。

抗战胜利后的南京市文件曾记载有"占用地皮达数十亩之多，景物优美"，[1] 可知当时"备作京市先烈遗物陈列馆及市立图书馆之用"[2] 的空间使用思维。1946 年虽曾提出"移建右侧空场中改作图书馆之用"，新建忠烈祠纪念堂，但还是将南京神社社殿改成中国抗战阵亡将士纪念堂，南京护国神社改成了陈列室，消除了"神社元素"，仍适合作为"纪念性空间"使用。即使在 1949 年以后的江苏省体委时期，虽有部分改造和拆除，但仍作为相关用途使用，表现出一种单纯的物质空间改造与利用的方式。

改革开放后，文化遗产观念逐渐建立，对不同时期的历史遗存，尤其是近代建筑的研究与价值认知发生了转变。据说 1985 年省体委欲拆除神社以兴建住宅楼，后因南京工学院（现东南大学）建筑系教授童寯多方奔波，神社建筑才得以保存下来。[3] 目前，附近居民将原南京神社社殿的五台山 1 号建筑 - 1 称为"大庙"，原社务所的五台山 1 号建筑 - 2 称为"小庙"，普通市民的观念似乎也在发生着转变。[4]

1992 年 3 月，原南京神社社殿成为南京市文物保护单位——五台山 1 号建筑；2010 年 9 月，原南京神社社殿以及原社务所成为南京重要近现代建筑——五台山 1 号建筑 - 1、五台山 1 号建筑 - 2；2011 年 12 月，原南京日本神社成为江苏省文物保护单位——日本神社旧址。

---

① "查五台山上日人所建之南京护国等神社占用地皮达数十亩之多，景物优美，拟请由府派员收管，备作京市先烈遗物陈列馆及市立图书馆之用并呈请陆军总部备案是否有当敬祈。"参见市社会局《呈请市政府派员接收五台山所建神社并将其各作市先烈遗物馆及市立图书馆》，00000920，南京市档案馆藏，档案号：10030030242（00）0006。

② 市社会局：《职员鲁之翘等关于五台山原日人神社等设忠烈祠的意见》，00000223，南京市档案馆藏，档案号：10030030242（00）0002。

③ 王晓曼、周兆涵、陈宗彪：《抗战时期日军在华设建神社初探》，918 爱国网，http://china918.net/news/read? id = 7934，2003 年 10 月 28 日。

④ 2012 年的探访文章记载原南京神社社殿被叫"大庙"，原社务所被叫"小庙"，参见秦雨编著《你没见过的历史照片》第 3 集。但 2003 年，"小庙"还在原护国神社社殿，而不是原社务所。参见王晓曼、周兆涵、陈宗彪《抗战时期日军在华设建神社初探》，918 爱国网，http://china918.net/news/read? id = 7934，2003 年 10 月 28 日。

# 结　语

首先，神社是日本侵华战争历史的见证，日本发动侵略战争，在中国攻城略地建造神社，其建筑选址承载的是日本侵略中国的历史事实。其性质是一种侵略工具，是日本军国主义法西斯主义的精神象征。随着时代的变迁，我国仅存的四处神社建筑已经成为不同级别的文保单位，揭示日本在侵略地建造神社企图美化侵略战争的政治意图，不仅对今后保护利用、修缮的实施有不可替代的作用，由此也加强了爱国主义教育。

其次，确认了南京日本神社的部分建筑史实。在神社名称上，当时日本称其为"南京神社"和"南京护国神社"，而中国人称其为"日本神社""五台山南京神社"。在建造时间上，南京日本神社奠基仪式举行是在1941 年 10 月 17 日，南京神社社殿开工于 1942 年 2 月，竣工于 1943 年 10月，镇座祭是在 1943 年 11 月 2 日；南京护国神社的镇座祭是在 1944 年 4月 29 日。在建筑形式上，并非靖国神社的神明造，而是"内务省样式"的流造，其原型也许是明治神宫。在建筑空间上，无论是南京神社还是南京护国神社，为了方便举行祭祀仪式，其社殿均为本殿、币殿、拜殿等合成一体的复合式建筑。

再次，建议更正保护铭牌的部分内容。一是文保单位的名称，将"日本神社旧址"改为"南京日本神社旧址"。二是建造时间，将原来的"1939 年"更正为"1943 年"。三是关于建筑结构的表述，南京日本神社社殿不是砖木结构，而是木结构；社务所也不是砖木结构，而是钢筋混凝土和木屋架的复合结构。

最后，由于史料所限，仍有许多待考证之处，如建筑师、社务所设计图纸以及其他附属建筑等，南京护国神社拆除时间和情况，童寯保存建议的确认，清凉山的遗构是否为原南京日本神社的鸟居，等等。此外，对于尚存的这一类承载对华侵略历史，企图美化战争暴行的近现代史迹型建筑，如何确定建筑保护、利用与修缮原则，既是技术问题，又是历史问题、政治问题，值得深入思考与讨论。

# 正义之举：1938 年皖中"无为、庐江 讨伐战"的发生、处理与内在逻辑[*]

王野全　朱正业[**]

**提　要**　1938 年 5~6 月，日军入侵无为和庐江，两县县长不战而逃。在安徽省民众总动员委员会的积极推动下，胡竺冰、翟宗文被省政府分别任命为两县新县长，前往交接。由于原县长拒绝省政府的部署，翟宗文就近向新四军第四支队求助。第四支队在护送二人赴任的同时，剿灭了原县长的反动武装，此即"无为、庐江讨伐战"。新桂系主导的安徽省政府知悉此事后，以此为借口排挤活动在皖中的新四军，并大力打压进步势力。新四军此次正义之举的发生与事态处理有着深层的内在逻辑，不仅与民国以来皖省政局动荡、战时县长权力膨胀、复杂的社会局势密切相关，同时也反映出抗日战争时期国民党政权的两面性。

**关键词**　新四军第四支队　新桂系　庐江　无为

1938 年 10 月 23 日至 11 月 2 日，进驻皖中敌后的新四军第四支队（以下简称"第四支队"）剿灭了无为、庐江两县原县长掌控的武装势力，一起名为"无为、庐江讨伐战"（以下简称"庐无讨伐战"）的事件发生了。多年后，事件的经过是这样被描述的：

> 1938 年 5、6 月间，日军对无为、庐江两县展开集中攻击，无为县县长韦廷杰和庐江县县长李治强不战而逃。鉴于此，安徽省政府撤

---

\*　本文系中共安徽省委党史研究院（安徽省地方志研究院）重点项目"安徽抗日战争志"（2019FACN2778）的阶段性成果。

\*\*　王野全，安徽大学历史系博士研究生；朱正业，安徽大学历史系教授。

销两县县长，并委派进步人士胡竺冰、翟宗文接任。但韦、李二人拒绝交接，并武力抗拒。应安徽省政府要求，新四军第四支队于 1938 年 10 月 23 日~11 月 2 日发动了无为、庐江讨伐战，先后攻克无为、庐江县城，共歼反动武装 2800 多人，收缴枪支 1600 余支，顺利护送胡、翟上任就职。这一事件为新四军建立了皖中敌后抗战的战略支点，扩大了进步势力的影响。①

1938 年 1 月，安徽省政府由安庆迁至六安，基于战时军政统一原则，国民政府任命李宗仁兼任安徽省政府主席，新桂系开始主政皖省。同年 6 月徐州会战后，省政府迁至立煌（今金寨县所在），以廖磊为总司令的新桂系第二十一集团军进驻大别山地区。② 虑及战时军政一体化方针，李宗仁推荐廖接任安徽省政府主席。③ 而在新桂系上台之间，活跃在大别山山区的红二十八军也改编为新四军第四支队，安徽省内的国共合作开始形成。1938 年 10 月 7 日，上任伊始的廖磊在给李宗仁发去的密电中对活动于皖中的第四支队多有不满，其实，早在 4 月，廖在给蒋介石的密电中就抱怨第四支队未遵守新四军军部命令按时到达合肥，而是逗留他处。④ 可以说，当时新桂系在这一地区有着较强的军事力量且已对第四支队非常警惕，那么，护送新县长赴任的要求是否如现在通常认为的来自省政府？既然庐无讨伐战已经引起廖磊对地处皖中的新四军的不满与警觉，加之当时国共摩擦升温，此次事件发生仅两个月后，国民党五届五中全会就确立"溶共、防共、限共、反共"的方针，那么，当时的安徽省政府又是如何看待和处理庐无讨伐战的？也正是在此次事件发生后不久，新四军军部在皖中的庐江县筹建了新四军江北指挥部，此次的庐无讨伐战给当时的皖中

① 事件的叙述参见中国新四军和华中抗日根据地研究会编《永恒的记忆·华中抗日根据地史》，当代中国出版社，2005，第 46~47 页；中国人民解放军历史资料丛书编审委员会编《新四军：综述、大事记、表册》，解放军出版社，1993，第 45 页；新四军第四支队简史编写组编写《新四军第四支队简史》，解放军出版社，1985，第 19~21 页；徐则浩主编《安徽抗日战争史》，安徽人民出版社，2005，第 59 页；中共安徽省委党史工作委员会编《中共安徽党史纲要》，安徽人民出版社，1992，第 114 页；等等。
② 徐方治等编著《新桂系史》第 2 卷，广西人民出版社，1995，第 361 页。
③ 《孔祥熙电蒋中正经院会决议安徽省政府委员兼主席李宗仁另有任用应免本兼各职任命廖磊继任》（1938 年 9 月 27 日），台北"国史馆"，档案号：002/090106/00001/247。
④ 《廖磊电蒋中正查高敬亭支队现滞留在麻埠途中刻职部防线日加延长兵力颇觉单薄恳电饬其迅开合肥以利战机》（1938 年 4 月 16 日），台北"国史馆"，档案号：002/090106/00013/022。

的新四军带来什么影响？①

# 一　事态经过：县权交接之间的新旧争锋

　　庐江和无为地处长江以北的安徽中部地区，两县接壤，联系紧密。1938 年 2 月 11 日，日机在庐江境内投下炸弹，所幸尚"无损失"。② 4 月，日军攻陷巢湖后，开始攻打皖中重镇合肥。为了配合地面军事行动，日军在 5 月先行出动军机轰炸了庐江县城，"炸毁邮局及民房 11 间"。③ "暴风把火焰吹到北边，火势愈燃愈大，人心愈惊惶，悲惨的求救声，大人孩子的哭泣声，闹成一片。"④ 6 月初，为了打通皖中、皖南交通要道合安路（合肥—安庆公路），⑤ 日军从舒城攻入庐江，并与驻守的国民党川军杨森部展开激战。⑥ 川军不敌，遂向庐江、无为方向撤退。日军乘胜追击，集中五千以上兵力"向桐城、庐江等地进犯"，双方于 6 月中旬再次会战。⑦ 数日后，伴随着安庆失守，川军亦从桐城、庐江撤守。⑧ 此时的庐江县县长为 3 月中旬刚上任的李治强，⑨ 手握全县武装力量的李不但没有组织抗战，反而"惧怕日军进攻，逃往黄泥河"。⑩ 未遇任何抵抗的日军，轻易地占领了县城。时人写道："某副军长坚决表示：庐江绝不放弃，必定焦土抗战，谁也没有料到他会偷偷地走了！庐江县长在敌人占领汤池时率部离

---

① 就笔者目之所及，涉及这一事件的专门性研究仅一篇叙述性文章，内容与通常看法基本一致。参见储详林、金笛《新四军第四支队对无为、庐江作战的意义》，安徽省新四军历史研究会编《纪念新四军成立七十周年论文集》，当代中国出版社，2007，第 374 页。

② 《李宗仁电蒋中正十日十一日敌机飞炸和县、庐江情形》（1938 年 2 月 17 日），台北"国史馆"，档案号：002/090200/00035/173。

③ 《李宗仁电蒋中正日机在庐江县东南两门外投弹炸毁邮局民房及守军克复含山县城刻正将敌包围于巢县城内》（1938 年 5 月 11 日），台北"国史馆"，档案号：002/090200/00040/355。

④ 表芳：《动乱的庐江》，《安徽抗日周刊》第 13 期，1938 年 6 月 8 日，第 15 页，安徽省图书馆藏。

⑤ 《庐江县二十八年度县政实施计划草案》（1938 年 11 月），庐江县档案馆藏，档案号：0071/0000/001/0223/0001。

⑥ 庐江县地方志编纂委员会编《庐江县志》，社会科学文献出版社，1993，第 11 页。

⑦ 《安庆两岸激战中桐城、庐江情况不明六安亦紧》，《大公报》（汉口）1938 年 6 月 15 日，第 2 版。

⑧ 《皖西战事进行中，桐城、庐江撤守敌窥六安，豫东迭克要点敌东退难》，《大公报》（汉口）1938 年 6 月 19 日，第 2 版。

⑨ 《关于庐江县县长由李治强代理等问题的公函》（1938 年 3 月 17 日），安徽省档案馆藏，档案号：L001/002（2）/1983/013。

⑩ 《庐江县志》，第 12 页。

城，整个的庐江城停止了呼吸，没有一个人影见，三天没有交代，第四天敌骑兵十七人，从东门进西门出，这样算占领了庐江。"① 庐江失守暴露了县政府和军队的腐败。"据这次参加淮南战役的×副军长所谈，所经各县，以庐江的县政最为糟糕。"② 同样，像附近的合肥，据陈诚给蒋介石的电文，敌人人数极少，装备较差，"照理大可解决敌人"，但军队指挥者主动避战，"无一兵守城"，极少数与敌作战的部队也是"一接触即溃败四散"。最终，县城"不战而陷"。③

同处巢湖周边的无为县，因更靠近长江而易受攻击。因此，自 1938 年1 月就开始遭到日军轰炸。1 月 26 日早晨，"敌机一架侦查，至十时，飞来一架，在城外共投弹 16 枚……并用机枪扫射，计毁坏民房十余间，伤亡五六人"。④ 至五六月，轰炸日趋频繁。5 月 10 日，"有敌机一架在无为漕市街投弹三枚，死平民七人，伤六人"。⑤ 5 月 31 日，"敌机在无为轰炸三次，城内房屋炸毁殆尽，成为一片焦土"；⑥ "东门城内外及米市、鹅市、鼓楼、天主教堂各街均炸成焦土，死伤惨重，电线交通全部被炸断"。⑦ 频繁的轰炸使得整个县城弥漫着恐慌，时任无为县县长韦廷杰亦"惊恐万状"，⑧ 无视职责，甚至"在县城危急之时，尚拼命搜刮地方捐税和民间枪械"。⑨ 此外，韦还下令解散县常备队，并于 5 月就将县政府机关迁往位于县西南而相对安全的黄姑闸。⑩ 无为县域内的秩序迅速失控，原负责治安的县常备队竟然"溃散成匪，到处抢劫，祸害百姓"。⑪

---

① 流星：《庐江失守的教训》，《抗战》第 86 期，1938 年 7 月 3 日，第 7 页。
② 陆诒：《巢湖无为间的血战》，《新华日报》（汉口）1938 年 7 月 16 日，第 3 版。
③ 《陈诚转报合肥作战情形及失陷经过代电》（1938 年 5 月 29 日），中国第二历史档案馆编《国民政府抗战时期军事档案选辑》（上），重庆出版社，2016，第 588 页。
④ 《蒋作宾电蒋中正二十五日无为县有日机侦察投弹并用机枪扫射及二十四日凤阳县有日机侦炸等情》（1938 年 1 月 27 日），台北"国史馆"，档案号：002/090200/00035/061。
⑤ 《李宗仁电蒋中正转报十日上午日机一架在无为漕市街投弹伤毙平民后旋向东飞等情》（1938 年 5 月 12 日），台北"国史馆"，档案号：002/090200/00040/353。
⑥ 《李宗仁电蒋中正日机在无为、五河城内投弹轰炸毁房尚无伤亡等情》（1938 年 6 月 2日），台北"国史馆"，档案号：002/090200/00040/369。
⑦ 《李宗仁电蒋中正陈庆云据报日机十余架三次轰炸无为县东门城内外等地死伤惨重交通电线全毁等情已饬该县长努力善后救护伤亡》（1938 年 6 月 6 日），台北"国史馆"，档案号：002/090200/00043/027。
⑧ 《永恒的记忆·华中抗日根据地史》，第 46 页。
⑨ 陆诒：《巢湖无为间的血战》，《新华日报》（汉口）1938 年 7 月 16 日，第 3 版。
⑩ 卫道行：《无为人民对新四军作出的贡献》，安徽省新四军历史研究会编《驰骋江淮——纪念新四军成立 60 周年》，安徽人民出版社，1998，第 418 页。
⑪ 周心抚：《我的人生道路》，中共巢湖市委党史研究室、巢湖市新四军历史研究会编《烽火岁月——巢湖抗战回忆录》，安徽人民出版社，2015，第 73 页。

庐江、无为两县在短时间内的失守使社会各界对李治强、韦廷杰极为不满，"民怨鼎沸"。① 时值全面抗战时期，国家存亡之秋，国民政府军事委员会已有明令："近查战场附近各县长，当发现×军接近，时有擅自离城避匿，使守城或增援部队一切无从接洽者，不独违背守士有责之本职，尤乏军政协同一致抗战之精神，嗣后各县长凡未奉命令擅自离城逃避者，当照军律从严处治，令到法随，决不宽宥。"② 因此，安徽省政府决定撤销李、韦两人的县长职务，任命新县长。

李宗仁在就任安徽省政府主席伊始，就提出"政治与军事打成一片，政府与人民打成一片……人民力量须尽量发动"的施政方针。③"要求安徽方面的前辈先生们发起成立安徽省民众总动员委员会，不分党派都团结起来，一致抗日。"④ 1938 年 1 月 23 日，在李宗仁、民主人士朱蕴山等推动下，安徽省民众总动员委员会（以下简称"省动委会"）成立。⑤ 民主先驱章乃器就由李宗仁推荐出任省动委会委员兼秘书。为了发展进步势力，同时推动抗日救亡运动的开展，省动委会成立后又吸收了大量进步人士，其各部"部长主要由皖籍进步人士和社会贤达担任"。⑥ 该会成立后，"一时人心振奋，青年向首，可谓自北伐以后，在安徽省政上第一次得到全皖民众热烈的拥戴和企望"。⑦ 省动委会在成立之初积极维护抗日民族统一战线，与中共党组织和新四军联系都十分的密切。在省动委会相关人士的运作下，"争取把共产党员都安排到重要职位上，安排到有利于开展党的工作的职位上"。⑧ 有鉴于此，省动委会在皖省政治方面亦具有一定的话语权。

在庐江、无为两县县长被撤职后，省动委会向省政府推荐了翟宗文、胡竺冰。翟是安徽巢湖人，五四运动时被推选为芜湖学生联合会副会长；五卅运动时期，正在日本留学的翟宗文公开发表演说，要求打倒列强扶持

① 张书田：《回忆组建"战时文化服务社"的情况》，《艰苦创业，继往开来：忆烽火中的七二一三工厂》，新四军历史研究会印刷印钞分会、山东省印刷印钞革命历史研究组，1988，第 80 页。
② 《近战区县长离职，照军律处置》，《申报》（香港）1938 年 7 月 26 日，第 3 版。
③ 李宗仁：《施政方针》，《安徽政治》创刊号，1938 年 2 月 26 日，第 4 页。
④ 朱蕴山等：《我们所知道的安徽省动委会》，六安市政协文史资料委员会编《六安抗战史料汇编》，安徽人民出版社，2015，第 147 页。
⑤ 《第五战区动委会省分会成立》，《安徽政治》创刊号，1938 年 2 月 26 日，第 48 页。
⑥ 中共安徽省委党史研究室：《中国共产党安徽地方史（1919～1949）》第 1 卷，安徽人民出版社，2001，第 292 页。
⑦ 张敬夫：《紧急时期的民众动员》，《安徽政治》第 17 期，1938 年 8 月 20 日，第 1 页。
⑧ 朱蕴山等：《我们所知道的安徽省动委会》，《六安抗战史料汇编》，第 148 页。

的傀儡政府；同一时期加入国民党，1927 年因与右派斗争，被国民党中央认为"破坏本党，应即开除党籍"。① 胡乃无为人，被誉为"党外的布尔什维克"和"鲁迅式的战士"。② 当时翟、胡二人皆在省动委会任职，翟任宣传总干事、宣传部副部长，胡为文化委员会委员。正是有着这样的特殊身份与革命经历，省动委会推荐二人担任新县长。时任安徽省政府主席廖磊经过权衡采纳了这一建议。③ 1938 年冬，翟、胡被省政府分别任命为庐江县和无为县县长，前往就职。④

　　或许翟、胡并未预想到前方等待他们的是一段极为曲折之路。得知翟宗文将接替李治强主政庐江后，庐江县国民党党部联合地方区长、士绅 10 余人起草电文挽留李治强，反对省政府的任命，甚至武装袭击了翟一行人等。⑤ 在地方势力的支持下，李治强和韦廷杰两位已经被撤职的县长依仗手中的武装力量，违抗省政府的命令，"拒不移交"，⑥ 导致翟、胡无法正常上任。面对此一情况，长期和中共关系密切的翟宗文决定奔赴邻近的舒城县求助新四军第四支队。第四支队政治部主任戴季英虽然对翟、胡接任县长表示支持，但为防引起国共间不必要的纷争，"今后上级指责不好交代"，他要求翟、胡必须有个书面保证，"说明要求需要友军协助"。因此，翟宗文在信函中写道，为推行政令，抗敌锄奸，要求友军支持接任。⑦ 第四支队司令员高敬亭决定，如果李治强、韦廷杰"以武力抗交，那么就以武力来解决"。⑧ 随即由第四支队参谋长林维先率部，在游击第二纵队配合

---

① 参见安徽历史名人词典编辑委员会编《安徽历史名人词典》（下），安徽教育出版社，2008，第 1112 页；《中央海外部七月份工作报告》（1927 年 7 月），武汉地方志编纂委员会办公室编《武汉国民政府史料》，武汉出版社，2005，第 447 页；《留日侨胞反抗日英帝国主义紧急大会》，上海社会科学院历史研究所编《五卅运动史料》第 3 卷，上海人民出版社，2005，第 529 页。

② 蒋克祚、徐报生：《党外的布尔什维克——胡竺冰传略》，中共巢湖市委党史研究室、巢湖市新四军历史研究会编《巢湖中共党史人物传》第 1 卷，中共党史出版社，2011，第 59 页。

③ 庆和主编《巢湖文化全书》第 4 卷《名人文化卷》，东方出版社，2011，第 183 页。

④ 史维岫：《安徽省动委会概述》，安徽省政协文史资料研究会编《抗战风云》，安徽人民出版社，1987，第 38 页。

⑤ 中共庐江县委党史研究室：《中国共产党庐江历史》第 1 卷，中共党史出版社，2013，第 98~99 页。

⑥ 刘刚夫：《我和高敬亭谈判的经过》，《抗战风云》，第 38 页。

⑦ 翟大全：《四支队高敬亭司令武装护送我父亲接任庐江县长》，合肥市新四军历史研究会编《新四军第四支队组建与发展》，安徽人民出版社，2003，第 359 页。

⑧ 马德俊：《我们在大别山上》（下），安徽文艺出版社，2016，第 936 页。

下，发起庐无讨伐战。[1] 第四支队绕开了重兵防守的庐江，先攻打无为襄安镇，很快攻占了县城，韦廷杰被开枪射杀。紧接着第四支队又攻进庐江县城，李治强战败潜逃。[2] 翟、胡得以顺利接管庐江、无为，并对县政进行了大刀阔斧的改革。

## 二　事态处理：讨伐战之后的各方反应

虽然第四支队是在翟宗文的求助下才诉诸武力的，但是消息传来后，省政府主席廖磊感到十分的不满。他在日记中写道："据左县长松波由毛坦厂来电云：新四军又攻庐江县城，县长李治强不知下落，并缴枪四五百枝等语。"[3] 据另一份国民党方面材料记载：1938年11月1日，第四支队"进攻无为，枪毙韦县长，计缴去轻机枪十二挺，手提机枪二十余枝，步枪千余枝，子弹万余发，复攻庐江，缴去长短枪三百余枝"。国民党方面更是直接将新四军的此次行动定性为"不法事实"。[4] 而从今天有关此次事件的常见描述来看，通常认为第四支队的武装介入得到了省政府的同意，甚至是"要求"。但是，据廖磊日记等一手材料，省政府对新四军武力介入攻打庐江和无为两县事先并不知晓，只有翟宗文这个新县长的请求协助，从翟宗文之子回忆中亦能看出，此次讨伐战正是翟本人联络的新四军。[5]

虽然在行动之前第四支队方面已经要求翟宗文作出书面承诺，但是这也足够让省政府抓住这个事端大做文章。在廖磊看来，这次事件首先严重影响了其身为安徽主政者的权威。其次则是第四支队并未遵守国共双方业已达成的相关共识，即"秉钧座意旨及顾司令长官之指挥"。[6] 加之，原县长掌控的部分反动军事力量被国民党冠以"正规驻防部队"，第四支队的

---

① 《永恒的记忆·华中抗日根据地史》，第46页。
② 《新四军第四支队简史》，第19~21页。
③ 廖磊：《燕农日记》，1938年11月8日，安徽省政府秘书处编《廖主席言论集》，中原出版社，1939，第277页，安徽省图书馆藏。
④ 《新四军两年来在皖省及豫鄂边区不法事实纪要》，抗日救国宣传队，1940，第6页，安徽省图书馆藏。
⑤ 翟大全：《四支队高敬亭司令武装护送我父亲接任庐江县长》，《新四军第四支队组建与发展》，第359~362页。
⑥ 《叶挺、项英电蒋中正查新四军自开进苏皖边区游击以来大小战役共计二三四次毙敌三二五三人等并一度收复繁昌无为后因日军改变战术而未能发挥》（1939年1月26日），台北"国史馆"，档案号：002/090200/00049/007。

行动间接地激化了新桂系与新四军的矛盾，为日后冲突埋下隐患。原本就非常警惕共产党武装的新桂系政府也更加不信任新四军。在此次事件发生之后，中共中央很快便派遣新四军参谋长张云逸前往江北处理相关问题。廖磊与张进行谈判。可能与交通阻隔、编成未久等因素有关，此时的廖磊对第四支队在皖中的游击活动有着诸多不满，他抱怨道："新四军第四支队高敬亭部，去年四月间从立煌开拨到舒城、庐江方面，有许多不好的地方……现在我们不论哪一党、哪一派的队伍，都是国家的武力，要服从命令，遵守纪律，共产党的队伍，更应该遵守中共中央的决议与策略。"而对于新四军则必须要限制其活动，并且有着具体的要求，在谈判的过程中廖磊提出：

> 第一，要绝对服从命令，统一指挥，其队伍必须集结，不得零散。第二，要他遵守中共中央的命令，不要破坏统一抗战，就是在安徽省境，对政府机关和军队不许有共产主义的宣传，不许有共产党的组织与活动。第三，不准收缴民枪。第四，不准筹粮筹款。第五，不准破坏行政系统。

从上述要求来看，廖磊的做法具有明显的目的性，主要想把新四军的活动范围进行压缩，同时强制要求新四军改变活动方式，不允许宣传任何与共产党相关的内容。从大局的角度出发，同时也为了缓和双方的矛盾，张云逸表示会遵从双方达成的相关协议。① 也正是庐无讨伐战之后，廖磊开始利用此次事件要求第四支队从皖中转移到淮南铁路以东、津浦铁路以南地区。对于这个无理要求，第四支队司令员高敬亭则置之不理，并倚靠皖中地区继续发展壮大第四支队的力量，这也使得双方之间的矛盾越发尖锐，② 以至 1939 年 4 月，廖磊在给李宗仁的密电中希望李转呈蒋介石，企图将第四支队"调赴江南，归还建制"。③

早在 1938 年 5 月 21 日，叶挺就向中共中央致电认为："徐州已失，敌

---

① 廖磊：《最近抗战形势的发展与铲除贪污腐化恶习的必要》（1939 年 1 月 9 日），《廖主席言论集》，第 28～29 页；刘传增：《廖磊和新四军领导同志》，《陆川文史资料》第 4 辑，政协陆川县委员会文史编辑委员会，1988，第 28 页。

② 宋天泉等：《拂晓劲旅——中国人民解放军第二十一军征战纪实》，解放军文艺出版社，2004，第 102 页。

③ 《李宗仁电蒋中正据廖磊称新四军之高敬亭部约一万以上经费过少曾由省府月给津贴二万元原冀其不再就地筹粮饷并饬开赴津浦南段活动请速调该队归还建制》（1939 年 4 月 12 日），台北"国史馆"，档案号：002/090300/00213/316。

后空虚，四支队在左［庐］、合、无三县间一带的地形情况条件均不利迅速开展，应挺进至滁县、全椒以西，嘉山（明光）以南，巢县以北，定远以南，依靠皇洽山脉，向□□山定、滁、巢、全四汽车道及滁临铁道交通线活动，袭击敌少数运动部队及辎重运输，破坏交通并建立支点更有利。"① 但由于高敬亭领导的第四支队处于江北地区，并且长时间活动在大别山深处，中共中央对这支武装力量非常重视，这点在 22 日中共中央给长江局的指示中有所反映，其中写道："用一切力量争取高俊［敬］亭支队在党的领导下。"② 但是鉴于当时的复杂情况，第四支队的内部出现了问题，同时对中共中央的指示不能完全领会和了解，导致第四支队一直踌躇于皖中地区，并未严格遵从中共中央有关军事部署。彭康在给博古的信中写道："这对于统一战线，对于抗日，对于安徽的工作，都会发生莫大的影响的。因此，须得有一个断然的解决。"③ 这些情况都已经到了必须要解决的时候。

加之，此时又发生第四支队护送县长的庐无讨伐战，为解决相关问题，统一江北新四军作战，毛泽东等中共中央主要领导致电项英，认为张云逸可率部过江活动。④ 1938 年 11 月，张云逸到达江北后，先是参加了第四支队直属队党的活动分子会议，传达了中共六届六中全会精神，要求贯彻中共中央关于新四军东进的方针，动员高敬亭率部向皖东挺近。同时，张云逸两次赴立煌与廖磊谈判，以解决新四军江北部队作战区域和军需给养等问题。⑤

在此基础之上，为了更好地贯彻中共中央的方针政策，新四军军部准备在江北地区设立新四军江北指挥部。1939 年 3 月，袁国平、邓子恢联名致信中共中央，信中写道："江北四支队远离军部，鞭长莫及，在那里的工作还不能有把握的做出估计来，更说不上实际的领导。"⑥ 同一时期，叶

---

① 《叶挺关于徐州失守后第四支队应向皖东发展致毛泽东、周恩来电》（1938 年 5 月 21 日），中国抗日战争军事史料丛书编审委员会编《新四军·文献》（1），解放军出版社，2015，第 115 页。

② 《中共中央书记处关于徐州失守后对华中工作的指示》（1938 年 5 月 22 日），《新四军·文献》（1），第 116 页。

③ 《彭康关于安徽党的组织和武装工作等情况致秦邦宪信》（1938 年 7 月 3 日），《中共中央东南局》编辑组编著《中共中央东南局》（下），中共党史出版社，2006，第 595 页。

④ 《毛泽东、王稼祥、刘少奇关于张云逸可率部过江活动致项英电》（1938 年 11 月 10 日），《新四军·文献》（1），第 206 页。

⑤ 张晓光：《张云逸年谱》，中共党史出版社，2005，第 68 页。

⑥ 《袁国平、邓子恢关于新四军的政治工作情况致毛泽东、王稼祥、谭政信》（1939 年 3 月），《新四军·文献》（1），第 252 页。

挺在给蒋介石的电文中也提及，第四支队"与军部隔江相距颇远，以往工作连系因之亦欠密切"，并拟于 4 月前往巡视。① 为了统筹江北新四军，拟于江北设立指挥部或办事处。② 与此同时，中共中央也下达指示，强调建立皖东抗日根据地的重要性。③ 经过多重努力，1939 年 4 月叶挺军长视察完江北新四军部队和实际考察后，在庐江县东汤池（现庐江县汤池镇）松家园正式成立新四军江北指挥部。④ 在江北指挥部成立后的一年内，江北的新四军不断扩大战果，"作战一八三次。毙伤敌：伤敌官七二四名，兵二二一六名，毙敌官三零八名，兵七七八名。俘虏：日军一二名，伪军官六六名，兵六一四名"。⑤ 其在抗日的烽火中不断发展壮大。

庐无讨伐战后，按照省政府原任免程序分别出任庐江县和无为县县长的翟宗文、胡竺冰对县政府进行了改组。在县动委会大量任用共产党员和民主人士，并且和中共保持密切联系。⑥ 在无为县，"上至县政府、下至区乡级政权实权几乎都被共产党员和进步人士所掌握"。⑦ 由于第四支队和翟、胡二人的举动已经引起廖磊的不满和警觉，廖在打压第四支队的同时，也大力削弱省动委会的力量。

翟宗文担任县长仅仅 20 多天就被撤职，改由左松波接任。翟本人被调回立煌，担任"省动委会文化事务委员会常务委员"这一闲职。⑧ 廖磊斥责翟："不该联络新四军攻打县城，这是在政治上犯了一个不可饶恕的错误。"⑨ 同样，胡竺冰担任无为县县长的时间也未超过一个月。据亲历者回忆："安徽省政府以胡私通共产党、'擅起兵端'为借口（指解除韦廷杰反

① 《叶挺关于拟在江北设指挥部或办事处致蒋介石电》（1939 年 3 月 29 日），《新四军·文献》（1），第 292 页。
② 《叶挺项英关于拟在江北设指挥部或办事处致毛泽东、刘少奇电》（1939 年 3 月 30 日），《新四军·文献》（1），第 293 页。
③ 《中央关于建立皖东抗日根据地的指示》（1939 年 4 月 24 日），中央档案馆编《中共中央文件选集》第 12 册，中共中央党校出版社，1991，第 52 ~ 53 页。
④ 中共庐江县委党史研究室编《新四军江北指挥部史》，安徽人民出版社，2016，第 96 页。
⑤ 《新四军江北游击部队一九四〇年战斗胜利统计》，《解放》第 124 期，1941 年，第 15 页。
⑥ 中共巢湖地委组织部、中共巢湖地委党史办公室、巢湖地区档案馆编《中国共产党安徽省巢湖地区组织史资料（1927.4 ~ 1987.11）》，安徽人民出版社，1993，第 60 页。
⑦ 卫道行：《无为人民对新四军作出的贡献》，《驰骋江淮——纪念新四军成立 60 周年》，第 419 页。
⑧ 安徽省动委会战时文化事业委员会采集组编《廖主席治皖周年大事记》，《廖主席言论集》，第 321 页。
⑨ 翟大全：《四支队高敬亭司令武装护送我父亲接任庐江县长》，《新四军第四支队组建与发展》，第 359 页。

动武装一事），下令撤销胡竺冰的县长职务。"① 此举使得两县社会秩序延续日军入侵以来的失控状态。现存的档案中留下了这一时期的相关概况。在庐江：

> 二十七年五月间，敌人打通安合路时，一度压境，全局震动，并受邻封影响及李前县长仓皇离城，地方秩序亦属紊乱异常。嗣经李前县长抗交事变，全县武力丧失殆尽，以致盗匪蠢动，民不安枕。尤以档卷被毁，类都残缺，陈案无稽，难以考查。欲图绥靖地方，恢复通常秩序，整齐步伐，增强抗战力量，则百端待理。②

接替翟宗文的左松波在给省政府的报告中也提及了当时庐江的情况："各项卷宗自经李前任本年六月一度转移，及上月二日翟李冲突两次事变，损失甚多，尤以保甲、兵役、食谷、自卫四者为最，故本任遇有饬办之件，势必查明，办理极感棘手。"③

此次事件甚至改变了省政府在全省地方权力机构中的用人原则和行动方向。1939 年 10 月，项英在报告中提及，廖磊在一次会议上明确说道："第一个敌人是日本，第二个敌人是共产党。""并利用大批托派及顽固分子当县长专干反共工作。有不与新四军磨擦的县长，并行更换。"④ 在此之前更是明确规定："各乡镇公所机关，如有共产党员，一律驱出。"⑤ 新桂系政府转向反共，此举势必将严重危及皖省的国共合作。

支持翟宗文、胡竺冰的省动委会此后也不断受到冲击。在对其处理上，廖磊通过强调省政府的绝对领导，调整省动委会的人事结构等以强化控制。廖明确指出："动委会的一切工作，要通过行政机构，不能用其他的方式。动委会工作同志，要明了动委会的任务在唤起民众策动民众，从

---

① 张书田：《回忆组建"战时文化服务社"的情况》，《艰苦创业，继往开来：忆烽火中的七二一三工厂》，第 81 页。
② 《庐江县二十八年度县政实施计划草案》（1938 年 11 月），庐江县档案馆藏，档案号：0071/0000/001/0223/0001。
③ 《关于庐江县卷宗损失颇多请予调阅的电》（1938 年 12 月 10 日），安徽省档案馆藏，档案号：L001/002（2）/1997/031。
④ 项英：《廖磊在皖最近公开反共》（1939 年 10 月 9 日），鄂豫边区革命史编辑部编印《鄂豫边区抗日根据地历史资料（武装斗争专辑）》第 1 辑，1984，第 123 页。
⑤ 项英：《国民党政府密令及防止及解决新四军》，《鄂豫边区抗日根据地历史资料（武装斗争专辑）》第 1 辑，第 119 页。

前有若干工作同志，想必没有受过相关的训练。"① 通过安插人员逐步排挤"敌对"势力。章乃器就因在安徽省府常会中谈到"中国不只有三民主义，不只有国民党"，被认为是公然反对三民主义、反对国民党。② 可能是鉴于章有"前科"，国民政府很快就明令"章乃器另有任用……应免本兼各职"。③ 1939 年 10 月，廖磊去世，随后接替他的李品仙更是强化对省动委会的改组，直至撤销。④

## 三　事态分析：讨伐战发生与处置背后的逻辑省思

庐无讨伐战从爆发到结束只有短短数日，但却牵涉国共双方、国民党内的派系之争、安徽省政府的权力格局、新四军在皖中地区生存发展等。受历史因素与当时环境影响，事件的起因和处理有着深层的内在逻辑。

第一个疑问是，庐江、无为两县地方政权何以敢公然违背省政府命令，拒绝权力交接。

首先是受民国以降安徽政局混乱之影响，民国以来皖省拒绝权力移交的现象时有发生。南京国民政府肇始，在安徽省政府主席的委任上就波折不断，甚至出现省会多次搬迁，在省内都无法立足之怪状。⑤ 国民党安徽地方政权和各级党部建立后，始终存在复杂的派系之争，既有中央和地方的矛盾，也有政府与党部间的纠纷。⑥ 省一级的动荡亦波及县、乡等层面。研究表明，这一时期皖省新主席上任，免不了更换一批县级官员。在北洋政府时期，安徽"县知事交接，常发生不愉快纠纷，例如旧任持有奥援（往往是地方军人撑腰），拒不交接，新任因此未能接事"。在南京国民政

---

① 廖磊：《从目前抗战形势说到安徽政治的整顿》（1938 年 12 月 10 日），《廖主席言论集》，第 18 页。
② 《朱家骅、徐恩曾电蒋中正桂省人士对此次桂省党部改组之意见及章乃器公然反对三民主义反对国民党等情报提要等三则》（1939 年 4 月 11 日），台北"国史馆"，档案号：002/080200/00522/018。
③ 《国民政府明令任命杨忆祖为安徽省政府委员兼财政厅长原任章乃器免本兼各职》（1939 年 7 月 14 日），台北"国史馆"，档案号：002/090300/00205/211。
④ 史维岫：《安徽省动委会概述》，《抗战风云》，第 41~42 页。
⑤ 《皖省政府主席问题解决》，《申报》（上海）1927 年 8 月 27 日，第 8 版；《皖省政府省党部迁芜经过》，《申报》（上海）1927 年 8 月 27 日，第 8 版；《皖省政府迁芜后之波折》，《申报》（上海）1927 年 8 月 28 日，第 9 版。
⑥ 安徽通史编纂委员会编《安徽通史》第 8 册《民国卷》（上），安徽人民出版社，2011，第 388 页。

府建立后的十年间，这一现象虽有所好转，但并不鲜见。[①]

　　新桂系主政安徽后，当时皖省的主要政治势力既有 "空降" 的新桂系，也有原本掌控皖政并效忠蒋介石、执掌国民党 "党权" 的 CC 系以及旧有的地方势力。[②] 新桂系与 CC 系之间的斗争尤为激烈。主政皖省后，新桂系为巩固统治基础，不仅拉拢地方士绅，并且大力 "改造基层行政"，将其视为 "最重要工作"。[③] 在各级政权中大力任用广西籍人士，据 1939 年省政府机密统计资料，在安徽省县长籍贯方面，广西籍仅次于安徽籍，大大超过其他省籍。[④] 在县政方面，把省政府能够控制的 30 余县之县长全部换成了新桂系分子，甚至 "每撤换一个旧县长，必须派遣一个新桂系的新县长"。乡镇长亦由新桂系培养的人员担任。[⑤] CC 系势力虽然受到排挤，但依靠中央政府的支持，加之在此长期经营，仍然具有相当影响力，部分县长就倚靠其及地方势力，对抗省政府。

　　其次是抗战爆发后地方县长职权的改变。1937 年 10 月，为适应抗战需要，国民政府军事委员会发布《各省行政督察专员及县长兼理军法暂行办法》，授予县长在区域内的军事审判权。[⑥] 随即规定，县长兼任军事委员会军法官，遇 "有奸人混迹，或刺探军政消息，供给敌寇；或受敌方指使，阴谋扰乱治安"，可 "随时按照军法加以惩处"。[⑦] 县长权力的膨胀也引起了国民党高层的担忧，高级将领余汉谋就曾因此事致电蒋介石。[⑧] 在这一大背景下，伴随着 1937 年底日军对安徽的入侵，皖省县长的权力也在不断强化。面对严峻的战争形势，省政府对县长的工作重心做了调整，"为提高行政效能，增强抗战力量，特拟定战时各县县长成绩考核办法"。

---

① 谢国兴：《中国现代化的区域研究：安徽省（1860～1937）》，台北，中研院近代史研究所，1991，第 144～146 页。

② 陈良佐：《新桂系统治安徽初期的片断回忆》，《广西文史资料（新桂系纪实）》第 30 辑中集，广西壮族自治区政协文史资料委员会，1990，第 306 页。

③ 陈良佐：《廖主席与安徽基层行政之改造》，《安徽政治》第 2 卷第 26 期，1939 年 11 月 16 日，第 47 页。

④ 《安徽省二十八年度各县县长年龄籍贯学历统计图》，《安徽省二十八年度统计年鉴》，安徽省政府统计室，1939，第 106 页。

⑤ 《安徽通史》第 9 册《民国卷》（下），第 718、731 页。

⑥ 《国防最高会议函国民政府为函送各省行政督察专员及县长兼理军法暂行办法及各省军事机关代核军法案件暂行办法请查照备案并分令饬遵》（1938 年 2 月 3 日），台北 "国史馆"，档案号：001/012300/00012/010。

⑦ 《军委会电令十四省府委各县长兼任军法官》，《大公报》（汉口）1937 年 12 月 5 日，第 3 版。

⑧ 《余汉谋电蒋中正为增强各地方行政官权限委各区专员及县长兼任军法官当否乞核》（1938 年 11 月 7 日），台北 "国史馆"，档案号：002/080200/00286/037。

明确规定：县级行政人员"以动员民众、组训自卫武力、健全保甲组织、厉行兵役制度、清查户口实施联保连坐、肃清土匪汉奸间谍、修筑防御工事、普及抗战教育及宣传、整理赋税及地方财政、调整农村金融、救济难民、加紧粮食生产和管制、协助军队办理运输、破坏道路等事项为主要工作"。① 由此观之，战时皖省县长已被赋予了一县军事、政治、司法等几乎一切大权，从而也增加了对抗上层权力的资本。

第二个疑问是，为何第四支队仅凭翟宗文的个人书面请求就武力介入庐江、无为两县的县权交接。

在抗日战争爆发以后，在极端混乱局势下，地方上豪绅地主、聚会首领、土匪头目等纷纷收集武器，发展自己的武装力量，再加上国民党的溃散官兵四处流窜，为害一方，严重扰乱了地方秩序。而地处抗战前线的安徽省更是如此，廖磊对此头疼不已，他在公开的谈话中提到："本省自成战区后，各地民众武装结集者甚多，但素质既非尽佳，而给养又是仰照地方，更有不能互相和谐，而竟发生相互火拼的惨剧，结果游击的功放未见，而害民的事实已成。"② 而巩固抗日成果、发展抗日力量则是新四军的应有之义，对于一切破坏抗日局面的反动势力，新四军都有责任去进行清剿，正如新四军第二支队全体指战员在出发抗敌告别父老书中写道的，"力图地方治安上的巩固，以巩固抗战后方，肃清汉奸，肃清托匪，编练壮丁以加强自卫力量，改良民生以发展国民经济"。③ 而第四支队在走出大别山以后，按照中共中央的指示广泛开展抗日救亡运动，在皖中的舒城、庐江等地区"宣传群众、发动群众、组织群众，动员一切力量奋起抗战"。④ 面对猖狂的旧势力反动武装，打击两县的武装暴动、护送新县长上任不仅是新四军的应有之义，更是正义之举，从这也能看出新四军的责任担当。尤其是在刚刚遭受日军入侵的皖中地区，新四军的行动能稳定当地局势，扩大新四军的影响。

第四支队在进入皖中地区以后，积极主动深入敌后，开展游击战争。这一时期，国民党军队在正面战场遭遇一系列失败，从而留下了很多"真空"地带，给改编后实力较弱的第四支队乃至整个中共军队的发展提供了

① 《安徽省政府关于制定战时县长考核办法规定等问题的训令》（1938 年 9 月），安徽省档案馆藏，档案号：L001/002（1）/1426/002。
② 廖磊：《告全省民众书》（1938 年 12 月 6 日），《廖主席言论集》，第 10 页。
③ 《新四军第二支队全体指战员为出发抗敌告别父老书》（1938 年 2 月），《新四军·文献》（1），第 87 页。
④ 《新四军第四支队简史》，第 12 页。

意外的巨大空间。① 加之，当时中共中央给项英去电指示："新四军正应利用目前的有利时机，主动的积极的深入到敌人的后方去……大大的去发动与组织群众……扩大自己，坚强自己，解决自己的武装与给养。"② 因此，翟宗文的请求在一定程度上也契合新四军的发展战略，对第四支队而言，是一次壮大的机会。

当然，需要指出的是，庐无讨伐战的爆发也有着第四支队领导人高敬亭个人因素的影响。1937年中，在得到中共中央有关指示后，时任红二十八军政委高敬亭开始就与国民党议和、停止内战展开谈判，并取得积极成果。③ 同年底，新四军被改编成四个支队，④ 红二十八军主体改编为第四支队。根据中共中央的部署，高敬亭部"可沿皖山山脉进至蚌埠、徐州、合肥三点之间作战"，⑤ "以高俊［敬］亭支队并准备增加一部置于皖北"。⑥ 徐州会战后，结合实际，叶挺等又命第四支队向"皖东发展"。⑦ 但正如前文所述，这一时期新四军第四支队对中共中央的发展战略没有深入理会和贯彻，其中的原因或许是高敬亭自己所说的那样，在鄂豫皖边区长期联系不上党组织，⑧ 长时间的阻隔让高敬亭在队伍的发展上有自己的想法。同时当时皖中刚刚遭受日军入侵，特殊的社会环境让高敬亭不愿意放弃以舒城为中心的皖中抗日根据地，并希望把部队开至怀宁、桐城、庐江一带创造背靠大别山的抗日根据地。⑨ 正在此时，翟宗文前来寻求护送，这对于高敬亭来说，是一个得以继续经营皖中地区的重要机遇，他果断指挥第四支队发动了庐无讨伐战，旨在继续扩大皖中地区的抗日革命根据地，发展

---

① 王建朗、黄克武主编《两岸新编中国近代史·民国卷》（上），社会科学文献出版社，2016，第344~345页。

② 《中共中央书记处关于新四军行动方针的指示》（1938年5月14日），《新四军·文献》（1），第114页。

③ 《高敬亭、何耀榜关于鄂豫皖边情况致中共中央信》（1937年9月9日），《新四军·文献》（1），第23页。

④ 《项英关于新四军编制与干部配备问题致毛泽东、张闻天电》（1937年12月27日），《新四军·文献》（1），第67页。

⑤ 《毛泽东关于高敬亭部东进蚌埠、徐州、合肥间作战致周恩来、项英电》（1937年12月28日），《新四军·文献》（1），第70页。

⑥ 《张闻天、康生、陈云、毛泽东关于长江南北作战部署致陈绍禹等电》（1937年12月30日），《新四军·文献》（1），第72页。

⑦ 《叶挺关于徐州失守后第四支队应向皖东发展致毛泽东、周恩来电》（1938年5月21日），《新四军·文献》（1），第115页。

⑧ 《高敬亭、何耀榜关于鄂豫皖边情况致中共中央信》（1937年9月9日），《新四军·文献》（1），第23页。

⑨ 邵英子：《高敬亭的历史功过及其平反过程》，《江淮文史》1993年第4期。

抗日力量。

第三点是，此次事件的处理无疑也反映出国民党政权的性质。

这一时期，国共已建立抗日民族统一战线，但根本矛盾并未解决，包括蒋介石在内的国民党人对中共的怀疑戒备"依然如故"。进入 1938 年后，双方摩擦日益升温。① 新桂系主政安徽后虽强调团结各方力量，廖磊曾公开指出："共产党的领袖朱德、毛泽东，现在他们已经愿意拥护政府，听政府的命令……真正的共产党都能改变他的政策，都能积极的来参加抗战。"② 但是，从深层次来说，在廖磊主政安徽时期，国共双方只是"矛盾下的表面友好"，③ 并不能说明此时的安徽省政府能够充分支持国共合作。廖磊对共产党和新四军抱有怀疑的态度，并且时刻防范着中国共产党领导的武装力量，"（廖）公开对共产党与新四军八路军态度还好。但坚决反对我党力量在安徽的发展，尤其不允许在他军队中发展，廖磊最近受蒋防共政策影响，曾发表演说，要各地尊重党部，制裁我三民主义倾向"。④ 庐无讨伐战的主要攻打对象即两县原县长李治强、韦廷杰本都是省政府任命的，而讨伐战爆发之前，第四支队未与省政府进行沟通则成了日后国民党发动反共高潮时，新桂系指责新四军在皖省"攻击友军"的重要借口。⑤

此外，南京国民政府肇建，安徽成为其为数不多的权力所及省份之一，CC 系在皖省长期经营，势力较强。全面抗日战争爆发后，虽然新桂系开始主政，但 CC 系并不想轻易放弃地盘。为了争夺权力，竟大肆渲染新桂系主政的安徽省已被"赤化"，前文曾提及，和中共关系较密切的章乃器也被诬"公然反对三民主义反对国民党"。由于这一时期国民党已在策划新一轮的反共高潮，在庐无讨伐战两个月后，召开了确立"溶共、防共、限共、反共"方针的五届五中全会。加之，虑及南京国民政府与新桂系等地方实力派长期以来的矛盾，迫于形势，廖磊对与中共的合作采取更为谨慎的态度。另一方面，新桂系主导安徽省政府以后力图改变地方结构，强化对地方控制，再加上国共之间的深层矛盾，这些都表现在省政府

① 杨奎松：《革命》第 3 卷《国民党的"联共"与"反共"》，广西师范大学出版社，2019，第 449～469 页。
② 廖磊：《统一意志与动员工作》，《安徽政治》第 25 期，1938 年 11 月 25 日，第 8～9 页。
③ 黄昊：《从新桂系与中共的合作与冲突看皖南事变的发生》，《史学集刊》2014 年第 1 期。
④ 《国民党在华中的防共办法及我们的对策（主要是河南并包括湖北、安徽）》，中共中央文献研究室中央档案馆《建党以来重要文献选编（一九二一——一九四九）》第 16 册，中央文献出版社，2011，第 853 页。
⑤ 《中共言论及其行动的分析与批评》，中国青年新闻记者学会立煌分会，1941，第 117 页，南京市图书馆藏。

对庐无讨伐战的处理上，同时也深刻地反映出国民党政权的性质。

# 结 语

安徽省在 1937 年底就成为日军进攻的主方向之一，此时的皖省位于抗战前线，地跨多个战区，新四军军部曾长期设于皖南，国民党在这里亦有大量武装，加之历史原因，相互间的摩擦似难避免。再加上盘根错节的地方势力，多重因素导致了庐无讨伐战的爆发。历史研究的重点不能仅停留在对真相的追溯，更应该探讨其背后的深层逻辑。纵观此次事件的发生与处理，其是多种因素纠缠在一起的产物。在权力等级森严的传统社会，区区一县之长敢于公开反抗省级命令的现象并不多见。这与民国以来皖省政局动荡有着极大关联，省一级的权力并不稳固。全面抗战爆发后，长期以来与南京国民政府积怨颇深的地方实力派——新桂系主政皖省，不可避免地与在此经营数年的 CC 系存在摩擦，一些地方官员往往就是倚仗一方势力与另一派抗衡。加之，全面抗战时期，县长被赋予地方政治、军事、司法等大权，权力不断膨胀，增加了对抗上级政府的资本。而在收到翟宗文的个人请求后，新四军第四支队武装介入县权交接也有深层原因。全民族抗战是当时时代的主题，维护抗日力量是新四军的责任，因此新四军发动庐无讨伐战是维护抗战大局的举措，同时也能为第四支队在皖中的发展争取空间，而其中又包含着第四支队领导人高敬亭的个人原因。

庐无讨伐战的爆发亦能反映出国民政府对地方治理的失败。辛亥革命以后，各种地方自治运动和乡村建设运动此起彼伏，其目的都是使国家权力触及乡村社会。1927 年南京国民政府建立，面对共产党革命运动的不断兴起，国民党利用保甲等手段大力加强对地方的控制，但是"士绅"这一阶层在乡村权力中仍占有主导地位，这也导致政府对地方的管理效率非常低下。廖磊在上任之初就提到要"征辟地方绅耆：对于各地从前负有重要政治地位，或学识优长，或年高德尊，负有声望之绅耆，特电饬各县长，访问检举，以便延揽"。[1] 而县长正处于上层精英群体和地方豪强的夹缝之中，[2] 此时或是唯上是从，或是与地方权势沆瀣一气。到了抗日战争爆发后，地方的县长们对外要组织力量抵抗日军的侵略，对内要维持地方秩

---

① 廖磊：《告全省民众书》（1938 年 12 月 6 日），《廖主席言论集》，第 9 页。
② 王奇生：《革命与反革命——社会文化视野下的民国政治》，社会科学文献出版社，2010，第 393 页。

序，但是"缺乏监督机制是中国传统县政的主要弊病之一"。① 如此种种，最终导致了庐无讨伐战的爆发。这也让廖磊感叹"安徽的县政为豪绅所把持，必须训练干部，有大批的干部才可以从豪绅手中夺回县政的领导权"。② 这也促使廖磊大力推动干部培训班，把广西基层政权设置模式移植到安徽，通过"三自"（自治、自给、自卫）的方针来建设基层政权，廖磊的"新政"培植了一大批亲桂系的地方干部，这种做法不仅让蒋介石非常不满，也让长期把持地方实权的豪绅十分排斥。③ 无论是南京国民政府还是新桂系主导的安徽省政府，在地方的治理上都是不遗余力，结果只能说收效甚微。国民政府对地方治理始终处于一种进退维谷的境地，没有力量去调整农村的经济结构和触动传统的地方势力，再加上政策的失误、政府腐败和行政人员素质低下等众多原因，导致了地方治理上的失败。

　　新桂系主导的安徽省政府在讨伐战的处理上只符合其自身的意志，没有顾全安徽地方的抗日大局。在抗日战争中，冲突和摩擦或许在所难免，可是守土抗战才是当时社会的主题。庐无讨伐战发生后，原本相对开明并公开赞许中国共产党的新桂系迅速做出反应，施加多重压力排挤新四军。之所以如此，主要还是由国民党政权的性质所决定的。由于原县长亦是省政府所任命，其所辖军事力量被视为政府军，因此，第四支队此举无疑被认为是对正在强化权力控制的新桂系的挑战，加之本身就对共产党领导的武装的不信任、CC 系带来的压力和国民党反共的强化，更加导致新桂系排挤皖中的新四军。在对整个事态的处理上，新桂系集团大肆驱逐进步势力，并且把第四支队刻意宣传为不听指挥、擅自行动的典型，这种歪曲事实的描述更是反映出了新桂系政府对新四军的态度，此次事件也成为一个导火索，为其处置新四军提供了一个借口。庐无讨伐战也揭示了新桂系政府在抗战初期主政的两面性：在表面上赞同各种力量抗日御敌，暗地里担心他人做大威胁自己。国民党五届五中全会以后新桂系在政治上更是逐步转向反动，制造了皖东摩擦等一系列冲突，给安徽省整个抗战局面增添了更多不稳定的因素。

　　在庐无讨伐战的过程中，新四军第四支队对反动势力的讨伐不仅是应有之义，更是正义之举。新四军的活动范围主要位于长江以南地区，而第四支队作为抗战初期活动于江北的一支力量，取得了新四军在抗日战争中

① 魏光奇：《官治与自治——20 世纪上半期的中国县制》，商务印书馆，2004，第 390 页。
② 陈良佐：《新桂系统治安徽初期的片断回忆》，《广西文史资料（新桂系纪实）》第 30 辑中集，第 307 页。
③ 徐方治等编著《新桂系史》第 2 卷，第 363 页。

的首次胜利,① 并受到蒋介石通电嘉奖,② 如此辉煌的战绩是在新四军第四支队走出大别山挺近皖中以后取得的。通过史料的梳理可以看出，虽然庐无讨伐战的经过与现行主流说法有着一定的出入，但是这并不影响第四支队在处理此次事件上的正当性和正义性。一方面，抗日战争时期的县长是县域内的军事长官，有权力处理本县的所有军政事务，法定任命的翟宗文县长更是可以选择正义的抗日武装来维护其县长的权力；另一方面，抗日救国是当时社会的主旋律，新四军理当义不容辞。也正是因为有着庐无讨伐战这样的活动，新四军在皖中地区不断发展壮大。在此之后，随着新四军江北指挥部的建立，党组织在皖中各地迅速发展，组织群众参加抗日团体，推动了皖中地区的抗日救亡运动蓬勃开展。也正是有这样的群众基础，江北游击纵队（后改番号为无为抗日游击纵队）在无为县二次沦陷以后重返巢湖地区，恢复了皖中地区的抗日形势，并相继建立了区、乡民主政府，皖中地区开始初步发展成为抗日根据地，在新四军第七师进入皖中以后，在前面的基础之上逐步建立了以无为县为中心的皖江抗日根据地。

---

① 《第四支队在蒋家河口首站告捷》（1938 年 5 月 12 日），《新四军·文献》（1），第113 页。
② 《蒋介石为表彰蒋家河口战斗胜利致叶挺、项英电》（1938 年 5 月 16 日），中国抗日战争军事史料丛书编审委员会编《新四军·参考资料》（4），解放军出版社，2015，第 64 页。

# 战时难民移垦管理问题

## ——以江西垦区保甲制度推行为例

卫平光[*]

**提　要**　全面抗战时期，为救济难民，发展生产，江西省政府根据行政院的指示，设立垦务处，移送难民垦荒自救。虽然《非常时期难民移垦规则》明确由垦务机关对垦民实施管理，但地方政府却一再以维护户政统一和地方治安为由，强令垦民编入当地保甲组织，接受地方政府管辖。此举遭到垦务机关和垦民的强烈反对，双方为此展开持久的争论。最终，行政院从加强社会管控的角度考虑，支持地方政府的要求，强令垦民一律编入地方普通保甲组织。此后，侵犯垦民权益之事有增无减，部分垦民因之弃垦他去，给原本就已经困难重重的难民移垦事业带来了不利影响。战时关于垦民保甲的争论，实质是对垦区管辖权和垦民权益的争夺，反映了战时救济难民与社会管控之间的矛盾，说明战时垦务管理制度还存在较大的缺陷。

**关键词**　难民救济　垦殖　保甲　抗战

全面抗战爆发后，大片国土沦陷，数千万难民自战区逃出，亟待救济。国民政府随即成立专责机关，派出人员，筹拨款物，对难民实施有组织的收容、救济和疏散。为从根本上解决难民生计问题，国民政府采取"以垦殖为配置难民中心工作"[①] 的方针，督促各省政府和机关团体，移送难民开垦荒地，以促使难民生产自救。目前，学界关于战时难民移垦的研

---

\* 卫平光，南京大学历史学博士，江西省委党史研究室助理研究员。

① 《救济难民　抚辑流亡　孔在行政院提案救济总会令实施》，《申报》（汉口）1938 年 1 月 16 日，第 2 版。

究已经取得一定的进展，① 但相关研究主要集中于对各地难民移垦过程的梳理和一般性意义的评介，较少涉及难民移垦组织和管理问题。实际上，在难民到达垦区后，围绕是否编入地方保甲系统、接受地方政府管理，行政院、地方政府、农林部、垦务机关以及移垦难民之间展开了长久的争论，对难民移垦事业的发展产生了较大影响，反映了国民政府在救济难民与加强社会管控之间的内在矛盾。

全面抗战爆发后，大量难民沿长江、赣江、浙赣线、株萍线、南浔线等涌入江西。江西省政府积极推动难民移垦的实施。1938 年 7 月，江西省政府设立垦务处，具体负责难民移垦事务，是全国最早实施难民移垦的少数省份之一，并逐渐形成了国营、省营和民营三种不同的垦殖经营模式。江西省垦务处连续存在十年，保证了垦殖事业的顺利发展，垦殖成效走在全国前列。总之，战时江西难民移垦开办最早，持续时间最长，经营模式完备，成效显著，具有较好的样本研究意义。本文以战时江西为例，探讨难民移垦的管理及其矛盾，窥探国民政府基层社会管理的成效与不足，深化对战时基层社会的认识和理解。

## 一　战时难民移垦管理制度的形成

难民移垦实施，首先必须建立相关管理制度，才能顺利推行。1938 年

---

①　1995 年，孙艳魁首先撰文对战时难民移垦概况做了介绍，并肯定了其积极意义（《抗日战争时期难民垦荒问题述略》，《民国档案》1995 年第 2 期）；李爽认为，抗战时期移垦政策侧重于难民生产方面，体现了国民政府救难重心的转移［《抗日战争时期国民政府难民移垦政策研究》，《吉林师范大学学报》（人文社会科学版）2006 年第 3 期］；常云平、陈英认为抗战时期的难民移垦救济了数十万计的难民，加强了抗战的物质力量，但对土地资源掠夺式的摄取不可避免地催生了各种生态问题［《抗战大后方难民移垦对生态环境的影响》，《西南大学学报》（社会科学版）2009 年第 5 期］；陆和健认为，西部农垦事业在救济难民、增加后方粮食供应、促进西部开发等方面取得的成就值得肯定，但因农垦条件不充分，多为战时权宜之计，战后西部农垦则逐渐收缩（《抗战时期西部农垦事业的发展》，《民国档案》2005 年第 2 期）；贺金林认为国民政府推动华侨垦殖业的发展具有吸引外资与安置归国难侨的双重作用（《抗战期间华侨与国内的垦殖事业》，《抗日战争研究》2010 年第 1 期）；张世慧认为，国民政府创办"侨乐村"具有救助难侨、开垦荒地、繁荣经济的目的，侨乐村运作及管理模式为国民政府安置战时难民提供了一定的经验（《侨乐村——南京国民政府救助难侨措施的新尝试》，《华侨华人历史研究》2013 年第 3 期）；胡怀国认为，战时难民移垦的"公营垦场"是我国从传统农耕社会向现代社会转型时期的重要边际创新举措，不仅使得数十万难民变为安居乐业的垦民，而且在推进新型土地关系和扶植自耕农方面积累了经验；不仅在模式创新方面有一定的理论价值，而且在土地改革方面具有重要的现实意义（《民国时期的"公营垦场"：制度基础与模式创新》，《学术研究》2016 年第 12 期）；等等。

3 月，国民政府公布《难民垦殖实施办法大纲》（以下简称《大纲》），对移垦难民的资格条件、垦区经营管理制度、中央政府和地方政府的责任划分等问题进行了原则性规定，① 战时难民移垦事业正式启动。在《大纲》商讨阶段，相关部会为节约经费，原本不打算设立专门的难民移垦管理机构，而是由非常时期难民救济委员会负责办理。难民入垦后，非常时期难民救济委员会即算完成第一阶段筹备工作，任务终了；关于垦民的组织管理及经营垦殖等问题，属于第二阶段之经常性事务，由内政部、经济部督促地方政府主持办理。② 然而，考虑到难民移垦专业性较强，管理难度大，《大纲》公布后，行政院指定由中央振济委员会、经济部、内政部等组成中央主管垦务机关，专门负责办理难民移垦事务。③

1938 年 10 月 15 日，国民政府对难民移垦政策进行了修改完善，公布实施《非常时期难民移垦规则》。关于垦殖经营方式，明确规定分为国营、省营和民营三种。国营垦区由"中央主管垦务机关"办理，拟在后方数省设立国营垦区十余处，每区设垦区管理局一所，下分设垦场若干，具体负责垦务管理。省营垦区由各省政府办理，省政府须专设垦务委员会，负责移送难民垦荒，并由中央各派一到两人参加各省垦务委员会。中央主管垦务机关、地方政府及垦区管理机关须先行筹划垦区的治安、水利、交通等事项，并在垦民到达前办理完竣。移垦难民在收获之前的生产、生活费用，由政府负责。④

根据《非常时期难民移垦规则》的规定，移垦难民到达垦区后，由垦区管理机关负责指导和管理。地方政府及垦区管理机关共同负责维持垦区治安，规划办理垦民组训，以及垦区医药、卫生、教育及其他公共事业。⑤ 也就是说，难民到达垦区后，其管理权在垦务机关，地方政府需协助办理垦区公共事务，但无权干涉垦区管理。

---

① 《难民垦殖实施办法大纲》，《非常时期救济难民与难民垦殖案》，台北中研院近代史研究所档案馆藏，档案号：17 - 20 - 030 - 02。

② 《经济部、内政部呈行政院》（1938 年 1 月 31 日），《非常时期救济难民与难民垦殖案》，台北中研院近代史研究所档案馆藏，档案号：17 - 20 - 030 - 02。

③ 1941 年 2 月 1 日，国民政府在农林部下设立垦务总局，主管全国垦务行政，是为国家最高垦务行政机关。垦务总局成立后，难民移垦事务全部划归垦务总局负责办理，中央主管垦务机关撤销。

④ 《非常时期难民移垦规则》（1938 年 10 月 15 日），《经济部公报》第 1 卷第 19 期，1938 年，第 837 ~ 841 页。

⑤ 《非常时期难民移垦规则》（1938 年 10 月 15 日），《经济部公报》第 1 卷第 19 期，1938 年，第 840 页。

　　按照中央垦务主管机关的设计，垦区荒地垦竣，垦民大部分能自给自足时，则将垦务管理机关裁撤，垦区移交地方政府接办。垦民达到升科年限，立户升科后，取得居住地户籍，再编入地方保甲，依法纳入地方政府管理，从而实现"难民—垦民—居民"的转化，移垦难民成为当地居民，达到化客为土的目标，移垦之目的即告达成。

　　为鼓励、扶植难民垦荒，国民政府给予垦民许多重要的优待政策，例如，公有荒地分配垦民耕作，垦竣后无偿取得所有权;[1] 取得所有权之土地，得免缴土地税5～8年;私有荒地租给垦民耕种，自开垦之日起免缴田租3～5年。[2] 此外，对于难民服役也有特别规定。战时难民服役分为兵役和工役两项。兵役方面，入垦三年内，在兵役年龄的垦民经军政部核准后，可以缓服兵役。[3] 工役又分筑路、治水、垦荒、军事各项工作。[4] 难民可以自主选择服役种类，必要时由政府统制支配。也就是说，难民参加政府组织的垦荒，也属工役的一种，不但可以缓服兵役，还可免除其他役务。

　　江西省垦务处直属江西省政府，在业务上、技术上接受"中央主管垦务机关"指导。省垦务处以下，附属机关分设两级，第一级为垦区，第二级为耕作单位（后改称"垦殖场"）。每垦区下分设垦场若干。所有垦民均从难民中挑选，且必须是农民;难民一家三口中，至少有一个壮丁，年龄须在18岁至50岁之间，身体强壮、能耐农事劳苦。难民到达垦区后，垦场管理机关收缴其难民证，并办理入籍手续，发给垦户证。他们自此失去难民身份，正式转变为垦民，受垦务机关管理。垦民取得垦籍的同时，需办理联保手续。同一生产队的垦民互相联保，填具联保切结:

　　　　今结得本队内各户垦民俱系身家清白安分守纪，参加垦殖之后，绝对遵守江西省垦务处所颁各项章则，倘发现违反上列各项及意图潜逃与其他违背法律之行为，各负检举之责，如有故意隐匿秘不揭报

---

① 1939年5月6日，国民政府颁布《非常时期难民移垦条例》，将垦民取得土地所有权改为"永久耕作权"。参见内政部编《内政法规汇编·地政类》，商务日报馆，1940，第102～104页。

② 《非常时期难民移垦规则》(1938年10月15日)，《经济部公报》第1卷第19期，1938年，第837～841页。

③ 《非常时期难民移垦规则》，(1938年10月15日)，《经济部公报》第1卷第19期，1938年，第840页。

④ 《非常时期难民服役计划纲要》(1938年4月10日)，内政部编《内政法规汇编·礼俗类》，商务日报馆，1940，第92～93页。

者，愿受连坐之处分。①

垦民除了遵守各项法律法规外，还需要遵守省垦务处的各种规章制度。如垦民须加入垦区的各种合作社，对于垦地划分、作物选定、种子选用、栽培方法、耕作计划、轮作制度及产品运销等，必须接受省垦务处的指导及监督。垦民有义务参加垦区内自治、卫生、消防、水利、交通等各项公共事业。垦民离开垦区，或家庭人口有增减时，须将原因及人数报告垦区办事处。垦民容留外人居住时，须报告垦区办事处，并征得同意。垦务处还对垦民日常行为作了具体规定，如垦民不得吸食鸦片，不准赌博或有其他违法行为。至此，初步形成了一套较为完善的垦务管理制度。这一制度是为适应救济难民的现实需要而设，自成一体且有效运行，对于推动垦殖事业发展、救济难民有着积极意义。

## 二　地方政府和垦务机关在垦民管理上的矛盾

根据《非常时期难民移垦规则》的规定，垦区管理权属于垦务机关。但地方政府却屡次以推行地方自治、维护户政统一和地方治安、化客为土等为借口，强令垦民编入地方普通保甲组织，接受地方政府管辖。此举遭到垦务机关和垦民的强烈反对，双方为此展开持久的争论。

地方政府强令垦民编入保甲组织，首先是因为保甲是民国社会最基本的一级行政组织，是政府对基层社会实施管理的基础。民国保甲制度滥觞于土地革命战争时期。为加强对社会的控制，便利"围剿"红军，1931 年 7 月，陆海空军总司令部南昌行营将江西修水等 43 县划为"剿匪"区域，实行保甲制度。保内各户须取具联保切结，互相监督，以防共产党和红军游击队的渗透。保甲制度具有行政管理、人身管制、户口清查、地方自卫、抽丁派税、派服劳役等多种职能。红军第五次反"围剿"失败，国民党方面认为保甲之实行功不可没。鉴于"地方保甲工作，关系地方警卫，为地方自治之基础"②，国民政府随即在全国普遍推行保甲制度。

抗战期间，为充实基层组织，加强县级行政管理，国民政府实施县政

---

① 江西省垦务处编印《江西省垦务概况》（内部版），江西省垦务处 1940 年 1 月印行，第 154 页。
② 内政部编《内政年鉴 2（警政篇·保甲）》，商务印书馆，1936，第 361 页。

改革，推行新县制。1939 年 11 月，国民党五届六中全会通过了《运用保甲组织防止异党活动办法》，配合"新县制"的推行，主要目的是通过强化保甲组织，限制共产党的活动。江西省政府一方面实行新县制，积极推行户籍编查，另一方面力推地方自治。保甲是基层行政机构的基础，同时也是"完成地方自治之首要工作"①，故省政府屡次严令各县重新整理并加强基层保甲组织。此次整理的主要内容有：重新清查户口，特别是壮丁人数，进行人口登记，作为派税、征兵和其他劳役的基础；严密保甲组织，以防止敌伪及土匪渗透；把保联一级统改为乡、镇，设立乡公所或镇公所，保联主任改称乡长或镇长，保长受乡（镇）长的指挥监督。② 新县制"纳保甲于自治之中"，确立保办公处为一级行政机构，明确乡镇保甲长为公务员，"使每一保甲均能兼政治警察之任务，并能领导所属人民，一致防止异党之活动"③，保甲地位和职能得到进一步强化。总之，民国保甲制度以自治组织形式将国家权力延伸到了城乡底层，从而构建了国家的基层权力基础，形成了对基层社会的严密控制，这对于执政党及其政权的意志、法令和政策的推行，对于民间力量的组织动员以及社会资源的汲取，都产生了不小的作用。④ 这也是江西省政府在战时力推保甲制度的根本原因所在。

江西难民移垦主要集中在赣西南地区，这里是典型的客家社会，原本即存在长期的土客纠纷，而大量难民的到来又加剧了地区的紧张关系。一方面，难民对垦区世居民众具有一定的防备之心。成为难民，就意味着失去了赖以生存的土地、食物、水和住所等物质基础，在逃难过程中往往又与家人及亲戚朋友生死离别，原先熟悉的人际关系网络被打破，还要处处躲避兵匪和敌人的炮火。因缺乏基本的生活来源、安全保障和情感寄托，"对难民而言，那些来自其他地方并且与之没有社会关系的人都被视为陌生人，往往具有威胁性和危险性"⑤。另一方面，世居民众也对难民的到来时刻保持警惕。难民在垦区占地取水，开荒伐木，与世居民众之间存在争夺土地、林木和水资源等矛盾。难民初垦时期没有收获，给养不足，生活

① 《江西省政府训令民字第 01338 号》（1944 年 2 月 21 日），江西省档案馆藏，档案号：J045 - 2 - 01871 - 0311。
② 震洲：《江西保甲制度的检讨》，《江西统计月刊》第 3 卷第 11 期，1940 年，第 14 页。
③ 国民党中央执行委员会：《防止异党活动办法》（1939 年 4 月），转引自何友良《江西通史·民国卷》，江西人民出版社，2008，第 316 页。
④ 何友良：《江西通史·民国卷》，第 243 页。
⑤ 〔美〕萧邦奇：《苦海求生：抗战时期的中国难民》，易丙兰译，山西出版传媒集团、山西人民出版社，2016，第 321~322 页。

艰苦，其中的不良分子往往铤而走险，侵犯世居民众利益之事时有发生，从而造成与世居民众之间关系的紧张。因此，地方政府从维护社会治安的角度出发，力图将垦民纳入地方保甲组织管理，以加强对社会的控制，有一定的合理性。

地方政府更主要的考虑，还是对于垦区各项利益的争取。战时江西横跨正面战场第三、第九两个战区，是东南抗战的桥头堡，江西的兵员和物资征供任务十分繁重。据统计，1937 ~ 1945 年，江西总共为国家输送 103 万余名兵员，约占同期全国征兵总数的 7.4%，约占 1945 年江西人口的 9.3%。江西在兵役动员上，大多数年份达到乃至超过了人口承受的极限。[①] 此外，东南各省如浙、闽、粤等都是缺粮省份，且遭日军封锁，整个东南作战部队给养，大部分必须由江西供给，各省民食也都依赖江西接济，仅就粮食一项而言，江西"实负有支持东南抗战局面的最大责任"[②]。1941 ~ 1944 年，江西供给的军粮即达 1330 多万石，占全国总量的 10.7% ~ 16.5%，保证了第三、第九战区和第七战区作战部队的需要。[③] 战时各级政府承受了较大的兵员和物资动员的压力，但是，按照垦务管理的制度设计，地方政府在一定时期内无法向垦民派征捐税和兵役，垦区"形同化外"。

此外，垦民在一定年限内享有豁免租税、地方摊派和缓服兵役的权利，还可无偿取得所垦土地的耕作权。这些优待政策对世居民众形成了"示范效应"。特别是缓服兵役的特权，对世居民众有着巨大的吸引力，也引起他们最大的不满。农林部指出，"各垦区垦民与土著间年来迭起纠纷，而兵役、捐税之负担实为主要原因"[④]。世居民众纷纷要求加入垦区，以躲避兵役及其他保甲义务，从而给地方政府的管理带来挑战。

难民的大量到来使原本的乡村权力平衡被打破，地方政府无法对他们进行管理，自身权威受到挑战，这自然是其所不愿见到的，故强烈要求将难民编入地方保甲组织，以便对垦民实施管理，方便抽丁派税。江西省政

---

① 何友良：《江西通史·民国卷》，第 323 页。
② 熊式辉：《在全省粮食会议上的演说》（1941 年 3 月 5 日），转引自何友良《江西通史·民国卷》，第 329 页。
③ 何友良：《江西通史·民国卷》，第 331 页。
④ 《全国各垦区垦民编入保甲办法草案说明》，台北中研院近代史研究所档案馆藏，档案号：20 - 26 - 046 - 01。

府认为，"垦民如不予编组保甲，非但破坏保甲体系，且使户政无法推行"，① 垦民"应编组保甲，受当地乡镇之管辖，其番号并应与该管乡镇原有保甲相衔接，以期严密组织，消除土客籍之成见"②。

1939年10月，江西省吉水县第六区署通告省垦务处，拟将省垦务处所属吉水县白水耕作单位垦民编组保甲，由白水乡直接指挥管辖。③ 白水乡保长叶先富、曾焕长等到白水耕作单位，声称："难民垦民一律归本保长管理编策，壮丁要受训当兵摊派捐款，否则驱逐出境。"④ 此时，垦民开荒仅数月，生活尚不能自给，更无法承担捐税等义务，故纷纷表示反对。白水耕作单位管理员万贤涛认为，垦民经编组登记，并填具联保切结，垦民登记表已送吉水县第六区属存查，已经对垦民实施有效管理，无须编入地方保甲，且"垦民编组保甲，受乡镇之直接指挥管辖，与本处行政权发生冲突"⑤。白水垦区主任熊运柯也认为："垦务行政是省垦务处全权，若任编入地方保甲，则势同割裂，影响不浅。"⑥ 从垦务行政权的角度申述垦民不编保甲的理由，触及了垦区管理问题的根本。

省垦务处也认为，在移垦初期，垦民由垦务机关管理较有利于事业的发展。首先，垦民编入地方保甲，受地方政府和垦务管理机关双重管理，事权不一，势必会造成管理上的混乱，影响垦殖事业的进行。其次，垦殖事业专业性、技术性较强，其生产、组织和管理均须由专业人员负责，方能合理开展。特别是移垦初期，垦区各项事业均属初创，事务纷繁复杂，县乡政府专业技术能力弱，自然很难胜任。再次，"各县办理保甲人员多属昧于大义，只求其功令推行，对于难民苦况未能体恤"⑦。垦民编入地方

---

① 《江西省政府训令民五字第19697号》（1943年11月18日），江西省档案馆藏，档案号：J060-2-00111。

② 《据呈以保甲制度是否可实行于集团难民垦殖转请核示等情令仰遵照由》（1939年9月25日），江西省档案馆藏，档案号：J060-2-00038-61。

③ 《为当地保甲长强迫编组保甲恳请转呈上峰予以裁制由》（1939年11月8日），江西省档案馆藏，档案号：J060-2-00037-125。

④ 《为指公凌弱捏词恐吓祈府顺垦民生产救济制止保甲欺诈取财以纾民困事》（1939年11月2日），江西省档案馆藏，档案号：J060-2-00037-127。

⑤ 《白水耕作单位给江西省垦务处的呈》（1939年11月13日），江西省档案馆藏，档案号：J060-2-00037-2。

⑥ 《为准吉水县政府第六区署函请转饬白水垦殖场白沙垦殖场各垦民男妇大小一律编入当地保甲并希见复等由乞鉴核示遵由》（1940年11月4日），江西省档案馆藏，档案号：J060-2-00037-146。

⑦ 《为呈送编组特种保甲暂行办法请察核照准俾利施行由》（1939年12月12日），江西省档案馆藏，档案号：J060-2-00037-14。

保甲后，地方政府和乡保机关势必会要求垦民同世居民众一样，承担兵役、劳役、捐税等各种保甲义务，给予垦民的优惠政策恐将不能落实。新到垦民喘息未安，靠领取给养度日，因物价高涨，给养过少，生活已经十分艰苦；老垦民因荒地初垦，收获也不多，还需要陆续偿还各项贷款。因此，垦民根本无力承担地方保甲摊工派款。况且，省垦务处选收垦民以"四口一丁"为标准，甚至有"五六口一丁"的，也就是说，垦民一家四五口人，能在田间工作的壮丁往往只有一个。一口之丁负担四五口人的生活原本已经十分困难，如再编入保甲，与世居民众同样抽丁，则一家老小生活顿时失去依靠，不但垦民不能自给自足，开垦的田地也可能再次荒芜。最后，"土客"矛盾是移民社会的典型问题，鉴于地方社会阻垦排外之风不断，垦民过早编入地方保甲，将会失去垦务机关的管理和保护。垦民直接面对世居民众，易遭到保甲长和世居民众的欺凌，引发各种矛盾纠纷。

垦民利益一旦受损，必然设法退垦或潜逃，则政府前期投入垦殖事业的资金，包括给予垦民的贷款都将无法收回。这样，不但不能达到救济难民、增加生产的目的，而且浪费政府宝贵的救济资源，垦务机关还会因此背负巨额债务。因此，省垦务处建议在移垦初期不将垦民编入地方保甲，以示对垦民的优待和保护，确保垦区生产生活的正常进行。待垦民生产发展到可以自给自足、还清贷款，逐渐融入到当地生活后，再编入地方保甲，这样就容易达到化客为土的目的。

吉水县政府数次要求将垦民编入地方保甲均遭拒绝，遂将此案上升到地方安全高度，呈请省政府裁决。1940 年 12 月，吉水县县长施广德向省政府报称："现该垦殖单位仍拒绝编入本县保甲，形同化外，割裂地方行政权，影响人事管理，似有未合。该单位究有垦民多少、分子是否纯正，均无从查考，似此同为政府辖地居民，违反法令拒编保甲，设有宵小潜匿，散兵混迹，一旦危害地方，谁负其责？本县五区水南垦民散居为数亦多，此项问题不早解决，值此冬防期间，地方治安极堪顾虑。"① 吉水县所在江西省第三行政区县长联席会议认为："各垦区难民均未编入保甲，实际上又与居民杂居，以致户籍凌乱，漫难稽考。"② 第三区行政督察专员李林也呈请省政府，要求将垦民编入保甲。江西省政府随即严令各地垦民一

①《据吉水县呈报垦民拒编保甲情形令仰遵照由》（1940 年 12 月），江西省档案馆藏，档案号：J060 - 2 - 00037。
②《江西省政府训令民二字第 20775 号》（1940 年 12 月 18 日），江西省档案馆藏，档案号：J060 - 2 - 00037 - 154。

律编入当地保甲。

地方政府对保甲制度具有较强的依赖性，故屡屡强令垦民编入地方保甲组织，名为加强管理、化客为土，实则是为了争夺垦区管理权，便于对垦民抽丁派税。省垦务处从维护垦务管理和垦务权益的角度出发，反对将垦民编入地方保甲，从而引起了地方政府的不满。

## 三　进退维谷的"垦民特编保甲"制度

为了应对地方政府的压力，省垦务处拟订《江西省垦务处各垦殖区编组特种保甲暂行办法》，作为变通办法，准备在垦区实施"特种保甲编制"。"特种保甲编制"由各垦殖区主任自行编组办理，管理权在垦务机关，不与地方保甲组织相联系，以避免地方政府对垦区管理的干涉。《江西省县保甲户口编查办法》第五条规定，保甲户口有"普通""公共""外侨""特编"等七种之分，"如另有不同性质之户附居者，应依其性质分别立户"。省垦务处据此认为"垦民与普通居民性质不同，应尽义务亦异，编为特种保甲，与法并无抵触"①。

然而，就在此时，江西省政府开始实施县政改革，试行"新县制"，推行地方自治。保甲组织作为下层行政机构的基础，是实施"地方自治"的基本环节，必须严密实行，垦民编入地方保甲组织在所难免。但是省垦务处和垦民均担心编入地方保甲后，地方政府和乡保机关不会认真执行难民移垦相关政策，垦民优待条款可能无法落实，垦民利益会受到侵害。为此，省垦务处呈请省政府，通令各县在垦民编入地方保甲后，严格落实垦民应享有的各项优待政策，以安定垦民心理，巩固垦殖基础。1941 年 1 月 11 日，江西省政府训令省垦务处，重申垦民可以缓服兵役，非军事上必要之征工，暂准免服工役；垦民在获收益前，对于地方一切捐派均暂准免除，并不得征集物料。②

有了省政府的训令作保障，省垦务处随即分函第三行政区督察专员公署和吉水县政府，同意垦民编入地方保甲，"除防匪、防灾、自卫事项，得由当地县政府转知垦民管理机关会同办理外，严禁征调壮丁、抽服兵

---

① 《准函以垦民编入当地保甲与居民尽同等义务例举事实上困难之点再函查照将垦民编为特种保甲以免纠葛由》（1942 年 12 月 8 日），江西省档案馆藏，档案号：J060 - 2 - 00151 - 13。

② 《据呈关于垦民编入当地保甲一案情形指令遵照由》（1941 年 1 月 11 日），江西省档案馆藏，档案号：J060 - 2 - 00037 - 169。

役、派工派款及征集物料，以示对垦民的优待"①。江西省第三区行政督察专员公署及吉水县政府均对此表示赞同。省垦务处随即指令所属各垦殖场，同意将垦民编入地方保甲。然而，此时吉水县政府却又未再坚持要求垦民编入地方保甲，此案暂时搁置。

1942 年 10 月，吉水县政府再次催编垦民保甲，理由为："垦民住居 6 个月甚至数年以上者，均与本地住民相等，应服行一切国民义务。吉水县第五区垦民入垦时间均在一二年以上，每年获有收益，应依照规定编入当地保甲，其应服行一切国民义务自不能例外。"② 所谓国民义务，即指要承担兵役工役和各种捐税摊派等。按照吉水县政府的解释，垦民居住 6 个月以上，已经获有收益，就应该编入地方保甲，承担各项保甲义务。此前，江西省政府明确规定，垦民可免交捐税，免于征工征料，缓服兵役。况且，《土地法》也明确规定，荒地承垦人自取得耕作权之日起，免纳地租 5 年。此时，部分老垦民虽经 2～3 年耕作，生活渐趋稳定，但每年尚需偿付大量贷款，另有部分新垦民尚需靠贷款维持生活。总体上看，垦民生活依然十分艰苦。吉水县政府既不顾垦民的实际困难，也无视省政府的命令和法律规定，强令垦民编入地方保甲，并承担相应保甲义务，显示了地方政府较强的权力欲和逐利冲动。据此可知，吉水县政府此前之所以未再强令垦民编入地方保甲，概因彼时垦民入垦不久，收获寥寥，编入地方保甲，地方政府并不能获得实际利益，徒增管理难度。鉴于吉水县政府无视政令，要求垦民承担保甲义务，省垦务处再次提出"垦民编组特种保甲"以作应对，遭吉水县政府拒绝。

不过，"特编保甲"也并非毫无进展。1942 年 7 月，江西省吉安县县长刘益铮以"编查户口为推行地方自治首要工作"③ 为由，要求将省垦务设在吉安的第四中心垦场垦民编入地方保甲组织。省垦务处提出将各场垦民编组特种保甲，遭到吉安县政府的拒绝。鉴于吉安县政府态度强硬，省垦务处以"撤垦"相对，称如果吉安县政府勒令垦民编入地方保甲，省垦务处"只有将本处各场既派人员与既成机构全部撤回，除前此已放贷款应请贵府负责代为收回外，所有贵境垦民全部交由保甲负责管辖，以免浪费

① 《为吉水垦区呈报关于垦民编入当地保甲一案据情呈请鉴核由》（1940 年 11 月 28 日），江西省档案馆藏，档案号：J060－2－00037－142。
② 《为准函请转饬第五区署对当地垦民暂缓编入保甲函复查照由》（1942 年 10 月 2 日），江西省档案馆藏，档案号：J060－2－00151－19。
③ 《准函再复提供垦民编组普通保甲困难及应予特种组织等意见请烦参酌办理见复由》（1942 年 8 月 22 日），江西省档案馆藏，档案号：J060－2－00151－038。

人力财力，反多纠纷"。① 至此，吉安县政府勉强同意以"特编保甲"名义将垦民单独编组，以与当地的"普通保甲"相区别。1943年初，吉安县常田乡乡长持县府命令，到省垦务处第四中心垦场办理垦民"特编保甲"，将中心垦殖场所属澧田、沙溪等垦场均编入当地保甲，垦户编为特编一、二两保（沙溪垦殖场定名为"吉安县常田乡特编第一保"，澧田垦殖场定名为"吉安县常田乡特编第二保"），并宣布不征兵、不摊派捐款，经该县府布示。② 需要指出的是，吉安县政府所编"垦民特编保甲"虽然是独立编制，但仍归地方政府管理，管理权不在垦务机关，与省垦务处所编的"垦民特编保甲"并不相同。因此，垦民保甲问题实际上并没有真正解决。

此间，农林部直属江西安福垦区管理局拟订《垦场保甲组织暂行条例》，经农林部批准，在所属各垦场推行"垦民特编保甲"，由垦场自主编制管理，不受地方政府管辖。江西省垦务处据此报请农林部批准后，援照安福垦区的做法，继续推行垦区"特编保甲"制度。1943年2月2日，省垦务处订定《各场垦民保甲户口编查办法》，由各场自行召集垦民编组保甲，受垦场管理。垦民组成保以后，其名称于各垦殖场名下加入"特编"二字，即"江西省垦务处某某垦殖场特编保第×甲第×户"。原则上每场编成一特编保，每保不少于6甲、不多于15甲，每甲不少于6户、不多于15户。甲长由各户公推，保长由甲长公推。保甲编组完后，垦场将垦民户口调查表及甲户编查登记表呈送省垦务处、县政府及乡（镇）公所。垦民保甲直接受江西省垦务处及垦场管辖，同时接受当地县政府及乡（镇）公所指挥监督。③

省垦务处"特编保甲"制度是自主编制的保甲组织，独立于地方普通保甲组织之外，不受地方政府管辖，从而避免了与地方政府在垦区管理上的矛盾。值得注意的是，江西省垦务处原拟将《各场垦民保甲户口编查办法》报经省政府批准后实施，后改为"自公布之日起实施"。这样做虽然避免了该"办法"在呈送省政府审查时可能会被否决的命运，但因仅是垦务处自主制定的部门规章，不被地方政府和省民政厅所认可，对地方政府来说其实并没有约束力。因此，"特编保甲"制度的推行仍然困难重重。

---

① 《准函再复提供垦民编组普通保甲困难及应予特种组织等意见请烦参酌办理见复由》（1942年8月22日），江西省档案馆藏，档案号：J060-2-00151-038。
② 《为准常田乡公所函以垦民原编特编保甲奉令取消改编为普通保甲等由呈请鉴核示遵由》（1943年7月4日），江西省档案馆藏，档案号：J060-2-00111-98。
③ 《江西省垦务处各场垦民保甲户口编查办法》（1943年2月2日），江西省档案馆藏，档案号：J060-2-00113-229。

　　垦务机关与地方政府之间关于垦民编组保甲的矛盾，不仅在省营垦区存在，在农林部直属的国营垦区也同样存在。移垦难民到达各地国营垦区后，根据地方政府要求，陆续加入当地保甲组织，却纠纷不断，影响垦荒工作。各地国营垦区管理局纷纷向农林部抱怨"垦民时受当地保甲之牵制，举凡征工及征派各种捐税等事，纠纷甚多，以致垦殖事业，诸感窒碍"①。为根本解决这一矛盾，农林部决定在直属各垦区全面推行"特编保甲"制度，不与地方保甲组织混编，以安定垦民心理，确保垦务顺利发展。

　　1943 年 3 月 11 日，农林部拟订《农林部直辖各垦区实施保甲制度暂行办法》，呈请行政院核准施行。5 月 10 日，行政院指令农林部："移入垦区垦民实施保甲制度既有困难，应适用特殊编制，不必编组保甲。"② 行政院这一决定对于保护垦民权益、维护垦区安定、推动难民移垦事业发展具有至关重要的意义。农林部遂在直属各垦区全面推行"特编保甲"制度。农林部认为，既然国营垦区可以实施"特编保甲"制度，那么，同样是招收难民垦殖、同属公营性质的各省营垦区也可援案办理，遂将行政院的指令转发江西省垦务处执行。有了法令依据，省垦务处加快了垦民"特编保甲"的办理速度。

　　省垦务处"特编保甲"尚在艰难推行中，而此时地方政府的态度也愈加强硬，屡次逼令垦民编入地方保甲，从而造成垦务管理的混乱。吉安垦区的"特编保甲"实施未久，吉安县政府就指出，常田乡先前所编垦民"特编保甲"组织与《县保甲编查办法施行细则》"特编保"的规定不符，指令常田乡将"特编保甲"取消，所有垦民均加入普通户口。③ 沙溪、澧田两垦殖场"特编保甲"随即被乡公所取消，改编为普通住户。此间，省垦务处又屡次指令各垦殖场实施"特编保甲"制度。各垦场陆续接到地方政府和省垦务处的矛盾指示，无所适从。沙溪垦殖场主任吴挺亚无奈表示"似此尚不知真理如何"④；澧田垦殖场主任黄藩生也向省垦务处抱怨："一场仅能编组一种保甲，不能编组二种保甲，本场垦民既已编入常田乡，对

①　《呈为选据直辖各垦区局呈请处理各垦区垦民关于加入保甲及服役纳税等情谨拟具本部直辖各垦区实施保甲制度暂行办法请鉴核指令示遵由》（1943 年 3 月 11 日），《农林公报》（重庆）第 4 卷第 1 ~ 3 期合刊，1943 年，第 68 ~ 69 页。

②　《行政院指令仁叁字第 10462 号》（1943 年 5 月 10 日），台北中研院近代史研究所档案馆藏，档案号：20 - 26 - 046 - 01。

③　《吉安县政府民户编字第 02153 号代电》，江西省档案馆藏，档案号：J060 - 2 - 00113。

④　《江西省垦务处吉安沙溪垦殖场代电》（1943 年 7 月 9 日），江西省档案馆藏，档案号：J060 - 2 - 00113 - 386。

于钧处保甲事项诸多碍难办理。"①

各垦场的"特编保甲"不为地方政府所承认,地方政府也无法顺利在垦场推行普通保甲制度,从而加剧了垦务管理机关与地方政府间的矛盾。江西省南丰县政府屡次指令辖境内的省垦务处第七中心垦殖场垦民编入当地保甲,均遭拒绝,遂严令各乡镇公所"如垦民仍拒编组,除拘禁垦民外,并逮捕各主管人员"。各乡镇保甲人员"迭次派员带枪赴各场实行编查,同时垦民拒绝接受,几成惨案"②。第七中心垦殖场垦民纷纷表示"如无法处置,则全部携眷离场"③。场长陈达民声称:"似此情形,若不从速解决,不特垦民不能安心耕作,即垦殖事业亦从此瓦解矣。"④

省营垦区矛盾不断,国营垦区也是如此。1943年10月,江西省吉水县政府强令农林部江西安福垦区垦民编入当地保甲,遭到安福垦区管理局拒绝。吉水县水南区署遂"调集武力二百余人,驱逐粤籍垦民,侮辱垦务处及移欧〔垦〕协会职员,并声言烧杀掠夺土地,遂其排外心理,几致酿成惨剧,垦民逃亡大半"⑤。后经安福垦区管理局局长王重带垦警队压制,方才平息事端。

## 四 "垦民特编保甲"制度的终结

鉴于江西省政府坚持垦民应编入地方保甲组织,1943年8月12日,农林部将行政院"垦民应适用特殊编制,不必编组保甲"的指令转达江西省政府遵照执行。⑥江西省政府认为,行政院指令是给农林部的,而并非直接给省府的,故无须遵行,各地垦民仍应编组保甲,进而要求农林部安

① 《为办理本场垦民保甲困难诸多报请鉴核示遵由》(1943年7月29日),江西省档案馆藏,档案号:J060-2-00113-365。
② 《电请迅予核示垦民保甲问题应如何办理以资遵循由》(1943年12月5日),江西省档案馆藏,档案号:J060-2-00111-91。
③ 《电请迅予核示垦民应否编入当地保甲一案以资遵循由》(1943年10月11日)江西省档案馆藏,档案号:J060-2-00111-73。
④ 《电请迅予核示垦民保甲问题究应如何办理以资遵循由》(1943年12月5日),江西省档案馆藏,档案号:J060-2-00111-91。
⑤ 《王重电致农林部戌江电》(1943年11月13日),台北中研院近代史研究所档案馆藏,档案号:20-26-047-06。
⑥ 即行政院仁叁字10462号指令,《农林部致江西省政府函章丙垦字第1049号》(1943年8月12日),江西省档案馆藏,档案号:J045-2-01871-0311。

福垦区垦民也应编入地方保甲。① 无奈，农林部只得呈请行政院，转令江西省政府遵照执行 "仁叁字第 10462 号指令"。农林部认为，如果将垦民过早编入地方保甲，不仅事权不一，易起纠纷，且垦民易受保甲长的牵制，对于垦务发展滞碍甚大。行政院已经批准垦区垦民应适用特殊编制，不必编组保甲，如各省政府拒绝遵照，不唯影响垦务，且无以立信于民。② 与此同时，江西省政府也将此案呈请行政院裁决，称垦民 "似不应使用特殊编制另成系统，分裂政制"。③

鉴于江西省政府和垦务机关对垦民编组保甲问题分歧严重，行政院指令内政部处理此案。内政部派员至江西垦区调查后认为，江西垦区 "垦民适用特殊编制，不编入地方保甲，增加行政困难，流弊滋多，未便准行；至缓服兵役、减免特定捐税应准照办"④。行政院据此分别指令农林部和江西省政府 "应将垦区垦民编组保甲，不按特殊编制"⑤。12 月 16 日，行政院进一步指令农林部 "江西安福垦区管理局所请垦民不编组保甲一节应毋置议"⑥，从而否决了国营垦区实施 "特编保甲" 的做法。1944 年 2 月，江西省政府指令省垦务处："各垦区垦民，应一律编入当地保甲之普通户口，并履行户籍及人事登记，毋任遗漏。"⑦ 至此，行政院对于垦民编入地方保甲的态度发生逆转，从而为该案的争论画上了句号，普通保甲制度得以在各垦区正式推行。

既然编入地方普通保甲不可避免，垦务机关出于对地方政府能否落实垦民优待政策的担心，力图以法令形式明确划分垦务机关和地方政府的管理权限，确保垦民缓役及免税等政策能得到切实执行。1944 年 4 月，江西

① 《江西省政府致国营安福垦区管理局代电》（1943 年 11 月 13 日），台北中研院近代史研究所档案馆藏，档案号：20 - 26 - 047 - 06。
② 《农林部呈行政院》（1943 年 11 月 20 日），台北中研院近代史研究所档案馆藏，档案号：20 - 26 - 047 - 06。
③ 《奉行政院指令本省垦区垦民仍应编组保甲并准缓服兵役三年免除特定捐税等因令仰遵照由》，江西省档案馆藏，档案号：J045 - 2 - 01871 - 0311。
④ 《奉行政院指令本省垦区垦民仍应编组保甲并准缓服兵役三年免除特定捐税等因令仰遵照由》（1944 年 2 月 21 日），江西省档案馆藏，档案号：J045 - 2 - 01871 - 0311。
⑤ 《行政院指令仁叁字第 26370 号》（1943 年 11 月 30 日），台北中研院近代史研究所档案馆藏，档案号：20 - 26 - 047 - 06；《行政院指令仁叁字第 28389 号》（1943 年 12 月 24 日），江西省档案馆藏，档案号：J045 - 2 - 01871 - 0311。
⑥ 《行政院指令仁叁字第 27654 号》（1943 年 12 月 16 日），台北中研院近代史研究所档案馆藏，档案号：20 - 26 - 047 - 06。
⑦ 《奉行政院指令本省垦区垦民仍应编组保甲并准缓服兵役三年免除特定捐税等因令仰遵照由》（1944 年 2 月 21 日），江西省档案馆藏，档案号：J045 - 2 - 01871 - 0311。

省垦务处制订《垦民编入当地保甲后管理权限划分建议书》：

> （1）垦民编入当地保甲后，除户籍在地方自治组织系统上隶属所在地之乡（镇）保甲外，余悉依照《非常时期难民移垦条例》第二十一条之规定，仍由垦区管理机关指导管理之。
>
> （2）乡（镇）保甲长依照法令规定对于垦民有所指挥时，应不妨碍垦殖业务之进行，并应事先通知所在地垦区管理机关，取得同意后协助办理之。
>
> （3）乡（镇）保甲长对于垦民有违反法令之措施时，垦区管理机关得加以阻止或商请其上级机关制止，其情节重大者并依法惩处之。①

省垦务处的意思很明确：垦民虽然编入地方保甲组织，但其管理权仍在垦务机关。值得注意的是，省垦务处未将此案呈报省政府，而是径直呈送农林部，转呈行政院，意在待行政院批准后，直接转令江西省政府遵行，力图避免遭到省政府的否决。农林部将第二条中"取得同意后"五字删除后，原文转呈行政院。

为全面解决垦民保甲问题，农林部拟定《全国各垦区垦民编入保甲办法草案》②，呈行政院批准，此举同江西省垦务处的意图相同。行政院指令兵役、农林两部会商此事。然而，就在两部协商期间，1945 年 3 月，国民政府为节省行政开支，将农林部垦务总局连同各国营垦区管理局全部裁撤，所有国营垦区陆续交地方政府办理。既然各国营垦区管理机关都已裁撤，也就不存在与地方政府划分垦区管理权的问题了。1945 年 8 月 13 日，行政院训令农林部："垦民编入保甲，应依照《保甲编组办法》及《户籍法》之规定办理，毋庸另订办法。"③《全国各垦区垦民编入保甲办法草案》就此胎死腹中，江西省垦务处和农林部拟划分垦务机关和地方政府管理权限、保障垦民权益的考虑落空。

垦民编入地方保甲后，"各乡镇保甲长对于维护垦民权益法令多不明

---

① 《江西省垦务处：为建议关于垦民编入地方保甲后应划分管理权限呈乞核示由》（1944 年 4 月 15 日），台北中研院近代史研究所档案馆藏，档案号：20 - 26 - 046 - 01。

② 《为拟具全国各垦区垦民编入保甲办法草案暨说明呈请鉴核示遵由》（1944 年 9 月 6 日），台北中研院近代史研究所档案馆藏，档案号：20 - 26 - 046 - 01。

③ 《行政院训令平叁字第 7718 号：毋庸制订"全国各垦区垦民编入保甲办法"》（1945 年 8 月 13 日），台北中研院近代史研究所档案馆藏，档案号：20 - 26 - 046 - 01。

了，或故意漠视，致时有纠纷"①。1944年7月，农林部皖赣区垦务视导专员王重在巡视江西各垦区后向农林部汇报："各地垦民编保甲后，勒索迭出，人心浮动，各区均有逃散，职亲视垦地复荒者甚多，恐秋收后逃散益众。"② 10月，王重再次致电农林部："垦民自编入地方保甲后，优待条文不能实行，勒索摊派为普遍现象，各地垦民纷谋迁徙，逃散日众，垦地复荒，维持原有状态已不可能，实无增垦希望。垦务人员及垦民之执业自由完全丧失，排外之风日炽，省令不能贯彻，区乡保甲及地方士绅为阻垦排外之动力。"③ 如此种种，说明垦务机关和垦民的担心并非没有道理。

# 结　语

原本垦务机关可以对垦民实施有效管理，也有利于垦殖事业的发展。地方政府却一再以维护户政统一、加强社会管控、化客为土为由，强令垦民编入地方普通保甲组织。垦务机关担心编入地方保甲后，事权不一，造成管理混乱，有碍垦务进行；且垦民优待政策（如垦民缓服兵役、免于征工征料、免纳捐税等）无法落实，有损垦民利益，因而反对过早将垦民编入地方保甲组织。为应对地方政府压力，垦务机关推出"垦民特编保甲"制度，但不为地方政府所接受。双方为此展开持久的争论，其实质是对垦区管理权的争夺，以及能否落实垦民优待政策的担心。

根据战时难民移垦政策的规定，垦区管理权属于垦务机关；行政院也同意垦民实行"特编保甲"制度，由垦务机关负责编组管理，不与地方保甲混编。但当此举遭到地方政府反对时，行政院转而支持地方政府的要求，撤销先前批准的垦民"特编保甲"制度，强令垦民编入地方普通保甲组织，接受地方政府管辖。普通保甲制度在难民移垦区的强行移植，显示了地方政府较强的权力欲和逐利冲动。围绕这一问题的争论，反映了地方政府行政管辖权和垦务行政权之间的矛盾，而垦务机关和垦民的弱势地位决定了其在这场争论中的不利结局，说明战时垦务管理制度设计还存在较大的弊端。战时难民移垦事业的实施艰巨复杂，而垦务机关位卑权小，导

---

① 曾庆人：《江西之垦务》，《经建季刊》第5期，1948年，第34页。曾庆人时任江西省垦务处处长。

② 《王重致农林部巳世电》（1944年7月6日），台北中研院近代史研究所档案馆藏，档案号：20-26-060-18。

③ 《王重致农林部申有电》（1944年10月28日），台北中研院近代史研究所档案馆藏，档案号：20-26-060-18。

致事业推行举步维艰。

关于垦民优待政策，行政院和江西省政府都有明文规定，也数次重申这一规定。地方政府如能严格执行，认真落实，这原本不成为一个问题。然而，恰恰这一点成为各方担心的焦点。无论是农林部、垦务机关，还是垦民，均严重怀疑地方政府编组保甲的动机，不相信地方政府能认真落实垦民优待政策，担心垦民各项权利受到损害。如果说垦民不相信政府尚能理解的话，那么，同属官僚体制内的农林部和垦务机关也对地方政府持怀疑态度，就很值得思考了。实际上，在民国政治的逻辑中，地方政府和乡保机关惯于曲解和抵制中央政令，以追求自身利益最大化，这已是公开的秘密。难民移垦政策在实施过程中，就屡遭基层政府和乡保势力不同程度的抵制、消解和歪曲，政策目标与实际效果相去甚远。垦民编入地方普通保甲组织后，诚如垦务机关所担心的那样，地方势力阻垦排外之风有增无减，乡保机关勒索不断，土客纠纷时有发生。部分垦民因之弃垦他去，所垦土地复荒，前期投入大量浪费。地方政府的强势做法，不但未能达到"化客为土"的目的，反而使"已入垦者意志动摇，未入垦者裹足不前"①，实际上起到了"为渊驱鱼"的作用。

总之，由于难民移垦政策本身未能明确垦民户籍管理办法，也未能赋予垦务机关足够的垦务行政权，导致垦务机关和垦民处于弱势地位。地方政府强烈的权力欲和逐利冲动，是其力主将垦民编入地方保甲的主要动因。行政院对此虽心知肚明，但为了换取地方政府支持抗战建国，未能有效督促地方政府认真落实难民移垦相关政策，反而自食其言，一味迎合地方政府要求，强令垦民编入地方保甲，这实际上是行政院与地方政府间的妥协之举。行政院前后矛盾的做法，表明了国民政府在救济难民与加强社会管控之间的巨大矛盾：一方面，不实施难民移垦，大量难民四处逃散，会严重冲击社会秩序；另一方面，力推垦区保甲制度，加强社会管控，又会迫使垦民逃离垦区，阻碍难民移垦的推行。国民政府在战时未能有效祛除行政体制的沉疴，面对新问题又缺乏足够灵活的应对策略，过于注重社会管控而忽视难民救济，反映其官僚制度的僵化低效，预示着其统治的危机。

① 《为吉水垦区呈报关于垦民编入当地保甲一案据情呈请鉴核由》（1940年11月28日），江西省档案馆藏，档案号：J060-2-00037-142。

# 清末民初江苏审检厅兴设考论<sup>*</sup>

### 银 品<sup>**</sup>

**提 要** 清末预备立宪过程中，江苏被遴选为筹设审检厅的先行试验省份，但反应迟缓。在法部催促下，江苏参仿京师和吉林方案，开启设厅进程。民国肇建，受特殊政治区位影响，江苏在全国遍设审检厅热潮中遥遥领先，但略显华而不实；省、县两级行政机构的筹厅态度形成鲜明对比，江苏都督府相对谨慎，各县却积极冒进。

**关键词** 清末民初 江苏 审检厅 省县态度

清末预备立宪的酝酿和尝试是中国近代化历程的关键一环，推动近代中国的社会转型发展。长期以来，学界对于清末新政和预备立宪实施过程中相关的政治机构改革问题关注颇多。相较之下，学界关于清末民初的司法机构建设的研究成果相对较少，主要在论述同时期司法改革主题时有所涉及，[①] 已有研究虽然反映出司法史的重要性，但是由于缺乏原始档案，

---

\* 本文系国家社会科学基金青年项目"民国北京政府时期地方司法行政'双轨制'研究（1912~1927）"（项目编号：18CZS044）阶段性成果。

\* 银品，湖南师范大学历史文化学院讲师，华中师范大学中国近代史研究所在站博士后。

① 笔者所见相关研究，如：张玉法《民国初年山东省的司法改革》，《社会科学战线》1997年第3期；吴永明《理念、制度与实践：中国司法现代化变革研究（1912~1928）》，法律出版社，2005；欧阳湘《近代广东司法改革研究——以"法院普设"为中心的历史考察》，博士学位论文，中山大学，2006；〔美〕徐小群《现代性的磨难：20世纪初期中国司法改革（1901~1937）》，杨明、冯申译，中国大百科全书出版社，2018。法史学界较多关注清末审判厅筹建情况，如：李启成《晚清各级审判厅研究》，北京大学出版社，

基本未能展开深入细致的考察。有鉴于此，本文以江苏省档案馆藏江苏高等法院档案为核心资料，结合当时报纸杂志，细微考证江苏新设审检厅①实况，以期对相关研究做些扎实的基础工作。

一

　　20 世纪伊始，清政府在风雨飘摇中开启"新政"大幕。五大臣出洋考察宪政归国后，朝廷开始以改革官制为抓手开展预备立宪。1906 年 11 月 6日，清廷谕令，改大理寺为大理院，专掌司法审判；刑部改成法部，专任司法行政。② 12 月 12 日，大理院上奏，建议按照西方模式创建四级法院并实行四级三审制，明晰裁判权限和等级。大理院为落实审判独立权限的提议速得朝廷通过。③ 当月，作为"立宪国实行宪政重要之地"的最高法院，大理院在筹设过程受中枢重视而迅速成形。相较之下，被提上日程的各级审判厅筹设工作需要地方政府配合，"尚难预期"。④ 诚如大理院所担忧的，编纂官制大臣载泽在厘定各直省官制方案过程中遭受多位督抚反对。历经半年多的折冲，外官制改革提案方得认可。1907 年 7 月 7 日，负责核定官制的庆亲王奕劻等人借鉴载泽的改革方案，将各省按察使改为提法使，"专管司法上之行政，监督各级审判"，说明各省审判厅按级分立的必要性，要求"各省应就地方情形，分期设立高等审判厅、地方审判厅、初级审判厅，分别受理各项诉讼及上控事件"⑤。同日，清廷上谕批准此方案，拟由东三省先行开办，直隶和江苏两省"风气渐开，亦应择地先为试办，

---

2004；俞江《清末奉天各级审判厅考论》，《华东政法学院学报》2006 年第 1 期。唐仕春在北洋时期基层司法制度问题方面颇多耕耘，研究视角颇具启发，见唐仕春《北洋时期的基层司法》，社会科学文献出版社，2014。与本文主题直接相关的论文，见陈同《民初江苏遍设审检厅述论》，《史林》2011 年第 5 期。或许该文由于缺乏原始档案，某些论述与史实稍有偏颇。

① 审检厅为审判厅和检察厅的合称。根据清末预备立宪开展司法改革按照西方模式设置四级法院方案，"江苏审检厅"包含江苏高等审检厅、地方审检厅、初级审检厅三个层级。

② 《厘定官制谕》（1906 年 11 月 6 日），商务印书馆编译所《大清光绪新法令》第 1 册，商务印书馆，1909，第 17 页。

③ 《大理院奏审判权限厘定办法折》（1906 年 12 月 12 日），上海商务印书馆编译所编纂，《大清新法令（1901～1911）》第 1 卷，李秀清等点校，商务印书馆，2010，第 376～379 页。

④ 《大理院奏厘定司法权限折并清单按语》，《大清法规大全》卷 4《法律部·司法权限》，考证出版社，1972 年影印本，第 1811 页。

⑤ 《总司核定官制大臣奕劻等奏续订各直省官制情形折附清单》（1907 年 7 月 7 日），故宫博物院明清档案部编《清末筹备立宪档案史料》上册，中华书局，1979，第 504、510 页。

俟著有成效，逐渐推广"①。据此，法部要求各省添设审判厅，厘清审判机关与地方行政官权限，"以符立宪国司法独立之制"②。

在中央推动下，直隶和奉天开风气之先，③ 但同属"先行"的江苏却无动于衷。截至 1907 年底，仅京师、直隶和东三省设立高等审检厅和地方审检厅。法部对京师、直隶积极响应设厅之举大加赞赏，称"天津开一省之先，而京师实各省之准"④，而对因袭固有成例，"欲以地方官署为审判厅，即以地方官兼充推事"的省份有所不满，称其"或过持减啬之义，存敷衍其身者"，与司法独立意旨，"实大相径庭"。⑤ 尽管法部于 12 月 4 日制定《各级审判厅试办章程》，但并未能有效推动各省谋划审判厅。

在全国风起云涌的国会请愿运动压力下，宪政编查馆与资政院于 1908 年 8 月 27 日会奏，提出"逐年筹备事宜清单"，限定九年将预备各事一律办齐。1909 年 3 月，法部按照九年预备立宪计划提交分期计划，先从省城及商埠入手，其次是府厅州县和乡镇。⑥ 8 月 25 日，法部颁布《各省城商埠各级审判检察厅编制大纲》，详细规定省城和商埠建厅编制。⑦ 法部强调"省城为部邑楷模，商埠系中外观听"，筹拟省城、商埠各级审判厅的编制，"已极简约"，所以，"不得再行减缩"，希望各省督抚"共勉"。⑧ 与此同时，舆论的设厅呼声不断高涨，"审判厅设立，则事由独任，职有专归，整理讼事之基，于以立焉"⑨。

在朝廷与舆论双重压力下，江苏开始筹备设厅。江苏臬司衙门指出，由于各地"人才甫经研练，亦未易敷用"，为免循"旧日之书吏胥役仍必

---

① 《各直省官制先由东三省开办俟有成效逐渐推广谕》（1907 年 7 月 7 日），故宫博物院明清档案部编《清末筹备立宪档案史料》上册，第 510 页。

② 《奏准外省审判厅权限》，《申报》1907 年 7 月 27 日，第 4 版。

③ 有关直隶和东三省于 1907 年间设厅大致情形，参阅李启成和俞江研究成果。（李启成：《晚清各级审判厅研究》，北京大学出版社，2004，第 60 ~ 64 页；俞江：《清末奉天各级审判厅考论》，《华东政法学院学报》2006 年第 1 期）

④ 《法部奏酌拟各级审判厅试办章程折》，《申报》1907 年 12 月 19 日，第 10 版。

⑤ 《代论：法部奏筹办外省省城商埠各级审判厅补订章程办法折》，《申报》1909 年 9 月 2 日，第 3 版。

⑥ 法部计划 1910 年各省省城及商埠各级审判厅一律成立，1913 年各府州县各级审判厅一律成立，1915 年乡镇初级审判厅一律成立。

⑦ 《代论：法部奏筹办外省省城商埠各级审判厅补订章程办法折（续）》，《申报》1909 年 9 月 10 日，第 3 版；怀效锋主编《清末法制变革史料》上卷，中国政法大学出版社，2010，第 471 页。

⑧ 《代论：法部奏筹办外省省城商埠各级审判厅补订章程办法折》，《申报》1909 年 9 月 2 日，第 3 版。

⑨ （雨）：《论筹备审判厅之必要》，《申报》1909 年 10 月 31 日，第 3 版。

窟穴其中"之故套，须从府县衙门外另立审检厅，"法政逐渐划分，较有秩序"。① 江苏巡抚陈启泰在具体运作方面"毫无把握"，打算仿效京津成例，委派候补知县俞志善前往参观，"以资借镜"。② 俞志善返苏后，认为京津等处虽有设厅端绪，然"亦系初创"，一时恐难窥其奥妙，建议派员赴日本调查。③ 不过，面对法部催促限期办厅的硬性要求，从长计议的调查计划难以开展。新任巡抚程德全任命日本法政大学毕业生郑言署理高等审判厅厅丞，饬其刻期筹厅。④ 郑言督匠修理牙厘局旧址，于 1910 年 12 月开办江苏高等审判厅。⑤

根据《各省城商埠各级审判检察厅编制大纲》要求，江苏应于江宁、苏州两处省城和上海、镇江两处商埠共设四个地方审检厅。1910 年 12 月 17 日，宁、苏省城各级审检厅一律开办，"所有各级厅管辖范围以内无论民事、刑事案件，均应统归各厅分别审理，以清权限而专责成"，"惟是审判各厅甫经设立，诉讼审理阶级攸分区域，案件管辖有别，若不将规定办法明白示谕，恐人民赴诉致多歧误"。⑥ 1911 年 12 月，上海地方审检厅在上海县衙成立，以期"一洗从前州县衙门拖累积压讹索刑逼之恶习惯"，"与民更始，万象一新"。⑦ 各地方审判厅人员配置的构想，大致参酌京师和吉林方案。江苏每个地方审判厅设推事长 1 人，民庭推事和刑庭推事各 2 人，典簿和主簿各 2 人，书记生 10 人，承发吏 4 人，庭丁 8 人。各员俸银均低于吉林标准。⑧ 相比之下，江苏地方审判厅推事长薪俸略高于同级地方检察厅检察长，但地方审判厅推事和同级地方检察厅检察官薪俸一致，审检厅内书记官薪俸相同。⑨ 然而，倘若本此编制办法，庞大的司法经费开支难以为继。江苏臬司衙门禀称，筹设审判厅办法"均系目前切要之务，自应如详议办，所需经费，应候抚部院核明，就近饬拨"。⑩ 江苏臬司衙门打算将苏州城内宝苏局及营房分别作为苏州地方审判厅与初级审判

---

① 《苏臬详复筹设各级审判厅情形》，《申报》1909 年 5 月 5 日，第 4 版。

② 《苏省筹设审判厅志》，《申报》1909 年 5 月 1 日，第 5 版。

③ 《派员赴日调查审判厅情形》，《申报》1909 年 9 月 4 日，第 10 版。

④ 《委署高等审判厅厅丞》，《申报》1910 年 10 月 31 日，第 31 版。

⑤ 《派员监修各级审判厅》，《申报》1910 年 11 月 13 日，第 11 版。

⑥ 《一件提法使为示谕各级厅管辖案件区域分划由照会高等审判厅丞郑言》（1911 年 1 月 1 日），江苏省档案馆藏民国江苏高等法院档案，档案号：1047 - 1910 - 061 - 0001 - 0003。

⑦ 《司法署之改革》，《申报》1911 年 12 月 28 日，第 18 版。

⑧ 《苏省审判厅员役职掌事务清折（续）》，《申报》1909 年 5 月 6 日，第 26 版

⑨ 《苏省审判厅员役职掌事务清折（二续）》，《申报》1909 年 5 月 9 日，第 26 版。

⑩ 《苏省筹设审判厅办法》，《申报》1909 年 7 月 13 日，第 11 版。

厅，饬派工匠查验估价需银20余万两，连同开办经费约计共需银30万两。然而，苏省财政"库空如洗""入不敷出"，藩司仅能够月拨银500两。① 此外，江苏臬司衙门称，江宁、上海和镇江各处仿照苏州所拟办法开设各厅，"究竟经费若干，本司难以遥度"。② 事实上，江苏地方审检厅仅在宁、苏省城和上海三处开办，人员配置大都属于临时抽调。

初级审检厅方面，江苏结合省情实际，拟于省城设立5个初级审判厅，其中苏州府3个，即长洲县、元和县和吴县各设初级审判厅；江宁府2个，即江宁县和上元县分别设置初级审判厅。③ 江苏提法司对新设各级审检厅的司法管辖范围明确规定："苏州省城地方审判厅原定区域管辖苏州一府属，江宁省城地方审判厅原定管辖江宁一府属。惟苏府属之昆新常昭江震太湖靖湖各处，宁府属之句溧六江高各处审判厅均未成立，地方辽阔案牍烦多，省城地方一厅难以兼顾，特拟定苏州省城地方审判厅管辖区域以长元吴三县为限，江宁省城地方审判厅管辖区域以上江两县为限，其余各县刑民诉讼案仍暂归各县办理，俟各处审判厅全行成立再行归厅办理，已分饬各厅各县一体遵照。"④ 在人员编制和经费层面，江苏原拟灵活参酌京师和吉林经验。譬如，推事薪俸发放标准，京师实行每月银70两固定月薪制，吉林采用每月共计银100两的公费和津贴合算法。江苏在发放方式上参照吉林，但薪俸额却比照京师，每月共计银74两。书记官选用方面，京师委任有官职的"录事"，吉林任用非招考或无官职的书记生。江苏同样采用吉林模式，但薪俸相比减少三分之一。杂费开支方面，江苏预算数仅占吉林的五分之三。依循初级审判厅编制方案，江苏单个初级审判厅员役经费月需银152两，所以5个初级审判厅月需银760两。⑤ 同理，可推算5个初级检察厅员役经费月需银660两。⑥ 江苏负责筹厅者在经费上采取压缩薪俸的方案，坦言"均系搏节核算，似难再减"。⑦ 然而，拟设的初级审检厅囿于司法经费短缺并未有效落实。比如，初级审判厅仍以警察局局员

① 《苏省建筑审判厅之筹划》，《申报》1910年3月5日，第10版。
② 《苏省审判厅员役职掌事务清折（二续）》，《申报》1909年5月9日，第26版。
③ 《苏省审判厅员役职掌事务清折》，《申报》1909年5月5日，第26版。
④ 《一件提法使为分划宁苏两地方厅管辖区域并酌设分厅照会高等审判厅厅丞由》（1912年1月7日），江苏省档案馆藏民国江苏高等法院档案，档案号：1047-1910-061-0001-0019；《规定地方审判厅区域》，《申报》1911年1月26日，第11版。
⑤ 《苏省审判厅员役职掌事务清折》，《申报》1909年5月5日，第26版。
⑥ 《苏省审判厅员役职掌事务清折（续）》，《申报》1909年5月6日，第26版；《五路警察官兼充推事五员》，《申报》1909年5月5日，第26版。
⑦ 《苏省审判厅员役职掌事务清折（续）》，《申报》1909年5月6日，第26版。

兼任推事职责，若案多事繁，则再派一人辅助，"量给薪水"。①

可以看出，相较于有些省份公开抵制设厅要求并宣称"筹备审判年限太促，非设法变通决难办到"②，江苏作为中央政府圈定的先行者，迫于行政压力在省城和商埠地区有所行动。虽然江苏本意是希望借鉴既有经验，灵活柔性地采取折中的编制方案，但由于经费缺乏等因素，设厅实践徒有其表。这种现象也是清末各省设厅的一个缩影，正如民元走马上任司法总长的许世英评论称，"财力之困难，实为一重大原因"。③

## 二

民国成立后，新政权因袭清末司法改革方向，以彰显政治发展方向。④中央层面，主掌司法部的徐谦、许世英等人致力推行激进司法建设路线。④各省特别是深受革命文化影响的省级行政机关在公开场面的态度如出一辙。江苏都督府曾指出，当苏省局势底定后，按照"正当办法"，"司法上设备急应逐渐扩张，俾人民权利完全受保护"。⑤作为南京临时政府首善之省，苏南各县率先自发积极组织设厅。譬如，江阴县士绅在光复后宣称，江阴"为长江第一要口""地属亦五方杂处"，"地方不可一日无司法机关"，自行商设审检厅。⑥与此同时，丹阳县亦成立审检厅，"市乡老幼鼓舞欢欣，谓数千年之行政权与司法权从此划然分明矣"。⑦

在三权分立的春风之下，江苏都督府最初采取较为松弛的政策，基本默认各县自发设厅的既成事实。接踵而至的是各县纷纷请求江苏都督府批准启用开厅钤记和印信。譬如，1912年1月，山阳县审检厅成立后，该县将其所刻钤记"山阳县审判厅之印、山阳县检察厅之印"呈送江苏都督府

---

① 《苏省审判厅员役职掌事务清折》，《申报》1909年5月5日，第26版。
② 《孙宝琦破坏司法之谬言》，《申报》1911年8月14日，第5版。
③ 许世英：《司法计划书》，《政府公报》第219号，1912年12月6日，第6页。
④ 参见李在全《变动时代的法律职业者：中国现代司法官个体与群体（1906～1928）》，社会科学文献出版社，2018，第125～137页；韩策《派系分合与民初司法界的改造》，《历史研究》2020年第1期。
⑤ 《府令第四号（为组织司法机关事）》，《江苏司法汇报》第1期，1912年，"本省府令"，第1页。
⑥ 《一件江阴民政长、审检长呈请将审检厅改为地方名称并附设初级厅由》（1912年3月3日），江苏省档案馆藏民国江苏高等法院档案，档案号：1047-1912-061-0002-0036。
⑦ 《丹阳民政长呈县议长眭国襄等请分设地方初级审判厅并拟预算经费转乞示遵由》（1912年3月11日），江苏省档案馆藏民国江苏高等法院档案，档案号：1047-1912-061-0002-0077。

备案并得认同。① 随着各地渐次展开设厅行动，需要相应配套的司法经费成为不可忽视的问题。早在辛亥下半年，省级立法机关江苏临时省议会议决各县司法经费时表示，"司法一层，本在中央政府范围之内，应由忙漕正税下开支"，并由各县于"预算案留支十成之半，实报实销"。然而，各县以"忙漕收入无多，如必限定成数照案留支，势必致经费盈绌"，纷纷呈文表示异议。1912 年 3 月，江苏临时省议会将棘手的经费难题交给江苏都督府，"所称留支系为减省解款拨款手续起见，至司法经费如何支配，自应由省通筹规定，经本会之议决，正税收入少者，当然由省补给，收入多查亦应以余款解省，本非执定半成，亦无庸拘定留支"。② 言下之意，筹厅经费需要江苏都督府全盘负责。倘若依循前清《法院编制法》规定筹厅，"经费浩繁，一时筹集为难"。③

在此背景下，江苏都督府对各县设厅实行收紧政策，尤其针对各县的增设请求。各县民政长或亲力倡导落实，或借助地方力量推动，成为一种常见现象。丹阳县审检厅在获得江苏都督府批准后，该县地方领袖联袂请求分设地方审判厅和初级审判厅，"今厅虽成立，权宜创设为地方初级之混合制，将来混合制断难持久"。④ 1912 年 2 月 19 日，在常州地方审检厅成立后，常州府呈请添设孟河初级审检厅，江苏都督府予以拒绝，"查现在司法经费异常绌，所请于孟河设立审判厅一节，自为诉讼便利起见，惟常州地方审检两厅，一切开支，尚有不敷，如再添设一初级厅，一切开办及经常费，从何筹拨？"⑤ 3 月 3 日，江阴县民政长刘敬焕以民意舆情为由，呈文江苏都督府，"自非将原有江阴审检两厅改为地方审判检察厅，

---

① 《一件山阳地方审检厅呈请改刊厅印由》（1912 年 12 月 11 日），江苏省档案馆藏民国江苏高等法院档案，档案号：1047－1912－061－0002－0105。
② 《都督府训令（第 283 号）：一件为支配司法经费由》（1912 年 3 月 22 日），江苏省档案馆藏民国江苏高等法院档案，档案号：1047－1912－060－0001－0078；《府令第七号（为司法经费事）》，《江苏司法汇报》第 1 期，1912 年，"本省府令"，第 1~2 页。
③ 《府令第四号（为组织司法机关事）》，《江苏司法汇报》第 1 期，1912 年，"本省府令"，第 1 页。
④ 《丹阳民政长呈县议长眭国襄等请分设地方初级审判厅并拟预算经费转乞示遵由》（1912 年 3 月 11 日），江苏省档案馆藏民国江苏高等法院档案，档案号：1047－1912－061－0002－0077。
⑤ 《江苏都督府指令费保勤等》（1912 年 2 月），江苏省档案馆藏民国江苏高等法院档案，档案号：1047－1912－061－0002－0095；《指令（第 119 号）》，《江苏司法汇报》第 3 期，1912 年，"本省指令"，第 2~3 页。

实不足以资治理",并计划于地方厅内附设初级审检厅。① 江苏都督府批文驳回该项请求,"惟现在司法经费,异常支绌,该县旧系县治,且距常州较近。现经本部都督规定,于该县设立一初级审检厅,所有重大事情及上诉案件,均可赴常起诉,所请设立地方厅之处,应毋庸议"。② 在设厅要求被拒绝后,刘敬焕照知江阴县议事会,引以为奥援。4月3日,江阴县议事会会议讨论,"金以江邑为长江咽喉,苏常间道,土居客籍良莠不齐,民刑诉讼等案揆之邻邑尤为殷繁,自非设立地方审判检察厅,不足以资治理"。③ 在江阴县议事会声援之际,刘敬焕渲染江阴地方社会复杂,"今若责令赴常起诉,不特独令江民向隅,且于地方治安大有妨碍"。④ 江苏都督府再次加以婉拒,"查全省司法机关,本部都督酌量情形分别规定,已提交省议会公议,究竟各县审检两厅如何组织员额,如何分配审级,如何规划,均须俟省会议后,再行公布。该县审检厅事同,一律亦应静候议案议决自由办法,此时当不必急也"。⑤ 从复令可知,江苏都督府收回了设厅主导权,改变了起初先由各县自发设厅再由都督府认定立案的模式。

负责全省司法行政事务的江苏提法司司长郑言在通盘设计全省审检厅草案之际考虑到包含经费在内的种种困难,他试图在不违背中央既定四级三审制⑥的审级原则下"暂从简章办理","力求简单之中,筹完全之设置"。⑦ 郑言初步规划全省各级审检厅数额,主张设1个高等审检厅、1个

① 《一件江阴民政长、审检长呈请将审检厅改为地方名称并附设初级厅由》(1912年3月3日),江苏省档案馆藏民国江苏高等法院档案,档案号:1047-1912-061-0002-0036。
② 《江苏都督府指令(第1427号)》(1912年3月),江苏省档案馆藏民国江苏高等法院档案,档案号:1047-1912-061-0002-0036。
③ 《一件江阴议事会呈请设立地方审检厅由》(1912年4月3日),江苏省档案馆藏民国江苏高等法院档案,档案号:1047-1912-061-0002-0012。
④ 《一件江阴审检长、民政长呈请将江邑审检两厅仍改为地方名册并附设初级厅由》(1912年4月6日),江苏省档案馆藏民国江苏高等法院档案,档案号:1047-1912-061-0002-0012。
⑤ 《江苏都督府指令(第2081号)》(1912年4月6日),江苏省档案馆藏民国江苏高等法院档案,档案号:1047-1912-061-0002-0012。
⑥ 袁世凯接任临时大总统后明确指出四级三审之制较为完备,不能"遽尔鄙弃"。参见《大总统据法制局局长宋教仁转呈江西南昌地方检察长郭翰所拟各省审检厅暂行大纲令交司法部借备参考文》,《临时政府公报》第34号,1912年3月10日,"令示",第8页;《大总统批法制局局长宋教仁转呈江西南昌地方检察长郭翰所拟各省审检厅暂行大纲请示遵呈》,《临时政府公报》第34号,1912年3月10日,"令示",第10页。
⑦ 《江苏临时省议会四月初五日议决交议全省司法机关及监狱组织法案》(1912年4月16日),江苏省档案馆藏民国江苏高等法院档案,档案号:1047-1912-060-0001-0102。

高等审检分厅、12 个地方审检厅、67 个初级审检厅。① 在编制和管辖方面，每个地方审检厅"概置民刑二庭并设巡回推事四员"，"以便周巡审理各县初级厅之上诉案件以及属于本厅之重要第一审事件"；每个初级审检厅"得就近审理地方厅轻微之第一审事件"。②

此方案需要征得江苏临时省议会议决通过方具法律效力，但临时省议会并不完全赞同。临时省议会认为每县设立的审检厅"纯系单独组织"，不需要区分地方审检厅和初级审检厅。许多议员认为初级厅和地方厅"管辖事件之界限，不易分析"，所以，临时省议会主张裁撤既设之初级厅，"无论重要或轻微事件，均以地方厅为初审"。江苏临时省议会考虑以地方厅为初审，上诉事件必多，应设两个高等分厅，"以期人民上诉之便利"。③

1912 年 4 月 5 日，江苏临时省议会议决通过《江苏暂行审判厅检察厅组织法》，规定全省各级审检厅设置数额和管辖区域。该法明确江苏司法机关分为两级，即高等审检厅和地方审检厅。高等审检厅方面，设高等审检总厅 1 个，高等审检分厅 2 个，管理所属各县上诉案件。其中，高等审判厅设于吴县，管辖 21 县；第一高等审检分厅设于江宁，管辖 22 县；第二高等审检分厅设于清河，管辖 17 县。地方审检厅方面，每县各设 1 所，"管理各该县民刑诉讼第一审事件"。④

江苏临时省议会不主张开设初级审检厅，本质上会改变四级三审制的审级程序，引起较大争议。1912 年 4 月 10 日，江苏都督府和提法司咨商江苏临时省议会，"贵会以管辖事件界限不易分析为虑，议于一省之中，只设高等、地方二级，名曰三级三审，实则两级两审，万一人民以上诉不便来相诘难，在办理司法者不知何辞以对，此审检变更之窒碍难行"。⑤ 双方僵持不一。5 月，江苏都督府就江苏临时省议会废止初级审检厅事由函

---

① 民初江苏共 60 县。郑言建议在旧系郡治或属商埠区设立 12 个地方审检厅；吴县设立 6 个初级审检厅，上海、江宁各设 2 个初级审检厅，其余 57 县各设 1 个初级审检厅。
② 《江苏临时省议会四月初五日议决交议全省司法机关及监狱组织法案》（1912 年 4 月 16 日），江苏省档案馆藏民国江苏高等法院档案，档案号：1047 – 1912 – 060 – 0001 – 0102。
③ 《江苏临时省议会四月初五日议决交议全省司法机关及监狱组织法案》（1912 年 4 月 16 日），江苏省档案馆藏民国江苏高等法院档案，档案号：1047 – 1912 – 060 – 0001 – 0102。
④ 《江苏暂行审判厅检察厅组织法》（1912 年 4 月 16 日），江苏省档案馆藏民国江苏高等法院档案，档案号：1047 – 1912 – 060 – 0001 – 0102。
⑤ 《都督咨复省议会复议初级未便废止文》（1912 年 4 月 10 日），《江苏司法汇报》第 4 期，1912 年，"关于初级存废问题往来公文汇录"，第 2~3 页。

询司法部，并得肯定答复，"初级未便遽行废止"。①

由此可见，尽管江苏都督府从政治立场上支持推进司法建设，但筹措设厅经费的压力难以避免。在政权鼎革之际，江苏都督府关注的重心在于攸关维系统治权力的军政领域。江苏都督程德全直截了当地谈道："自破坏告终，兵甲粗息，警察鲜普及之效，四方多伏莽之忧，法典未闻颁行，税则未尽清划，地方秩序方赖军事以维持，军事饷糈亦假地方为盈缩。"他主张"情势有异同，而施行有缓急"，有关社会治理层面的司法建制问题似乎"无涉权利问题，暂求现状之保持"。② 江苏提法司在四级三审制审级制度规定和现实困境的双重夹缝中寻求设厅方案和司法经费的平衡，并非如论者所言"江苏的施政者满怀建立共和国热情，把需要经过较长时间的司法改革变成一个随着主观愿望而转移的跃进式过程"。③ 与省级行政机关的务实化相比，各县积极筹建地方审检厅和初级审检厅的行为颇显急切。

## 三

在江苏提法司的审检厅方案通过后，各县以成立审检厅为圭臬，顿时兴设审检厅风起云涌。尽管经济状况难以与苏南各县相提并论，但苏北诸县不甘落后，加速设厅步伐。

邳县地方头面人物王儒年以该县"司法一项阙如，遂使民政长兼司法行政于一身，不惟两权并揽，易致武断，抑亦百事待理，势所难周"，请求江苏都督从速派员组织审检厅。江苏都督府表示"各县审检机关业已次第建设，该县事同一律，自应及时组织"。④ 尽管包括邳县在内的徐州府属"光复较迟，残破较甚"，但是铜山、萧县等审检厅也相继成立，使尚未设厅的睢宁县颇觉难堪。1912 年 5 月 22 日，睢宁县民政长孙剑虹渴望在司法方面有所建树，请求江苏都督府派遣司法官赴该县组织审检厅，"以完司法独立之精神，俾得专心筹划民政，发达地方"。不过，孙剑虹在呈文

① 《都督致北京司法部核定审级电》（1912 年 5 月 5 日），《江苏司法汇报》第 4 期，1912 年，"关于初级存废问题往来公文汇录"，第 4 页；《提法司上北京司法部请核复初级存废问题电》（1912 年 5 月 11 日），《江苏司法汇报》第 4 期，1912 年，"关于初级存废问题往来公文汇录"，第 4~5 页；《司法部核复初级未便遽行废止电》，《江苏司法汇报》第 4 期，1912 年，"关于初级存废问题往来公文汇录"，第 5 页。
② 《要闻一：军民分治问题之探本谈》，《申报》1912 年 8 月 12 日，第 2 版。
③ 陈同：《民初江苏遍设审检厅述论》，《史林》2011 年第 5 期。
④ 《指令（第 406 号）》，《江苏司法汇报》第 7 期，1912 年，"本省指令"，第 6 页。

中指出睢宁司法经费竭蹶的实际情形，"奈当破坏而后，财政困难达于极点，组织则有无米为炊之势，不组织则有权限混淆之虞"。① 江苏都督府顾虑该县设厅经费困难，并未回复。6 月，孙剑虹以进入征收"忙漕"之季，认为"司法经费似非无着"，并自行物色好司法人才和审检厅办公场所，再次呈请设厅，"至地址及开办费，并已磋商有绪。睢邑城东城隍庙旧有瓦房数十间，其中神像已被去岁兵队搬毁无存，即权就该处设立审检两厅，亦甚合宜。其开办费一节，既有房屋可以敷用，不过略加修葺及购置一切用具而已，计算所需尚不过巨。拟由本邑公款项下暂行筹垫，将来由该厅实销实报"。② 江苏都督府在睢宁成立审检厅的条件基本成熟，况且司法经费似乎"有的可寻"的前提下，认为孙剑虹的方案"所见甚是"，并特别强调，"至司法经费，据称忙漕征收，业经开始，不致无着，所有该厅开办经常各项开支，仰即由该民政长就近设法筹拨，以资应用"。③江苏都督府对睢宁县请求设厅的反应，从"冷处理"到"所见甚是"的态度变化，反映出江苏都督府更重视物质保障的设厅标准。

也有民政长基于现实主义原则，采取并不盲从设厅潮流的"另类"主张。如句容县民政长许文濬认为该县"山僻荒陬，建设为难"，并不赞同设厅。然而，许文濬的想法面临强大地方势力的不满和干涉。1912 年 4 月 17 日，驻守句容县的军官钟琪等人联合控诉许文濬，称其"系前清宰吾邑者，顽固性成，幕气未退"，谴责他拖延筹办审检厅的用心，"无非意存把持，借遂私见"。这封控诉文书最后特意强调开厅经费"毋虞缺乏"。④ 实际上，许文濬从 1909 年主政句容，在县政治理和司法审判方面兢兢业业。即使历经政权更迭，个人职位亦未受影响。⑤ 然而在握有实权的地方军事强人压力之下，江苏都督府次日即饬令句容县"从速筹办，不得借词延宕，致碍进行"。⑥ 在遍设审检厅背景之下，务实型民政长亦难以逆潮流而行。

① 《睢宁民政长孙剑虹拟请委任审检两厅由》（1912 年 6 月），江苏省档案馆藏民国江苏高等法院档案，档案号：1047 - 1912 - 062 - 0034 - 0002。

② 《睢宁民政长孙剑虹拟请委任审检两厅由》（1912 年 6 月），江苏省档案馆藏民国江苏高等法院档案，档案号：1047 - 1912 - 062 - 0034 - 0002。

③ 《江苏都督府指令睢宁县民政长（第 4674 号）》（1912 年 7 月 1 日），江苏省档案馆藏民国江苏高等法院档案，档案号：1047 - 1912 - 062 - 0034 - 0002。

④ 《一件卫戍西南区法官戴汝佳等呈请组织句容司法官厅由》（1912 年 4 月 17 日），江苏省档案馆藏民国江苏高等法院档案，档案号：1047 - 1912 - 061 - 0002 - 0002。

⑤ 参阅许文濬《清末民初的县衙记录：塔景亭案牍》，俞江点校，北京大学出版社，2007。

⑥ 《江苏都督府指令（第 2080 号）》（1912 年 4 月 18 日），江苏省档案馆藏民国江苏高等法院档案，档案号：1047 - 1912 - 061 - 0002 - 0002。

整体上看，全国地方初级审检厅犹如雨后春笋。至 1912 年 9 月，司法部调查统计各省已设和拟设地方初级审检厅数据显示，各直省已设地方、初级审检厅达 687 个，拟设地方、初级审检厅计 428 个。其中，以江苏 212 个为最，辛亥首义之地湖北 144 个次之。[①] 需要说明的是，司法部调查统计的方式是将江苏地方审判厅和地方检察厅、初级审判厅和初级检察厅分开计算，皆为 53 个，合计 212 个。这也与江苏自身统计数据相吻合。据《江苏司法汇报》等资料统计得知，截至 1912 年 9 月，江苏有 53 个地方审检厅、53 个初级审检厅和 1 个地方审检分厅。其中，20 个归高等审检厅管辖，21 个归高等第一审检分厅管辖，12 个归高等第二审检分厅管辖。[②] 曾任司法部次长的张一鹏对民元江苏地方审检厅的设厅热潮相当关注，称"江苏六十县，已设有审判厅五十有四"。[③]

　　江苏各县地方审检厅设厅数和占比皆在全国遥遥领先，反映出江苏遍设地方厅的热度很高，但究其实质，似乎华而不实。第一，从设置地点来看，新设审检厅有 23 个附设于旧县署、8 个设于旧典史衙门、5 个设于旧庙庵场所、3 个设于学堂旧址，还有位于其他废弃机构的建筑之内，比如牙厘局、习艺所等处。这显然和设置独立司法机关的初衷并不匹配。第二，从司法经费方面而言，一方面由于缺乏司法经费，各县地方审检厅的设置地点只能附设县署或找寻残破房屋；另一方面，各县地方审检厅的司法经费设计却相当高。除上海和江宁地方审检厅月支经费超过 3000 元外，其余各县地方审检厅额定月支经费 1744 元，每年计 20928 元。[④] 这种脱离实际的预算方案，只能束之高阁。故而言之，这次遍设地方初级审检厅的热潮徒具形式，与其设置初衷并不吻合。由于设厅形式主义严重，实际效果亦大打折扣，"遂招各方舆论之非法"。[⑤]

　　江苏各县地方审检厅运行不久，由于财力不足，亦难以为继。1913 年

---

① 《各直省已设、拟设各级审判检察厅一览表》，《司法公报》第 3 号，1912 年，第 84～86 页；《江苏省已设、拟设各级审判检察厅一览表》（1912 年 9 月），《政府公报》第 82 号，1912 年 10 月 30 日，"通告"，第 12～13 页。

② 《江苏各县审检厅成立时期表》，《江苏司法汇报》第 1 期，1912 年，第 1～4 页；《江苏省司法沿革说略》，江苏省长公署统计处编《江苏省政治年鉴（1924 年）》，沈云龙主编《近代中国史料丛刊》三编第 53 辑，台北：文海出版社，1988，第 270 页。

③ 张一鹏、严榕：《中国司法制度改进之沿革》，《法学季刊》第 1 卷第 1 期，1922 年，第 18 页。

④ 《江苏高等审检厅详送司法机关沿革表》（1915 年 6 月 22 日），江苏省档案馆藏民国江苏高等法院档案，档案号：1047－1915－065－0220－0039。

⑤ 余棨昌：《民国以来新司法制度：施行之状况及其利弊》，《法律评论》第 244 期，1928 年，第 1 页。

1 月始，江苏省内新设各级审检厅相继出现钱荒，司法经费竭蹶。2 月，南汇、金山、青浦、奉贤四县将地方厅改成初级审检厅，以"设法节省"，纾缓司法经费"奇窘"之状。① 江苏高等审检厅向司法部汇报拮据窘状，"以本月司法经费除少数由司县借领外，多半分文无着，若再不发给，且夕生变，非速予维持，各厅人员亦将解散"。司法部复电称，"以司法经费在国税、地方税未划定以前，应仍由本省担任"。司法部将"皮球"踢给各省，但并未得到各省省长支持。江苏省省长应德宏复电称，"仅允将应给囚粮一项由省核发"。鉴于江苏高等审检厅厅长屡次"诉苦"，应德宏同意将"正月份司法经费酌予拨给一半，其余仍须听候部拨"。应德宏亦向各县知事发出司法经费问题指示，结果引发基层行政机关和司法机关的波动。比如，华亭县知事谢宰平已从粮漕款项中拨借一个半月司法经费给审检厅，其后他收到"应省长通饬"，"以该县司法经费应直接向法部支领，不准在粮漕内拨借"，所以急忙向审检厅索还，致使该县审检厅厅长"大为焦灼"。青浦县审检厅厅长鉴于司法经费"已有三月未发"，不得已赴省向高等审判厅求助，讵料"仍无效果，不敢回县"。更滑稽的是，青浦审判厅推事和录事等人"在在需款，追踪到省"，他们没有发现"两长踪迹，只得相顾泣下"。新设的审检厅难以为继，"现该两厅人物已以年关伊迩，奔走一空矣"。②

各县审检厅迟迟得不到运转经费，致使各厅"司法经费支绌情形达于极点"。江苏司法筹备处要求各县司法人员"一律暂给半俸"，"司法经费筹备完足再行一律补拨"。③ 1913 年 1 月 16 日，江苏司法筹备处呈文司法部称，由于各级地方审检厅经费无着，纷纷请求裁撤。翌日，司法部回电称，"已电请民政长迅速饬属照旧拨发，望即分令各处厅监督竭力维持，不得借口无款意存解散，致生危险，是为至嘱"。④ 尽管司法部具有雄心壮志，可是并不能有效解决财力难题。当月，司法总长许世英不得不面对事实，"现在大借款既无交款确息，而财政部无法筹拨"，随即，他向国务院请求变通，计划各省司法行政经费暂由各省自行筹划，"俟中央财政经营

① 《司法界小变迁》，《申报》1913 年 2 月 19 日，第 6 版。
② 《苏属司法经费之恐慌》，《申报》1913 年 1 月 31 日，第 6 版。
③ 《司法界纪事》，《申报》1913 年 5 月 16 日，第 6 版。
④ 《江苏司法筹备处照会江宁高等审检检察分厅奉司法部电开已电请民政长饬属照旧拨款由》（1913 年 1 月 20 日），江苏省档案馆藏民国江苏高等法院档案，档案号：1047 - 1913 - 062 - 0025 - 0023。

得手，再行知照各省由中央拨交"。① 但此一纸空文，难以落地生根。

1913 年 3 月，张一鹏根据江苏省实际情形采取变通之法，"苏省司法经费困难达于极点，非别筹通变置之方，断难持久，当经函致省长十二月以前暂照旧额支给，一面遵照司法部分年筹备主义，并权衡本省财力，拟定应留应裁厅数面谒司法总长请示机宜，当蒙照准，旋由本处拟具预算，除旧府州治暨毗连租界路线繁盛各地，并崇明为孤悬海外、清河为高等分厅所在地，应一律酌留外，其余四十三县均照本年教令第五号第十条办理，以纾财力，定期四月一号实行"。②

6 月，江苏都督程德全在通盘考虑之后，痛论全国遍设地方厅的热潮。首先，程德全强调法制建设宜充分结合国情民俗，不能简单地以"法理之名义"和"人民之名义"，大刀阔斧地推进司法机构建设，"若不问人民生命财产之能否保护，而但此设一厅、彼组一庭"，则属于"侈然自号于众曰司法独立"。其次，程德全梳理了鼎革前后司法改革历程，感叹"华而不实"。他写道："其在晚清时代筹备宪政清单，定为某年某处审检厅成立若干编制。此种清单者，非凭讲堂之课义，即据梦寐之幻想，其于中国历史、人民情势殆懵然未之闻焉。虽然专制之朝，谁与抗者？即江苏亦何尝不照单筹设……江苏自光复以后，省议会议决本年司法经费至百八十万之巨，各县审检厅成立至百四十处之多。问其官吏，则法政速成之人才殆已搜索罄尽；问其经费，则议案有其名而实际无着，大都向县知事挪借以度日；征其成绩，则人民之不服裁判及呼冤控诉者，其踵相迎、其趾相接……似此种种情状，尚何法治之可言？尚何能保护人民生命财产？……循是不变，决非江苏地方之荣，亦非民国前途之福。"程德全认为彼时各地如火如荼建设审检厅，但是"名实不符"的司法建制努力并不能有效推进社会治理和司法实效。他意识到缺乏解决设厅难题的"治本之道"，提出了较为务实的"治标之术"，称"至论目前治标之术，则莫若以人才敷用，经费足支为准。现在经费枯绌、人才缺乏，决不足以支配各厅之用，则莫若各县只设审判厅，其检察厅除繁要处所仍旧设立外，其余各县暂以县知事兼检察厅长之任，则经费可省泰半，人才不致滥求"。程德全在文末痛言清朝司法改革方式的弊端，"空谈法理，不顾事实，遂以假立宪亡国"，倘若"今则空谈法理如故，不顾事实如故，能得谓之真共和哉？"③

---

① 《规定各省司法经费》，《申报》1913 年 1 月 29 日，第 3 版。
② 《司法筹备处训令（第 80 号）》（1913 年 3 月），江苏省档案馆藏民国江苏高等法院档案，档案号：1047 - 1913 - 060 - 0025 - 0043。
③ 《程督痛论江苏司法机关之现状》，《申报》1913 年 6 月 22 日，第 6 版。

句句言辞敲人警钟，引人深思。

由此可知，程德全主张在有限的人力、物力条件下，分级别地建设能承受的司法机构规模。一方面，他建议各省高等审检厅和重要商埠地方审检厅一仍其就；另一方面，他指出应该改变各县审检厅的一体化模式，将各县检察厅权限仍由县知事兼理。程德全的主张较早体现了地方司法的"双轨制"雏形。

此后，有些省份的军政长官对遍设审检厅的不满之情更加极端，纷纷请求一律裁撤地方厅，"以节财源"。1914 年 3 月 15 日，热河、江西、河南、四川等省军政长官联合请求裁废审检厅，致函司法总长章宗祥，重点诉说了经费和人力方面的困难。从他们的诉求和建议可知，他们更倾向于务实的立场。一方面，为了收回领事裁判权之目标，他们主张"交通省分及通商口岸"之地仍然设立高等审检厅；另一方面，主张在偏僻边远地区一律停办各级审检厅。① 最终，在地方都督等实力派的强烈要求之下，除边疆地区之外，大部分省内的地方司法机构转向省城及商埠地区实行地方审检厅机制，而其他地区采取县知事兼理司法的双重融合模式。②

# 结　语

综合观之，与清末时期的设厅表现不同，江苏在民元因受特殊的政治区位影响，省内各县大都筹办了审检厅。从数量而言，此局面无疑反映出地方当权派努力践行清末"新政"以来追求司法独立的愿景。然而，从质量而言，这种积极筹设审检厅的热潮，其实只是一种表面化现象，各县筹设审检厅的真正动机并非完全以司法独立为归宿。③

各县政府和地方名流在筹办审检厅过程中，步步为营，在顺利实现审检厅"从无到有"之后，即千方百计地努力扩充编制，以期"从小到大"。与各县积极踊跃筹办审检厅，普遍将设厅提上"急办"日程相比，作为省级机构的江苏都督府以采取稳健方式为主，将司法视为"缓办"之务。江苏都督府从最初默认各县自主设厅转向收紧态度，背后暗藏缺乏相应物质保障的隐忧。

事实上，这是各省行政机关普遍遭遇困境的缩影。对各省封疆大吏而

---

① 远生：《再志司法之前途》，《申报》1914 年 3 月 29 日，第 3 版。
② 有关民国时期地方司法形态的"双轨制"模式，参见拙文《双轨制：民初地方审检厅的设废及转向》，《民国档案》2020 年第 4 期。
③ 有关各县设厅的动机，略显复杂，笔者将另文详述。

言，设厅从"应办"和"缓办"转换为"实办"，决策标准是相关经费的情况。由于省、县两级行政机构的责任差异，在民国初年各县遍设审检厅的浪潮中，省级军政机构的"谨慎"和基层政府社会的"冒进"态度，可视为当时历史进程中的一种"常态化"社会现象。省、县之间的思虑焦点不一，设厅步调和态度迥异，最终，设厅实践因无力解决生成性的物质需求而迅速消退。

# "协调外交"下的被动干涉：北京政变后溥仪的动向与日本对华外交[*]

许龙生[**]

**提　要**　1924 年 11 月，冯玉祥领导的国民军将溥仪等逊清皇室驱逐出紫禁城，废除之前的《清室优待条件》，引起了国内外的极大震动。溥仪依靠庄士敦、陈宝琛等亲信寻求外国公使的介入与保护，并最终躲入了日本公使馆寻求庇护，之后又寓居天津租界。日本在各方的压力下介入此事，但是引起了中国国内舆论的强烈反响。溥仪希望能够访问日本或是前往旅大，遗老旧臣也是为此极力奔波，但日本政府一直消极应对溥仪的请求，避免招致国际社会的猜疑与受到国民革命鼓动的中国民众的反对。日本对待溥仪出宫事件的处理以及后续的种种措施，可以反映出日本在"协调外交"指导下对华政策的调整与矛盾。

**关键词**　溥仪　段祺瑞　芳泽谦吉　"协调外交"

随着北洋军阀体系内部"新陈代谢"的推进，旧有的一些行为准则逐渐转变，新式军人及地方实力派力量的上升也成为改变北洋传统行事准则的重要推动力量，北洋体系出现裂变之相。[①] 1924 年 9 月，江浙战争爆发，继而引发了奉系军阀张作霖与直系军阀吴佩孚的第二次直奉战争，成为影响民国政治走向的重要事件。第二次直奉战争爆发后，第三路军总指挥冯玉祥趁吴佩孚在山海关与奉系军队作战之际，率领其部队从古北口、密云

---

* 本文为国家社会科学基金重大项目"1912 年至 1937 年间日本驻华使领商务报告整理与研究"（项目编号：20&ZD236）及国家社会科学基金项目（项目编号：21CZS044）的阶段性成果。

** 许龙生，华中师范大学历史文化学院讲师、博士后。

① 罗志田：《北伐前夕北方军政格局的演变 1924～1926 年》，《史林》2003 年第 1 期。

秘密返回北京，并于 10 月 23 日晨占领北京城，包围总统府，监禁了大总统曹锟。① 吴佩孚虽派军回援，但无力扭转战局。11 月 2 日，黄郛任总理的新内阁成立，作为暂时性的政治过渡。11 月 5 日清晨，警备司令鹿钟麟率十一师、保安队与警察总监张璧及议员代表李石曾进入宫城，封锁了宫城内外的交通，要求溥仪承认新的《清室优待条件》并迅速离开紫禁城，此即北京政变中的驱逐溥仪出宫事件。

　　学界对于北京政变以及溥仪出宫事件的研究已经积累了一定的成果，当事人也留下了许多日记、回忆录等个人记录，事件的基本史实已经较为清晰。已有的研究成果或是对事件的细节进行考证，或是将其置于国民革命的发展进程中观察，突出该事件对国民革命的推动作用，或是从时人对于该事件的反应与评论来观察当时的社会思潮与政治文化。由于列强特别是日本的干涉对事件之后的走向产生了重大影响，当事人的日记、回忆录等材料也多记载日本在事件进程中的积极干涉，学界多将日本作为此事背后的推手，将该事件与之后伪满洲国的建立相联系，揭露日本的侵略野心。② 但是溥仪与日本的联系是如何一步步加强的？日本对待溥仪的态度经历了怎样的转变过程，与日本的外交政策有着怎样的关联？对上述问题，尚缺乏日方的正式档案文献作为佐证说明。本文尝试以日本国立公文书馆亚洲资料中心所藏日本外交文件为史料基础，还原溥仪出宫之后逊清皇室与日本政府、军方之间的互动过程，结合当时的国内政局、国际环境

① 有学者认为冯玉祥的反戈在其背后有着日本的策动。日本通过驻华军政机构利用政治游说、提供资金及军火等手段拉拢冯玉祥同张作霖、段祺瑞组成反吴同盟，并策动冯玉祥出兵倒戈，发动北京政变，从内部颠覆了背后有着英美支持的直系势力。但从事件的发展过程来看，陆军发挥的作用有限。参见陈太勇《第二次直奉战争时期日本策反冯军始末》，《民国档案》2016 年第 4 期；郭循春《日本陆军与第二次直奉战争》，《近代史研究》2019 年第 4 期。

② 史料主要包括爱新觉罗·溥仪《我的前半生》批注本，群众出版社，2013；爱新觉罗·溥仪著、王庆祥整理《爱新觉罗·溥仪日记》，天津人民出版社，1996；庄士敦《紫禁城的黄昏》，陈时伟等译，求实出版社，1989；宋志勇编译《溥仪离宫后的活动及与日本的关系史料》，《历史档案》1993 年第 1 期。此外，参见喻大华《重评 1924 年冯玉祥驱逐溥仪出宫事件》，《学术月刊》1993 年第 11 期；范泽刚《冯玉祥驱逐溥仪出宫事件之社会反响》，硕士学位论文，辽宁师范大学，2007；刘贵福《论钱玄同对溥仪留居故宫和被逐出宫的认识及态度》，《故宫学刊》2013 年第 2 期；李茂杰、陆续《溥仪在旅顺与日本关东军的交易》，《大连近代史研究》2009 年第 1 期；刘建华《"九·一八"事变前溥仪和日本的关系》，《外国问题研究》2005 年第 2 期；胡晓《国民党与溥仪出宫事件》，《安徽史学》2012 年第 2 期；王庆祥《溥仪与九一八事变》，《社会科学战线》2012 年第 4 期；王晴飞《溥仪出宫与北京知识界：以胡适为中心的考察》，《社会科学》2015 年第 4 期。

与一战后的日本对华政策，分析日本对于溥仪出宫事件的处理以及背后国内外多方力量的博弈过程，以该事件反映日本对华外交政策的实施过程与矛盾冲突。

## 一　冯玉祥驱逐溥仪出宫与列强干预

武昌起义爆发之后，迫于全国多地宣告独立以及袁世凯逼宫的情势，宣统帝溥仪与隆裕太后签署《清帝退位诏书》。作为政治交换，新成立的民国政府也与清室达成《清室优待条件》，允许清室继续在紫禁城内居住，并可继续使用皇帝称号、宣统年号与相应的礼仪，国民政府每年向其提供维持经费。溥仪的特殊地位依据此份文件得以确立和延续，其超脱于民国法律之外，在一定区域内维持皇帝身份，该项协议也得到了各列强的承认。因而清帝退位及享受优待的局面，实际上是国际、国内多种合力共同作用的结果，也包含了各方势力的妥协与利益协调。

北京政变的爆发事出有因，既包含了军阀内部利益冲突与派系斗争，同时也包含了日本陆军在背后的操纵，鼓动冯玉祥发动政变以排除吴佩孚。[1] 但是驱逐溥仪出宫事件的发生实则包含较大的偶然性因素。新文化运动之后新思潮的兴起是其社会土壤，苏联对华影响的增加以及第一次国共合作的实现也是重要外因，而冯自身对君主帝制怀有强烈的抵触情绪则是事件的直接动因。早在 1917 年张勋拥戴溥仪复辟的闹剧发生之后，冯就有驱逐溥仪出宫的想法，并且认为逊帝溥仪的存在是中华民国的耻辱，"且是中外野心家时刻企图利用的祸根"。[2] 冯玉祥本人与南方政府以及孙中山的代表之前多有接触，外界多认为冯本人与其领导的国民军有着较强的"赤化"倾向，时人称呼冯玉祥与蒋介石为"南北二赤"。

1922 年第一次直奉战争爆发之时，逊清朝廷就已经开始为逃离宫城做准备，计划由溥仪的家庭教师庄士敦（Johnston）出面请求英国使馆的保护。[3] 1923 年关东大地震发生之后溥仪迅速为日本提供捐款，之后日本公使馆与溥仪近臣的往来也变得密切起来，特别是罗振玉和郑孝胥与日本使馆驻军的交往，为后来日本的介入埋下了伏笔。[4] 北京政变爆发之后，退

[1]　服部龙二：《東アジア国際環境の変動と日本外交 1918～1931》，东京：有斐阁，2001，第 171～172 页。
[2]　参见冯玉祥《我的生活》，上海教育书店，1947，第 306、509～510 页。
[3]　庄士敦：《紫禁城的黄昏》，第 221 页。
[4]　爱新觉罗·溥仪：《我的前半生》批注本，第 138 页。

位多年、蛰居紫禁城的宣统逊帝溥仪对此深感不安，深惧俄国末代沙皇尼古拉二世家族的命运于自身重现。11 月 5 日鹿钟麟派兵包围紫禁城之后，溥仪及皇后被军队"护送"至其出生地——醇亲王府。几乎就在溥仪被逐的同时，庄士敦与宗亲载涛贝勒将此事通告外国使团首席公使、荷兰公使欧登科（Dean Oudendijk）、英国公使麻克类（R. Macleay）以及日本公使芳泽谦吉。1924 年 11 月 5 日下午 3 时，日、荷、英三国公使共同紧急会见国民政府外交总长王正廷，由于溥仪及清室的法律地位系根据 1912 年的《清室优待条件》确立，三国公使质询冯玉祥派兵包围宫城的意图。王正廷声明此事全然属于中国的内政，并表示民国政府只会对《清室优待条件》进行修改，并不会改变逊清皇室的法律地位。王正廷再三保证：民国政府并未有对溥仪人身施加暴力的意图，溥仪作为一自由公民，可以选择居住在除紫禁城以外的任何地方。① 英国公使麻克类表示，《清室优待条件》承认了清室的居住权与优待费用，如果民国政府限制其自由或对其实施暴力，英国政府将不会袖手旁观。② 三国公使对于冯玉祥派兵进入宫城事件的关注和介入，使得该事件由内政迅速向外交层面转变。

凡尔赛 - 华盛顿体系重塑了一战后的国际秩序。1924 年币原喜重郎出任日本外相之后，为适应华盛顿体系对"远东新秩序"的安排，避免日本被国际社会孤立，制定了"协调外交"的政策，"对华不干涉"是其中的重要一环。"日本对中国的动乱暂时采取不干涉的态度，今后若出现满洲秩序紊乱等情形，再根据情势的推移决定方针。"③ 币原公开声称，其外交理念，即是坚持不干涉中国内部事务，在机会均等主义的原则上加深两国的经济联系，依据《华盛顿条约》的精神重塑国际秩序。④ 在此种外交理念的指导下，日本努力在"协调外交"框架下做出"不干涉中国内政"的姿态。

日本驻华公使芳泽谦吉在事件发生当日向币原外相的报告中评价了冯玉祥此次的行动："对中国政府的名誉是重大的耻辱，只能招致文明世界

---

① 《WAI CHIAO PU INTERVIEW》（Nov. 5th, 1924），JACAR（アジア歴史資料センター），外务省外交史料馆，《旧清皇室関係雑件（1 - 6 - 1 - 82）》，B03050747400。
② 《芳泽公使致币原外务大臣第 1124（1）号电》（1924 年 11 月 5 日），《旧清皇室関係雑件》（1 - 6 - 1 - 82），外务省外交史料馆，B03050747300。
③ 《第五十議会用（最近支那関係諸問題摘要）》，《帝国議会関係雑纂/説明資料/亜細亜局第三卷》（1 - 5 - 2 - 2_ 6_ 6_ 003），外务省外交史料馆，B03041492700。
④ 服部龙二：《币原喜重郎：外交と民主主義》，东京：吉田书店，2017，第 112 页。

的怨恨。"① 虽然日本方面暂不清楚冯玉祥此举的意图，但芳泽谦吉还是建议先由三国公使出面与北京政府外交部进行交涉，通过向政府当局施压，预计可以起到一定作用，此建议也得到了英国公使的赞同。麻克类在与芳泽谦吉会商之后，决定将本事件通过英国驻奉天领事通知在关外虎视眈眈的张作霖，以观察其态度与反应。② 张作霖在获知该消息后"大发雷霆"，对冯玉祥擅自占领宫城、撕毁退位协议的行为感到愤怒。③

在国民军的控制下，曹锟政府只得发布命令认可冯玉祥派兵驱逐溥仪出宫的行为。11月5日，黄郛内阁以大总统令的形式颁布了《修正清室优待条件》法案，内容如下：

> 今因大清皇帝欲贯彻五族共和之精神，不愿违反民国之各种制度仍存于今日，特将《清室优待条件》修改如左：
>
> 一、大清宣统帝即日起永远废除皇帝尊号，与中华民国国民在法律上享有同等一切权利。
>
> 二、自本条件修改后，民国政府每年补助清室家用五十万元，并特支出二百万元开办北京贫民工厂，尽先收容旗籍贫民。
>
> 三、清室按照原优待条件第三条，即日移出宫禁，以后得自由选择住居，但民国政府仍负保护责任。
>
> 四、清室之宗庙陵寝永远奉祀，由民国酌设卫兵妥为保护。
>
> 五、清宫私产归清室完全享有，民国政府当为特别保护。其一切公产，应归民国政府所有。④

该法案实质上推翻了之前的《清室优待条件》，不仅废除了溥仪名义上的"皇帝"称号，还要求其必须搬离紫禁城，维持皇室生活的财政拨款及所持有私产也面临着大幅度缩水的风险。此法案的颁布赋予了国民军驱逐溥仪出宫行为的正当性，而且其成为既定事实之后，民国政府与清室及为数不少的遗老旧臣之间的关系急剧恶化。

---

① 《芳泽公使致币原外务大臣第1124（3）号电》（1924年11月5日），《旧清皇室関係雑件》（1-6-1-82），外务省外交史料馆，B03050747300。
② 《芳泽公使致币原外务大臣第1127号电》（1924年11月5日），《旧清皇室関係雑件》（1-6-1-82），外务省外交史料馆，B03050747300。
③ 庄士敦：《紫禁城的黄昏》，第326页。
④ 《例规·宪法：修正清室优待条件》（十三年十一月五日大总统令公布），《司法公报》第199期，1924年，第12~13页。

搬入醇亲王府之后，溥仪及皇后由国民军看管护卫，实质则是被软禁。在内外信息阻塞的情况下，溥仪继续寻求列强的介入与调停。[①] 11月5日下午6时，受溥仪之委托，庄士敦拜访日本公使芳泽谦吉。庄士敦首先向芳泽转达了溥仪的谢意，并说明了其计划通过天津中转出游海外，所选目的地之一就是日本。庄士敦还说明了醇亲王府目前的戒备情况：警卫对于进出的人与车都进行检查，溥仪在醇亲王府基本处于被软禁的状态。[②] 随着事件的发展，逊清宗室也对自己的人身安全产生了极大的恐慌，纷纷逃入东交民巷使馆区，德国、日本使馆均收留了大量宗室成员。[③]

日本公使馆的立田事务官在11月7日发往外务省的报告中分析了此次事件发生的原因：

> 冯玉祥及其他国民军干部陈述其理由是宣统帝仍然拥有宫城内的空位，可以诱使人心慌乱，对于共和民国的统一带来很大的阻碍。本人分析其真正目的是：
>
> 1. 共和政体树立之后，清室完全无用，政府需要支付大量的优待费，完全没有意义。此次的政变彻底终止其形式，是为了完成民国建设事业，来源于纯粹的民主思想。
>
> 2. 辛亥革命之后已有十余年，共和政治实行以来，清室依然是一部分人心的焦点。特别是在北京政界，吴佩孚被逐后，张作霖如日中天，其势力延伸至中央。冯玉祥到底难敌张作霖，此次的战争，奉天派的背后有某国（日本）的势力，存在拥立宣统帝，实现君主立宪制的危险。
>
> 3. 此次政变多数由国民党系及政学系人物的参与，此等左倾分子希望废除共和政治，采用俄国式的委员制，因此将有着三百年历史的

---

① 对于溥仪在事件之中的各种发言和表态是否完全出自其本人真心也值得怀疑，正值青年的皇帝一定程度上接受了新文化运动中的新思想，渴望成为自由公民及走出宫墙之后的生活，"感到继续做无用的国家补助金的领取者是耻辱的"。（庄士敦：《紫禁城的黄昏》，第226页。）但对于人数众多的宗室以及腐败且依附皇权生存的内务府而言，"所有的人都一致赞同内务府官员们的决心，不允许皇帝放弃他的假朝廷和有名无实的尊贵，从而破坏现状"。（庄士敦：《紫禁城的黄昏》，第224页。）从此角度而言，背负重压的溥仪面临重重困难，特别是在混乱的局势及并不灵通的信息环境下，其每一次的抉择都显得十分艰难，因此后来的研究者重新审视这段历史时需要对历史人物做"理解之同情"。

② 《芳泽公使致币原外务大臣第1125号电》（1924年11月6日），《旧清皇室関係雑件》（1-6-1-82），外务省外交史料馆，B03050747300。

③ 《芳泽公使致币原外务大臣第1137号电》（1924年11月7日），《旧清皇室関係雑件》（1-6-1-82），外务省外交史料馆，B03050747300。

清室的存在作为共和的威胁。因为皇帝只是空名，断然将其废止。

　　4. 财政穷困的结果，目标在于清室宝物，其目的是非政治性的。①

　　上述电文代表了驻京日本外交机构对此事件的认识。日本公使馆的判断既有基于政治立场的推测，也有基于经济利益的现实考量，还考虑到了当时俄日在华的竞争。只要溥仪继续居住于政治中心，根基不稳的民主共和体制就依然存在复辟的风险，张作霖依恃日本的支持也有可能利用溥仪，将其作为捞取政治利益的工具。除了虎视眈眈的奉系军阀外，国民党及共产党势力也在苏联的支持下向华北积极渗透，华北紧张的政治氛围成为酿成此次事件的重要原因。但是日本方面对于事件未来的走向依然未有充足的把握。

　　11 月 6 日，恭亲王之孙溥儒与庄士敦一同拜访了芳泽公使，向其传达了溥仪的意见：

　　　　1. 对于公使等向外交总长的忠告深表感谢。2. 现在皇帝及皇后、泽公涛贝勒、荣公涛嘉及庆王等诸皇族居住在醇亲王府，对于该府邸的警戒与前日相比更加严重，几乎处于监禁状态。诸皇族十分恐惧会与皇帝一起被杀害。3. 光绪皇帝的皇后现在依然滞留在宫城内，不知如何安全撤出。宫城内的宝物由皇室与政府选派的官员进行公私财产的划分，不知能否公正进行。4. 宫城内还留有秘密文件，担心政府发现之后将其作为复辟的阴谋。②

　　除了对自身命运与遗留问题表示忧虑外，溥仪还表示："皇室与日本皇室有着数百年的深交，日华两国有着数千年的友好"，请求芳泽公使"尽力减轻政府的迫害"。芳泽谦吉在表示深切同情的同时，认为还有"深切考虑的必要，难以即时做出答复"，希望由庄士敦出面与英国公使再行协商。11 月 7 日，英、日、荷三国公使再次进行协商。英国公使表示若发生危害皇帝人身安全的情况，英国政府将不会坐视不管；荷兰公使则表示对于抢夺财产这样的情况，外国不便于干涉。三国公使初步达成的一致看

---

① 《在北京立田事务官致出渊亚细亚局长北情第 146 号电》（1924 年 11 月 7 日），《旧清皇室関係雑件》（1-6-1-82），外务省外交史料馆，B03050747300。
② 《芳泽公使致币原外务大臣第 1143（2）号》（1924 年 11 月 7 日），《旧清皇室関係雑件》（1-6-1-82），外务省外交史料馆，B03050747300。

法是溥仪现在并无生命危险，暂时还需要对局势做进一步观察。① 虽然当天外交总长王正廷专门拜访了芳泽公使并做出了绝对不会发生暴力事件的承诺，但是芳泽依然怀有疑虑，并特意向外务省发去电报，询问在特殊情况下日本公使馆是否可以单独采取行动，以取得便宜行事的授权。从日本与荷、英两国采取共同行动的过程来看，日本在溥仪出宫事件发生之时坚持了"协调外交"的政策，避免日本单独介入，这也符合当时日本币原外相制定的对华外交政策的基调。

北京政府为了实施《修正清室优待条件》，由国务院专门组织善后委员会，以清理区分清室的公私财产。内务府召开了善后协议会议，民国政府派出鹿传霖、张耀曾、李石曾及教育总长易培基，清室方面则由耆龄、载润、罗振玉作为代表。双方议定：清室移交印玺，解散宫廷佣人，检查遣散佣人行李，搬出逊帝及逊后的个人用品以及封锁各宫殿等。② 此外，"俟全部结束后即将宫禁一律开放，备充国立图书馆、博物馆等项之用，借彰文化而垂久远"。③ 民国政府计划将紫禁城改造成为公共文化设施并对公众开放。清室财产的甄别及故宫的整理工作逐步推进，也说明了溥仪再也无法回归其之前的生活状态。

11 月 8 日，芳泽在致外务大臣币原喜重郎的电报中附上了中日实业会社副总裁高木陆郎与北洋元老王士珍的谈话概要，此份谈话记录提醒日本需要重点关注溥仪出宫事件是否会导致西藏、新疆、蒙古等地趁机在各列强的支持下从中国分离出去。"从前以来五族中的西藏、回疆（青海、新疆）、蒙古三族至始至终都在清朝的势力下统一。第一革命之际（即辛亥革命——引者注）制定清室优待条件时即将以上事实考虑在内。今日并未取得以上三族的谅解而变更优待条件，或有开启三族分离之端之虞。"芳泽在文后补充道："英国对于西藏，俄国对于蒙古、新疆、青海等均有关系，如王士珍所言，将来各国有将此事作为口实扩张利权的可能性。"④ 早在辛亥革命爆发之后，西藏、新疆、蒙古等地域皆出现了不同程度的分离倾向，降低因"排满"导致的国家分裂的风险，一直是孙中山及革命党在

① 《芳泽公使致币原外务大臣第 1143（2）号》（1924 年 11 月 7 日），《旧清皇室関係雑件》（1 - 6 - 1 - 82），外务省外交史料馆，B03050747300。
② 《立田内务事务官致出渊亚细亚局长北情第 152 号电》（1924 年 11 月 15 日），《旧清皇室関係雑件》（1 - 6 - 1 - 82），外务省外交史料馆，B03050747400。
③ 《大总统令》（1924 年 11 月 7 日），《旧清皇室関係雑件》（1 - 6 - 1 - 82），外务省外交史料馆，B03050747400。
④ 《芳泽公使致币原外务大臣机密第 531 号》（1924 年 11 月 8 日），《旧清皇室関係雑件》（1 - 6 - 1 - 82），外务省外交史料馆，B03050747400。

民国建立伊始即着手处理的政治难题，民元孙中山北上会晤逊清皇室，正是新政府应对民族与边疆危机的重要行动。[1] 包括袁世凯在内的各届政府，也在努力维持多民族统一国家的格局。冯玉祥驱逐逊清皇室的行动，则是打破了此种微妙的利益平衡，民族与边疆危机在列强的干预之下，再次凸显出来。

11 月 9 日，芳泽公使在对外务省的报告中转述了陆宗舆的意见："冯玉祥、张昌宗在辛亥革命之际颁布了十七条宪法宣言，其思想属于革命派。王正廷、黄郛对苏俄的思想有共鸣，属于共产主义者。"[2] 段祺瑞在获知此事之后，公开谴责冯玉祥的行动，叱责其为不法。日本军方也将此事的背后主使指向国民党，认为是"以黄郛为中心的国民党派的活动"，目的就是实现苏维埃的委员制，而待孙文入京之后，国民党可能会有进一步的行动。[3] 在持续关注中国领土及主权完整性的同时，日本政府更为忧虑的是苏联对中国政府施加的影响以及中国未来的政治走向。从当时的历史背景来看，日本一直十分警惕苏联对华影响的持续加强，而且随着奉系军阀与苏联政府之间协定的签署，防止苏联势力"南下"成为日本外交政策中的重要主题，而这与其同英美保持外交协调的政策同样也是吻合的。

政局的动荡造成了谣言四起，有人传言为了防止张作霖重蹈复辟，需要在其入京之前铲除复辟的祸根，以绝后患；也有传言说政府内阁中陆军总长李书城主张杀害溥仪等皇室成员。社会舆论加剧了溥仪的不安，溥仪在人身自由受限与信息获取不畅的情况下，只能继续派遣亲信与庄士敦前往各国使馆进行协商，寻求安全对策。11 月 5 日驱逐溥仪出宫事件发生后的几天之内，围绕溥仪的人身安全与清室地位，各方势力展开了初步的接触与协调。

## 二　外国公使的干涉与溥仪避难日本公使馆

由于冯玉祥自身的实力以及资历难以单独维持当时混乱的政局，冯一

---

① 参见桑兵《民元孙中山北上与逊清皇室的交往——兼论清皇族的归属选择》，《史学月刊》2017 年第 1 期；李在全《民元孙中山北京之行与逊清皇室的应对——以绍彝、绍英未刊函札为中心的考察》，《清华大学学报》（哲学社会科学版）2020 年第 1 期。

② 《吉田总领事致币原外务大臣第 246 号电》（1924 年 11 月 9 日），《旧清皇室関係雑件》（1-6-1-82），外务省外交史料馆，B03050747300。

③ 《儿玉长官致币原外务大臣第 14798 号电》（1924 年 11 月 11 日），《旧清皇室関係雑件》（1-6-1-82），外务省外交史料馆，B03050747300。

方面邀请北洋元老段祺瑞出面，另一方面则邀请孙中山北上共同"组织大局"。11 月 10 日，段祺瑞、张作霖、冯玉祥在天津召开会议，讨论政局善后问题，决定由段祺瑞再次出山，在京组织临时政府。

国内各军政实权人物在筹划"后曹锟"时代的政治格局之时，外国驻华公使也在积极地搜集与交换信息，主要是共同协调对待新政府之态度，以应对未来中国政局的变化，但其中溥仪的安全及去向问题同样也被提及。11 月 12 日，芳泽公使在意大利使馆再次和英国与荷兰公使会见协商，三方达成一致意见：若溥仪的生命遇到危险，三国公使馆将会采取适当措施对其进行保护。英国公使则明确表示其在特殊情况下将会动用公使馆的警卫队进行救援。① 三国公使初步制定了统一行动的原则条件。

11 月 17 日，载涛与庄士敦、欧登科一同到访日本公使馆，诉说溥仪所遭到的迫害，请求外交团保护。英、日、荷三国公使再次进行商议，英国与荷兰公使表示在必要时刻可以出兵干涉。芳泽谦吉也建议外务省在此种条件下不能袖手旁观，应该积极出兵。由于日本公使馆自身兵力有限，天津日本驻屯军的指挥权掌握在陆军手中，芳泽请求外务省与陆军省进行协调。② 尤其是在英、荷表现出出兵意向的情况下，"我方应该全然脱离政策及立场，以人道的名义派遣守卫队，寻求适合的协同保护的方法"。当列强出现联合出兵干涉的倾向时，日本公使也建议日本与列国保持协调行动。

对于冯玉祥驱逐溥仪出宫事件，国内的舆论对此多表示赞同，《京报》与《益世报》（北京）分别发表评论，认可废除帝号与驱逐溥仪出宫的行动，并表示此事纯为中国内政，不容外国置喙。报界对于此事的报道及评论多带有明显的民族主义与激进主义色彩，舆论界形成的这种压力也在一定程度上影响了事件的进展。与国内新闻报道的论调相反，外国报纸对溥仪则多持同情态度，特别是日人所办之《顺天时报》，更是大量使用夸张性描述，编造骇人新闻，"连续发出了对'大清皇室'的无限同情、对摄政内阁和国民军激烈的抨击性的报导和评论"。③《顺天时报》在大造舆论、

---

① 《芳泽公使致币原外务大臣第 1167 号电》（1924 年 11 月 12 日），《旧清皇室关系杂件》（1 - 6 - 1 - 82），外务省外交史料馆，B03050747400。
② 《芳泽公使致币原外务大臣第 1180 号电》（1924 年 11 月 18 日），《旧清皇室关系杂件》（1 - 6 - 1 - 82），外务省外交史料馆，B03050747400。
③ 爱新觉罗・溥仪：《我的前半生》批注本，第 145 页。参见阿部由美子《浅析 1924 年溥仪出宫事件时期的〈顺天时报〉报道——以与〈我的前半生〉记载对照为中心》，近代东亚国际关系论坛，北京，2019，未刊。

引发社会关注的同时，也刺激了被软禁中溥仪等人的情绪。

段祺瑞出山之后，北京的局势出现了一定程度的缓和。溥仪居住的醇亲王府的警备也有所松弛。段祺瑞有意将清室迁居至颐和园，但是溥仪出于对时局的考虑，对此计划十分犹豫，希望能尽快从醇亲王府搬出，转移到使馆区的东交民巷附近，并提前派遣人员寻找合适的住所。[①]

11 月 18 日，数名逊清皇室成员联名致信张作霖，希望其能迅速调派军队进入北京守卫醇亲王府，保证溥仪及清室成员的人身安全。[②] 11 月 23 日，蒙古活佛章嘉呼图克图带领护卫及随从共 45 人从四平乘坐满铁列车到达奉天。蒙古活佛对于国民军驱逐溥仪的行为表示愤慨，并将与张作霖商谈善后方法。[③] 由于张作霖一直对清室公开抱以同情，反冯、反国民党的势力逐渐向奉系张作霖靠拢，并在维护逊清皇室的旗号下逐渐合流，张作霖也可利用此种势力增加与冯玉祥、国民党进行政治博弈的筹码。

而在北京，段祺瑞在多次托词拒绝之后，于 11 月 24 日就任中华民国临时执政，但政府不设置国务总理，一切军民事务由执政总揽。张作霖也违背了其"不入关"的政治承诺，于当日由天津进京，并展开密集的外交活动。[④] 中央政治力量重新整合，奉皖两系共同执政，段祺瑞走向政治前台，张作霖则拥有了相当大的政治影响力。在奉皖走向"合流"之后，溥仪认为其境况会有所改善，希望之前的激进政策会有所改变，其先前的待遇能得到恢复。因此溥仪转向积极寻求张作霖的保护与支持。

11 月 25 日，溥仪派遣庄士敦拜访芳泽谦吉，再次向日本政府表示感谢，同时转达了当日庄士敦与张作霖的会谈备忘录。张作霖为取消优待条件修正案向溥仪提出了三个建议：（1）蒙古王公（包括新疆与西藏）向中央政府致电，明确反对《清室优待条件》修正案；（2）逊清旧臣遗老公开表示反对；（3）外交团的部分以及主要成员参与到抗议中。[⑤] 很明显，张作霖建议从边疆、少数民族、旧有政治势力、外国列强等多个方面向临时执政府施加压力。当日夜晚，芳泽也秘密会面了张作霖，张作霖对于此次

---

① 《芳泽公使致币原外务大臣第 1217 号电》（1924 年 11 月 22 日），《旧清皇室関係雑件》（1 - 6 - 1 - 82），外务省外交史料馆，B03050747400。

② 《芳泽谦吉致外务大臣币原喜重郎第 548 号电》（1924 年 11 月 20 日），《旧清皇室関係雑件》（1 - 6 - 1 - 82），外务省外交史料馆，B03050747500。

③ 《在奉天总领事船津辰一郎致外务大臣币原喜重郎公第 511 号电》，《旧清皇室関係雑件》（1 - 6 - 1 - 82），外务省外交史料馆，B03050747500。

④ 参见刘曼容《1924 年孙中山北上与日本的关系》，《历史研究》1991 年第 4 期。

⑤ 《MEMORANDUM》（Nov. 25, 1924），《旧清皇室関係雑件》（1 - 6 - 1 - 82），外务省外交史料馆，B03050747600。

发生的驱逐溥仪出宫事件表示极力反对。根据芳泽的判断，目前有内外两方面对政府表示反对，内部是"各省及蒙古王侯、清朝遗老等发表反对通电"，外部则有"日、英、荷三国公使对外交部提交备忘录"。① 在冯宣告下野、承受内外各种政治压力的情况下，段祺瑞及其临时执政府做出激烈行为的可能性不大。

11月底，康有为等十余名逊清遗老联名发电对冯玉祥的行为表示愤慨，康还通过芳泽公使向日本皇室提交联名请愿书，希望日本皇室与政府向冯提出抗议。芳泽谦吉以"不仅对我国皇室带来很大的麻烦，而且我国政府难以干涉内政"为由回绝了康有为等人的请求。但是芳泽同时也表示"如果溥仪有意赴日，我国官民无疑将会提供安全保护与诸般的特殊待遇表示欢迎"。② 芳泽此时做出的答复明显超越了外务省制定的既定政策，包含了其个人对于逊清皇室的深切同情在内。

11月29日下午，庄士敦再次来到日本驻华公使馆，表达了溥仪欲逃离醇亲王府迁至东交民巷使馆区的意愿。溥仪的计划是先进入其曾经就诊的德国医院，寻求之前为其进行过诊疗的棣柏医生的帮助，溥仪暂留医院而庄士敦则奔走相求外国公使。庄士敦选择寻求日本公使的保护，其在回忆录中也坦言："之所以如此，是因为我觉得日本公使是所有外国公使中最有可能既能够也愿意接纳皇上，并提供有效保护的人。"③ 英国公使也赞同"溥仪最佳避难场所是日本公使馆"。④ 溥仪与庄士敦从德国医院出来之后，径直混入日本公使馆护卫队，并要求与日本公使会见。下午5时前后，芳泽谦吉带领溥仪等进入日本公使馆，芳泽还专门腾出了自己的房间供溥仪居住。由于考虑到溥仪的出行是公开行为，难以隐瞒，芳泽随即派遣馆员赴北京政府外交部做出说明。外交次长沈瑞麟即将相关情况转告给段祺瑞。段表示目前溥仪不会有危险，请求芳泽公使劝说其返回醇亲王府。⑤ 除通知中国政府以外，币原外务大臣还将事件相关情况通告日本驻美国及欧洲各大使，要求其转达各驻在国政府，以澄清日本公使馆庇护溥仪的事

---

① 《芳泽公使致币原外务大臣第1219号电》（1924年11月26日），《旧清皇室関係雑件》（1-6-1-82），外务省外交史料馆，B03050747500。

② 《矢田总领事致币原外务大臣第418号电》（1924年12月2日），《旧清皇室関係雑件》（1-6-1-82），外务省外交史料馆，B03050747500。

③ 庄士敦：《紫禁城的黄昏》，第337页。

④ 《芳泽公使致币原外务大臣第1223（1）号电》（1924年11月30日），《旧清皇室関係雑件》（1-6-1-82），外务省外交史料馆，B03050747500。

⑤ 《芳泽公使致币原外务大臣第1223（2）号电》（1924年11月30日），《旧清皇室関係雑件》（1-6-1-82），外务省外交史料馆，B03050747500。

实，并非日本政府刻意为之。① 对于溥仪进入日本公使馆避难一事，国内的舆论皆持怀疑态度，担心外国势力趁机操纵溥仪干涉国内政治。②

12 月 1 日，芳泽谦吉拜会欧登科，传达了日本政府对于此事的处置措施，欧登科表示完全赞同。③ 日本使馆庇护溥仪的行为为列强所允许甚至是赞同，表明当时列强在一定程度上承认日本在华的特殊地位。日本的出面作为列强干涉中国内政的重要手段，也是当时权势结构的一种体现。

由于皇后婉容还居住在醇亲王府，溥仪遂请求芳泽派员将其也接至日本公使馆内。池部参赞受命前往醇亲王府，但是王府的警备官以有上司命令为由禁止婉容外出。芳泽在接到报告之后，亲自前往段祺瑞府邸进行协商。在取得段的同意之后，皇后婉容与皇妃文绣于 12 月 2 日下午 6 时顺利抵达日本公使馆。段祺瑞本人对日本公使馆给予清皇室庇护表示谢意，希望清室在善后措施实施之前能暂居日本公使馆。④ 在芳泽谦吉的协助下，溥仪及其家人终于能在日本公使馆团聚，而且段祺瑞的态度也很明显，为了避免事件出现变故再给政府施加压力，让溥仪及逊清皇室成员暂居日本使馆未尝不是一种选择。同时鉴于当时社会上各种谣言的出现，为了妥善处置满蒙及西藏问题，避免招致误解，段祺瑞向所涉及地域的地方长官致电说明情况。蒙藏院总裁贡桑诺尔布依照蒙古王公联合会与西藏驻京堪布等的申请，向其明白宣示《关于满蒙回藏各族待遇之条件》依然有效。⑤ 溥仪的安危与国家的统一、政权的合法性在一定程度上产生了关联，这也成为中央政府处理溥仪问题时的掣肘之处。

溥仪进入日本公使馆避难之后，日本政府也在考虑该事件的潜在影响与应对措施。12 月 3 日，币原外相在发给芳泽谦吉的电报中做出了进一步的指示，主要包括："1. 段祺瑞政府要求溥仪返回醇亲王府，（日本）需要在段政府保障溥仪人身安全、给予相当程度的待遇且溥仪无异议的情况

① 《币原大臣致在美吉田代理大使电》（1924 年 12 月 1 日），《旧清皇室関係雑件》（1 - 6 - 1 - 82），外务省外交史料馆，B03050747500。
② 《在上海总领事矢田七太郎致外务大臣币原喜重郎公信第 992 号电》（1924 年 12 月 2 日），《旧清皇室関係雑件》（1 - 6 - 1 - 82），外务省外交史料馆，B03050747500。
③ 《芳泽公使致币原外务大臣第 1228 号电》（1924 年 12 月 2 日），《旧清皇室関係雑件》（1 - 6 - 1 - 82），外务省外交史料馆，B03050747500。
④ 《芳泽公使致币原外务大臣第 1230 号电》（1924 年 12 月 3 日），《旧清皇室関係雑件》（1 - 6 - 1 - 82），外务省外交史料馆，B03050747500。
⑤ 《坂西中将致参谋次长坂电第 331 号电》（1924 年 12 月 3 日），《旧清皇室関係雑件》（1 - 6 - 1 - 82），外务省外交史料馆，B03050747500；《芳泽谦吉致外务大臣币原喜重郎公第 541 号电》（1924 年 12 月 6 日），《旧清皇室関係雑件》（1 - 6 - 1 - 82），外务省外交史料馆，B03050747600。

下才能答应；2. 目前看来，溥仪希望前往日本或者关东州，这不仅是宗社党一派在操纵，也有溥仪身边人物的种种煽动。对于我方与溥仪自身而言都会带来很大的麻烦，有招致重大事态之虞。因此需要避免溥仪移居日本领土以及关东州。"由于事情复杂，币原外相要求芳泽公使充分考虑段祺瑞政府的态度与溥仪的意图，"极其谨慎""极为秘密"地处理。①

12 月 4 日，溥仪会见芳泽公使，希望日本政府能够同意其访问日本。芳泽并未给出明确答复，表示需要听从日本政府的命令，且需要与之前一直参与此事的英国与荷兰公使进行协商。② 溥仪在向日本皇室表示敬意的同时，对民国政府与中国当前的局势表示不信任与担忧。③ 翌日，芳泽在报告中提出："（溥仪）暂居我馆之后，关于其迁居之事我多少负有道义上的责任。强行拒绝其赴日，其结果对我帝国之体面甚有不利之影响。从对内的角度出发，从我国民对于我皇室敬虔之念推测，有破坏（国民）对清室之同情心之虞。去年大地震之际，（清室）表示了极大之同情。鉴于此，如果拒绝（溥仪的请求），人道上亦不利。故本使的意见是尽量同意溥仪访日的请求。"④ 从芳泽谦吉的态度来看，其一直倾向于日本政府同意溥仪赴日的请求。但是芳泽此次的报告说明了日本在处理溥仪赴日请求上的两难局面：若同意其请求，则极易遭到中国国内政治激进派与舆论的指责；若反对其请求，作为君主立宪制国家的日本，天皇对日本政治与社会依然影响极大，溥仪在请求中也凸显了逊清皇室与天皇皇室之间的友好往来，而且溥仪在 1923 年关东大地震时向日本政府捐赠了价值不少于 30 万美元的古玩字画以救助灾民，⑤ 获得了日本民间的极大好感，日本政府需要考量拒绝其请求所带来的对于天皇形象以及道义层面的不利影响。

12 月 5 日，芳泽谦吉拜访段祺瑞，就溥仪希望赴海外旅行之事询问段的意见。段祺瑞表示不会干涉溥仪的海外旅行，只是希望出发时间放在清

① 《币原大臣致在支芳泽公使第 747 号电（极秘）》（1924 年 12 月 3 日），《旧清皇室関係雑件》（1 - 6 - 1 - 82），外务省外交史料馆，B03050747500。
② 《芳泽公使致币原外务大臣第 1241（1）号电》（1924 年 12 月 5 日），《旧清皇室関係雑件》（1 - 6 - 1 - 82），外务省外交史料馆，B03050747500。
③ 《芳泽公使致币原外务大臣第 1241（2）号电》（1924 年 12 月 5 日），《旧清皇室関係雑件》（1 - 6 - 1 - 82），外务省外交史料馆，B03050747500。
④ 《芳泽公使致币原外务大臣第 1241（3）号电（极秘）》（1924 年 12 月 5 日），《旧清皇室関係雑件》（1 - 6 - 1 - 82），外务省外交史料馆，B03050747500。
⑤ 溥仪在其近臣的"指点"下，通过报纸宣传其"慈善捐款"的事迹，营造社会舆论，为其树立正面的积极形象。特别是 1923 年关东大地震之后拿出巨款助赈，陈宝琛称赞溥仪"此举之影响，必不仅此"（爱新觉罗·溥仪：《我的前半生》批注本，第 136～137 页）。

室善后方法制定之后。当时清室财产整理委员会对公私财产的清理工作还未完成，"尤其是孙文氏已经到达天津，数日间将会入京，其滞京之中将会商议清室优待条件，预计将会对皇室很不利"。① 由于《清室优待条件》的修正对逊清皇室的利益与地位有着莫大影响，段祺瑞希望在该事件处理完毕之前溥仪尽量留在国内。芳泽也认为此时溥仪不宜赴日，海外旅行之事需要暂时推后。② 国内局势的变化也加大了溥仪访日的难度。12 月 6 日，日本内阁会议讨论了溥仪撤离日本公使馆的问题，由于考虑到段祺瑞很可能将会与芳泽公使商谈此问题，日本政府希望芳泽按照之前的训示执行。③

溥仪暂时避难日本驻华公使馆期间，不仅中日两国政府与外交机构不断就此事展开协商，维护逊清皇室利益的机构、团体及个人也在积极活动，事件呈现出多方角逐的势态。12 月 7 日，内务府致函日本公使馆，就日本公使馆接纳溥仪等皇室成员避难一事表示感谢，同时向各国公使声明不承认民国政府颁布的《修正清室优待条件》，并希望得到各国政府的谅解。④ 12 月 9 日，以张绳祖为首的数十名逊清遗老联名致函日本公使馆，向日本表示感谢。"贵公使睦谊素敦，主持公道，闻此横逆当亦同深愤惋。伏乞笃念旧好，为之仗义执言，庶足寒宵小狂悖之心，杜后日侵凌之祸。"⑤ 12 月 15 日，溥仪的近亲三多从北京赴奉天，名义上是为整理清室财产，关东厅推测其来奉天的真实目的是为溥仪寻找住所。⑥ 三多在与日本驻奉天领事馆后藤书记员的谈话中表示："宣统皇帝希望移居天津或者是旅顺，但出发前需要处理在北京的财产，并没有获得资金的途径"，"居所如果定在旅顺的话，定要仰仗贵国的庇护，迫切希望能获得贵国当局的谅解"。⑦ 三多在奉天的活动明显是在为溥仪移居天津或者旅顺进行前期的

---

① 《芳泽公使致币原外务大臣第 1245（1）号电（极秘）》（1924 年 12 月 6 日），《旧清皇室関係雑件》（1 - 6 - 1 - 82），外务省外交史料馆，B03050747500。
② 《芳泽公使致币原外务大臣第 1245（2）号电（极秘）》（1924 年 12 月 7 日），《旧清皇室関係雑件》（1 - 6 - 1 - 82），外务省外交史料馆，B03050747500。
③ 《坂西中将致次长坂电第 336 号电》（1924 年 12 月 9 日），《旧清皇室関係雑件》（1 - 6 - 1 - 82），外务省外交史料馆，B03050747600。
④ 《芳泽谦吉致外务大臣币原喜重郎机密第 569 号电》（1924 年 12 月 15 日），《旧清皇室関係雑件》（1 - 6 - 1 - 82），外务省外交史料馆，B03050747600。
⑤ 《芳泽谦吉致外务大臣币原喜重郎公第 552 号电》（1924 年 12 月 9 日），《旧清皇室関係雑件》（1 - 6 - 1 - 82），外务省外交史料馆，B03050747600。
⑥ 《关东厅警务局长致亚细亚局长等关机高收第 36151（1）号电》（1924 年 12 月 25 日），《旧清皇室関係雑件》（1 - 6 - 1 - 82），外务省外交史料馆，B03050747600。
⑦ 《在奉天总领事代理内山清致外务大臣币原喜重郎机密公第 560 号电》（1924 年 12 月 27 日），《旧清皇室関係雑件》（1 - 6 - 1 - 82），外务省外交史料馆，B03050747600。

准备工作，并探求日方对此的反应。

1925 年 1 月 1 日，溥仪亲自拜会芳泽谦吉公使并表示："1. 国民党的态度十分不稳定，段祺瑞的将来亦不乐观；2. 内务府及宗人府类似的机构难以继续维持，自从宫中放逐之后财政便陷入了困境；3. 皇室财产还有一部分在天津由载涛贝勒保管，几乎为皇室唯一保留的财产，溥仪希望离京之后由其妥善处理。"同时，溥仪再次表示希望能够尽快前往海外旅行，"奔赴日本向天皇摄政殿下表示敬意"。芳泽在回复中则表示海外出游之事需要与段祺瑞再进行商议，溥仪能否实现访日需要段祺瑞与日本政府的同意。①

芳泽谦吉在 1 月 8 日致币原外务大臣的电报中报告了《修正清室优待条件》的处理情况。溥仪的代表陈宝琛与民国政府的代表梁鸿志正在进行商讨，预计优待条件的修改问题会在 2 月 1 日召开善后会议前解决。对于溥仪访日问题，芳泽表示其正在遵照政府的指示执行，力图婉辞拒绝，但是同时表示困难很大，希望政府对此事进行更为慎重的考虑。②

1 月 16 日，币原向芳泽转达了日本内阁的处理意见："1. 从中国逃亡赴日者不仅只有宣统帝，今后也应该不在少数，皇帝由于其特殊身份以及与宗社党的关系，需要谨慎处理；2. 我国政府对于宣统帝现在的处境表示十分同情，但是我国皇室接受宣统帝的访问以及对此作出书面回复都很困难；3. 皇帝在赴欧美旅行途中顺道暂留日本的情况则可以另当别论，皇帝逃亡哪个国家都依照其自由意愿，但是我国则甚为不妥；4. 从各种情况来看，皇帝继续居住在北京附近仍是上策，国民党的态度依然值得担忧，也可以选择在天津的外国租界长住。"③ 币原的复电反映了日本政府在处置溥仪问题上一直延续的谨慎态度，在溥仪、逊清遗老、社会舆论、外国公使以及日本皇室与日本国内舆论之间设法周旋，在被迫卷入中国内政的情况下寻求政策平衡，同时稳固日本在华利益。

1 月 21 日，逊清邮传部侍郎陈毅（化名王思远）、原陕甘总督升允之子罗际彪（化名张钦良）作为逊清遗臣的代表秘密赴日，暂居东京"丸之内"宾馆。而在陈、罗二人抵达日本之前，素与罗振玉交好的京都大学文

---

① 《芳泽公使致币原外务大臣第 10（1）号电（极秘）》（1925 年 1 月 8 日），《旧清皇室関係雑件》（1 - 6 - 1 - 82），外务省外交史料馆，B03050747600。
② 《芳泽公使致币原外务大臣第 10（2）号电（极秘）》（1925 年 1 月 8 日），《旧清皇室関係雑件》（1 - 6 - 1 - 82），外务省外交史料馆，B03050747600。
③ 《币原大臣致在华芳泽公使第 37 号电》（1925 年 1 月 16 日），《旧清皇室関係雑件》（1 - 6 - 1 - 82），外务省外交史料馆，B03050747600。

学教授矢野仁一就已致函宫内省，请求政府对两人给予"郑重恳切的待遇"。① 两人在之后同日本外务省官员速水的会谈中，描述了北京动荡的时局，对段祺瑞保护溥仪的态度表示怀疑，认为溥仪居住在日本公使馆不是长久之计，希望其迁出北京，而日本是最为适合的地方。② 陈毅、罗际彪此次秘密出行之目的即为溥仪赴日提前了解日本政府的意见，而且刻意"不令芳泽知之"。逊清遗老在正式的外交途径之外，也寻求利用私人网络绕开日本在华外交机构直接向外务省表达政治诉求。

1 月 24 日，陈、罗二人拜访了外务次官出渊胜次，并向其转交了升允、铁良等逊清遗臣联名致外务大臣币原喜重郎的信函，信中写道：

> （前略）惟念凶徒包藏祸心，阴谋未已而学生政客又多沾濡赤化，乱机四伏，时时可虞。我皇上非早离北京仍有难保安全之虑，因环恳我皇上以皇帝之个人资格于阴历岁首游历贵邦，深盼贵邦于时酌派兵轮来迎。东渡之初，私冀先游西京（即日本京都——引者注），倘得假驻离宫，尤为祷幸。两月以来既渥承芳泽公使厚惠无已，仍盼转致。允良、人骏、夔龙等感激之意，并望函托其早日保护我皇上先至天津，是为至感无厌之请，想以累叶邦交之谊，贵大臣必能慨允也，临颖神驰，翘企无尽，专此鸣谢。③

此份信函请求日本政府同意溥仪以个人身份访日，同时派遣军舰护送溥仪暂居天皇在京都的离宫，并希望芳泽公使派员保护溥仪从北京转移至天津。溥仪在人身自由受限的情况下，旧臣遗老在清室同日本政府的沟通中也发挥了重要的作用，积极为溥仪出访日本奔走。

1 月 31 日，溥仪再次会见芳泽谦吉。谈话记录显示，溥仪对于张作霖与冯玉祥之间可能爆发的军事冲突深感不安，希望能够尽快撤离北京，并全然以平民的身份赴日，尽量不给日本政府带来麻烦。芳泽则表示国民党的势力依然散布于海外，而且欧美与日本社会中对于国民党表示同情之人也不少，孙文病情严重，预计将于数日内离世，届时海外对其表示同情者

---

① 《矢野仁一致宫内省杉荣三郎函》（1925 年 1 月 19 日），《旧清皇室関係雑件》（1 - 6 - 1 - 82），外务省外交史料馆，B03050747800。

② 《宣统帝外遊ニ關シ清朝遺臣代表者ノ談話要領》（1925 年 1 月 23 日），《旧清皇室関係雑件》（1 - 6 - 1 - 82），外务省外交史料馆，B03050747700。

③ 《大正十四年一月十四日陈毅ヨリ出淵次官ニ手交セル前清遺臣ノ書情》，《旧清皇室関係雑件》（1 - 6 - 1 - 82），外务省外交史料馆，B03050747700。

势必进行哀悼，因而选择此时赴海外旅行显然不是上策。[①]

2月2日下午5时，日本公使馆太田参事官与段祺瑞专门就溥仪海外旅行问题在段宅邸进行了会谈。段祺瑞表示其完全没有妨碍溥仪自由、阻碍其海外旅行的计划，但是在中国领土内对溥仪进行保护是执政府的责任，也是其颜面。若溥仪决定秘密出行的话，段提出可以派遣自己的武官私服跟随以进行保护。[②]

溥仪被逐之后，外国使团对此事表示关注，英、荷、日三国公使更是制定了联合出面干涉的方案，日本在其中也继续保持与列国共进退的"协调外交"政策。中国国内政局虽因段祺瑞的再次出山有所缓和，但是驱逐溥仪的行为再次触发了国内民族与边疆矛盾。为了确保溥仪的安全和利益，逊清遗老群体积极展开活动，请求日本政府对溥仪予以庇护。但当溥仪提出访日的请求之后，为了避免中国国内及国际社会的猜疑，日本政府尽力避免溥仪的到访，并通过各种手段以稳定溥仪的情绪。日本"协调外交"政策的重要内容即是"对华不干涉"，但当国际社会及中国政治势力要求日本进行"干预"时，日本外交政策的矛盾性迅速显现，在政策的制定与执行上出现了明显的分歧。

## 三　溥仪离京赴津与访日计划的持续受挫

就在北京的政局稍显安定之时，溥仪却突然离开北京的日本公使馆迁往天津，对于溥仪的行动，日本方面也感到意外。[③] 2月22日夜，溥仪在罗振玉父子的陪同下，乘坐汽车经过8小时的夜行奔赴天津，暂居日本大和旅馆，待张园整备之后再移居入内。[④] 皇后婉容也在池部参赞的陪同下，于2月24日上午11时30分进入大和旅馆。[⑤] 同日，芳泽谦吉依照日本政府的指示，将溥仪离京赴津之事通告段祺瑞及外交总长沈瑞麟。因为之前

① 《芳泽谦吉致外务大臣币原喜重郎电（极秘）》（1925年2月17日），《旧清皇室関係雑件》（1-6-1-82），外务省外交史料馆，B03050747800。
② 《芳泽谦吉致外务大臣币原喜重郎电（极秘）》（1925年2月17日），《旧清皇室関係雑件》（1-6-1-82），外务省外交史料馆，B03050747800。
③ 《在华公使馆附武官辅佐官致军令部次长支第17号电》（1925年2月28日），《旧清皇室関係雑件》（1-6-1-82），外务省外交史料馆，B03050747800。
④ 《吉田总领事致币原外务大臣第20号电》（1925年2月24日），《旧清皇室関係雑件》（1-6-1-82），外务省外交史料馆，B03050747700。
⑤ 《吉田总领事致币原外务大臣第21号电》（1925年2月24日），《旧清皇室関係雑件》（1-6-1-82），外务省外交史料馆，B03050747700。

已经了解到溥仪有离京的意图，段祺瑞政府对此事并未作干涉，只是未料到其离京之迅速。芳泽推测："（溥仪）急遽离京，应与前几日一二报纸报道局势不稳的新闻有关。"① 芳泽所说的新闻报道，指的是有着国民党背景的报纸《京报》发表了针对清室言辞激烈的评论，其呼吁"废除全部的优待条件、诛戮溥仪、处罚遗老"，引起了溥仪及皇室的极大恐慌。溥仪希望尽快以微服出行的方式秘密前往天津，但芳泽一直劝溥仪信任段祺瑞的承诺，暂时不要离京。2 月 22 日傍晚，溥仪突然找到芳泽，表明其已经下定决心出发前往天津，芳泽虽然进行了劝阻但未起作用，当晚溥仪即乘车前往天津租界。②

溥仪抵达张园之后，依然与日本保持密切接触。2 月 27 日，日本公使馆太田事务官与溥仪进行了面谈，太田以委婉的方式劝说溥仪放弃前往日本的计划，明确表示日本政府不赞同溥仪此时赴日，只能接受其在赴欧美旅行途中短暂停留日本。③ 2 月 28 日，溥仪同日本驻屯军军官进行了会面，再次表示其前往日本的意愿，希望军方能够从中进行联络协调。驻屯军司令官也明确表达了军方的意见："目前的时局溥仪来日本或是关东州只能撒下反日的种子，对中日交往有害，也会成为国民党中伤段祺瑞政府的借口，造成中国政情的不安。"④ 虽然溥仪此时也寻求日本军方的帮助，但是日本陆军依然保持着与溥仪的距离，并且明确反对溥仪赴日或者前往东北。

溥仪离京不久，考虑到该举动有可能招致中国社会的猜疑，日本公使馆迅速发表了公开声明，表明溥仪的行动纯属其个人行为，与日本无关。但是中国国内很多新闻报纸还是对日本进行了批评。2 月 25 日，《时事新报》即认为"日本怂恿溥仪海外旅行，意图在于恢复满蒙帝国而将其吞并"。⑤ 26 日的《商报》则称溥仪在北京居住的不安而奔赴天津是日本在背后操纵的结果。《申报》《新闻报》的报道中称"日本有期待张作霖倒

---

① 《芳泽公使致币原外务大臣第 180 号电》（1925 年 2 月 25 日），《旧清皇室関係雑件》（1-6-1-82），外务省外交史料馆，B03050747700。

② 《芳泽公使致币原外务大臣第 179 号电（极秘）》（1925 年 2 月 25 日），《旧清皇室関係雑件》（1-6-1-82），外务省外交史料馆，B03050747800。

③ 《芳泽公使致币原外务大臣第 210 号电》（1925 年 3 月 3 日），《宣统帝復辟問題雑件》（A-6-1-1-6），外务省外交史料馆，B02031722100。

④ 《中国驻屯军司令官致陆军次官天电 34 号电》（1925 年 3 月 2 日），《宣统帝復辟問題雑件》（A-6-1-1-6），外务省外交史料馆，B02031722100。

⑤ 《廃帝出奔論》（东方通信）（1925 年 2 月 25 日），《旧清皇室関係雑件》（1-6-1-82），外务省外交史料馆，B03050747700。

台之后拥立宣统帝复辟的企图"。① 《正义报》更是直接以《罪大恶极之日本人》为题对日本进行了猛烈的抨击：

> 民国成立以来，日人惟恐中国得片刻之安宁，擅其强盗手段，非助北征南，即勾南伐北。阴谋诡诈，攘夺权利，密运军火，十倍其价。无论何处乱事发生，总有日本人在内。无论京内外任何军阀失败，保护者总是日人。溥仪乃五族共和之一份子，出洋游历，乃堂堂正大之行为。日本人偏要百方恐吓，秘密勾结，化装私逃，为将来挟以捣乱中国之资料。②

1925 年 3 月 2 日，东京《朝日新闻》登载了《宣统帝秘密赴日》的新闻报道，称溥仪已搭乘 2 月 28 日的"营口丸"邮船赴日，但无法确定该条消息的真实性。③ 币原外相向天津总领事吉田茂发出紧急电报，要求调查事件真相，确定溥仪行踪。④ 由此可以看出，日本政府非常担忧溥仪秘密赴日而造成既成事实，届时日本政府将面临巨大的国内外压力。溥仪离京之后的行动，逐渐脱离日本的控制范围。

为应对溥仪秘密赴日可能带来的风险，日本国内也开始制定相关的应对方案。3 月 3 日，在日本国会召开的贵族院预算总会上，贵族院议员坂谷与众议院议员砂田针对"溥仪来我国之后以何种方式进行接待"向币原提出了质询，币原答复："如果（溥仪）来到我国的话，应该对其进行郑重的接待。从中国的现状来看，将其作为皇帝进行接待很是困难。"⑤ 与此同时，日本外务省内部制定了一份《亚洲局长木村谈话》的文件，作为外务省官方声明，准备在必要的情况下公开发布。此份文件中明确表明了日本外务省的态度："最近中国动乱之际，日本保持绝对不干涉的态度，逐渐为中国与各国所认可。为了日华间的国交与东洋和平，此时皇帝的行动

---

① 《矢田总领事致币原外务大臣第 92 号电》（1925 年 2 月 26 日），《旧清皇室关系杂件》（1-6-1-82），外务省外交史料馆，B03050747800。

② 《罪大恶极之日本人》（1925 年 2 月 27 日），《旧清皇室关系杂件》（1-6-1-82），外务省外交史料馆，B03050747800。

③ 《宣统废帝こっそり日本へ》（1925 年 3 月 2 日），《宣统帝复辟问题杂件》（A-6-1-1-6），外务省外交史料馆，B02031722100。

④ 《币原大臣致在天津吉田总领事第 14 号电》（1925 年 3 月 2 日），《宣统帝复辟问题杂件》（A-6-1-1-6），外务省外交史料馆，B02031722100。

⑤ 《币原大臣致在天津吉田总领事合第 41 号电》（1925 年 3 月 4 日），《宣统帝复辟问题杂件》（A-6-1-1-6），外务省外交史料馆，B02031722100。

容易招致误解，（日本）对此也并未预料。民国声望甚高，绝不会对宣统帝的人身带来威胁，希望皇帝身边人士为了皇帝自身的前途与东洋的大局而勿轻举妄动。"① 此份文件言辞明显趋于严厉，可以看作日本政府在局势进一步失控之时对溥仪及临时执政府的一种警告，避免两者采取过激行动。日本的态度十分明显，不愿意公开干涉此事，这与"协调外交"标榜的"不干涉中国内政"的政策取向是一致的。

除了日本政府，日本陆军也利用其情报网络对事件的进展保持着密切的关注，但是陆军省的意见是不主动干预此事，而交由日本外交机构处理。"军部认为并无卷入此事的必要，可基于国策交由外交官处理。"② 因此在对待溥仪的问题上，此时还是维持着由外务省主导的局面，陆军并未主动介入此事。这也说明了至少在此时，陆军还未有扶植溥仪作为政治傀儡的成熟计划，而只是将其作为单纯的政治外交事件对待。

针对可能发生的溥仪"不请自来"的情况，外务省也在进行预案筹备，即万一溥仪在没有预先告知的情况下突然赴日，日本政府该如何应对。外务省提出了八条应对原则：

1. 我方的基本态度是，溥仪只能作为一个逃亡者来对待；2. 不用期待我皇室对其正式或非正式的接见，书面回复、赠送礼物等也不可能；3. 政府可以与皇帝展开交涉；4. 鉴于皇帝一直以来的身份以及其他关系，需要特别注意其人身安全；5. 民间对于皇帝的优待只要不让外界产生误解，大体上可以放任不管；6. 皇帝在本邦长住会成为种种不利事态发生的诱因，应迅速寻找方法让其从本邦退去；7. 为避免事态发生纠纷，皇帝暂时居住在京都以西，前往东京则需要寻找适当的方法；8. 以适当的人物为中介，待皇帝到达本国之后切实履行以上措施。

附加：
1. （外务省）与警保局协议之后，从皇帝登陆地点至居住地以不显眼的方式配备便衣及警服警卫进行保卫；2. 如狩野、矢野两博士③

① 《木村亞細亞局長談》，《宣統帝復辟問題雜件》（A-6-1-1-6），外务省外交史料馆，B02031722100。
② 《陆军省次官致中国驻屯军司令官密第 85 号电报》（1925 年 3 月 4 日），《密大日记》1925 年第 4 册，防卫省防卫研究所，C03022725200。
③ 狩野指狩野直喜，矢野指矢野仁一，两人均为京都帝国大学著名汉学家。

等知名人士方能与皇帝接触，其他人等不允许接近；3. 为了实现以上各种事情的提前协调，请外务省尽快派出合适人选了解各方面情况。①

外务省制定的计划其显著特征在于将溥仪"隔离"，保持日本政府、皇室与溥仪的距离，不给予其皇帝身份的待遇，利用官方或民间的中介在其中进行信息传达，尽可能地避免给外界造成日本政府邀请并正式接待溥仪的印象。在事态发展不明朗的情况下，外务省针对可能发生的溥仪赴日制定了较为完备的应对方案，其中心则是在被动干预中国内政时日本政府的公开态度与处理方式，界定与细化日本的干涉程度与处置措施。

除了外务省制定的预案，日本内政部门也密切关注着在日华人对待溥仪赴日的态度。根据警视厅的调查，民国政府财政部顾问李松年与国民党东京支部党员李人一皆反对溥仪赴日。② 京都帝国大学学生举行集会，发表意见书及《关于溥仪氏渡日告日本国民》。③ 京都中国留学生总会则向神户华商会发去了檄文，在日华人对于此事也多持反对态度。④ 若此时溥仪赴日，难以保证在日华人不会举行大规模的抗议活动。

日本政府确立了不欢迎溥仪访日的方针之后，积极利用各种手段对溥仪施加影响与阻碍。3 月 4 日，英国驻日大使拜访币原大臣，询问溥仪赴日的确切情况。币原对于溥仪的遭遇表示深切同情，但是为了避免招致中国国民的误解，不能以皇帝身份优待溥仪。由于英国驻日大使与庄士敦有私交，英国大使表示其将会与庄士敦沟通，尽力发动溥仪周围的人劝阻其赴海外旅行。3 月 6 日，币原外相电告芳泽公使，庄士敦将尝试阻止溥仪赴海外旅行，同时也要求芳泽公使尽力鼓动溥仪身边的近臣进行劝阻。⑤

---

① 《宣統帝ノ渡日ニ關スル件》，《宣統帝復辟問題雑件》（A-6-1-1-6），外务省外交史料馆，B02031722100。
② 《警視総監太田政弘致内務大臣若槻礼次郎、外務大臣币原喜重郎等外秘第 510 号电》（1925 年 3 月 4 日），《宣統帝復辟問題雑件》（A-6-1-1-6），外务省外交史料馆，B02031722100。
③ 《京都府知事池田宏致内務大臣若槻礼次郎、外務大臣币原喜重郎等外秘第 510 号电》（1925 年 4 月 13 日），《宣統帝復辟問題雑件》（A-6-1-1-6），外务省外交史料馆，B02031722300。
④ 《兵庫県知事平塚広义致内務大臣若槻礼次郎、外務大臣币原喜重郎等兵外发秘第 713 号电》（1925 年 4 月 4 日），《宣統帝復辟問題雑件》（A-6-1-1-6），外务省外交史料馆，B02031722200。
⑤ 《币原大臣致在华芳泽公使第一四九号电》（1925 年 3 月 6 日），《宣統帝復辟問題雑件》（A-6-1-1-6），外务省外交史料馆，B02031722200。

3 月 9 日，肃亲王①拜访日本关东军司令官，向其征求溥仪赴日或者移住旅大的意见，关东军司令官则明确表示反对。肃亲王只得表示同意，并愿意加以劝阻。②

3 月 9 日，福冈县政府专门询问了到达门司港的"营口丸"船员，查明溥仪之前确实预定了该船，但是溥仪单方面取消了行程。③由此看来，溥仪确有乘船赴日的计划，并已经进行了相当的准备，却在多方的阻碍下最终没有成行。

在溥仪赴日的计划遭遇挫折之时，其还有另外一个选项，即前往当时处于关东厅殖民统治下的旅大地区。当时坊间也确有日本会将溥仪及全部皇族接回大连，再在东北建立"独立王国"的传言。但作为"满蒙独立"运动重要策划者的川岛浪速，此时也表明了其态度。川岛在与关东厅警务局长的谈话中表示，其并未怂恿或者策划溥仪赴旅大，但是相信溥仪并未怀有政治意图，只是希望寻找安居之地。他认为溥仪此时的近侍可分为两派，或是为自己的利益，或是怀有政治上的野心。川岛浪速的意见十分坚决："我邦不希望宣统帝赴日或者旅大。"川岛在其谈话的最后表示："中国的共和政治今后是否可以延续实难预测。我国还是先设计好避免宣统皇帝赴日或者前往关东州的托词，避免使皇帝及其身边的近臣觉察到我方的（真实意图），向其传达我国民对于皇帝境遇的深切同情。"④除此以外，关东军司令部及满铁也不希望溥仪来到旅大。满铁更是表示，如果皇帝到来，满铁不会提供资金等方面的支持。⑤由于担心溥仪赴旅大将成为舆论新的攻击目标，当时日本对东北政策以稳固政治局势为紧要，因而在东北的各种日本势力皆对溥仪有一定的抵制。

3 月 12 日，日本驻天津总领事吉田茂与陈宝琛进行了会谈，吉田茂再次表示希望能够阻止溥仪的日本之行，此次与陈宝琛的会面虽然未取得任何结果，但是吉田茂确认了溥仪暂时只会待在天津以等待时机，而日本政

---

① 档案原文为"恭亲王"，疑有误，应为"肃亲王"。

② 《关东军参谋长致参谋次长关电第 97 号电》（1925 年 3 月 9 日），《宣统帝复辟问题杂件》（A - 6 - 1 - 1 - 6），外务省外交史料馆，B02031722200。

③ 《福冈县知事柴田善三郎致内务大臣若槻礼次郎、外务大臣币原喜重郎等特外鲜秘第 188 号电》（1925 年 3 月 10 日），《宣统帝复辟问题杂件》（A - 6 - 1 - 1 - 6），外务省外交史料馆，B02031722200。

④ 《川岛浪速氏谈话要领》，《宣统帝复辟问题杂件》（A - 6 - 1 - 1 - 6），外务省外交史料馆，B0203172200。

⑤ 《久保警务局长致在京长官电》（1925 年 3 月 12 日），《宣统帝复辟问题杂件》（A - 6 - 1 - 1 - 6），外务省外交史料馆，B0203172200。

府则会继续对溥仪及其近臣采取措施，以委婉的方式来阻碍溥仪赴海外旅行。① 3月下旬，内务府大臣三多在同日本驻奉天领事船津辰一郎的谈话中透露，溥仪已经决定暂时停止海外旅行及迁居旅顺的计划，继续居住在天津。逊清皇室在奉天的财产将移交奉天省政府管理，财产处理所得的12万元现金将待财产移交之后由奉天省政府支付给逊清皇室。② 通过此种方式，清室得以将不动产转移为现金，以维持其日常开支。得知溥仪在经济层面的动作之后，日本确信溥仪将长期留在国内，其阻碍溥仪赴日的计划获得成功。③

4月初，日本议员臼井哲夫到访外务省，对于溥仪的遭遇表示同情，并认为段祺瑞无力恢复《清室优待条件》，希望日本政府满足溥仪赴海外旅行的要求。木村锐市局长则言明了其顾虑："一、与我皇室的关系、摄政宫的谒见问题以及逊帝的待遇问题等及其带来的社会舆论都是极为复杂的关系，宫内省的意见为避免溥仪赴日；二、溥仪渡日对于日本思想界带来怎样的影响也需要考虑。"若溥仪真的赴日，如何协调逊清皇室与日本皇室之间的关系也是日本政府特别是宫内省所担忧的。此外，溥仪携带财产通过海关是否可以免税以及其所带高额宝物如何避免曝光也是值得考虑的问题。④ 从前后日本外务省内部的决策以及同政界的交流来看，日本政府内部在避免溥仪赴日问题上达成了一致意见。

在张园居住近两月之后，溥仪以张园不适宜居住为由，派人物色适当的邸宅作为新的住所。溥仪派人同日本驻天津领事馆进行交涉，意图购买该领事馆书记员宿舍之后的空地修建新的宅邸。⑤ 吉田总领事将相关情况

---

① 《吉田总领事致币原外务大臣第20号电》（1925年3月12日），《宣统帝复辟问题杂件》（A-6-1-1-6），外务省外交史料馆，B0203172200。
② 《奉天总领事船津辰一郎致外务大臣币原喜重郎机密第157号电》（1925年3月26日），《宣统帝复辟问题杂件》（A-6-1-1-6），外务省外交史料馆，B0203172200。
③ 溥仪访日计划的挫折，一方面在于日本政府出于整体在华利益与对华政策的考虑不愿使日本成为中国民间及舆论的攻击对象，另一方面还应该考虑到"寄生"于溥仪的王公大臣及内务府等机构基于个人利益的谋划。一旦溥仪出洋，其将失去倚赖的政治庇护与经济来源。因此后者在溥仪筹划出洋过程中发挥的实际作用，也值得进一步考虑。（参见爱新觉罗·溥仪《我的前半生》批注本，第147~149页）
④ 《宣统帝ノ渡日ニ關スル件》，《宣统帝復辟問題雜件》（A-6-1-1-6），外务省外交史料馆，B0203172200。
⑤ 《吉田总领事致币原外务大臣第41号电》（1925年4月17日），《宣统帝復辟問題雜件》（A-6-1-1-6），外务省外交史料馆，B02031723000。

报告给外务省之后，获得了外务省允许转卖或者租与溥仪的回复。[1] 获得了紧邻日本公使馆的土地作为住所，溥仪在安全问题上暂时无虞。

围绕清室所持有的财产，北京政府内部也展开了争夺。原属于内务府及奉宸苑管辖的清室土地及财产，由于分布在各地且缺乏有效管理，许多处于废置状态。京师警察厅呈请执政府暂行清查保管清室各项官产，8 月 7 日，政府公布《京师警察厅保管清室内务府及奉宸苑各产条例》。但是该项条例马上遭到了清室善后委员会的反对，其不仅联合数名政治人物与北大教授发表反对宣言，并声称在紫禁城内养心殿发现了逊清遗老密谋复辟的奏折，奏折的内容为报纸曝光之后，迅速引起了民众的激烈反应，并将攻击的矛头对准溥仪以及日本。[2] 虽然京师高等监察厅最终决定不起诉溥仪及涉事的康有为、金梁、庄士敦等人，但是溥仪的公众形象无疑更加负面。在中国民间反日情绪不断高涨的情况下，芳泽公使依然建议币原外务大臣"政府应贯彻不干涉的主张"。[3] 由于溥仪赴日或者前往旅顺、大连都有可能招致国民党及社会舆论的进一步批判，外务省多次电告芳泽谦吉驻华公使及有田八郎驻津公使，围绕溥仪的近臣开展工作，尽力使其安心居住在天津。

虽然溥仪寓居天津期间受到日本领事馆的庇护，其人身安全较有保障，但是日本领事馆只是对其进行监视，并未对其社会交际实施控制，因此溥仪得以较为自由地同国内外各方人物进行接触。11 月，日本浪人佃信夫到访，再次劝诱溥仪渡日。罗振玉同时也以国民军占领天津时将对溥仪不利为由劝其赴日。溥仪以目前赴日易招致各方的误解，且天津的日本领事及军队将对其安全给予充分保证为由拒绝了佃信夫和罗振玉的请求。[4] 北京政府在获悉相关情况后，也致电日本外交机构表示忧虑，希望日本政府注意日本浪人的行动。日本国内政治势力的介入使得事件的走向更为复杂。

综合当时的政治局势，加之日本政府给出了安全保证，溥仪最终还是决定居留在天津租界，暂不外出。1926 年 6 月 2 日，有田八郎领事邀请郑

① 《币原大臣致在天津吉田总领事第 29 号电》（1925 年 4 月 21 日），《宣统帝复辟问题杂件》（A-6-1-1-6），外务省外交史料馆，B02031723000。
② 《在支那特命全权公使芳泽谦吉致外务大臣币原喜重郎机密第 424 号电》（1924 年 8 月 13 日），《宣统帝复辟问题杂件》（A-6-1-1-6），外务省外交史料馆，B02031723000。
③ 《芳泽公使致币原外务大臣第 1137 号电》（1925 年 12 月 13 日），《宣统帝复辟问题杂件》（A-6-1-1-6），外务省外交史料馆，B02031724000。
④ 《在天津总领事有田八郎致亚细亚局长木村锐市机密第 134 号电》（1925 年 12 月 14 日），《宣统帝复辟问题杂件》（A-6-1-1-6），外务省外交史料馆，B02031724000。

孝胥赴领事馆面谈，有田从溥仪自身的安全及利益出发，婉转地请求逊清皇室放弃复辟计划，并从世界历史发展的形势分析君主制转向共和制国体之后难以再恢复，"此为值得注意的世界之一大势"。① 此外，为了逊清皇室在天津能够有维持生活的经济来源，虽然政府拨款同之前相比缩水不少，但同政府维持较好的关系对于以后的生活而言具有实在的意义。有田之意明显在于劝诫郑孝胥、陈宝琛、罗振玉等溥仪的近臣放弃复辟计划。9 月初，康有为来到天津拜见溥仪。康有为在之后同日本驻津领事的谈话中继续主张其君主立宪制的政治理念，并表示张作霖、吴佩孚、张宗昌等军阀皆赞同溥仪复辟。有田则表达了之前与郑孝胥会谈时相同的意见。

随着国民革命军北伐的节节胜利，北方的政治氛围逐渐趋于紧张，溥仪在同有田领事的谈话中也表达了他的不安。国民政府同英政府开始就天津英租界返还问题展开交涉，溥仪也开始担心日本租界的安全。溥仪又开始重新考虑赴日或者赴旅大的计划，日本虽然担心若该计划成行，将成为国民党抨击日本与张作霖以及复辟计划勾结的目标，但是考虑到现在日本租界的军警力量无法提供绝对安全的保障，日本外务省也开始讨论溥仪迁居旅大或者日本的计划。此方案不仅是为了溥仪的安全考虑，从经济的角度来看，也是意图趁旅大地价未涨之时进行土地投资以为将来的生计。②

北伐的推进也改变了日本军方对待溥仪的态度，军部与外务省的意见开始出现分歧。日本驻华北司令官高田劝诱溥仪移居关东州，日本驻天津领事则向高田再次申明了外务省的方针，希望其谨慎行动，但是高田并未接受有田的意见。外务省力图继续维持现状的方案遭遇巨大挑战。受北方政局变动的影响，溥仪派出其亲信赴大连准备购置土地房产，以备不时之需。有田领事虽然希望能维持溥仪居住在天津的状态，但是形势的发展使其感觉难以控制。③

1927 年 4 月田中义一就任日本外相之后，日本对华政策在一定阶段内依然有所维持及延续。在对待溥仪的问题上，新上任的日本驻津领事加藤外松则在给田中外相的报告中称，"危险愈加逼近之时，日本方面可以提

① 《在天津总领事有田八郎致外务大臣币原喜重郎机密第 265 号电》（1926 年 6 月 3 日），《宣统帝復辟問題雑件》（A - 6 - 1 - 1 - 6），外务省外交史料馆，B02031724000。
② 《宣統帝二關スル有田参事官談話要領》，《宣統帝復辟問題雑件》（A - 6 - 1 - 1 - 6），外务省外交史料馆，B02031725000。
③ 《在天津总领事有田八郎致外务大臣币原喜重郎机密第 199 号电》（1927 年 4 月 5 日），《宣統帝復辟問題雑件》（A - 6 - 1 - 1 - 6），外务省外交史料馆，B02031725000。

供临机的援助，（溥仪）现在从天津逃走尚属太早"。① 在加藤领事对溥仪
做出进一步的安全承诺之后，溥仪向日本领事表示将继续居住在天津日租
界。虽然考虑到北方政局的变化及其对溥仪的人身安全可能造成的威胁，
以田中为首的外务省重新考虑了特殊情况下溥仪秘密赴旅大或者日本的计
划，但是溥仪的身份待遇、会见天皇皇室成员及军舰护送的要求日本皆难
以允诺。② 在对待溥仪的问题上，田中义一在上台之初依然维持了币原外
交时期的不干涉政策，但其态度已经有所动摇。

日本外务机构进行人事调整之后，陈宝琛、郑孝胥、溥仪等先后会见
日本驻津领事，再次陈述了离开天津租界的意愿，并陈述了让溥仪假借避
暑之名赴旅顺的计划。③ 考虑到旅顺、大连尚有大量的逊清遗老及日本浪
人，溥仪赴旅大之后有可能再为复辟派怂恿，加藤在报告中建议"不如直
接赴日"。④ 田中在回复中则指示加藤继续策动溥仪身边的人对其进行劝
告，不到万不得已之时，使溥仪继续居住在天津租界之内，以避免中国国
内反日情绪的进一步高涨。田中对待溥仪的态度虽有变化，但并未付诸
行动。

但是随着国民政府在华北统治的强化，日本驻华公使芳泽谦吉也改变
了态度，认为溥仪迁居日本对溥仪及日本方面而言都是上策，其对于溥仪
从天津迁居关东州并无异议。⑤ 日本外交机构围绕溥仪事件的重要人
物——日本驻津领事加藤外松及驻华公使芳泽谦吉皆对溥仪迁居表示了赞
同，加藤则更是希望溥仪直接赴日。虽然日本军方及外交机构对待溥仪的
态度出现了变动，但是 1928 年"皇姑屯事件"的爆发则使得溥仪赴东北
或日本将成为敏感的政治事件，国内外的新闻舆论也密切注视着溥仪的动
向。溥仪则秘密派遣其弟溥杰赴大连同日本方面进行接触，又赴奉天私下
拜会张学良，同东北的实权势力商议溥仪赴东北事宜，但均未获得满意答
复。九一八事变爆发之后，中国国内政局与日本对华政策皆面临重大变

---

① 《加藤总领事致田中外务大臣第 82（2）号电》（1927 年 5 月 31 日），《宣統帝復辟問題雑
件》（A-6-1-1-6），外务省外交史料馆，B02031726000。

② 《田中大臣致在天津加藤总领事第 43 号电（极秘）》（1927 年 6 月 14 日），《宣統帝復辟
問題雑件》（A-6-1-1-6），外务省外交史料馆，B02031726000。

③ 《加藤总领事致田中外务大臣第 91 号电（极秘）》（1927 年 6 月 24 日），《宣統帝復辟問
題雑件》（A-6-1-1-6），外务省外交史料馆，B02031726000。

④ 《加藤总领事致田中外务大臣第 199（3）号电》（1927 年 7 月 2 日），《宣統帝復辟問題雑
件》（A-6-1-1-6），外务省外交史料馆，B02031726000。

⑤ 《芳泽公使致田中外务大臣第 576 号电》（1928 年 5 月 23 日），《宣統帝復辟問題雑件》
（A-6-1-1-6），外务省外交史料馆，B02031727000。

动。1931 年底关东军特务机关长土肥原贤二发动"天津暴动"，将溥仪从天津胁迫至大连，次年伪满洲国的建立则再一次改变了溥仪及其家族的命运。

# 余　论

北京政变发生之后，溥仪从紫禁城辗转至醇亲王府、日本公使馆、天津租界，每一次住所迁居的背后都是多方合力的结果。溥仪寻求外国公使的庇护，其身边的亲信以及内务府、宗室等也想尽办法为其创造一个较为安全的环境以及争取恢复之前的优待条件。内政与外交交织、军阀与列强并存的权势结构使得驱逐溥仪出宫事件的处理本身即包含有多重面向。溥仪从北京逃至天津，之后再由大连至长春，由"宣统废帝"成为"康德皇帝"的命运迁转，实则是内外多种合力共同作用的结果，其中也夹杂了很多的妥协与偶然性。

作为君主制国家，日本对于溥仪的遭遇抱以深切的同情，但这不足以影响日本对华整体政策的实施。1924 年 7 月 1 日，初任外相的币原喜重郎在日本议会发表演讲，强调了日本对华内政"绝对不干涉"的政策。日本的外交政策转向"协调"与"中立"，特别在对华政策上，保持与其他列强（主要是英美）的"协调"，扼制苏联影响的扩大；对待中国国内事务，则秉持"绝对不干涉"态度，积极推行"经济外交"政策。但是第二次直奉战争的爆发成为检验该政策能否维持的现实挑战。针对是否支持张作霖、采取何种手段保护日本在"满蒙权益"等问题，日本内阁产生意见分歧，其背后也存在陆军省与外务省的权力斗争。[1] 溥仪被逐之后寻求列强的介入，列强对于此突发政治事件的处理本就是被动应对，日本出于在华地位的特殊性以及与逊清皇室的密切联系，成为列强被动干涉政策的执行者。但在具体的处理过程中，以外务省为代表的日本政府则是积极地与列强协调干涉方案，消极应对溥仪的访日请求。

在事件的发展过程中，标榜"对华不干涉主义"的"协调外交"遭遇多方挑战，也逐渐显示其政策在实施过程中的僵硬与内外冲突。无论是币原外交还是田中外交，其内核皆是在国际协调的运作框架内维护日本在华的既得权益，其中又以所谓"满蒙特殊化"最为紧要。故而 20 世纪 20 年

---

① イアン・ニッシュ著、関静雄訳『戦間期の日本外交：パリ講和会議から大東亜会議まで』ミネルヴァ書房、2004、79 頁。

代日本的对华政策皆是围绕此中心展开的，对待溥仪的态度也不例外。近代以来日本的对华侵略与渗透已经逐渐浸润中国国内的政治运行，成为"权势结构"，并深入地参与到中国国内政治运行的秩序中。一方面日本欲在各方势力间保持平衡，试图采取不干涉政策以促进民众对日情感的好转与中日经济关系的强化，但只要其欲保持在华的特殊利益，此种"不干涉政策"的维持本身只是一种危险的平衡，更不用说还需应对来自外务省驻外机构以及军部的多方挑战，日本对于溥仪问题的处理就已经显示出了日本对华政策内部存在多重矛盾。①"协调外交"与对华不干涉政策之间看似逻辑自洽，但在日本对待溥仪的问题上却明显出现龃龉，也证明了"协调外交"在政策内核与实施手段上的矛盾性。另一方面，华盛顿体制所维持的国际格局以列国协调为基础，各国对于中国内政皆宣布了不干涉的政策。列国一致行动的背后则是各国在华权益的暗中博弈与争夺，军阀混战的背后也常见列强势力的支持。日本对于溥仪的庇护一直希望在列强协调的体系内维持，但是列国协调与维持日本既得利益之间的矛盾却也逐步凸显。

日本希望能寻找到处理来自中国以及日本国内外压力的途径，既处理好与民族主义情绪高昂下中国的关系，又能在与列国协调中尽可能维持日本的既有利益。从溥仪对于日本维护及扩大在华利权的作用来看，初期并不明显，因此日本政府采取了一种避免过度干涉的政策以维持其"协调外交"政策的平衡，即在干涉中国内政的程度上做出微调。但随着北伐的推进及"革命外交"的兴起，日本对华政策的调整空间逐步被压缩，之后九一八事变的爆发则成为"协调外交"最大的危机。

---

① 服部龍二『東アジア国際環境の変動と日本外交 1918～1931』有斐閣、2001、169～176 頁。

# 助"傅"倒"宋"：蒋廷黻、傅斯年与"宋子文案"关系新探

王　传[*]

**提　要**　台湾史语所傅斯年档案所藏蒋廷黻给傅斯年的数十封未刊书札，内容涉及民国政治、学术以及日常琐细，是研究二人交往及民国时期的政治史、学术史的珍贵文献。这批书札表明，蒋傅基于长期的交往，形成高度的默契与信任，更在政治上相互提携，构成隐性、密切的合作关系。蒋氏为反击宋子文对行政院善后救济总署的仇视，恳请傅斯年在参政会实施倒宋活动，并为之提供宋氏贪污腐败、专权误国的内幕。这批信札不仅为我们重新审视并考证傅斯年炮轰宋子文案提供了新材料和新视角，也反映出中国行政机构内部复杂的政治生态以及个人恩怨与政府行政之间的交互影响。

**关键词**　宋子文案　蒋廷黻　傅斯年　行政院善后救济总署

## 引　言

1947 年的农历新年刚过，傅斯年发表三篇政论文章，矛头径指时任国民政府行政院院长宋子文以权谋私、贪污腐败等斑斑劣迹。半个月内的三篇"爆炸性"文字，国内报刊纷纷转载，引起社会各层的广泛关注。就在第三篇文章发表的当天，宋子文辞去行政院院长的请求获得批准，从政治生涯的顶峰跌落，学界将之称为"宋子文案"（下文称"宋案"）。有国外

---

*　王传，华东师范大学历史学系副教授。

媒体指出，宋氏辞职，预示着国民政府中枢机构朝正确方向全面重组。[①]

毫无疑问，彼时舆情普遍认为宋氏下台，与傅斯年引导的社会舆论直接有关。[②] 已刊论著关于宋氏辞职原因的表述是其为应付通货膨胀，大量抛售黄金，导致上海的"黄金风潮事件"，造成社会的极度恐慌，傅斯年则出于知识分子的社会责任感，顺应民意，扛起"倒宋"大旗。[③] 这些论著强调的是该案发生的宏观社会历史背景，而没有看到人事因素对实际政治发生的影响。

众所周知，蒋廷黻与傅斯年对中国近代史学发展贡献卓著，又是横跨政学两界的重要代表人物。二人结缘于创办《独立评论》，彼时傅氏以丰富的历史知识撰写的时评获得读者心灵上的共鸣，也深得蒋廷黻的赞许，所以蒋氏认为在该刊诸同人中，"最值得一提的便是傅斯年"。[④] 从傅斯年给胡适的信件，以及胡适的日记中，我们略知蒋、傅、胡三人之间关系密切。不过，在目前公开出版的文献中，关于蒋傅二人直接交往的材料非常少，[⑤] 几乎没有进一步探讨空间。近年来，随着台湾中研院史语所藏傅斯年档案、哈佛燕京图书馆藏蒋廷黻档案的利用渐趋便利，如果检阅蒋廷黻给傅斯年的三十余封私人信函以及《蒋廷黻日记》（Tsiang Diaries），并逐步盘活贯通相关旧有的史料，二人直接交往的细节便会浮出水面，尤其在事业上相互无私携助、配合默契，为我们揭示宋案的真相提供了新材料和新视角。

# 一　蒋傅之交往

与傅斯年和胡适不愿直接参与政治不同，蒋廷黻颇热衷此道。早在清

---

① Resignation, *The China Weekly Review*, Mar. 8, 1947, p. 51.
② 《宋子文下台》，《大刚报》1947 年 3 月 3 日，第 1 版；卢陵：《宋子文与傅斯年》，《大刚报》1947 年 3 月 12 日，第 4 版。
③ 关于宋案讨论的论著主要有：马亮宽《傅斯年炮轰宋子文评析》，布占祥、马亮宽编《傅斯年与中国文化》，天津古籍出版社，2006，第 203～221 页；吴景平《宋子文评传》，福建人民出版社，1992，第 498～510 页。
④ 《蒋廷黻回忆录》，东方出版社，2011，第 152 页。
⑤ 在目前公开出版的资料中，有关蒋傅交往的材料主要有王汎森、潘光哲等主编的《傅斯年遗札》（台北中研院历史语言研究所，2011），收入傅斯年给蒋廷黻的三封信，其中两封是公务函，一封是委托蒋廷黻帮忙从美国购药事宜；新近浙江大学陈红民教授编有《哈佛燕京图书馆藏"蒋廷黻资料"选之往来函件》（《民国档案》2014 年第 3 期），其中选有傅斯年致蒋廷黻的三封信，时间在 1948 年 11 月到 1949 年 1 月，内容多是生活琐事，与政治学术基本无涉。

华大学历史系任教期间，他就曾说："学习历史以备从政之用，此一见解倒是深获我心。在过去，不分中外，许多历史学家均能身居政府要津即其适例。"① 蒋廷黻在《独立评论》《大公报》上发表品评时政的文章，深获蒋介石赏识。1935年底，蒋介石兼任国民政府行政院院长，力邀蒋廷黻辅佐，内定为行政院政务处长，从此蒋氏走上弃学从政之路。上任两月后，蒋廷黻在给胡适的信中坦露从政的决心："我们不干实际政治则已，干则在其时也。"② 此后蒋氏曾出任驻莫斯科大使一年，旋于1938年回归原职。

在政务处长任上，蒋廷黻负责推行地方行政改革，有意筹划缩小省区，此举可以避免因地方省份过大，在财政和军事方面据地自雄对抗中央。③ 缩小省区是国民政府推行地方改革的重要内容之一，也是20世纪二三十年代政学界广泛讨论的议题，伍朝枢、胡汉民、陈铭枢、胡焕庸等人都提出过具体的改革意见。1939年，为研究省区缩小的问题，国民党国防最高委员会令行政院设立以蒋廷黻为主任委员的"省制问题研究委员会"，傅斯年、胡焕庸等为委员，其中胡焕庸曾拟出了《缩小省区的具体方案》。1940年4月，在参考胡焕庸的方案基础上，该委员会讨论出台了《设计报告书》。④

不过，蒋廷黻仍对胡焕庸在该委员会中所扮演的角色颇为不满，在给傅斯年的信中吐露心境：

> 彼（按：胡焕庸）在杂志上所登三文章多系注解，两年前省制委员会之报告书，后为委员之一，工作最多，然大纲系委员会所决定非一己之创造，且彼时与大纲所提供之意见并无特别，尤忆初见面时，彼言省份可划为一百数十单位，弟当告之，果如此则省与中央之间必重现前清之总督与军阀时代巡阅使，万万不可误大事也。此公工作努力，出风头也相当努力。⑤

① 《蒋廷黻回忆录》，第142页。
② 蒋廷黻：《蒋廷黻致胡适的信》，耿云志主编《胡适遗稿及秘藏书信》第39册，黄山书社，1994，第376页。
③ 《蒋廷黻回忆录》，第198页。
④ 敖文蔚：《民国战争与社会》，商务印书馆，2011，第62页。
⑤ 《蒋廷黻致傅孟真信》（1942年5月18日），傅斯年档案，台北中研院史语所傅斯年图书馆藏，档案号：I/449（按：以下所引档案全部藏于傅斯年图书馆）。蒋廷黻所言胡焕庸在杂志上发表的三篇有关缩小省区的文章，应是其在省制问题研究委员会任上的三篇文章，分别为：《缩小省区的具体方案》，《新评论》创刊号，1940年；《重划省区之商榷》，《青年中国季刊》第1卷第2期，1940年；《缩小省区辖境与命名之商榷》，《青年中国季刊》第1卷第3期，1940年。

　　此函作于省制问题研究委员会《设计报告书》后两年。从函件所提供的信息来看，胡焕庸有关省制改革的设想并非其一人独立完成，且经过多次不断修正才逐渐成熟起来，蒋廷黻对于胡氏一人独享委员会集体的成果严重不满，讽刺其爱出风头。彼时各方关于缩小省区的讨论仍在继续，缩小省区的实践却迟迟未能付诸实施。蒋氏为了能为推行缩小省区的改革鸣锣开道，需要"间接的说明缩小省区方案有历史的依据"，于是写信请傅斯年以"历代地方制度"为题，希望傅氏撰文助其完成改革。① 不过，由于傅氏本人也是委员会专家之一，不便亲自作文，遂在接题后，秘密委托以研究汉简知名的中央研究院历史语言研究所（下称"史语所"）同事劳幹以"两汉地方制度"为题作文，② 后者发表了《论缩小省区》一文，从历史上论证历代地方区域的变更"无一不是迁就现实，才可以成功"。③ 此后又接连发表《中国历史上领导区域位置之冲突与调和》《胡焕庸缩小省区辖境命名之商榷》，对胡焕庸的观点提出质疑。④ 应当说，劳幹先后发表的三篇文章均与蒋廷黻的授意有关，并在某种程度上也是有意针对胡焕庸的缩小省区设计方案。在这里，姑且不论劳幹文章本身的立论是否可靠，单就此事的处理方式，足见蒋傅彼此视为可信赖且能密切配合之人。同时，也可以看出，学者出身的蒋氏为了有效推行地方行政改革，迂回周折请人从历史上寻找根据，"政出有名"也是书生从政的特色之一。

　　当然，对于傅斯年的帮助，蒋氏也会寻找机会投桃报李。王汎森说过，如果没有傅斯年的私人关系网，就不会有史语所遍布八省区五十余处的遗址发掘和十余次的少数民族调查等事业。在动荡不安的年代，国家的资源集中用于抗战，学界的资源更是难得，傅斯年不得不构建各种私人关系网，以保证史语所各项事业的开支。对于傅斯年的筹款能力，连他的同事们都很惊讶。⑤ 傅氏筹借经费的能力，主要得力于政界朋友的大力支持，蒋廷黻便是其中之一。

　　蒋氏任职行政院期间，专门负责编制全国的财政预算。时值抗战，各方面预算实行紧缩政策，"中央部会及地方省市长官"仍不断给蒋氏施加

---

① 《蒋廷黻致傅孟真信》（1942 年 4 月 25 日），傅斯年档案，档案号 I/468。
② 傅斯年：《傅斯年致吴景超》，王汎森、潘光哲编《傅斯年遗札》第 3 卷，第 1260 页。
③ 劳贞一（劳幹）：《论缩小省区》，《新经济》第 6 卷第 7 期，1942 年。
④ 这两篇文章分别发表在《新经济》1943 年第 9 卷第 10 期和《中国近代经济史研究集刊》1946 年第 2 期上。
⑤ 王汎森：《傅斯年：中国近代历史与政治中的个体生命》，台北：联经出版事业股份有限公司，2013，第 117 页。

压力, 令他感到"预算后台之政治及中枢作事之困难"。① 在与蒋廷黻有三十余年交往的陈之迈看来, 蒋氏在编制战时财政预算时, 决不允许任何新事业与军事无直接紧要关系或不能在抗战期内发生效力, 他在行政院五年多"集中于这个原则的贯彻"。② 不过, 蒋氏却为傅斯年主持的史语所所面临的经费问题积极谋划。如史语所西迁时, 蒋氏不仅主动关心建议史语所迁往之所, 还不忘提醒傅斯年可以申请经费的资助; 在史语所上报年度预算时, 蒋氏也会为傅斯年申报预算指点迷津, 并表示"愿效犬马之劳"。③

抗战结束, 傅斯年代胡适为北大校长, 拟在北大新设立农学院, 为将来改造社会服务。开办农学院最费钱的是购置土地, 对此, 傅斯年早有筹划, 他告诉胡适开办农学院"若不另有法, 而希望宋子文, 必一无结果","至今只得到廷黻的协助, 农学院可开办, 他可帮一大忙(UNRRA), 此外想不出任何头绪。或者蒋先生(介公)可以帮一下, 但现在尚非其时"。④ 信中所言"UNRRA"即成立于1943年的联合国善后救济总署(下称"联总"), 该机构旨在统筹援助二战受害严重且无力复兴的同盟国参战国家的重建。为执行联总在中国的援助计划, 国民政府在1945年设立行政院善后救济总署(下称"行总",CNRRA), 蒋廷黻为署长。傅氏在信中强调两点应特别注意: 一是特别注明北大农学院扩建的经费来源于联总, 正是得力于蒋廷黻手中所掌握联总援华物资的大力支持; 二是北大寻求资助直接绕过身为行政院院长的宋子文, 或在走投无路之际直接寻求蒋介石的帮忙, 其原因在于对宋子文的悲观预期。

蒋廷黻在经济上不遗余力地支持傅斯年, 反过来, 傅氏能给予蒋氏的主要是政治方面的合理建议, 而这些建议也正是蒋氏所珍视的。如他的日记记载:"今天读到一封来自傅斯年的妙信(good letter), 给我在政治上面很好的建议。"⑤ 次日, 他便复函称, 这封信"值得十件毛背心", 并谓"弟常想请教大哥, 得此信后, 请教当更多也。字里字外皆露大哥之厚情, 平生所得信以此次最有价值", 愿意和傅氏一道承担起"用智慧来改造社

---

① 《蒋廷黻致傅孟真信》(1942年9月18日), 傅斯年档案, 档案号: I/444。
② 陈之迈:《蒋廷黻的志事与生平》, 台北: 传记文学出版社, 1967, 第35页。
③ 蒋廷黻在给傅斯年的信中说道:"下年度之预算应及早编制, 可以要求50%之增加, 但实际恐不能达30%, 弟愿效犬马之劳, 惟第一关在教部, 第二关在政院。政院只能少减, 不能够增加教部所呈之预算。行政手续不能如此。"见《蒋廷黻致傅孟真信》(1940年8月2日), 傅斯年档案, 档案号: I/455。
④ 傅斯年:《傅斯年致胡适》, 耿云志主编《胡适遗稿及秘藏书信》第37册, 第1643~1646页。
⑤ 《蒋廷黻日记》,1945年1月30日, 哈佛大学燕京图书馆藏。

会"的历史使命;① 1947 年 3 月 29 日，蒋氏将他草拟的《中国社会党党纲》寄给傅斯年，征求意见。② 4 月 5 日收到回信，傅氏反对党纲中使用"社会主义"（socialism）一词，建议改用"新自由主义"（new - liberalism），后来蒋廷黻将"中国社会党"更名为"中国自由党"，③ 显然是采纳了傅斯年的意见。

比较而言，行政院政务处不过是一个幕僚机关，就任行总署长才是蒋廷黻步向政治生涯高峰的转折点。善后救济工作，不仅关系亿万民生，也是整个国家战后经济复兴的重要举措，其对国内社会的重要性不言而喻。蒋廷黻曾对傅斯年表示："总署是我政治生活的结束，不过我想好好的结束。"④ 言语中透露出要在行总任上贡献毕生的才智，实现他的"寓建设于救济之中"的政治理想。

不过，尽管蒋氏在国内东奔西突，调查、接济荒灾之地，在国际上折冲左右，争取援助物资，但社会的质疑声仍不间断，尤在 1946 年 5 月至 7 月国共第三次内战爆发前后更显集中：一是蒋氏主持的"行总"机构过于庞大、复杂，工作效率低，一切开支近于浪费，外界遂有"善后救济总署"为"善后救济本署"之讥;⑤ 二是联总运华"任何救济物资，均可在公开市场上供应发卖"，部分则流入黑市。⑥ 在面对国内社会质疑的同时，联总驻华办事处三百余职员联名致电联总署长拉加第亚（Fiorello H. la Guardia），严斥行总救济物资分配不均。⑦ 拉氏表示对"联总物资在中国内地之分配情形不能认为满意"，除紧急粮食继续运输外，其他一切工农业设备停止运华，联总物资须从中国各口岸运往内地，尤其是中共控制的地区。⑧ 面对来自国内的质疑以及国际的禁运，蒋氏一面频现媒体耐心申述真相，平息国内舆论，一面向联总承诺尽快将沿海港口物资运抵内地，严格执行联总物资在华的分配方案，显示出高效、出色的行政能力。真正令蒋廷黻在行总业务上感到掣肘，无法施展其政治才干，而又难以向外人言明的是上峰宋子文的压制。

---

① 《蒋廷黻致傅孟真信》（1945 年 1 月 31 日），傅斯年档案，档案号：I/476。
② 《蒋廷黻致傅孟真信》（1947 年 3 月 29 日），傅斯年档案，档案号：I/479。
③ 《蒋廷黻日记》，1945 年 4 月 5 日，哈佛大学燕京图书馆藏。
④ 《蒋廷黻致傅孟真信》（1945 年 1 月 31 日），傅斯年档案，档案号：I/476。
⑤ 《送蒋廷黻迎霍宝树》，《经济周报》第 3 卷第 15 期，1946 年，第 3 页。
⑥ 《救济物资有黑市说》，《申报》1946 年 5 月 19 日，第 2 版。
⑦ 《拉加第亚严斥分署人员》，《申报》1946 年 7 月 16 日，第 2 版。
⑧ 《联总工农业物资即日起停止运华》（美国新闻处华盛顿九日电），《益世报》1946 年 7 月 11 日，第 1 版；《拉加第亚谈话》，《益世报》1946 年 7 月 13 日，第 1 版。

# 二　"最后决战关头"

据曾在行总任职的陈之迈统计，联总累计对外援助的经费约 40 亿美元，中国所占份额最大，约有 5.1 亿美元的物资援助。① 行总负责处理如此巨额援助，其署长一职被外界看作"中国最肥的缺"，这也为时任行政院院长的宋子文所看重。为能直接控制行总的物资分配，1945 年 9 月，宋子文任命其在圣约翰大学的老同学、大资本家刘鸿生担任行总执行长兼上海分署署长，其子刘念智为联总储运厅顾问。刘氏父子分别利用在行总和联总的身份，亦官亦商，优先接管上海所有的码头、仓库，接受联总运来的大批救济物资，获益丰厚。② 在宋子文安排刘氏担任行总执行长之初，蒋廷黻为"竭力避免"与宋氏的正面冲突使行总业务受损，打算协助刘氏"上马"，"俟其骑熟后即辞"。不过宋子文认为蒋氏留在国内不利于他本人行事，遂决定暗中支开蒋廷黻，拟派遣他到英国交涉粮食援助中国事宜。蒋廷黻深知，任何人赴英交涉都必将失败，其原因在于"印度缺粮，英政府不能不先顾印度"，所以蒋廷黻只能无奈告诉傅斯年："弟绝无与彼争斗之意，彼如坚持放逐处分，则弟不能不提前辞职。"③

尽管蒋廷黻无意与宋子文发生正面冲突，然而刘鸿生任职行总后，蒋刘双方行事风格迥异，合作不快，遂至蒋宋矛盾激化。在蒋氏看来，刘鸿生任职行总执行长"本是上选"，他本人"可以放心"，"殊不知事出例外"。蒋氏说的"例外"是指，刘氏在重庆时，就曾物色班底前往行总任职，不过这些人都在上海经商，并不在分署工作，后来刘氏在上海找的人在分署支薪，却不去办公，事实上"都替刘氏个人作买卖"。就连刘氏与工作人员所定的合同内容都有毛病，这令蒋廷黻很"不耐烦"。时值蒋介石下令全国的公务员不许"作买卖"，蒋廷黻遂转达所有总署、分署人员要求遵行。刘鸿生被迫"一面上辞呈，一面走宋门"，令蒋廷黻心生不满，认为"刘有业务经验，而且能力颇大，惜染了旧习惯"，所以当刘氏的辞呈到了蒋廷黻的手中时，他便按程序呈行政院照准。而宋子文偏于此时要重用刘氏，施压蒋氏将行总的储蓄、运输、购买、出售以及车辆轮船等重要业务交由刘氏负责处理。对此安排，蒋氏对傅斯年说道：

---

① 陈之迈：《蒋廷黻的志事与生平》，第 46、47 页。
② 刘念智：《实业家刘鸿生传略——回忆我的父亲》，文史资料出版社，1982，第 96～104 页。
③ 《蒋廷黻致傅孟真信》（1946 年 2 月 9 日），傅斯年档案，档案号：I/460。

　　组织法无此位置，政府命令不许公务员作买卖。宋公说，刘可不支薪，全尽义务，可不算公务员，我最后对宋公说，他必须有明令，而后我可执行。刘来见，我专即告以总署人员不得使用或购买联总物资。①

　　对于蒋廷黻反对做买卖的说法，宋子文不以为然，且冷嘲热讽道："蒋对刘的批评是对的。中央银行要是没有贝祖贻那样投机家来和商人斗法，中央银行早已不能左右金融，蒋呢？握有如许物资，而对于商人没有办法，书生是为无一用的。"② 可见双方各执所见，无法调和。

　　在蒋廷黻看来，宋子文安插刘氏任职行总，成为任由宋氏差遣的傀儡（puppet），③ 此举"以图釜底抽薪"，让蒋廷黻"挂名而已"，用意甚明。④ 而刘氏父子则可借在行总任职的机会，顺水推舟，"近水楼台"，优先利用美军在太平洋战争后的剩余物资，恢复在抗战后濒临破产的家族企业。⑤ 显然，蒋廷黻既排斥宋子文默认刘氏违反组织法精神的官商合一的身份，又对宋子文专横跋扈的领导作风严重不满，无疑，素以"合则留不合则去"示人的蒋氏对此安排难以接受，乃至直接发生言词冲撞。

　　1946 年 5 月 27 日，蒋廷黻致函傅斯年，"总署之工作又到了一个严重阶段，原故仍是 T.V. 对总署的仇视"，并细数 T.V. 对行总"前后的动作"的九条具体"罪状"。其中第一、二条为宋子文蛮横干涉并阻止蒋廷黻选中的人才服务总署；第三、四条为宋子文干涉行总业务，导致联总抵华物资不能物尽所用，浪费严重；第五、六条为宋子文强行要求蒋氏将总署的物资优先供应给他所开设的公司，中饱私囊；第七条为宋子文任用亲信控制行总的要害部门，企图架空蒋氏；第八、九条为宋子文利用手中的权力打压攻击蒋氏，公报私怨。在信后，蒋氏强调道："总之，现在已到最后决战关头，兄能否返京，在参政会驻会委员会设法活动否？"⑥ 蒋氏口

---

① 《蒋廷黻致傅孟真信》（1945 年 12 月），傅斯年档案，档案号：I/461。
② 《百无一用是书生：蒋廷黻得官失官》，《文饭》第 30 期，1946 年。
③ 刘鸿生成为宋子文在行总的"傀儡"一说，是 1946 年 5 月 25 日，刘鸿生前来拜访蒋廷黻时一次友好交谈（good talk）后，蒋氏当天的日记所记载。另据日记记载，当刘鸿生明白蒋宋之间关系内中情节复杂之后，对蒋氏印象转好，但又左右为难，只能表示愿和蒋氏共进退（If you resign, I will too）。见《蒋廷黻日记》，1946 年 5 月 25 日，哈佛大学燕京图书馆藏。
④ 《蒋廷黻致傅孟真信》（1946 年 5 月 27 日），傅斯年档案，档案号：I/457。
⑤ 刘念智：《实业家刘鸿生传略——回忆我的父亲》，第 103 页。
⑥ 《蒋廷黻致傅孟真信》（1946 年 5 月 27 日），傅斯年档案，档案号：I/457。

中的"T. V."正是他的顶头上司、时任行政院院长的宋子文名字威妥玛拼音"Tse - ven Soong"的缩写。蒋廷黻对宋子文的不满,已经超出前发数封信函只是发牢骚的界限,而是恳请傅斯年立即行动起来。由此,蒋氏的重托已为后来傅斯年在参政会炮轰宋子文埋下伏笔。9月27日,蒋氏再次函告傅斯年:"一个夏天又过了,我与 T. V. 的游击战尚存在,不但存在,而且愈来愈厉害。"① 蒋宋之间的"游击战"之所以愈演愈烈,主要在于此时宋子文已经找到击败蒋廷黻的"利器"——"资敌"。

国共全面内战爆发后,行总的各种救济越发变得困难,让蒋廷黻"最感棘手者为经费",政府预算虽列有巨额善后救济费,然行总分文未得,全赖借贷与出售物资得以维持。② 彼时黄河改归故道,中共唯恐殃及下游解放区居民安全,特派出以周恩来为首的代表团与蒋廷黻、联总代表共同讨论有关黄河堵口复堤工程事宜。蒋氏保证黄河旧道下游中共解放区复堤工程举办时,由行总负担工赈经费,以期整个黄河不复为患华北。至开闸放水后,旧道河漕内之居民,行总也必予以救济。③ 此后,国民政府黄河水灾救济委员会(下称"水委会")决定请行政院下拨150亿元作为救济山东中共控制区的居民用于移民以及改业的费用。因行总主理善后救济事宜,赈恤是其重要职能之一,所以蒋氏敦请水委会将经费拨由行总,而以联总物资充数。如此,行总就会得到150亿的经费资助,缓解财政困难。同时,中共不会阻碍黄河改道工程,豫东皖北的泛区亦可复原。然而,宋氏据以报告蒋介石,称蒋廷黻"图以百五十亿资敌",致使彼时主张"铲共计划"的 CC 系也信以为然,于是政府高层"大放厥词,大有联合阵线打倒 T. F. (按:指蒋廷黻)之势",实则150亿元本是水委会答应支援解放区的经费,蒋廷黻百口难辩。④

按照联总成立时的决议,善后救济物资的分配应以人民的相对需要为原则,不得有种族、宗教信仰和政治主张的歧视。以此标准,中国所有遭受战乱而又无力自救的区域理应在救济范围之内。对于这一原则,国民政府起初并无异议。不过,当全面内战爆发之后,国共矛盾激化,在具体执

---

① 《蒋廷黻致傅孟真信》(1946年9月27日),傅斯年档案,档案号:I/464。
② 《蒋廷黻痛陈利弊》,《申报》1946年9月6日,第2版。
③ 《周恩来昨访蒋廷黻商讨黄河堵口工程》,《申报》1946年7月16日,第2版。
④ 此函信封印有"行政院善后救济总署"字样,收件人为"北平北京大学校长办公室转孟真先生",不料时任北大校长的胡适以为是有关公务的事宜,代为拆开,后发现是一封私人信件,故又重新封上。后胡适在信封写道:"真是对不住! 我猜是医院床的事,故代为拆看! 封也是我封的。适之。"见《蒋廷黻致傅孟真信》(1946年9月27日),傅斯年档案,档案号:I/464。

行上遭遇了重重的政治阻力。国民政府将联总援助的谷物和棉花等重要战略物资在市场上公开出卖，以换取准备内战的资本。此举引发中共解放区救济总会负责人董必武的严重不满，他致电联总，认为在遭受战争蹂躏的解放区受苦受难的人民得不到救济希望，联总应发扬救援一切受难之中国人民的人道主义精神，而"非为一党政府巩固其内战"。① 董氏的言论，令国民政府处境尴尬，他也一度遭到国民政府的软禁。② 无疑，行总物资的分配形式得到了高层的默认。

9 月 27 日，即蒋廷黻给傅斯年的函件的当天，宋子文手握蒋氏"资敌"的罪名，下定决心让蒋廷黻辞职。蒋介石的幕僚王世杰在当天的日记中写道："宋子文欲令蒋廷黻解职（救济总署职），盼予另为位置"。王世杰认为蒋氏是"一有能力而不爱钱之人"，但"为子文不喜"，拟劝其出任驻印度大使。③ 四天后（10 月 1 日），蒋廷黻辞职照准，舆论轰动，占据国内主要媒体的头版。④ 10 月 5 日，蒋廷黻面见蒋介石时，双方均未提及辞职一事，但蒋介石嘱咐蒋廷黻在外交界或教育界服务，并答应派人与蒋廷黻细谈。⑤ 此后，蒋廷黻赴上海疗养，先后回绝蒋介石的驻印度大使和北京市市长等几个任命。⑥

事实上，早在 9 月 27 日，蒋廷黻已预感自己不久会被迫离任，他告诉傅斯年如果离开总署，准备休息数月，然后赴美教书、著文、演说，以解决个人生计问题，待存下几千美金后，即回国教书。⑦ 此时，代理胡适为北京大学校长的傅斯年接到此函后，又力邀老友加盟北大，继续在教育界合作。10 月 12 日，傅斯年对胡适说："廷黻'奉命辞职'后，我'假传圣旨'，说我们请他。他想去国外教书，我说：你若在国内，当然先尽我们。他答应。"⑧ 此后，傅斯年多次在参政会例会上毫无顾忌地批评以孔宋为首的官僚资本是打垮国家经济的恶源，这席言论令参会的同盟会元老邵

① 《国方图售救济物资作内战的资本》，《新华日报》1947 年 2 月 22 日，第 2 版；《董必武致电联总署长，抗议蒋介石无理要求》，《解放日报》1947 年 2 月 23 日，第 1 版。
② 《蒋政府软禁董必武、伍云甫，解放区救济总会电联总抗议》，《新华日报》1947 年 3 月 3 日，第 1 版。
③ 《王世杰日记》上，台北中研院近代史研究所，2012，第 820 页。
④ 《蒋廷黻辞职照准　霍宝树继长行总》，《申报》1946 年 10 月 2 日，第 1 版；《蒋廷黻辞职照准　内定霍宝树继任行总署长》，《益世报》1946 年 10 月 2 日，第 1 版。
⑤ 《蒋廷黻致傅孟真信》（1946 年 10 月 8 日），傅斯年档案，档案号：I/459。
⑥ 查尔斯·R. 里利：《蒋廷黻：局内的局外人》，张新译，《档案与史学》1999 年第 3 期。
⑦ 《蒋廷黻致傅孟真信》（1946 年 9 月 27 日），傅斯年档案，档案号：I/464。
⑧ 傅斯年：《傅斯年致胡适》，王汎森、潘光哲主编《傅斯年遗札》第 3 卷，第 1714 页。

力子也"大吃一惊",因害怕给国民政府形象带来重大的负面影响,邵力子多次向媒体记者"打招呼","千叮万嘱"不要报道出去,否则将来不允许记者旁听参政会例会。① 直至1947年2月14日,傅斯年在南京政府参政会驻会委员会上激烈批宋,次日在提前预约的《世纪评论》上祭出首篇"倒宋"檄文——《这个样子的宋子文非走开不可》,历数宋子文专横跋扈、贪污公物、专权误国等数条罪名。这些罪名正与前文蒋氏所列对宋子文的九条控诉相吻合。

另外,如"做(作)买卖"一词,在蒋傅的通信中被多次提及。与宋子文所说的"不懂做买卖"相对的则是蒋傅对"做买卖"的不屑。蒋廷黻辞职后曾说,中国的传统是"士大夫耻言利",一般知识分子并不梦想做任何"金钱大王",如果中国的知识分子能保存士大大传统的气节,则中国官吏在工作效率及操守上,可以不落在任何别国官吏之下。② 与其说蒋廷黻是在漫谈知识分子的人生观与时代使命之关系,不如说是蒋氏的夫子自况,断然与"做买卖"之辈划清界限。

当然,"做买卖"也为傅斯年所不耻。他在《宋子文的失败》一文中,炮轰宋子文、孔祥熙失败的首要原因便是他们的"清廉"程度,都"绝对是以买卖为灵魂的,绝对相信他所相信那一种形态的自由买卖。"③ 宋氏倒台后,有记者采访傅斯年谁能接替宋子文,傅氏认为宋氏"做买卖,发大财,控制国家的财政经济,把大好的江山去变色",所以他认为宋氏的继任者首要条件便是"不做买卖,尤其是不要把国家的钱做买卖"。④

蒋廷黻辞职后,傅斯年借机接受上海《大公报》的采访,公开声援蒋氏,他说:

> 这事早已料到,盖宋子文院长与蒋廷黻一年以来每多龃龉也。人各有其短长,蒋氏一年来虽未能满足各方之要求,与直接上司龃龉,又有何事办得通?但他至少有两件事是值得称道的,尤其在现在的政界中:(一)善后救济,联合国有协定,蒋氏在中国立场上,忠实于协定。(二)他虽有不少外国朋友,却并未用外国人力量巩固其地位,所以总不失为读书人。我亲听见宋院长说,"蒋廷黻不懂做买卖"。我才恍然标准是如此的。本来绝多的人以为善后救济是一肥缺,即不为

① 卢陵:《宋子文与傅斯年》,《现代文丛》第1卷第7期,1947年。
② 蒋廷黻:《漫谈知识分子的时代使命》,《世纪评论》第1卷第24期,1947年。
③ 傅孟真:《宋子文的失败》,《世纪评论》第1卷第8期,1947年。
④ 《宋子文毕竟是走了:傅斯年在研究院中研究成功》,《读者》第3卷第4期,1947年。

己，亦可发生奇妙作用。蒋廷黻一年多以来，不曾使此机构为这一类人那一类人发生了作用，也算一个贡献吧。中国人的贡献，只要是消极的，便好的了不得。例如不贪污。这真太惨了。[1]

不难看出，傅斯年在力挺蒋廷黻的同时，还将"不贪污"的蒋氏辞职原因直接归咎于与上司宋子文之间无法调和的矛盾，因此这段讲话不仅针对性强且意涵丰富。

首先，傅斯年肯定了蒋廷黻在联总制度规定的范围之内，合理使用善后救济的物资分配，其中包括利用联总的善后救济物资救助中共所控制黄河下游解放区的民众，从而驳斥了宋子文等人以"图以百五十亿资敌"的罪名攻击蒋廷黻。其次，针对前文所引宋子文批评蒋廷黻"书生是为无一用"的观点，傅斯年认为蒋廷黻虽身居要津，"不懂做买卖"，与政界人物周旋，但他未利用其职权为私人牟利，也未使行总为任何个人或团体所利用，这种看似"消极"的行政作风，正是蒋氏与职业官僚的根本区别所在，从而肯定了蒋氏的"读书人"本色，暗讽宋子文所谓的行政"标准"。在宋子文眼中的蒋氏缺点，在傅斯年这里则完全变成了优点。事实上，让学者去从事于"买卖"，就连一般民众也"不能想象"，所以蒋廷黻从行总署长任上辞职后，由宋子文的亲信霍宝树接任。有媒体不客气地指出，霍氏曾长期服务于银行界，精熟各种"买卖"，一定够得上宋子文的标准。[2] 最后，在傅斯年公开发表的倒宋文章中，甚至有些文字直接来自蒋廷黻的信札。例如蒋廷黻在给傅斯年的信中说道："V. 的困难不少，他的名誉也一天坏一天，我附今天《大陆报》新闻一段。如果 V. 再闹，M. 准备把过去几年 V. 和他在美国走狗干的事情都公布出来。美国朋友说，只要看与 V. 往来的美国人就知道他不是好东西。"而傅斯年则在《这个样子的宋子文非走开不可》中说道："有美国人说，看他交接的是些什么美国人，便知道他是什么人。"[3] 显然，傅斯年获得的这些内幕消息来自蒋廷黻。

## 结语：学者"从政"之终结

1945 年 5 月，傅斯年致函其妻俞大绶，谓协助教育部长朱家骅筹备召

---

[1] 《傅斯年谈蒋廷黻辞职事》，《大公报》（上海）1946 年 10 月 2 日，第 1 版。

[2] 《不懂做买卖》，《申报》1946 年 10 月 3 日，第 2 版。

[3] 《蒋廷黻致傅孟真信》（1946 年 9 月 27 日），傅斯年档案，档案号：I/464；傅孟真：《这个样子的宋子文非走开不可》，《世纪评论》第 1 卷第 7 期，1947 年。

开"教育善后复员会议"来整顿教育，由于筹备会头绪繁杂，且因牵涉多方利益，代朱家骅挨了很多骂，成为"众矢之的"。傅斯年代教育部长受过，加之此前曾代理朱家骅任中研院总干事，代理胡适任北大校长，因而被时任善后救济总署署长的蒋廷黻戏谑为"太上教育部长、太上中央研究院总干事、太上北大校长"。不过傅斯年反而对蒋廷黻打趣道，他最愿意做的其实是"太上善后救济总署署长"。① 看似戏谑的一句话，实则道出傅氏与蒋廷黻及其他从政的诸位政要间不同寻常的默契合作关系。

对于傅斯年而言，在倒宋的过程中，他所面对的不仅是四大家族的重要代表人物，也是手握重权的行政院院长，所以掌握宋氏贪污舞弊、专权误国的一手证据显得尤为重要。正如此前傅斯年倒孔（祥熙）一样，前后虽坚持了八年，然因缺乏关键证据没能"生效"，最终在老朋友的引介下认识一位"深喉"，拿到了孔祥熙等人参与中央银行国库局舞弊案的证据，最后一举"击中"孔祥熙。②

宋案发生后，著名时事政治评论刊物《周末观察》指出，傅氏虽是一名历史语言学者，却与不少政界的上层人物保持着密切的联系，所以倒宋的消息"不但灵通，而且正确"。③《再生周刊》认为，傅斯年在参政会席上作了一回惊人的狮吼，掀开了政治黑暗的帷幕。其所言，不是私人谈话，而是在参政会席上公开演说，所以人们有理由相信，傅氏所陈是有根据的，同时，也必然完全负法律上与道德上的责任。④ 从这一意义上说，本文梳理出蒋廷黻与傅斯年交往的具体细节，根据这些内容，我们不难看出蒋廷黻在宋案中所扮演的角色：蒋廷黻不仅扮演着"灵通"内幕的提供者的角色，还暗中敦促傅斯年尽早利用参政会委员的身份积极实施倒宋活动。诚如1948年在香港出版的《宋子文豪门资本内幕》所示，在遭受宋子文打压后，"在沪吃亏的蒋廷黻"强烈要求傅斯年在参政会高呼"宋子文非走开不可"。⑤ 正是蒋傅基于长期的交往，并形成高度的默契与信任，在此基础上所构成的隐性合作关系在倒宋过程中发挥着重要的作用。

事实上，如果我们放宽视野，这种合作不过是民国时期学人参政过程

---

① 傅斯年：《傅斯年致俞大綵》，王汎森、潘光哲主编《傅斯年遗札》第3卷，第1634页。
② 傅斯年：《关于国库局案在参政会所提说明书》，王汎森、杜正胜编《傅斯年文物资料选辑》，台北中研院历史语言研究所，1995，第122～124页；傅斯年：《傅斯年致俞大綵》，王汎森、潘光哲主编《傅斯年遗札》第3卷，第1605～1606页。
③ 紫萍：《霹雳政论家傅孟真》，《周末观察》第1卷第9期，1947年。
④ 采：《傅斯年的呼声》，《再生周刊》第152期，1947年。
⑤ 经济资料社编《宋子文豪门资本内幕》，香港光华书店，1948，第61页。

中彼此间密切协作的一个典型案例而已。与傅斯年接触频繁且了解宋案内情的程沧波认为，在国民党执政二十余年的党内外的派系斗争中，自来就存在一种常态的对抗，即士大夫与买办阶级之间的争持。这两类人物，其思想背景、行为表现，乃至生活习惯、气味标准，均格格不相入。二者之间盈虚消长，与国民党的党势和整个国运关系密切。而傅斯年正是士大夫阶层中的一个代表人物，也是此斗争中冲锋陷阵的一员斗士。[1] 虽然将上述两个集团的成员全部列举出来异常困难，但一般都认同，宋子文和孔祥熙是买办阶层的首领，而朱家骅、胡适、傅斯年、蒋廷黻、王世杰、翁文灏、钱端升等人则属于士大夫集团，集团中的成员占据着一些高层职位。[2]学界将这种"由政助学，引学辅政"的学者型官僚集团统称为"政学系"。[3]

这些学界人物在从政时，彼此之间同声相应，同气相求，互相引为奥援，如此大规模地介入国家政治生活，是研究现代中国政治史不可忽视的问题。参政的知识分子所构建的"权势网络"在国家的政治生活中确实不容忽视，但毕竟不是国家政治功能的主体，表现出明显的脆弱性、政治生命短暂等特点。蒋廷黻辞职后，一位同情蒋氏遭遇的作者在《申报》发表时评文章，认为士大夫参政是政府行政的一股清流，人们不能想象让学者们去专门从事于"买卖"的勾当，当年胡适、丁文江、翁文灏、蒋廷黻、何廉等人同时放下教鞭，走上政治舞台，诸人之中，蒋廷黻是最后仅存的硕果，他的辞职"象征了'学者从政'之终结"。[4]

① 程沧波：《再记傅孟真》，《傅故校长哀挽录》，台北：台湾大学出版社，1951，第50页。
② 王汎森：《傅斯年：中国近代历史与政治中的个体生命》，第232～233页。
③ 金以林：《蒋介石与政学系》，《近代史研究》2014年第6期。
④ 《不懂做买卖》，《申报》1946年10月3日，第2版。

【民国经济】

# 民国时期银钱业规模估计需要注意的几个问题*

杜恂诚

**提 要** 在民国时期银钱业的规模估计中，在华外商银行分支机构的规模究竟有多大，是一个难题；对钱庄业总资本和钱庄业总资力的估计也十分不易。本文对这两个估计中所涉及的问题提出讨论，认为对外商银行在华分支机构规模的估计，要避免不加区别的想当然的估计，尽可能找到估计的依据，区分不同国别不同银行的具体情况。本文从《钱业月报》《银行周报》《工商半月刊》等杂志中收集各地钱业的原始资料或统计资料，对20世纪20年代中期的钱业总资本做了估计，认为各地钱业的存款情况很不相同，不宜采用过去钱业资力是资本8倍的估计，而应区分不同城市的情况，做不同的处理。由此得出的20世纪20年代中期中国钱庄业总资力的估计数远小于以往的研究结果。

**关键词** 民国 银钱业 规模估计 外商银行在华规模 钱庄业总资力

关于民国时期银钱业发展规模的统计或估计，存在以下几个难点：第一，外商银行在华分支机构的经营规模到底有多大，不易估计；第二，由于钱庄业数据不易获得，普通钱庄总资本的估计也不容易；第三，钱庄业总资力（包括资本、公积金、存款和发钞在内）的估计更为困难。本文拟就上述三个难点谈一些粗浅的看法，供大家批评指正。

---

\* 杜恂诚，上海财经大学经济学院教授。

# 一　外商银行在华分支机构的规模

由于信息不对称，要较为准确或合理地估计近代外商银行在华分支机构的规模，并不容易。杨荫溥统计，1927 年底上海外国银行共 23 家，除美丰和华义的总行在上海外，其余 21 家银行的总行都在国外或境外，这 23 家外国银行的实收资本折合中国银元为 74417 万元，公积金 58342.1 万元，存款 877805.4 万元，发行兑换券 94495.8 万元，总资力即以上几项合计为 1105060.3 万元。他认为，"其在沪资力，即以一成计算，亦已在中洋十一万万元以上；已远超在沪内国银行之资力矣"。[①] 但这一估计显得过于粗率和笼统，从存款来看，外国银行全部 87.8 亿元存款的十分之一，应为 8.78 亿元，发行兑换券的十分之一，也要有接近 1 亿元，是否符合实际，还需要更仔细一点的估计。另外，除上海之外，一些外国银行在中国的其他城市也设有分支机构。

吴石城 1935 年 7 月发表在《银行周报》上的一篇关于研究天津外国银行的文章，则对天津外国银行的规模做了比较具体而合理的分析。据调查，1932 年在天津的外国银行共有 17 家，其中英国的有麦加利、汇丰等两家，日本的有正金、朝鲜、正隆、天津等 4 家，美国的有花旗、运通、美丰、大通、天津商业放款等 5 家，法国的有东方汇理，比利时的有华比，意大利的有华义，德国的有德华，法比合办的有义品，中法合办的有中法工商。这些银行中，德华、华义、美丰等 3 行的总行在上海，正隆总行设在大连，天津和天津商业放款的总行设在天津，其他的总行都设在海外或境外。依据调查，天津外商银行的资力总计 4.3 亿元，比华商银行和银号的资力合计 3.56 亿元高出 21%。"估计方法先加计已缴资本、公积金与各项存款得一合计数，依各行在华资本比数，参照各行在华分行之多寡，与在津营业之广狭，而定一百分数，以之乘上述合计数，得三项合计数津行所占数。其各行在华资本比数，系根据刘大钧先生估计者，即英籍银行在华资本约占总资本额三分之一，美籍银行为百分之二，法籍银行为百分之十五，比籍银行为三分之一，日籍银行为百分之十，德华银行占六分之一，华义银行占百分之百。"并依 1932 年全年平均汇率将外币折算成中国银元，再

---

① 杨荫溥：《杨著中国金融论》，黎明书局，1932，第 80～82 页。总行设在上海的外国银行，应该还有德华银行。

加上天津外国银行钞票的估计流通额，得出天津外国银行总资力数。①

对于 1927 年在华外国银行的实收资本、公积金、存款和纸币发行等四项数据，如能找到确切依据的，按照这些依据，如无确切依据的，则按照上述刘大钧的估计，这样重新测算以后便如表 1 所示。

**表 1　1927 年在华外国银行资力估计**

单位：千元

| 银行 | 实收资本 | 公积金 | 存款 | 前三项在华部分估计 | 在华发行纸币估计 | 在华总资力估计 |
|---|---|---|---|---|---|---|
| 汇丰 | 20000 | 72577 | 557687 | 389508 | 37480 | 426988 |
| 麦加利、有利、大英 | 66442 | 56000 | 681919 | 268120 | 7329 | 275449 |
| 正金、台湾、朝鲜、住友、三井、三菱 | 278125 | 213282 | 2538420 | 302983 | 63922 | 366905 |
| 花旗 | 150000 | 100000 | 2550083 | 56002 | 3751 | 59752 |
| 德华、华义、美丰 | 8781 | 2419 | 32314 | 13852 | 890 | 14742 |
| 运通、大通 | 16000 | 8966 | 37935 | 1258 | | 1258 |
| 东方汇理、中法工商 | 43360 | 50615 | 535842 | 94473 | 225378 | 319851 |
| 远东（苏联） | 4543 | | 16585 | 21128 | | 21128 |
| 华比 | 44921 | 36000 | 1256278 | 52099 | 3749 | 55848 |
| 荷兰、安达、义品 | 112000 | 43563 | 570988 | 72655 | | 72655 |
| 总　计 | | | | 1272078 | 342499 | 1614576 |

注：①汇丰在华存款占其总存款额的比例为 59.9%，见洪葭管《中国金融通史》第 4 卷，中国金融出版社，2008，第 185 页，实收资本和公积金也按此比例推算；在华发行兑换券比例为71.2%，见 F. King, *The Hong Kong Bank in the Period of Imperialism and War*, Cambridge：Cambridge University Press 1988, p. 64。

②正金、台湾、东方汇理在华流通的纸币额，按占其总发行额的三分之一计算，见静如《在华外国银行资力之比较》，《银行周报》第 11 卷第 46 期，1927 年 11 月 29 日，第 10 页；朝鲜银行在华纸币流通额，见杜恂诚《中国金融通史》第 3 卷，中国金融出版社，2002，第 13 页。

③花旗银行在华流通纸币额，见静如《在华外国银行资力之比较》，《银行周报》第 11 卷第46 期，1927 年 11 月 29 日。

④德华占六分之一，华义、美丰按全部资力计入。

⑤远东银行是苏联在我国东北地区设立的银行，暂以全部资力计入。

⑥华比银行资本额按三分之一计算，总存款额很大，按百分之二计算。

⑦荷兰、安达、义品各项指标按十分之一计算。

⑧兑换率：1 英镑 = 10 元，港币 1 元和日币 1 元与中国银元等值，1 美元 = 2 元，1 法郎 = 0.4元，1 荷兰盾 = 0.8 元，1 规元两 = 1.4 元。

资料来源：根据杨荫溥《杨著中国金融论》（第 80 ~ 82 页表），吴石城《天津之外商银行》（《银行周报》第 19 卷第 29 期，1935 年 7 月 30 日，第 11 ~ 16 页），静如《在华外国银行资力之比较》（《银行周报》第 11 卷第 46 期，1927 年 11 月 29 日，第 10 页）等资料重新计算。

---

① 吴石城：《天津之外商银行》，《银行周报》第 19 卷第 29 期，1935 年 7 月 30 日，第 11 ~16 页。1932 年的货币兑换率如下：1 银元折合英币 22.6871 便士，美币 0.214207 美元，日币 0.7949 日元，法币 5.422 法郎，港币 0.922158 港元，上海规元 0.7087 两。

杨荫溥粗率计算 1927 年底在沪外国银行的资力为 11 亿元左右，本文算出 1927 年在华外国银行的全部资力为 16 亿元强，两者差了 5亿元。要做到更为精确，还有待于对这些外国银行在国外总部档案资料的发掘。欧美国家在华银行的发展高峰应该在 1930～1931 年，之后有双重因素影响它们的在华发展：一是世界经济危机波及中国和白银汇率的异常震荡造成的经营困难；二是中国本国银行业发展很快，在一定程度上限制了外国银行的获利空间。1935 年 11 月中国政府进行法币改革，外国银行不再发行纸币。表 2 对 1936 年外国银行在华总资力进行了估计。

**表 2　1936 年在华外国银行资力估计**

单位：千元

| 项目 | 全部实数 | 在华部分比例 | 在华部分实数 |
|---|---|---|---|
| 一、资本和公积金 | | | |
| 英商银行 | | | |
| 汇丰 | 134873 | 59.9% | 80789 |
| 有利、麦加利、大英、沙逊、通济隆 | 158816 | 三分之一 | 52939 |
| 美商银行 | | | |
| 花旗、运通、大通 | 396270 | 2% | 7925 |
| 友邦 | 500 | 50% | 250 |
| 日商银行 | | | |
| 三井、正金、三菱、住友 | 587860 | 10% | 58786 |
| 台湾、朝鲜 | 50920 | 三分之一 | 16973 |
| 正隆、上海、天津、汉口、济南 | 7228 | 100% | 7228 |
| 法商银行 | | | |
| 东方汇理、中法工商 | 58400 | 15% | 8760 |
| 万国储蓄会、汇源 | 5268 | 100% | 5268 |
| 德商银行 | | | |
| 德华 | 7745 | 六分之一 | 1291 |
| 比商银行 | | | |
| 华比、义品放款 | 20000 | 三分之一 | 6667 |
| 荷商银行 | | | |
| 荷兰、安达 | 158139 | 10% | 15814 |
| 意商银行 | | | |
| 华义 | 3000 | 100% | 3000 |
| 俄商银行 | | | |
| 莫斯科国民 | 7350 | 15% | 1103 |
| 小计 | | | 266793 |

续表

| 项目 | 全部实数 | 在华部分比例 | 在华部分实数 |
|---|---|---|---|
| 二、存款 | | | |
| 　非日本西方各国 | | | 1108008 |
| 　日本 | | | 99463 |
| 　小计 | | | 1207471 |
| 总计 | | | 1474264 |

注：1936 年货币兑换率：1 美元 = 3 元，1 法郎 = 0.2 元，1 荷兰盾 = 2.165 元，日元、港元与中国法币元同值处理。

资料来源：在华资产及非日本西方各国存款根据洪葭管《中国金融通史》第 4 卷，第 215 ~ 220 页表中数据计算。在华资产占比参考吴石城《天津之外商银行》，《银行周报》第 19 卷第 29 期，1935 年 7 月 30 日，第 11 ~ 16 页，以及静如《在华外国银行资力之比较》，《银行周报》第 11 卷第 46 期，1927 年 11 月 29 日，第 10 页酌定。日本在华存款参见东亚研究所『日本の對支投資』，东京：原书房，1974，第 84 ~ 85 页。

　　主要由于不发纸币，1936 年在华外国银行的总资力低于 1927 年，应该更低于 1930 ~ 1931 年的数字，因为 1930 ~ 1931 年是中国市场经济最为活跃和发展的时期。根据杨荫溥的统计，1927 年底 39 家中国银行的总资力为 12.45 亿元，[1] 低于表 1 所示同期在华外国银行的总资力。但此后中国本国的银行业发展很快，1936 年仅存款一项就达到 45.51 亿元。[2] 1936 年外国在华银行与中国本国银行的存款之比为 1∶3.77，[3] 已落明显下风。再加上失去在华纸币发行权，其总体实力就大不如前了。在杨荫溥 1927 年的统计中，除了极个别的银行（如江苏银行）外，绝大多数的地方银行均未包括在内，这一点很重要。因为当时许多地方银行滥发纸币，如将地方银行涵盖，数字可能扭曲。1936 年的存款数字包括地方银行在内，但那时的统计已将地方银行列入专项统计，我们可以知道地方银行的存款在本国银行全部存款中所占的比例是多少（3.16 亿元，占 7%）。

## 二　关于钱庄业总资本的估计

　　北京政府农商部曾对 1912 ~ 1920 年全国的银钱业投资状况做过问卷统计，其结果如表 3 所示。

---

[1]　根据杨荫溥《杨著中国金融论》，第 68 ~ 73 页的三张表计算。
[2]　中国银行经济研究室编《全国银行年鉴》，中国银行，1937，第 47 页。包括华侨银行。
[3]　华侨银行全部存款为 1.47 亿元。即使把华侨银行算作外国银行，在华外国银行与中国本国银行的存款比也达到 1∶3.25，本国银行的优势明显。

**表 3　中国的银钱业投资（1912～1920 年）**

单位：元，%

| 年份 | 钱庄 | 百分比 | 银行 | 百分比 | 总数 |
|---|---|---|---|---|---|
| 1912 | 75098313 | 68 | 36254919 | 32 | 111353232 |
| 1913 | 86628664 | 76 | 27301526 | 24 | 113930190 |
| 1914 | 53110635 | 73 | 19726716 | 27 | 72837351 |
| 1915 | 64463021 | 82 | 14136426 | 18 | 78599447 |
| 1916 | 246229262 | 87 | 37803690 | 13 | 284032952 |
| 1917 | 171457373 | 78 | 46072611 | 22 | 217529984 |
| 1918 | 169329736 | 83 | 34685195 | 17 | 204014931 |
| 1919 | 37448536 | 41 | 54247711 | 59 | 91696247 |
| 1920 | 31314932 | 37 | 51987077 | 63 | 83302009 |

注：经笔者校核，表中 1912 年、1917 年和 1920 年的百分比数据，可能因为四舍五入的关系，稍有出入。

资料来源：历次《农商统计表》，转见厉以宁、熊性美主编《方显廷文集》第 4 卷，商务印书馆，2015，第 10 页。

经前人研究，表 3 中的数据，仅 1912～1915 年这四年较为可靠，此后则因军阀战争等原因交通梗阻、信息不通，许多省份的数据并不可靠。[①] 显然，表中 1916～1918 年的钱业投资额如此之高，毫无道理，肯定是错误所致，而 1919 年和 1920 年又出奇的低，很可能是遗漏了数据。

我们再来看一项关于七七事变前我国钱业规模的统计。沈雷春主编《中国金融年鉴》的调查结果认为，"据查我国各地之钱业，以七七抗战发生前之统计观之，其中稍具资力与规模者，为数即达一千数十家（东三省、香港在内；甘肃、陕西两省仅有部分统计；又贵州、云南、新疆、察哈尔及宁夏俱未列入）"，"以言我国钱业之资力，就前述一千余家计之，资本共达七千万元以外，若更将漏列家数之资本估计列入，总数当达一万万元"。[②] 其中十大都市钱业的统计如表 4 所示。

**表 4　十大都市钱业统计（七七事变前）**

单位：家，元

| 地别 | 同业数 | 资本 | 备注 |
|---|---|---|---|
| 上海 | （汇划庄）46 | 19080000 | 平均资本 41 万元，居首位 |
| 天津 | （大银号）40 | 3455000 | 平均资本 8.6 万元，居第三位 |

① 厉以宁、熊性美主编《方显廷文集》第 4 卷，第 10 页。
② 沈雷春主编《中国金融年鉴》，黎明书局，1947，第 143 页。

续表

| 地别 | 同业数 | 资本 | 备注 |
|---|---|---|---|
| 北平 | （大银号）9 | 650000 | 平均资本 7 万余元 |
| 杭州 | 大钱庄 30 | 610000 | 平均资本 2 万余元 |
| 青岛 | 庄号 10 | 370000 | 平均资本 3.7 万元 |
| 南京 | 大钱庄 6 | 130000 | 平均资本 2 万余元 |
| 重庆 | 大钱庄 13 | 830000 | 平均资本 6.4 万元 |
| 汉口 | 钱庄 24 | 1560000 | 平均资本 6.5 万元 |
| 广州 | 银号 77 | 2820000 | 平均资本 3.6 万余元 |
| 香港 | 钱庄 18 | 5500000 | 平均资本 30 万余元，居第二位 |
| 合计 | 273 | 35005000 | |

注：合计数原表为 255 家、34055000 元，经校订改正。
资料来源：沈雷春主编《中国金融年鉴》，第 145～146 页。

除了十大都市之外的各省钱业情况如表 5 所示。

表 5　除了十大都市外的各省钱业统计（七七事变前）

单位：家，元

| 省别 | 同业数 | 资本 | 备注 |
|---|---|---|---|
| 江苏 | 60 | 2790000 | 京沪铁路沿线为主 |
| 浙江 | 174 | 5040000 | |
| 山西 | 7 | 5100000 | 仅新绛一县。又晋绥地方铁路银号一家占 500 万元 |
| 山东 | 74 | 2470000 | |
| 甘肃 | 6 | 100000 | 仅皋兰一市之数字 |
| 河北 | 26 | 1160000 | 石家庄、清宛为主 |
| 河南 | 21 | 2020000 | 大德恒银号独占 100 万元 |
| 陕西 | 12 | 345000 | 仅西安之数字 |
| 四川 | 56 | 2203000 | 成都、自流井等五县 |
| 安徽 | 10 | 300000 | 四大城市之统计 |
| 江西 | 17 | 500000 | 四大城市之统计 |
| 湖北 | 9 | 未详 | |
| 湖南 | 46 | 未详 | |
| 贵州 | 未详 | | |
| 云南 | 未详 | | |
| 福建 | 53 | 3312000 | 以思明为主 |

续表

| 省别 | 同业数 | 资本 | 备注 |
|---|---|---|---|
| 广西 | 50 | 未详 | |
| 广东 | 66 | 4735000 | 汕头、琼山两地数字，汕市占 435 万元 |
| 吉林 | 13 | 2370000 | 永吉、滨江两地数字 |
| 黑龙江 | 1 | 80000 | 龙江一地 |
| 辽宁 | 43 | 3453000 | |
| 绥远 | 28 | 3390000 | 绥远、包头两地数字 |
| 新疆 | 未详 | | |
| 察哈尔 | 未详 | | |
| 宁夏 | 未详 | | 汇兑等业由巨商兼营 |
| 合计 | 772 | 39368000 | |

注：合计资本数原表为 36200000 元，现经校订改正。

资料来源：沈雷春主编《中国金融年鉴》，第 144～145 页。

在十大都市中，上海钱业 46 家汇兑庄资本金共计 1908 万元，占十都市钱业总资本的 54.5%，占全国已统计的钱业总资本的 25.7%。但该项统计把当时的香港列入，并不妥当。当时一般的经济统计都暂不把香港列入，在香港注册设立的众多企业也被作为英商企业看待，钱业如此统计，显然容易引起混淆。另一个疑问是：上述统计把遗漏的部分简单估计为 3000 万元，与已在统计中的 7000 万元相加，得出钱业总投资 1 亿元的结论，是否合适？在一个二元经济结构的社会里，我们所关注的新式银钱业调查，主要是与进出口商品流通或新型生产方式相伴随，以及与城市化相关的部分，官办的地方银钱业，仍相当部分处于传统的或封闭状态经济方式的地区，即使有遗漏，也应该对我们关注点影响不大。贸然加上 3000 万元投资额，是不够慎重的。由于中国丝、茶等土产对外贸易的停滞和衰退，钱业在内地发展的空间是有限的，而它们在都市的发展往往有与银行趋同的倾向，组织银团，对工商企业放款，以分散风险。在 20 世纪一二十年代，丝（包括丝织品）和茶两项出口商品，尽管在世界市场中所占份额已遭到挤压，但从绝对额看，还是在波动中有所上升的，1913 年为 13591.4 万海关两，1925 年增长到 19719.4 万海关两，1928 年达到峰值，为 21908.9 万海关两，以后便开始下降，1931 年下降为 15370.1 万海关两，1936 年更降为仅仅 5481 万海关两。[①] 就全部出口商品来看，1928 年

---

① 根据郑友揆《中国的对外贸易和工业发展（1840～1948 年）——史实的综合分析》，程麟苏译，上海社会科学院出版社，1984，第 43 页表 12 计算。

也是高峰年，或者说 1925～1931 年是一个出口商品绝对额还比较高的时
段，以后便开始下降。[①] 这从一个侧面印证了，主要服务于丝、茶等出口
贸易的钱庄业，在 1925～1928 年应该最具内在的发展动力。这以后银行加
速发展，钱庄业相形见绌。这就是说，并不是说 20 世纪 30 年代的钱庄业
规模一定比 20 年代的钱庄业规模更大。我们可以利用《钱业月报》上发
布的各地同业录的信息，以及其他来源的信息，检验一下 20 世纪 20 年代
中期前后中国钱业主体部分的状况与七七事变前是否有所不同。发布信息
的城市都是市场经济比较活跃的城市，基本上涵盖了主要的进出口城市。
由于 20 世纪 20 年代中国钱业大体上处于相对稳定的阶段，并不是大起大
落的，所以虽然同业录等信息并不完全是同一年的，即使有几年的跨度，
应该也能大体体现历史面貌。有的城市的钱业若有明显变化，会在下一两
年的《钱业月报》发布同业录更正，如平湖、嘉兴、吴兴等城市，绝大多
数发布同业录的城市在几年内钱业变化不大，所以没有更正（见表 6）。

表 6　20 世纪 20 年代中国各城市的钱业资本

单位：家，万元

| 城市 | 钱庄数 | 总资本（加附本） | 资料来源 |
|---|---|---|---|
| 上海 | 汇划 87 家，元字 25 家 | 2011.7 | 1926 年数字。《银行周报》第 13 卷第 26 期，1929 年 7 月 9 日，第 11 页 |
| 天津 | 会员 60 家，非会员 21 家 | 482.9 | 1929 年数字。《工商半月刊》第 1 卷第 12 号，1929 年，第 16～21 页 |
| 汉口 | 118 | 661.9 | 《钱业月报》1925/5、7 期，同业录 |
| 无锡 | 20 | 92.5 | 《钱业月报》1923/5 期，同业录 |
| 永嘉 | 27 | 30.9 | 《钱业月报》1923/5 期，同业录 |
| 平湖 | 14 | 36.6 | 《钱业月报》1926/3 期，同业录 |
| 宜兴 | 6 | 10.8 | 《钱业月报》1923/6 期，同业录 |
| 嘉善 | 6 | 12.2 | 《钱业月报》1923/6 期，同业录 |
| 湖北黄石港 | 8 | 55.7 | 《钱业月报》1923/6 期，同业录 |
| 玉山县 | 12 | 15（2 家不详） | 《钱业月报》1923/6 期，同业录 |
| 嘉兴 | 9 | 59 | 《钱业月报》1924/8 期，同业录 |
| 碛石 | 8 | 34 | 《钱业月报》1923/6 期，同业录 |

---

① 郑友揆：《中国的对外贸易和工业发展（1840～1948 年）——史实的综合分析》，第 43
　页表 12。

续表

| 城市 | 钱庄数 | 总资本（加附本） | 资料来源 |
|---|---|---|---|
| 宝应 | 17 | 13.3 | 《钱业月报》1923/6 期，同业录 |
| 大通 | 6 | 13 | 《钱业月报》1923/7 期，同业录 |
| 滕县 | 29 | 279 | 《钱业月报》1923/7 期，同业录 |
| 邵伯镇 | 7 | 4 | 《钱业月报》1923/7 期，同业录 |
| 常州 | 27 | 142.6 | 《钱业月报》1923/7 期，同业录 |
| 沙市 | 86 | 385.7 | 《钱业月报》1923/7 期，同业录 |
| 南京 | 32 | 142.8 | 《钱业月报》1923/8 期，同业录 |
| 江阴 | 8 | 20.8（2 家不详） | 《钱业月报》1923/8 期，同业录 |
| 溧阳 | 6 | 42.3 | 《钱业月报》1923/8 期，同业录 |
| 江西上饶 | 5 | 20 | 《钱业月报》1923/8 期，同业录 |
| 铅山县河口镇 | 10 | 16.2 | 《钱业月报》1923/8 期，同业录 |
| 扬州 | 32 | 86.5 | 《钱业月报》1923/9 期，同业录 |
| 杭州 | 汇划21家，过账30家 | 221.8 | 《钱业月报》1923/9 期，同业录 |
| 靖泰等处 | 17 | 42.4 | 《钱业月报》1923/9 期，同业录 |
| 吴兴 | 13 | 73.4 | 《钱业月报》1925/5 期，同业录 |
| 盛泽 | 7 | 15.4 | 《钱业月报》1923/9 期，同业录 |
| 长沙 | 80 | 165.3 | 《钱业月报》1923/10 期，同业录 |
| 漳州 | 15 | 17.2 | 《钱业月报》1924/5 期，同业录 |
| 漳州石马镇 | 7 | 8.6 | 《钱业月报》1924/5 期，同业录 |
| 厦门 | 45 | 206.2 | 《钱业月报》1925/3 期，同业录 |
| 江西乐平 | 9 | 40 | 《钱业月报》1925/3 期，同业录 |
| 黄桥 | 5 | 8.1 | 《钱业月报》1925/9 期，同业录 |
| 浙江菱湖 | 3 | 6.8 | 《钱业月报》1926/2 期，同业录 |
| 浙江乌镇 | 3 | 17 | 《钱业月报》1926/3 期，同业录 |
| 福建泉州 | 13 | 17.7 | 《钱业月报》1926/5 期，同业录 |
| 泰兴 | 7 | 11.8 | 《钱业月报》1927/5 期，同业录 |
| 嘉善西塘镇 | 5 | 6.4（2 家不详） | 《钱业月报》1927/9 期，同业录 |
| 温州 | 45 | 84.1 | 《钱业月报》1928/9 期，同业录 |
| 苏州 | 10 多家 | 119 | 《钱业月报》1921/7 期，同业录 |
| 奉天 | 50 多家 | 122 | 《中外经济周刊》第 73 期，1924 年 |
| 北平 | 9 | 65 | 沈雷春主编《中国金融年鉴》，第 145 页 |

| 城市 | 钱庄数 | 总资本<br>（加附本） | 资料来源 |
| --- | --- | --- | --- |
| 重庆 | | 83 | 沈雷春主编《中国金融年鉴》，第145页 |
| 青岛 | 10 | 37 | 沈雷春主编《中国金融年鉴》，第145页 |
| 广州 | 77 | 282 | 沈雷春主编《中国金融年鉴》，第145页 |
| 共计 | 1167 | 6319.6 | |

注："共计"一栏，钱庄数，苏州以10家计，奉天以50家计，重庆暂未计；总资本（加附本），未列入4家资本额不详的钱庄。

　　表6所反映的是20世纪20年代中国钱业的大致情况，一些城市的统计不一定是同一年份，但估计相差不会太大。当然，不少城市没在列表中，如镇江、宁波、芜湖、绍兴等。这类城市是重要的，但只是少数。大部分没在列表中的城市，就钱业而言，并不重要。一些城市长期受军阀战争或军队驻扎影响，钱业基础是非常薄弱的，而且不稳定；有的城市进出口贸易和新式制造业不发展，钱业也就成为无本之木。还有许多城市，在出口商品收购季节的资金需求，主要依赖上海、汉口、天津等中心城市钱业的融资，那些地方的钱业，只是融资平台，自身无须很多投资。考虑到会有一些遗漏，但遗漏不会特别大，估计20世纪20年代中期中国钱业的资本总规模在7000万~8000万元。唐传泗和黄汉民估计1925年中国钱业资本为1亿元，[①] 可能偏大了；而沈雷春估计七七事变前中国钱业总投资1亿元，则更有偏大之嫌。

# 三　关于钱业总资力的估计

　　所谓钱业总资力，是指其资本（包括附本、护本等）、公积金、存款和发行纸币之和。钱业发行纸币的地方不多，而这些发行纸币的地方又往往是钱业不发达的地方。所以钱业总资力主要包括资本、公积金和存款三项。王业键估计1925年上海钱庄业总资力为2.02亿元，1932年则为2.52亿元，他假定存款是资本额的8倍。[②] 如果不考虑公积金，那么总资力应该是资本的9倍。根据王业键的估计，1925年上海钱业总资本应为2244

① 唐传泗、黄汉民：《试论1927年以前的中国银行业》，中国近代经济史丛书编委会编《中国近代经济史研究资料》（4），上海社会科学院出版社，1985，第82页。
② 〔美〕王业键：《上海钱庄的兴衰》，程麟荪译，张仲礼主编《中国近代经济史论著选译》，上海社会科学院出版社，1987，第434页。

万元，1932 年则为 2800 万元。唐传泗、黄汉民则将 8 倍的比例推向全国，但稍有变化，就是认为 1925 年钱业总资力是其总资本的 8 倍，即 8 亿元。[1] 杨荫溥则认为，上海钱业资力与资本之比约为 5。[2] 而根据《第九次农商统计表》，1912 ~ 1914 年全国平均每年有钱庄 4600 余家，资本 7161 万余元，公积金、存款和发行纸币约 8000 万元，这三年的年均总资力为 1.5 亿元，只是其资本的 2.09 倍。[3]

应该需要强调的是，在钱业总资力的估算中，最关键的是，我们要关注地区差异，不能以一个地方（如上海）的资力倍数，去一刀切地估计全国的情况。上海的倍数肯定比较高，内地的倍数肯定比较低，不能统一估算。

上海是全国资金最为集中的金融中心，许多其他城市的大宗贸易周转，依赖上海资金的挹注。上海钱业存款量大，总资力相对于资本而言，倍数肯定比较高。1932 年上海汇划钱庄 62 家，实收资本总额 1792.7 万两，各种存款总额 16251.2 万两，[4] 如果不考虑公积金和发钞，那么总资力就应该是 18043.9 万两，是总资本的 10.07 倍。《上海钱庄史料》收录了几家钱庄的账册资料，兹将 1925 年这几家钱庄的相关数据列成表 7。

表 7　1925 年上海几家钱庄的资本、公积金和存款统计

单位：万两

| 钱庄 | 资本 | 公积金 | 存款 | 资力合计 | 资力是资本的倍数 |
|---|---|---|---|---|---|
| 福康 | 30 | 1.3 | 212 | 243.3 | 8.11 |
| 福源 | 30 | 32 | 254.8 | 316.8 | 10.56 |
| 顺康 | 50 | | 172.5 | 222.5 | 4.45 |
| 恒隆 | 22 | 20 | 188.5 | 230.5 | 10.48 |
| 存德 | 11.7 | 7.1 | 129.1 | 147.9 | 12.64 |
| 总计 | 143.7 | 60.4 | 956.9 | 1161 | 8.08 |

资料来源：《上海钱庄史料》，第 775 ~ 848 页。

根据表 7 的统计，1925 年上海钱业资力是资本的 8 倍，估计唐传泗、黄汉民两位的文章中关于 8 倍的数字也是这么来的。在能够获得更多更系

[1]　唐传泗、黄汉民：《试论 1927 年以前的中国银行业》，《中国近代经济史研究资料》（4），第 82 页。

[2]　杨荫溥：《杨著中国金融论》，第 68 页。

[3]　北京政府农商部总务厅统计科：《第九次农商统计表（1920 年）》，中华书局，1924，第 412 页。

[4]　《1932 年上海银行钱庄的资本、存款、放款比较表》，中国人民银行上海市分行编《上海钱庄史料》，上海人民出版社，1960，第 270 页。

统的原始钱业资料之前，可以认为 8 倍的数字是合理的。而 1932 年上海钱业资力与资本的倍数增加到 10 倍，也合理可信，因为在 1930～1932 年，内地资金更多地流向上海，并沉淀于上海，于是上海钱业的存款更有提升。塔马纳认为，中国钱庄的存款与资本的比率为 8∶1 或 10∶1。罗斯基据此采用了一个中间数，即 9∶1，推算 1925 年钱庄存款达到 6.52 亿元，1926 年达到 7.34 亿元，1933 年达到 8.53 亿元，1935 年略下降，为 7.58 亿元。[①] 但显然，这样的估计过于粗略，9∶1 的比率即使勉强适用于上海（也高估了），但与绝大多数城市钱业的情况是不相符的。

除了上海，天津、汉口、广州也是金融重镇，资金相对集中，但集中度低于上海。据调查，1935 年天津 19 家银号的资本和护本之和为 135.1 万元，存款额 536.4 万元，存款只是资本的 4 倍，资力是资本的 4.97 倍。天津所有大小 269 家银号的资本和护本的数额是 622.5 万元，以 4.97 倍计，估计全体天津钱业的资力是 3093.8 万元。[②]

在能够参照和检阅更多的可信资料前，我们姑且假设汉口、广州的情况同天津相似，并且假设 20 世纪 20 年代中期这几个城市钱业资力与资本之比也是 5∶1 左右。另外，根据一份 1929 年 3 月发布的南京市社会局对南京钱业的调查，钱业总资本 14.17 万元，存款 78.55 万元，存款是资本的 5.5 倍，资力是资本的 6.5 倍。[③] 有此证据，我们可把南京归于天津、汉口、广州一类，大致在 20 世纪 20 年代中期，钱业资力是资本的 5 倍左右。

至于其他城市，暂以 2 倍匡算。这么处理也是有依据的。内地钱庄，存款不多，资金有限，在资金结算季节主要依靠上海、天津、汉口、广州等中心城市银钱业的融资。如"长江各埠的钱庄，均对上海欠款，少者二三万，多者四五十万。以地区言，对上海欠款最多者为镇江，吃进规元头寸，再转放客路及外业。总计上海的银行钱庄每年对润昌栈的放款，最高达一千四五百万两"。[④] 润昌栈的融资在 20 世纪 20 年代极盛，1930 年后转衰。20 世纪 20 年代前期宁波"市情涨落，全凭沪市为转移，银根松紧，全恃沪市为揖注"。[⑤] 长沙钱业资本六七十万元，每年贸易额在八九十万

①　〔美〕托马斯·罗斯基：《战前中国经济的增长》，唐巧天等译，浙江大学出版社，2009，第 378～379 页。

②　吴石城：《天津之银号》，《银行周报》第 19 卷第 16 期，1935 年 4 月 30 日，第 25～26 页。

③　《南京市社会局调查钱庄营业状况》，《银行周报》第 13 卷第 8 期，1929 年 3 月 5 日，金融界消息汇志，第 21 页。

④　《上海钱庄史料》，第 183 页。润昌栈是内地驻沪钱庄庄客汇集地的称谓。

⑤　双一：《中国各省钱业调查录（续）》，《钱业月报》第 2 卷第 7 号，1922 年，调查，第 2 页。

元，[1] 可见资力有限。浙江海宁的硖石是浙西商业重镇，"实萃浙西商业菁华于一处"，丝茧、米、茶、布这四种商品，海宁全县的年收入在 1000 万元以上，其中"以硖石为要区"，钱庄业每年存欠款通扯在 40 万元左右，"开春以来，各钱庄共装出客路洋七十余万元，亦可见存底之丰"。[2] 硖石钱庄 8 家，资本共 34 万元，存款以 40 万元计，则资力是资本的 2.18 倍。而这是资金丰裕之地，会"装出客路洋七十余万元"支援别处的。因此对内地城市钱业的资力与资本之比，通扯以 2∶1 估计，应该不会过低。如此，我们可以根据上述原则，对 20 世纪 20 年代中期中国钱业的总资力做如下估计（见表 8）。

表 8　20 世纪 20 年代中期中国钱业总资力估计

单位：万元

| 城市 | 钱业总资本（1） | 钱业总资本（2） | 资力是资本的倍数 | 总资力估计数（1） | 总资力估计数（2） |
|---|---|---|---|---|---|
| 上海 | 2011.7 | 2011.7 | 8 | 16093.6 | 16093.6 |
| 天津、汉口、广州、南京 | 1569.6 | 1569.6 | 5 | 7848.0 | 7848.0 |
| 其他城市（1） | 3418.7 | | 2 | 6837.4 | |
| 其他城市（2） | | 4418.7 | 2 | | 8836.0 |
| 总计（1） | 7000.0 | | | 30779.0 | |
| 总计（2） | | 8000.0 | | | 32777.6 |

注：钱业总资本假设为 7000 万元和 8000 万元两种情况。

资料来源：根据表 6 的数据测算。

从表 8 可知，钱业总资本是 7000 万元还是 8000 万元，对钱业总资力的评估影响不是太大，钱业总资力在 3.08 亿元至 3.28 亿元。这个数字比唐传泗、黄汉民估计的 8 亿元小了很多。但我们要关注到以下几点：第一，钱庄是无限责任组织，当钱庄运营遇到头寸短缺时，不排除钱庄股东以自己的其他财产来应对不时之需，这是一种隐性的保证。第二，银行的存款比较多，但在收购出口土产的用款旺季，银行的资金有相当一部分是拆借给钱庄使用的。银行和钱庄的资金，并不是两个完全独立和平行的系统，而是有交叉、有融合的，不能因总资力较低而低估钱业在 20 世纪 20 年代的作用。第三，进入 20 世纪 30 年代以后，随着中国外贸形势的恶化和政府对金融业行政控制的大大强化，政府控制的官办银行系统加速发展，钱业的势力逐渐式微，也就是必然的结果了。

---

① 陈飏廷：《长沙钱业调查记》，《钱业月报》第 2 卷第 8 号，1922 年，调查，第 17 页。

② 楚声：《硖石钱业最近调查》，《钱业月报》第 3 卷第 2 号，1923 年，第 61 页。

# 市场、国家与近代天津典权的变迁*

冯　剑**

**提　要**　典权是中国传统社会经济文化土壤中孕育出的独特制度。近代天津典权制度在市场经济与社会文化的发展中发生了变迁，家族影响力与亲属优先权受到了削弱，典价、典争与房地产市场相联系，中人不单是地方亲属与权威，还出现市场中的跑掮人。市场风险使典契内容日益缜密。随着西方产权观念的渗入，国家对典权的立法与管理在典权的变迁中发挥了重要的作用。国家立法限制了传统习俗，缩短了典权的回赎时间与找贴的次数，建立了典权的登记、信用和所有权制度，同时又力图延续典权中传统的济弱文化内涵。在近代天津典权的变迁中，市场与国家法律制度的变迁对典权制度具有深刻影响，重塑了传统典权的机制与内涵，使之在近代天津的社会经济中依然具有一定的生命力。

**关键词**　典权　市场　国家　天津

马克斯·韦伯曾经谈道："在中国，可能发生这样的事情：一个人把房子卖给另一个人，后来，因为穷困潦倒，这位出卖房子的人又找到买房子的人，想住房子。如果买房子的人拒绝考虑这位老式的中国人要求兄弟般的帮助的愿望，传统的法律精神就会被打乱。于是，已经贫困的卖房子的人作为一个未付租金的房客而住进了房子。资本主义不能根据如此构造的法律来运行。"[①] 韦伯所说的情况应该是房屋出典的事情，在近代中国被

* 本文为国家社科基金后期资助项目"近代天津民间借贷研究"（批准号：16FZS032）阶段性成果。

** 冯剑，青岛大学历史学院教授。

① 〔德〕韦伯：《国家和企业经营》，《文明的历史脚步——韦伯文集》，黄宪起等译，上海三联书店，1997，第143页。

称为典权。

正如韦伯所言，典权是在中国社会经济中形成的一种古老而独特的民间不动产交易制度，体现了许多中国传统文化的意涵。首先典具有孝道和扶贫济弱的内涵。土地、房屋等不动产，是家族最为重要的财产，尤其是在乡村，抛弃田产则会有不小的骂名。典卖顾及于此，使人们有回旋的余地，照顾到了出典者的社会名誉。[1] 此外，典权中的找贴、回赎等制度环节，体现了扶贫济弱的中华文化传统。[2] 因为典主通常是在经济上较为有利的一方。[3] "但总体来看，是一种权力义务大体平衡的利益机制。还蕴含着中国人特有的公正观念。"[4] 典权制度经历了千年之久的发展和演变，其形成与不断成熟是在一定社会文化环境之下的当事人长期理性博弈的选择，而其之所以具有公正的观念，是"因为在我们先祖的生活的博弈中，公平是均衡选择问题所演化的解"。[5] 典卖的优先权与古代农业社会的经济基础与封闭的熟人社会关系有关。优先权体现了家族本位的社会结构，也为市场交易提供了一种特殊机制的信用担保。[6]

关于典权问题的讨论主要发生在近年的中国法学界，围绕典权的性质和存废问题。学界对于典权的性质主要有三种说法：用益物权说、质权说和特种物权说。其中以用益物权说为主流。[7] 关于典权的历史作用，有的学者认为典权产生于中国独特的文化土壤，有其独特价值，应该在改造规范的基础上延续。有的认为典权已经不适应现代社会经济生活的要求，也

---

[1] 参见朴恩惠《韩国传贳权制度研究——兼与中国典权比较》，博士学位论文，华东政法大学，2010，第 128～136 页。她将典与韩国的传贳比较认为，典权产生于绝卖祖遗败家的孝道，而传贳为解决居住问题。吴向红《典之风俗与典之法律》（博士学位论文，福建师范大学，2008）认为，国家授田制度、宗族制度和佛教信仰是典制产生的三个根本力量。梁治平《清代习惯法：社会与国家》（中国政法大学出版社，1999，第 99 页）认为，典权承典人中亲属具有优先权，体现出了孝道以及宗族制度的影响。

[2] 民国时期中央政治会议要求把典立为一个独特的法律范畴，允许价格下跌时抛弃回赎权，而上涨时可以找贴，认为"诚我国道德上济弱观念之优点"。参见黄宗智《法典、习俗与司法实践：清代与民国的比较》，上海书店出版社，2003，第 82～83 页。

[3] 梁治平：《清代习惯法：社会与国家》，第 101 页。

[4] 邹亚莎：《清末民国时期典权制度研究》，法律出版社，2013，第 67 页。

[5] 〔英〕肯·宾默尔：《自然正义》，李晋等译，上海财经大学出版社，2010，第 25 页。

[6] 邹亚莎：《清末民国时期典权制度研究》，第 79～80 页。

[7] 对此也有一些反对意见，如典权的核心功能为担保而非用益，故典权应定性为担保物权为宜。典权是独立权利而不具从属性，不妨碍其具有担保物权性质。参见许洁《担保物权功能论》，法律出版社，2006，第 340 页。

不合乎法理。① 有学者还从近代法律史的角度对典权的变迁进行了分析研究，指出传统中国的法律体系以团体利益为核心，体现了对团体生存的关注和对效率的追求，西方民法以个人所有权为核心，转典回赎等传统惯习体现了共享、高效和物尽所用的追求，同时具有济弱扶贫、相互扶持的仁爱精神。而近代以西法精神对传统典制的改造导致其价值被剥离，功能被分解。②

历史学界关于典权也有许多成果。方慧容对民国时期农村土地典当的研究，指出典地信贷是近代中国农村普遍存在的一种大额贷款方式。整合信贷经营、市场竞争和交易成本决定了现行的价格水平和典地制度选择。典地利率略高于农民的偿贷能力。③ 曹树基等以浙江石仓村的契约资料为基础，对近代乡村的土地典当进行了研究，认为土地典当不同赎当的方式和当人与钱主身份的转变以及田价和利率的变动可见富有者卖地是财富分散的过程，土地买卖和分家析产导致了一个贫穷的乡村社会。④ 黄宗智对清代和民国时期关于典权的法律与实践进行了比较研究，认为清代的典权没有回赎的期限，而民国时期有期限，并且有不断缩小的趋势，以保护出典人，这是我国济弱传统的体现。清代和民国时期在典权问题上的共同思路就是调和传统和现实。⑤ 梁治平对包括典权等习惯法的研究认为典原为借债担保之关系，与卖、押等交易形式始终互相影响，皆是特定历史、文化及社会情境之下各种利益和要求互相之间长期作用之复杂结果。而在特定社会需求下渐变而近于卖，与活卖几无区别。⑥ 周翔鹤以台湾地区的典契资料为中心，认为传统社会的产权概念模糊，抵押、买卖、租赁等在产权上意义明确的形式，在交易中实际逐渐模糊而向典这个本来就意义模糊的形式转化。以典为中心的土地交易形式兼顾了人

---

① 以上叙述参见朴恩惠《韩国传贳权制度研究——兼与中国典权比较》，博士学位论文，华东政法大学，2010；吴向红《典之风俗与典之法律》，博士学位论文，福建师范大学，2008；邹亚莎《清末民国时期典权制度研究》；等等。关于典权的性质还有四种观点的说法——用益物权说、担保物权说、买卖契约说、特种物权说，以用益物权说为通说。参见许洁《担保物权功能论》，第 338 页。
② 邹亚莎：《清末民国时期典权制度研究》。
③ 方慧容：《民国时期的土地典当：理论与实践》，博士学位论文，香港科技大学，2002。
④ 曹树基、李霏霁：《清中后期浙南山区的土地典当——基于松阳县石仓村"当田契"的考察》，《历史研究》2008 年第 4 期。
⑤ 黄宗智：《法典、习俗与司法实践：清代与民国的比较》。
⑥ 梁治平：《清代习惯法：社会与国家》。

情而牺牲了效率。① 龙登高等对此提出了质疑，从典的回赎机制分析入手，认为典权可以保证土地的投资，成熟的转典市场降低了典的交易成本，是农户进行资源配置的一种选择，是一项有效率的制度安排。②

总之，学界对典权问题的探讨主要围绕的依然是韦伯的问题，那就是中西文化的差异以及典权这个具有中国传统文化内涵的制度，是否在现代条件下具有存在的合理性和价值。

在以往的研究中，多从法律和制度沿革的角度对典权制度进行分析，对典权在传统乡村土地问题上的研究较多，对近代城市区域中典权的研究相对较少，缺少对近代城市区域具体事例的实证分析，对典权在近代城市社会变迁的研究也不多。③ 近代城市尤其是沿海城市，大都经历了向近代社会转型时期。城市房屋和土地等固定资产的交易方式和价值大都也发生了一些变化。学界在对固定资产典当的研究中，多关注的是土地的地权问题，对土地上的建筑物房屋等典当的问题则关注不多，因为“作为消费性城市存在的封建社会的城市，与周围的农村生产结为一个大范围的自给自足实体，城市土地房屋大部分仅是宅基地和店铺，并没有显示出特殊的经济价值”。④ 而在近代大城市中，房屋的需求与价值逐渐为人们所关注，在租界外商的影响下，形成近代城市的房地产业。近代房地产业与租赁初兴，并不成熟，房屋的典当交易依然大量存在。随着近代城市人们对房地产价值的关注，对城市房地典当的问题有进一步探讨的必要。此外，学术界对近代国家与近代典权变迁关系的研究也不多见。

本文以近代天津城市典权为研究对象，力图探讨近代典权在近代城市区域中变迁的实际状况。天津城市社会在近代转型时期变化剧烈，在西风东渐之下，社会经济的发展使传统社会经济文化出现了前所未有的变化。作为传统文化孕育出来的独特制度——典权在近代城市市场与国家规范之下的变迁是一个值得探讨的问题。

① 周翔鹤：《清代台湾的地权交易——以典契为中心的一个研究》，《中国社会经济史研究》2001 年第 2 期。
② 龙登高、温方方：《论中国传统典权交易的回赎机制——基于清华馆藏山西契约的研究》，《经济科学》2014 年第 5 期。
③ 黄宗智：《法典、习俗与司法实践：清代与民国的比较》。
④ 赵津：《中国城市房地产业史论（1840～1949）》，南开大学出版社，1994，第 4 页。

# 一　近代市场发展与典权的变迁

近代天津的经济发展和政治地位的提升，导致天津的城市面积不断扩大，从一个不大的"算盘城"发展为近代华北经济中心，到 1948 年，城市面积为 151.343 平方公里，增长数倍。①

城市人口规模和面积的不断扩大，带来了土地和房屋建筑以及居住的问题。袁世凯担任直隶总督期间，开始了天津近代的城市规划，建立了北站，修建了宽阔的马路，规划了华界新区。建筑上融汇东西，使这里的地价不断上涨，出现了成片的住宅里弄区。② 但中国近代房地产业是较为落后的，是在西风东渐之下，从租界中诞生起步的。1840～1900 年的半个多世纪，是其初兴阶段。进入 20 世纪后，中国的房地产业方渐入佳境。20 世纪二三十年代，中国房地产业步入了黄金时代。天津房地产业是外商占垄断地位。③

房屋和土地典当在天津房地产和出租行业发展起来之前，一直是人们解决无房居住问题的主要方式之一。随着 20 世纪初商业发展、人口增加，房屋的出租才成为天津城市的一个重要产业市场逐渐兴旺起来。这是传统的自然经济向资本主义商品经济过渡的表现形式之一，也是城市土地利用集约化的开端。④ 如天津庆德当老板金云墀 1900 年有房产四五十处，他靠按时收房租积聚了许多资金。⑤ 房屋出租的收益也日益增加，最初"旧城内外每间房屋租金不过几十文"，"抗战前，每间砖瓦房每月租金大体为面粉一袋（45 市斤）"。因为房租上涨，获利丰厚，"凡是有一定资产的人大都有自己的房产，除自住外，兼作出租。到 1949 年初，拥有 300 间到 1000 多间（每间约 15 平方米建筑面积）的大房产主，已有 100 户；300 间以下 10 间以上的中小房产主有 6000 多个。这些人在天津共占有房屋 25 万余间，占天津全部私房（包括自有自住的房屋）总数的 1/3 以上"。⑥

但近代天津房屋的租赁市场也有许多问题，"天津的商品房屋大多为

---

① 李竞能主编《天津人口史》，南开大学出版社，1990，第 78～80 页。

② 赵津：《中国城市房地产业史论（1840～1949）》，第 119 页。

③ 赵津：《中国城市房地产业史论（1840～1949）》，第 23～24 页。

④ 赵津：《中国城市房地产业史论（1840～1949）》，第 83 页。

⑤ 金继光：《金家当铺始末》，《天津文史资料选辑》总第 65 辑，天津人民出版社，1995，第 170 页。

⑥ 赵津：《中国城市房地产业史论（1840～1949）》，第 40 页。

平房里弄，每院为一居住单元，供一家人租用。广州、汉口、厦门的情况
也类似，兼有楼房与平房两种住宅建筑形式"。民国以后，天津城市人口
逐渐增多，地价、房租日益昂贵，一般市民没有能力独居一院房屋，房主
又不愿将房屋分开出租，于是出现了二房东甚至三房东的租赁关系乱象，
导致天津城市中房租奇昂。①

在房地产发展不完善，房屋租赁也有许多问题的情况下，传统的房屋
土地典当依然具有其存在的价值。一方面可以为出典者提供一笔较大的资
金，另一方面可以为入典者提供可靠的较为长久的安居之地，这使传统的
固定资产典当形式成为城市居住市场的一个重要组成部分。

作为具有亲属优先机制的房屋土地典当，之所以在近代天津依然尤具生
命力，与其文化土壤相关。正如宾默尔所言："当亲属们一起进行博弈时，
此时的收益就需要考虑他们之间的相容适应性，而非个人的适应性。"② 虽然
沐浴着西风，但近代天津崇尚大家庭和封建孝道等观念在城市中始终存在，
虽然核心家庭比重上升，但传统的以混合家庭为主的大家庭结构并没有很快
解体，直到二三十年代，一些名门大户析产分家，迁出世代同居的宅邸。③
而近代天津的下层家庭住的多是土坯房，很少用火炉，生活方式有乡村的痕
迹。④ 来到天津的移民维系着血缘乡土关系，天津城市生活依然具有乡村气
息。这是传统典权依然存续在近代天津城市的社会文化基础。

开埠后的近代天津城市经历了巨大的变迁，市场经济发展，社会文化
中西辉映。传统典权制度的内涵也在发生着变迁。

典当资产往往是家族共有的资产。典当族产如果族长不在，需要家族
中的各门共同同意才行，因此在出典时需要确认出典房地的所有权。所
以，为了避免产权上的纠纷，一些典契上一般需要写明，如果族产产生纠
纷，需要原来的典主负责，以降低日后所要承担的风险。如《乡祠源长典
当房契文》中写有"倘有本族与施主争竞者，有原当主以免承管，不与管
业主相干"。⑤

家族产权对典权在近代依然有深刻的影响，但是其与近代法律多有不
合之处，家族因为分家析产的习俗，也导致家族的产权影响弱化。如 1947

---

① 赵津：《中国城市房地产业史论（1840～1949）》，第 91～93 页。
② 〔英〕肯·宾默尔：《自然正义》，第 182 页。
③ 罗澍伟主编《近代天津城市史》，中国社会科学出版社，1993，第 596 页。
④ 罗澍伟主编《近代天津城市史》，第 604 页。
⑤ 宋美云主编《天津商民房地契约与调判案例选编（1686～1949）》，天津古籍出版社，
　2006，第 103 页。

年李湜霖、李庆隆、李郑氏等将张嘉荣、张泽楼、刘作恒、李淑平等告上法院，请求法院确认被告等违法设定房地典权无效，分别返还房地文契并赔偿损失。原来李家兄弟6人在1910年的时候由父亲主持分为6家，至今只有李湜霖活着。除长门、二门、六门有适当继承人外，其余都没有后人。长门遗继室李郑氏，二门立嗣子庆隆，都有过继单。六门生女淑平（即被告），把二门应分坐落军粮城刘台子观音庙住宅，院内正东房各两间共4间，出典于刘作恒，又把坐落在村南阎家坟高地8亩和拟作茔地的阎家坟地北段6亩（属于五门），出典给了张嘉荣、张泽楼父子耕种。原告认为，按照一般习惯，兄弟分居后，房地契纸归长兄保管。在他的长兄洪霖患病沉重的时候，曾经面嘱六门澍霖将共有文契等转带到北京，交给李湜霖收存。不料还没交还，长兄就病死了，两张契纸——一个是关于二门应分阎家坟高地8亩文契，一个是4亩洼地的文契，便落在了李淑平的手中。而李淑平拖延不交，至今仍留在她手中。法院认为李淑平是有继承权的，而原告对属于其他门的土地没有资格提出控告，其他的诉讼法院认为原告也没有提供出有力的证据。[1]

从这个案例可见，家族产权区分不清晰，导致了这起典权纠纷。传统家族中对家产控制的习俗也在弱化，女子继承权在近代得到了认可。在典地过程中，被告按照习俗征求过原告的同意，但是原告没有签字留下证据。李湜霖以此要求争利，但是因为没有证据表明他有房地的继承权，所以他的诉讼被驳回了。近代典权的法律基础是产权，没有产权则典权就是没有根据的。而分家析产导致的家庭内部纠纷，首先要看产权的归属。这样，现实的要求对中国传统的产权观念提出了挑战。

在一些典权案例中，事情的起因在于房地涨价，说明市场的变化对出典产生了很大的影响。在20世纪20年代以及30年代末，天津的房地产出现了较大幅度的涨价，[2]在所见到的档案资料中，许多典当纠纷都与此有关。

市场价格的变化导致一些出典人强迫回赎。如1939年，梁德昌和妻子李梁氏向天津地方法院要求就典权问题与住在天津河北下关如来庵韩家胡同30号的某人进行调解。原来梁德昌的哥哥经李韩氏与王宝元说合，以125元的典价，将被告两间房典到了，并立下了契约，定期3年。到1938年10月满期后，又向对方要求续典，当价20元，续至1941年。不料因为房价高涨，出典人贪图高利，在没有到期的时候强迫赎房。依据法律，典

① 《李湜霖、张嘉荣确认典权无效》（1947年），天津市档案馆，档案号：J0044-2-86610。
② 赵津：《中国城市房地产业史论（1840~1949）》，第165页。

房没到期的，不能回赎。但是由于出典人蛮横无理，只好请求法院传案进行调解。①这个案子的起因也是房价上涨，说明市场变化导致信用的变化。双方是邻居，却因为市场价格的变化而发生了蛮横强制回赎典当物的事件，可见这种熟人乡党的关系因此而破坏，是市场经济对传统人际关系以及习俗产生的破坏性影响。

一般地区民间的习俗，出典的时候同族的人往往有优先的承典权，在天津民间也是如此。②但这在近代天津遇到了挑战，如 1941 年一个叫张万清的人向天津地方法院声请调解要求确认自己对张阚氏房屋（英租界海大道 406 号）的优先典权，因为他与业主张阚氏是亲戚关系，虽然现在分居，自己过自己的日子，但是依然保持着关系。他现在住在张阚氏的两间房子中，没想到张阚氏的仆人窦良标将房屋全部典给了别人，有意将他驱逐，离间他和张阚氏的叔嫂感情。他怀疑窦良标要在此后骗取房产，所以找到张阚氏质问，并要求取得优先典权，没想到承典人不认可。张万清认为自己在此房中住了十几年了，又和业主有同族的关系，应该有优先的承典权，所以要求法院调解。③

立典契的时候，一般都有中人在场。中人是一些地方有威信或者具有官方背景的人，还有牙纪等，有时候城市中的同业公会、会馆等组织也有担任保人的。④中人具有多重角色，如交易中的介绍人和见证人、书写人、保证人，以及交易纠纷中的调解人，对交易的风险具有保证作用。⑤在双方出现争议的时候，中人还有调解和到法院做证的责任。值得注意的是，近代以来一些律师也经常具有保人调解的职能。中人有中谢的酬劳，有的中谢还写在典契中。天津中谢的习俗是破三成二，意思就是给介绍人的介绍费占典价的百分之五，出典的承担百分之三，承典人承典百分之二。这与全国大部分地区的习俗一样。⑥有的典契也规定中谢的出处，如由业主

① 天津地方法院及检察处：《梁德昌李梁氏等三人确认典权》（1939 年），天津市档案馆，档案号：J0044-2-45270。
② 梁治平：《清代习惯法：社会与国家》，第 61 页。
③ 《张万清窦良标等确认优先典权》（1941 年），天津市档案馆，档案号：J0044-2-55719。
④ 中人一般称为中保人，可以区分为中人、保人，一般习惯合在一起，但是职能有时也有所区分。李金铮：《20 世纪上半期中国乡村经济交易的中保人》，《近代史研究》2003 年第 6 期。
⑤ 梁治平：《清代习惯法：社会与国家》，第 125 页。中人制度的建立包含一种极其深刻的文化意蕴，它是这个社会有机文化逻辑的显现。
⑥ 天津地方法院及检查处：《夏马氏告邓高氏王继五等四人确认典当权》（1946 年），天津市档案馆，档案号：J0044-2-082421。参见李金铮《20 世纪上半期中国乡村经济交易的中保人》，《近代史研究》2003 年第 6 期。

包出典主的中谢等，体现出对交易中处于较弱一方的典主的关照。① 典权的成立除了有典契和中人等作为信用保证以外，原有的地契（红契或上手老契）有时也需要交出来作为保证，"天津典地必须交付老契"，以最大限度地减少交易的风险。② 在近代以来的一些典契中，出典房地的四邻有时也需要把房地的东西南北四至写清楚，并有官方的登记保证，以便进一步减少风险。③

也有的人利用做典权中人的之机，从中诈财牟利。比如大直沽村有一个叫作只宝山的人，平时不务正业，专门以诈骗为生。他们村有一个姓刘的人有一间房，他作为中人把这间房屋典给了李某，典价为 250 元。只某又与李某私下把这个房子转典给了一个姓庞的人，只某在做中人的时候，藏匿了典洋 120 元，李某知道后，找只某吵闹。④

从上面的典契中可以看到中人一般不是一个人，许多都在三人以上。中人有时是由与出典方关系密切者、与承典方关系密切者及双方都认可的人组成。如在李吉声与郑履谦关于确认典权的案例中就是如此。郑履谦将芦家胡同 6 号房屋典于李吉声名下，中人有解新南、陆子衡、韩荫堂等三人。陆是李吉声的姐丈，韩为郑履谦之内兄。解新南因租住郑履谦之房，故与郑、李均为邻居。在其他典契中是否都是这种情况，因为没有明确点出，所以不详。⑤

随着市场的扩大和城市的扩展，人们出典和承典房屋也不仅限于亲属、熟人，而是从市场中寻找出典和承典的人。市场中也出现了一些人专门从事房屋中介工作，为出典和承典找主，这些人被称为跑房捐人，他们既是典权双方的介绍人，在立契的时候也是中人。如在 1944 年，段凤藻与贾东山成立典契，他们之间并不认识，是通过跑房捐人张永奎从中介绍而交易的，张永奎在典契中以中人的身份做证。⑥

典契是典权合同，买卖房地要立契据。近代天津典契内容也日益严

---

① 宋美云主编《天津商民房地契约与调判案例选编（1686~1949）》，第 106 页。
② 河北省高等法院天津分院及检察处：《边同升黄捷三典权》（1939 年），天津市档案馆，档案号：J0043－2－020672。
③ 天津市财政局：《池桂泉典契》（1930 年），天津市档案馆，档案号：J056f－1－074550。
④ 《典房纠葛》，《益世报》（天津）1926 年 3 月 18 日，第 3 张第 11 版。
⑤ 《李吉声、郑履谦确认典权》（1939 年），天津市档案馆，档案号：J0044－2－47383。
⑥ 天津地方法院及检察处：《段杨氏告贾东山确认典契无效》（1949 年），天津市档案馆，档案号：J0044－2－089983。

密，承典人可能会对房屋内部的结构和物品造成毁坏，如拆除房中的砖和炕。[1] 在法律中没有明确的规定如何处理，但在一些契约中注意到了这些问题，对出典的房内结构和设施进行了描述。[2] 可见，在典权的实践中人们对风险的防范意识不断提升，典契的内容也不断丰富。随着社会变迁，封闭的熟人社会被打破，人们出于对风险的防范，不断在契约中增补新的内容。典权双方存在信息不对称的问题。典权的出典方信息不易全部得到，这对承典方来说存在风险。

没有书面立约意味着出典没有完成，而且容易导致交易风险的发生。有一个案例因为没有书面立约，双方在典权的存废问题上发生了纠纷，可见书面立约一般来说是典权交易重要的不可缺少的程序。

1946 年刘金城向法院提起诉讼，要求徐伯琴、高显贵交房并确认典权不成立。刘金城把他坐落在河北狮子林电灯房东余庆里 9 号灰房 4 间，在 1944 年的时候因为生活的关系将房屋出典。当时徐伯琴愿意出 3800 元承典，于是在 1944 年 7 月 1 日给付刘金城定洋 2800 元，并出具了收据，徐伯琴便迁入开始居住。之后，刘金城多次敦促徐伯琴交款订立契约，但是徐伯琴置若罔闻，而且还将屋内的砖炕拆毁，擅自将砖高价出卖，又把房屋出租给了高显贵。所以刘金城认为他与徐伯琴设定的典权还没有合法成立，徐伯琴和高显贵都没有权利对该房屋居住占有，希望法院判令被告赔偿损失，确认典权不成立，并令被告共同将房屋腾交原主。[3] 这个案例表明了典契的重要性，没有书立典契，典权就很难在法律上得到承认，而成为非法侵占。

转典也与出典一样，需要立有字据。转典有的时候因为没有字据或者原来的出典人不知情，也导致发生一些纠纷。[4]

典契的消灭按照习俗手续为出典人交钱回赎，承典人交回典契和上手老契。在典权合同到期的时候，转典权按照法律也应该随之到期，而转典

---

[1] 天津地方法院及检察处：《刘金城告徐伯琴高显贵确认典权不成立》（1948 年），天津市档案馆，档案号：J0044－2－088586。梁治平：《清代习惯法：社会与国家》，第 55 页。习惯法的最终确立和流行，不能没有乡民公正观念来支持。许多通行习惯中关于利益分配、损害分担的种种规定，乃经过长时期冲突而逐渐形成，因此能够在很大程度上表明民众关于应然的某些共识，如房屋修缮等。

[2] 宋美云主编《天津商民房地契约与调判案例选编（1686～1949）》，第 105 页。

[3] 天津地方法院及检察处：《刘金城告徐伯琴高显贵确认典权不成立》（1948 年），天津市档案馆，档案号：J0044－2－088586。

[4] 《陈学孟、殷宝元确认转典权不存在》（1938 年），天津市档案馆，档案号：J0044－2－86473。

方需要解除典约，才能最终使房地回到原所有人的手中。①

典契还可以作为抵押的有效凭证，在市场中进行其他的交易以及借贷等。如一个叫王梅芳的人，他以堂号任重堂名义承典余庆堂赵耀曾店房一所。1928年他将典契一张做抵押借使周益三国币500元，利息1.5分。②

总之，传统典权随着市场经济的发展，熟人社会向生人社会的变迁，在近代天津受到市场变动的极大影响，传统文化中家族、亲属的影响日益削弱，交易形式与内容也日益市场化。同时，典权交易在市场交易中风险加大，需要国家权威介入，通过行政与立法，规范典权交易，防止风险。

## 二　近代国家制度变迁与典权的重塑

典权有融资的作用，与其他的民间借贷形式相比有着独特的价值，在近代天津城市中房地典当的传统民间惯习是房地无租、钱无利息。③ 承典人在典期内对所典房屋或土地具有出租、抵押、借贷等权利。④ 清末制定民法时，因为在日本法律专家指导下，对典权认识不清，将之与西方的质权混淆在一起。民国时期，对这个问题加以纠正，同时在制定民国民法时，强调了典权中孝道与济弱思想。⑤

近代以来西风东渐，清末和民国在法律制定中利用西方的法律观念对中国传统的惯习进行规范。"1911年的法典草案从一开始就使用质权的概

---

① 天津地方法院及检察处：《刘琴甫李凤翯告邢圃栽石凤林等三人返还典契》（1947年），天津市档案馆，档案号：J0044－2－083769。

② 天津地方法院及检察处：《王梅芳周益三补税典契》（1944年），天津市档案馆，档案号：J0044－2－071808。

③ 乡村的固定资产典当有利息，参见方慧容《民国时期的土地典当：理论与实践》，博士学位论文，香港科技大学，2002。她认为民国时期农村典地的利息率不高，但略高于农民的偿还能力。乡村典当主要是土地，而近代城市房屋典当现象较为多见。

④ 河北省高等法院天津分院及检察处：《边同升黄捷三典权》（1939年），天津市档案馆，档案号：J0043－2－020672。

⑤ 谢振民编著，张知本校订《中华民国立法史》下册，中国政法大学出版社，2000，第772页。邹亚莎也认为，典具有突出的习惯法的价值和特点，具有卖和质的双重功能，是权利要素的一种组合，体现了古代习惯的灵活性，找贴、优先购买权等体现了中国社会对人情的照顾，蕴含着济弱、公平、互助的理念，是当时社会秩序的产物和中国法律文化与民族精神的体现。她还指出从《大清民律草案》《民国民律草案》到南京时期《中华民国民法典》的改造，典权制度近代化完成，从无到有，从不动产质权回归到典权，从一种松散、实用的扩张性的权力塑造为大陆法系下受到所有权限制的用益物权。在司法实践中，大理院判例的典权部分，通过创制规则和司法解释，引入了西方的权力观念，体现了对民事习惯尊重的新旧交替的特点。参见邹亚莎《典权近代化变革的历史评析》，《河北大学学报》（哲学社会科学版）2013年第2期。

念（1195 条）。明确把质权限于动产，不允许用于不动产。"但是，随着对中西文化差异不断深入的认识，立法者也在不断修正相关法律，"1915年 10 月 9 日司法部发布了一道特别清理不动产典当办法。……他们认识到了典与抵押和质权的不同，试图从晚清把典习归于这两类范畴的想法扭转过来"。①

典权制度自古以来就存在官方立法与民间习俗间的博弈，"民间风俗的习惯法与官府的成文法以一种奇怪的方式整合在一起，并行不悖，却相互独立，又相互对抗，形成事实上的多元管辖权。官府法律与民间的疏离，也反映了持续千年的信任危机形成中国法制的深刻困境"。② 在典权制度的民间习俗与国家立法的博弈中，典权制度强调对出典人的关照。而在国家层面，"清代处理汉族民间典权纠纷，……不但注意到对典权双方利益的合理保护，而且也借此向社会灌输着公序良俗的民法的原则"。③ 民国时期，典权进入了正式民法，在这个过程中，民间习惯与近代法制也存在博弈。④

近代以来，国家制定了一系列规则，通过订立典权的立契、登记、作保、纳税等一系列契据，将典权逐步纳入了近代国家管理的轨道。

中国前近代社会时期，买卖土地要立契据。契据有两种，一种为经官方收税盖印的，经办此事的官方大都为各地县衙，谓之红契，红契为纳税注册的土地契约，⑤ 具有法律效力；一种为白契，法律上不能生效，为民间社会认可的契约。《大清律例》规定，典是活卖，卖是绝卖。典无须纳税，卖需要纳税。清代契证有官契、红契、白契三种。官契为官方在民间典、卖不动产时登记、征税的税契。民国时期的买契代替了官契。此外还有验契、本契、卖契、官纸等。契尾是政府提供的附加表格，是由买主添注的一项房地产登记的手续，有买主、数量、应纳的税款和原契张数等。⑥白契盖上官印粘上契尾后也可以变为红契。契尾不仅是土地买卖的纳税凭证，也是区分红契和白契的根本标志，所以偷卖契尾的行为一直受到契约

---

① 黄宗智：《法典、习俗与司法实践：清代与民国的比较》，第 82 ~ 83 页。
② 吴向红：《典之风俗与典之法律》，博士学位论文，福建师范大学，2008。
③ 许光县：《清代物权法研究》，博士学位论文，中国政法大学，2009，第 51 页。
④ 杨熠：《〈中华民国民法典〉典权制度中国家立法与民事习惯的博弈》，《法制与社会》2007 年第 8 期。
⑤ 宋美云：《清代以来天津会馆房地契证》，中国人民政治协商会议天津市委员会文史资料研究委员会编《天津文史资料选辑》总第 109 辑，天津人民出版社，2007，第 136 页。
⑥ 宋美云：《清代以来天津会馆房地契证》，《天津文史资料选辑》总第 109 辑，第 136 页。

法的严厉制裁。[1] 白契的举证效力远不如红契。回赎典价时政府认可红契全价回赎，白契半价或不给价。民国时期官契和草契（即红契和白契）有合一的趋势。[2]

民国时期对典权也设定了登记手续，以保证典权信用。我国近代的登记制度在清末从外国引进。1922 年北京政府颁布了《不动产登记条例》，第五条规定，非经登记，不得对抗第三人。这是我国最早关于不动产物权登记制度的立法。1930 年出台的《中华民国民法典》再次确立了形式主义——物权登记生效要件主义的物权变动模式，该法第 758 条规定："依法律行为而取得、设定、丧失及变更的不动产物权，非经登记，不生效力。"1946 年国民政府又颁布了《土地登记条例》，明确了土地登记的程序，从而赋予该法土地变动之程序法的性质。[3] 赵津指出："近代中国房地产的产权概念主要指土地，地上建筑物，虽视为不动产，但不如土地固定。……对于房屋产权没有专门颁发凭证。"[4]

之后是政府派人来测量，并且需要四邻到场签押，以保证不发生纠纷，如果邻居不在场，则由典契双方保证。如天津市档案馆所藏的测字第 6256 号勘测报告书："于民国三十年四月三日奉到测第 6256 号通知书，开具业户福裕堂季投与价典第十编街第二区第五段南善路钟滋德堂坐落二区二所局，证为来字第 195 号载价 5200 元，原亩地二分四厘八毫。价洋四千元，声请投税并陈请勘测前来员当即前往堪得该房地与典契四至弓口亩分相符，对明邻右并无纠葛，可否准其照章投税理合呈请鉴核。曾文占、周乾钰谨呈。谨将勘得特别情形报告于左：查该房地北邻王姓无人到场签押，由承典主及出典主双方具结，共同负责，理合呈报。鉴核。中华民国三十年四月。"[5]

然后是到财政局声请投税。房地产契税始于西晋，房地产契税率历代大同小异，基本上按照产价 10% 浮动。明代初年，买典俱征 3%。清代初年沿袭了明代的做法，买契税 3%，典房免税。光绪二十九年（1903）收

① 许光县：《清代物权法研究》，博士学位论文，中国政法大学，2009，第 84 页。
② 宋美云：《清代以来天津会馆房地契证》，《天津文史资料选辑》总第 109 辑，第 136 页。但是这个过程也不是一帆风顺的。参见《验契问题难为了县政府——限期将界，人民本来投验，省令催促务须依限藏事》，《大公报》（天津）1930 年 2 月 21 日，第 3 张第 11 版。
③ 李玉强：《我国不动产登记制度研究》，硕士学位论文，黑龙江大学，2006，第 15 页。
④ 赵津：《中国城市房地产业史论（1840~1949）》，第 12 页。
⑤ 天津市财政局：《福裕堂季典契》（1941 年），天津市档案馆，档案号：J056f－1－013512。

典契税 3.3%。1915 年买契税 6%，典契税 3%。1937 年抗日战争全面爆发后，规定契税 7%，典契税 4%。1942 年买契税 9%，典契税 5%。抗战胜利后，契税 7.5%，典契税 3%。① 可见出典的契税一般少于买卖房地的契税，也是典与卖不同之处之一。

到法院进行典权登记，成为人们减少典权的交易风险和维护典权信用的一个重要方式。典权登记还有暂时性的，但是如果典权双方有争执则暂时不予登记。如下面这个案例：1938 年 8 月 11 日李吉声到天津地方法院登记处要求暂时登记。他登记的原因是郑履谦在 1938 年 7 月 6 日将所有坐落东门里芦家胡同六号房屋七间半典与声请人。自成立典契后，郑履谦迄不履行登记手续。"现在声请人已起诉，请求确认典权为此声请人先声请暂时登记。"②

当登记处人员到郑履谦家调查时，引起了郑履谦的反对，他向法院发出了声明："查该李吉声现与民正在民庭星推事涉讼（确认典权）有案尚未判决，则其声请登记显系为时尚早，且不合法。""再者，此案现在第一审尚未完结，将来不知延迟至何时日，请贵处对于此项登记径予驳回，于法于理方为洽合，特此声明。"③ 结果导致李吉声要求暂时登记的请求被延迟。产权是典权的基础，政府当时对不动产也实行登记。

近代以来，中国政府对典权的管理不断完善。清代虽然一度废弃了典权，④ 但是固定资产的典当现象在民间存续不衰，而且纠纷不断。典权产生的土壤为中国传统血缘和地缘关系，体现了传统社会独特特点。故此，在西方的法律视角下，典权的性质难以归类，"有视为担保物权者，有认作用益物权者，亦有调合二者说而主张为特别物权者"。⑤ 这是因为中国社会没有清晰的个人产权意识或曰权利意识，注重家族血缘群体的生存逻辑。正如梁治平所言，中国传统的"亲缘的政治化和政治的亲缘化，造成一种家国不分、公私不立的社会形态，其反映于法律，则是内外无别、法律与道德不分"。⑥ 西方土地所有权具有排他性、绝对性、永续性，在中国

---

① 燕晓：《房地产契税沿革》，《北京房地产》1995 年第 2 期。
② 天津地方法院及检察处：《东二区李吉声典权暂时登记》（1949 年），天津市档案馆，档案号：J0044 - 2 - 207450。
③ 天津地方法院及检察处：《东二区李吉声典权暂时登记》（1949 年），天津市档案馆，档案号：J0044 - 2 - 207450。
④ 黄宗智指出，在法律上，清代不承认买卖典权的惯习，也不主张典权人不断找价的做法。参见黄宗智《法典、习俗与司法实践：清代与民国的比较》，第 73 页。
⑤ 梁治平：《清代习惯法：社会与国家》，第 47 页。
⑥ 梁治平：《清代习惯法：社会与国家》，第 3 页。

不存在类似的绝对土地私有权观念。① 西方个人主义的所有权制度的确立
则有着悠久的历史文化传统，而且在近代西方的制度变革中由国家制度和
法律确立起来。②

民国时期在制定民法的过程中，将西方权利概念引入，③ 传统民间习
俗中的固定资产典当以典权的概念又得到了新的阐扬，是中国国情和西方
式法理结合的一个成果。虽然对此学者有所批评，④ 但是，民国时期的典
权立法，伴随对产权的明晰化，对近代天津这个五方杂处的"半熟人"社
会来说，适合近代城市房地市场的发展需要。

民国时期在清代对典权不断强化管理的基础上，对民间典权要求进行
统一的管理。⑤ 北洋政府时期制定的《民国民律草案》中有重新找回的典
权，认为典权中包含传统的孝道和济弱的美德，单独列出了典权一节对民
间的典权交易进行规范。⑥ 南京国民政府时期在《民法草案》的基础上对
典权进行了进一步的更改和规定。⑦ 对比南京国民政府时期的民法与北洋
政府时期的民法草案，在回赎的时间以及对民间习俗的认可等方面更加体
现了对出典人的关照。但是南京民国政府强调找贴只有一次，无疑适应了
市场流转的需要。

民国时期政府对典权手续的管理也日益严密，一切力图正规化。从
1929 年开始，政府严令典契的契纸一定要用土地局定制的官纸书写，用民
间的白纸写的无效，这样对典契的书立进一步规范化。⑧ 同时对所典房地

---

① 邹亚莎：《典权近代化变革的历史评析》，《河北大学学报》（哲学社会科学版）2013 年第
　2 期。
② 参见〔美〕道格拉斯·诺思、罗伯斯·托马斯《西方世界的兴起》，厉以平等译，华夏
　出版社，1999。
③ 吴向红认为，典制源于血缘—地缘集团内部的信贷活动。近代对典的立法中的官吏意识
　阻碍了私法对典制的重述。正确的进路应该是以私法的概念重述民间的习惯法，将典重
　新回置到前所有权的语境下，把典的标的理解为权利束。吴向红：《典之风俗与典之法
　律》，博士学位论文，福建师范大学，2008。
④ 龙登高、邹亚莎等学者认为传统意义上的典具有优化资源配置的优点，邹亚莎还指出，
　近代中国用西方物权观念改造典权的法律效果并不适合中国国情。参见龙登高、林展、
　彭波《典与清代地权交易体系》，《中国社会科学》2013 年第 5 期；龙登高、温方方《论
　中国传统典权交易的回赎机制——基于清华馆藏山西契约的研究》，《经济科学》2014 年
　第 5 期；邹亚莎《清末民国时期典权制度研究》，法律出版社，2013。
⑤ 宋美云主编《天津商民房地契约与调判案例选编（1686～1949）》，第 107 页。
⑥ 杨立新点校《大清民律草案·民国民律草案》，吉林人民出版社，2002，第 335～338 页。
⑦ 陶百川编《最新六法全书》，台北，三民印书局，1981，第 135 页。
⑧ 《典卖立契应购官纸——土地局之白话布告》，《大公报》（天津）1929 年 2 月 26 日，第 3
　张第 12 版。

也绘有比较详细的图纸。①

近代以来，国家行政司法制度的变迁使典权制度也受到深刻的影响。典权纠纷可以在法院处理。随着社会和市场中风险的增加，国家出面维持典权的合法性成为一种需要，可以很大程度上减少风险，并且节约获取信息的成本。

如 1939 年孙长山将石徐氏、牛聘卿告上了法庭，要求确认自己转典的典权。缘于被告牛聘卿有房地一处，共计砖房 9 间，在 1928 年出典于被告石徐氏，当价为 1450 元，并在天津县税有典当契据为证。嗣后在 1929 年被告石徐氏因需款孔急，又烦中人曹长清、朱广禄、李国平等 3 人以原当价 1450 元转典给了孙长山，该房 9 间归他占有。孙长山认为自己对于该房使用收益将近 10 年之久，多次要求确定权利，施行登记，而被告延不履行认证，迫不得已恳请法院判令他对于砖房 9 间并地基有典权并准被告等履行登记义务。最后在双方律师的调解之下，牛聘卿以 1350 元将典房回赎，还有 100 元由原告让免。该房屋所居住户在 3 个月后腾房，不过这 3 个月内得由牛聘卿收租。②

从这个案例中可见律师起到了调节中间人的作用。③ 现代的司法制度与传统的习惯法相互融合起来。从一些案例看来，典权当事人为确保自己的利益，多依靠政府对典权的认证和用法律来维护自己的权利，显示了当时人们权利意识和法律意识的增强，而传统的中人和家族的调解力则有所削弱。

在许多典争的案例中，争取所有权是最终目的，这与传统的管业的观念大相径庭。④ 法律对所有权观念的植入应该起到了一定的作用。转典人也可以要求对出典房地的所有权。如 1946 年邢圃栽、屈瑞林、石凤林三个承准转典的人，要求取得所典房屋的所有权，因为他们承典的房子是所有人刘琴甫典给李凤翥的。但是刘琴甫对于李凤翥之出典期限早逾期多年，而李凤翥将房地转典给他们之后，典期 5 年，早已经过了期限，而且依法规定 2 年的回

---

① 天津市财政局：《池桂泉典契》（1930 年），天津市档案馆，档案号：J056f－1－074550。

② 《孙长山、石徐氏等确认典权》（1939 年），天津市档案馆，档案号：J0044－2－46432。

③ 梁治平：《清代习惯法：社会与国家》，第 181 页。和解（中庸）观念更是习惯法浸淫于礼乐精神的著例。

④ 吴向红：《典之风俗与典之法律》，博士学位论文，福建师范大学，2008。"在中国，业的交易不但脱离了所有权的观念，而且包含了与所有权的基本内涵根本矛盾的内容。土地交易的对象不是地而是业，……业的管业身份……管业秩序的背景是绝对权力，其根本特征就是皇权对于土地所有权的绝对垄断。"

赎期也过了，所以他们向法院要求依照民法第923条，取得房屋的所有权。①

国家对典权的立法，使典权与其他交易形式区分明晰。随着天津城市的经济发展和社会变迁，典房的习俗处于非常复杂的市场环境中，与其他形式的交易混合在了一起，使情况非常混乱。如在清理雍剑秋的财产时，出租、典权、占有等各种形式混作一团。②

下面这个案例的争点是契约性质是典权还是抵押的问题。1939年王宗麟与蔡德祥因对契约的性质有异议而走上了法庭。王宗麟要求以典权过期业主不能回赎而取得所有权，蔡德祥则以为是房主实系以房押借。被告人有原主的契约如下：

### 借　券

立借字人古寿山今借到王振清名下银洋一千四百五十元整，有坐落南门西太平巷西胡同坐东大门内北砖瓦房两间门窗户壁玻璃一概俱全，作为抵押，中侧大门……用三面，言明钱无利息，房无租价。五年为期，到期归还，如有损坏等件，照样赔大修两家小修一家房捐等事，均归钱主自理，不与业主相干。三面言明各无异说，恐口无凭立字为证。

中　友：吴竹清
　　　　吕作舟
代笔人：戴树元
铺　保：利盛板厂
中华民国十五年七月卅日立借字人古寿山③

这个借据没有典卖，而是借钱。但是从文契的行文格式上看非常像是典当契约，但是也有借贷和抵押的字样，可见在当时民间借契和典契确有混淆的情况。④

---

① 天津地方法院及检察处：《刘琴甫李凤耋告邢圃裁石凤林等三人返还典契》（1947年），天津市档案馆，档案号：J0044-2-083769。
② 天津商务总会：《安安公司清理债务案》（1915年），天津市档案馆，档案号：J0128-3-003824。
③ 天津地方法院及检察处：《蔡德祥、王宗麟等三人债务》（1940年），天津市档案馆，档案号：J0044-2-048338。
④ 杨国桢认为在清代典契与卖契是混同的。杨国桢：《明清土地契约文书研究》，人民出版社，1988，第42页。

从这个案件看，在民间抵押、借据和典权有时混在一起，很难区分清楚。双方所争的典权和抵押关键问题是最后要落实所有权。如果是典权，则王宗麟就有所有权，可以按价回赎。如果是抵押，蔡德祥就可以拍卖或取得所有权。

黄宗智指出民国时期典权习惯被立法，与抵押和质权等有明确的分别。① 民初大理院对典与抵押的区分为：第一，典转移土地占有，以使用收益为目的，并可回赎；第二，典交易不收取利息。②

民国的立法还顺应了市场的需要，加速了典权在市场中的流转。典权中有找价的习俗。③ 明代，典的期限依然是无限制的，明确规定了典与卖的区别，但民间习惯中两者往往不分。找贴习惯相当普遍。④ 典主可以因为需要续典，再加一些价钱，名为找价。如光绪二十八年（1902），温俊卿立典并地基契文显示，在两次续典时，典权人都可以进行找价，有契文如下：

> 光绪三十一年，找价一百五十吊。再续三年为满，立字存照，以上计津钱七百五十吊。
>
> 光绪三十三年十月初二日，约同原中续典五年，又续价洋银一百五十元正。统共钱七百五十吊正，洋银一八五十元。
>
> 经手人　温俊卿⑤

自古就有无限定回赎的典卖契证，此种契证的作用是所有主无论何时均可找赎。正如档案中所载："自典契成立后，逾一、二年找价卖绝者有之，或一再找而仍活典者有之，或经十年之久，备价回赎者亦有之。"⑥ 故此民间有所谓"一典千年活"的说法。民国《民法》第 926 条规定，定有期限的典权在期满两年内找贴，未定年限的，在 30 年期限内找贴，而且只准找一次，之后典权就消灭。这样就避免了多次无限找贴所引起的纠纷，也加快了不动产在市场中流转的速度，是适合市场经济发展趋势的。也有在典契中规定不许找价的。这是出于避免日后无限制找价代理的交易风

---

① 黄宗智：《法典、习俗与司法实践：清代与民国的比较》，第 83 页。
② 邹亚莎：《从典制到典权的基本定型——民初大理院对传统典制的近代化改造》，《社会科学家》2014 年第 8 期。
③ 梁治平：《清代习惯法：社会与国家》，第 107 页。
④ 邹亚莎：《清末民国时期典权制度研究》，第 25 页。
⑤ 宋美云主编《天津商民房地契约与调判案例选编（1686～1949）》，第 105 页。
⑥ 宋美云：《清代以来天津会馆房地契证》，《天津文史资料选辑》总第 109 辑，第 140 页。

险，体现了不动产交易在市场中加速流转的要求。①

清代前期曾经规定典期年限为 30 年，嘉庆时期定为 10 年，北洋政府时期的民法草案规定典期年限为 10 年，续典不得超过 3 年。② 民国时期《民法》规定不得逾 30 年，逾 30 年者缩短为 30 年，其中第 913 条又规定典权之约定不满 15 年者不得附有到期不赎即作绝卖之条款。③ 从清代到民国，典期有所反复。从天津地区这些典契和案例来看，出典的时间一般都不长，多在 10 年以内，有的则有随时回赎的规定。天津典权多年找价的案例不是很多。纠纷多为典权的确认和所有权的归属等，体现了不动产流转的速度在城市中加快的市场现实要求，较传统"一典千年活"的情况有所不同。④ 从法律的角度看，对无限期的否定，是将西方所有权的观念植入不动产典当交易之中，⑤ 以适应城市市场交易的变迁，体现了立法者调适博弈规则以适应时代发展的意图，这无疑也使典当制度的传统文化内涵发生改变。

对于回赎，民国时期的立法也有规定。典权消灭后，所有权归还，完成出典，但是如果不能按期回赎，承典人就会取得所有权，只是需要再给出典人一些找补。⑥

# 余　论

典权是在传统封闭性熟人社会下，在古代产权不清晰以及家族本位的社会经济文化环境中形成的。典权中找贴、回赎等环节，体现了传统文化

---

① 杜恂诚：《从找贴风俗的改变看近代上海房地产交易效率的提高》，《上海经济研究》2006年第 11 期。进入近代，上海找贴风俗发生显著变化，交易次数减少，时间跨度缩短。这是受了上海开埠后租界道契交易高效率的影响，也体现了工商业发展和私有产权明晰的需要。房地产交易中血缘关系的淡化也起了作用。

② 杨立新点校《大清民律草案·民国民律草案》，第 335～338 页；陶百川编《最新六法全书》，第 135 页。

③ 李海筹：《典权研究》，《益世报》1936 年 9 月 23 日，第 3 张第 10 版。

④ 杜恂诚：《道契制度：完全意义上的土地私有产权制度》，《中国经济史研究》2011 年第 1 期。"找赎是中国传统土地交易中的陋习，即'找帖'和'回赎'的合称。所谓'找帖'，是指交易不是一次完成，而是经过'卖、加、绝、叹、装修、兴高起造'等多重环节，卖主可以多次要价，多次立契，多次得款。这样，一宗交易就会拖延很久，在此期间的产权是不清晰的。"但是在近代天津的典权纠纷和典契中，这种情况较为少见。

⑤ 邹亚莎：《从典制到典权的基本定型——民初大理院对传统典制的近代化改造》，《社会科学家》2014 年第 8 期。

⑥ 杨立新点校《大清民律草案·民国民律草案》，第 338 页；陶百川编《最新六法全书》，第 135 页。

中的孝道和扶弱济贫的因素，也体现了中国特有的正义观。采用出典的办法既可有资金周转，又保全了名誉。在商品经济落后的时代，小农社会里房屋、土地为财富之本，是人们最为重要的生存依赖，也是祖先最为重要的遗产。在典契中出典的优先权以及中人的参与体现了中国社会人际网络中的文化逻辑。出典既可以回赎土地、房产，也可以防止抵押借贷等苛刻的条件。这些都是传统文化中生存道义的表现。

在传统乡村市场中，典权随着商品经济的发展，在国家与社会的博弈中早已形成了一整套较为成熟而精巧的机制，体现了中国传统的智慧。①故此韦伯以典权为例证明中国社会不能孕育出资本主义是对中国社会的隔膜导致的。典权制度虽然外表披着传统社会人情关系外衣，但其已在长期的历史发展中形成了一套与中国社会相适应的交易机制。但随着西风东渐，传统的典权面临着近代规模巨大与开放的市场，尤其在近代沿海大城市中，"生人社会"的社会环境及其与传统乡村不同的制度文化，使传统典权制度中的一些"缺陷"显露出来。典权制度既不是有学者指出的那样已经具有精巧的适应市场的制度结构，也不像有学者指出的那样因人情而缺乏效率。

开埠后的近代天津沐浴在西风东渐的社会文化变迁的环境之下，传统典当制度的博弈环境与规则发生了巨大的变迁。首先是工商业的发展、商品经济的发展、市场不断扩大等经济近代化的进程与西方法律文化的植入，导致典当制度的所有权问题突出出来。在传统与近代的博弈中，西方所有权的法律思维植入了有关典权的规定。法院与中人和官府一样成为典当者双方博弈的场所。随着近代天津城市的扩展和人口的增加，社会环境与传统的熟人社会不同，中人成分也随之有所变化。典权的基础是所有权，但是中国传统的所有权非常不明确，用西方法律的观点看常常发生混乱。家族制度和传统社会文化对典权依然存在很大的影响，如先买权、留买权等，家族共有的土地和房产依然对典权有重大的影响。但从以上这些例子可见，在近代天津这个处于转型期的城市中，典权日益要求所有权的明确性。所有权在近代的变迁体现出了从国有、家族所有到私有的趋势。②出典房屋中的设施应该是出典人所有，在以前的典契中，涉及设施的条款

---

① 参见戴建国《宋代的民田典卖与"一田两主制"》，《历史研究》2011 年第 6 期；龙登高、林展、彭波《典与清代地权交易体系》，《中国社会科学》2013 年第 5 期；龙登高、温方方《论中国传统典权交易的回赎机制——基于清华馆藏山西契约的研究》，《经济科学》2014 年第 5 期。

② 杨国桢：《明清土地契约文书研究》，第 4 页。

很少。但是在出典的实践中，出现了拆除房屋内的砖块、木料牟利导致出典人损失的情况，这些纠纷也都反映在典契中。可见随着时代的变迁、封闭的熟人社会的瓦解，在典契中的道德风险也日益加大。典权的效力越来越受到近代市场的影响，房地产的涨价对典权影响很大，很多纠纷都与此有关。近代市场对产权明晰有着迫切的要求。典权与其他民间交易形式如买卖、租赁、抵押等一起，成为房地市场交易形式之一。

国家制度的变迁对典权也有巨大的影响。国家立法一方面顺应了近代市场要求，明晰了所有权的观念，规定了典权回赎的期限，加快了典权在市场中流转的速度，对典权交易进行调查、登记、立契等，保证了典权法律的效力，对典权在市场交易中所面临的风险进行预防，节省了典权交易成本。同时，立法对典权中传统文化内涵也有所考虑，力图恢复其中济弱的内涵，在注重经济效率的同时，也体现了国家立法对社会公正的关注。

中国传统社会自身没能孕育出现代社会，然而传统因素对现代却有很强的适应性。即便是韦伯也曾指出，虽然儒教文明在中国阻碍了工业资本主义的兴起，但它非常有能力接纳资本主义。[1] 在近代天津市场经济发展、社会变迁与国家制度立法变迁的条件下，传统典权的内涵也发生了变迁，重塑的典权在社会经济中依然具有其生命力。

---

[1]　赵鼎新：《国家、战争与历史发展：前现代中西模式的比较》，浙江大学出版社，2015，第123页。

# 民国时期南京钱庄研究

邢 苏 *

**提 要** 南京钱庄业起源于明朝中后期，在清朝得到发展。辛亥革命以后，局势逐渐稳定，工商业开始繁荣，南京钱庄业取得了较大的发展。由于经营存款、放款、贴现、汇兑等业务，手续简单，操作方便，钱庄业在南京的金融环境中发挥着重要的作用，并在20世纪30年代初迎来鼎盛时期。国民政府奠都南京以后，南京银行业开始崛起。出于争揽业务的需要，南京钱庄业开始与银行业展开合作，但纵观整个民国时期，竞争才是二者关系的主流。20世纪30年代中后期，在资本规模较小、业务上的缺陷、经营者缺乏现代金融知识、自然灾害、战乱、政府政策、银行业竞争等内外因素的影响下，南京钱庄业走向衰落，并在新中国建立后消亡。

**关键词** 民国 南京 钱庄

钱庄，又称钱铺、钱肆，是清末及整个民国时期南方地区重要的金融机构。钱庄产生于明末，清朝时期得到发展，20世纪30年代初达到鼎盛，又因政治环境与金融环境的变迁而衰落，并在新中国成立后消亡。不仅如此，钱庄业在不同地区呈现出不同的发展历程与特点。这些情况引起了学者们的注意，并形成了丰富的学术成果。① 经过梳理，笔者发现学界关于

---

\* 邢苏，南京师范大学社会发展学院博士研究生。

① 在钱庄业的研究成果中，具有代表性的著作有施伯珩《钱庄学》，上海商业珠算学社，1931；潘子豪《中国钱庄概要》，华通书局，1931；中国人民银行上海市分行编《上海钱庄史料》，上海人民出版社，1960；陈明光《钱庄史》，上海文艺出版社，1997。论文有何益忠《变革社会中的传统与现代——1897~1937年的上海钱庄与华资银行》，《复旦学报》（社会科学版）1998年第3期；朱荫贵《抗战前钱庄业的衰落与南京国民政府》，《中国经济史研究》2003年第1期；刘俊峰《民国时期汉口钱庄与华资银行关系论析（1912~

钱庄业的研究，以上海、汉口等地为主，这与上海、汉口是民国时期重要的金融地区有一定的关系。南京作为当时重要的政治中心，其钱庄业在金融活动中发挥着重要作用，但研究成果相对较少。[①] 基于此，如何认识南京钱庄业的发展脉络与经营结构、南京钱庄业与其他金融机构之间的关系、南京钱庄业的社会作用及衰落的原因，成为笔者关注、研究的重点。

# 一 南京钱庄业的历史沿革

## （一） 南京钱庄业的起源

据《南京金融志》记载，南京钱庄业的起源可以追溯到明朝中后期，在清朝得到一定的发展。受清政府与英法等国订立《修改长江通商章程》的影响，南京于1899年设立金陵关。在随后的几年里，南京对外经济往来迅速增加，仅本地生产的绸缎对外销售额便达到了千万元。[②] 频繁的巨额钱款往来，客观上刺激了南京钱庄业的发展。光绪末年，江南商务总局筹办各业商会，南京钱业公所也在此时成立。由于此时南京市面上的票号等业没落，银行业还未兴起，南京钱庄业成了"各业中盈利最丰者"。[③] 然而，受1911年辛亥革命爆发、时局动荡的影响，南京出现了大量钱庄倒闭的情况。1912年时，南京市面上的钱庄仅剩9家。[④]

## （二） 1912~1926年的南京钱庄业

辛亥革命后，政府颁布了一系列有利于经济发展的政策。1914年，第一次世界大战爆发，欧洲列强忙于战争，放松了对我国的经济掠夺。我国工商业因此拥有了良好的发展空间，南京的工商业也得到了快速发展的机会。如1909年时，南京土货出口额只有906海关两，至1914年，土货出口额迅速增加到1055456海关两。[⑤] 工商业的繁荣促进了南京钱庄业的发展，在第一次世界大战期间，南京市面上的汇划庄达到了20余家，中小钱

---

1937)》，《华中师范大学学报》（人文社会科学版）2009年第6期；朱荫贵《论钱庄在近代中国资本市场上的地位和作用》，《社会科学》2011年第8期；等等。

① 关于南京钱庄业的研究成果有：张福运《1927~1937年南京钱庄业的兴衰》，《民国档案》2000年第1期；赵丽娟《南京旧式钱庄业金融票据研究》，《江苏钱币》2009年第4期。

② 南京市政府研究室编《南京经济史》（上），中国农业科技出版社，1996，第272页。

③ 叶楚伧、柳诒徵主编《首都志》，正中书局，1936，第1075页。

④ 南京市地方志编纂委员会编《南京金融志》，南京出版社，1995，第175页。

⑤ 叶楚伧、柳诒徵主编《首都志》，第1069页。

庄也有 50 余家。① 1915 年，孙中山发动了讨伐袁世凯的战争。受战争的影响，市面萧条，钱庄的营业虽然受到影响，但并未伤及根本。

随着第一次世界大战的结束，欧洲列强重新加紧了对我国经济的控制，我国工商业的发展陷入了低潮。仍以南京的土货出口额与洋货进口额为例。1920 年，南京的土货出口额为 6648383 海关两，洋货进口额为 4411399 海关两，至 1921 年，南京的土货出口额便下降为 2522876 海关两，洋货进口额上升为 8274009 海关两，贸易顺差变为贸易逆差。② 经济形势的恶化给钱庄业的发展带来了巨大的冲击，而袁世凯死后的军阀混战，对南京钱庄业的发展来说，无疑是雪上加霜。1921 年，钱庄业尚能凭借对时局的判断，采取稳健的经营策略，未在银根紧缩时出现恐慌现象。但在 1924 年"齐卢大战"的冲击下，南京钱庄业还是受到了影响，闭门歇业者达半数以上。1926 年，全市钱庄仅存 39 家。③ 经济形势的恶劣与战争的破坏对钱庄业的影响程度，可见一斑。

### （三）1927～1937 年的南京钱庄业

1927 年，国民政府奠都南京，制定了一系列有利于经济发展的政策法规，南京的经济得到了发展。经济的繁荣不仅有利于钱庄业的发展，南京银行业也在这一时期发展了起来。银行业为了谋求发展，纷纷与钱庄建立联系，在业务上进行合作。在经济繁荣、与银行业合作等因素影响下，钱庄逐渐从衰落的颓势中恢复过来。1929 年，社会局的调查数据显示，南京市面上的汇划庄数量达到 32 家，资本总额计银洋 144.75 万元。④ 1931 年，南京钱庄的数量达到了 61 家，不久又新开 7 家，共计 68 家。⑤ 此时为南京钱庄的鼎盛时期。

然而，南京钱庄业的鼎盛时期并未持续太长时间。1931 年，长江暴发特大洪水，水西门外与沙洲圩相继溃堤，农田 7 万余亩被淹，受灾群众达到 3 万余人，⑥ 商业经营与农业生产受到巨大影响，许多钱庄无法收回农业放款与商业放款。由于平日发放信用放款无须抵押物，南京钱庄业的元

---

① 《南京金融志》，第 175 页。
② 叶楚伧、柳诒徵主编《首都志》，第 1070 页。
③ 《南京金融志》，第 175 页。
④ 《南京市社会局调查钱庄营业状况》，《银行周报》第 13 卷第 8 期，1929 年 3 月 5 日，第 22 页。
⑤ 叶楚伧、柳诒徵主编《首都志》，第 1075 页。
⑥ 叶楚伧、柳诒徵主编《首都志》，第 1534 页。

气因此受到巨大打击。1932 年，"一·二八"事变爆发，京沪路出现中断，银钱来源瞬间告急，钱庄的经营活动受到巨大影响。客户提款时，钱庄无钱支付，信用借款只能拒绝，诸多钱庄纷纷歇业收账。1931 年，通汇钱庄、泰亨润钱庄、庚余钱庄等三家规模最大的钱庄闭门歇业。① 到 1934 年，南京市面上的钱庄数量减少至 29 家。②

恶劣的经济形势导致不少钱庄选择闭门歇业，国民政府出台的政策对钱庄业的发展造成了致命的打击。1933 年，国民政府出台"废两改元"训令；1935 年，国民政府又推行"法币政策"。由于钱庄平日通过洋厘等业务获取巨额利润，这一系列政策的出台，无疑给钱庄业的经营带来了巨大的冲击。与此同时，这一时期的银行业等同业在经营过程中采取收缩态势，不再与钱庄进行合作。失去资金来源的钱庄业从此一蹶不振。1936 年初，南京市面上的钱庄数量减少到 19 家。③ 1937 年全面抗战前夕，营业的钱庄只剩下通和、福康、仁泰康、震丰、长和、厚康等 6 家。④

### （四）1937～1950 年的南京钱庄业

1937 年，抗日战争全面爆发。南京城内的金融机构，要么闭门歇业，要么迁出南京，往日的繁荣景象不复存在。1937 年末，日军占领南京。1938 年 3 月，伪中华民国维新政府在南京成立。出于政治需要，日伪当局对开办钱庄的申报条件比较宽松，资本额在三五百元的申报请求也予以通过。⑤ 由于此时市面上流通的票币形式多样、铜币及分币短缺，诸多投机商人见有利可图，纷纷向伪政府递交申请，谋求通过开设钱庄、经营兑换业务获取暴利。在伪南京政府成立短短两个月的时间内，经过其登记核准的钱庄便有 17 家，⑥ 并且有许多从事地下经营活动的钱庄在此时出现。

鉴于南京钱庄业呈现出畸形发展的态势，日伪政府采取措施，以期控制钱庄业的发展。1938 年 5 月，日伪政府颁布《南京特别市钱业取缔规则》，规定在南京市经营的钱业，必须经过伪政府的许可，获得证书，否则不能营业。⑦ 1939 年 10 月，日伪政府颁布训令，规定南京城内钱店的资

---

① 叶楚伧、柳诒徵主编《首都志》，第 1075 页。
② 江苏省金融志编辑室编《江苏典当钱庄》，南京大学出版社，1992，第 222 页。
③ 刘振东：《各省财政要讯：七、南京市钱业清淡》，《时事月报》第 14 卷第 4 期，1936 年，第 140 页。
④ 《南京金融志》，第 177 页。
⑤ 《江苏典当钱庄》，第 223 页。
⑥ 《南京经济史》（上），第 390 页。
⑦ 《江苏典当钱庄》，第 223 页。

本额须在 5000 元以上，没有达到 5000 元的不予登记，训令颁布之前已登记而资本额未达到 5000 元的，须在 4 个月内补齐。① 1940 年 6 月，根据王承典的签呈，伪南京政府再次颁布了限制南京钱庄业发展的训令，"京市钱庄日见增多，惟恐市面金融紊乱，亟需加以限制。嗣后有经营钱庄加入公会者，不得超过五十户"。② 1941 年，日伪政府颁布推行《南京特别市政府修正取缔钱业暂行办法》，进一步限制钱庄的数量。虽然日伪当局三令五申，但诸多钱庄的经营者仍旧利用游资囤积居奇，无孔不入。钱庄越禁越多，钱庄业畸形发展。1941 年 1 月，南京钱庄的数量发展到约 80 家，加入钱业公会的大同行有 55 家。③ 由于日伪政府推行的中储券贬值，日本对华侵略势力逐步削弱，南京城内物价飞涨。1944 年，南京城内掀起了抢购风潮，钱庄畸形发展到 117 家，做正常存放业务的钱庄只有 30 余家。④

　　1945 年 8 月 15 日，日军投降。日军战败后，国民政府财政局成立了"南京特别市商会改选筹备会"，对包括钱庄在内的南京金融业整顿清理。1946 年，国民政府规定：凡战前的钱庄，持有原营业执照者，可以申请复业。⑤ 尽管南京钱庄业在战后有了一定的发展空间，存款、放款、汇款等业务能够正常进行，但受国共内战爆发、金融体系崩溃、国民政府严格管制等因素的影响，其发展又陷入了困局，"正常业务已很难进行，多处于半停业状态"。⑥

　　1949 年 4 月 23 日，中国人民解放军解放南京。同年 5 月，人民银行南京分行根据《华东区管理私营银钱业暂行办法》，对钱庄业进行整顿，允许钱庄在遵守政策法令的前提下营业，开展正常业务，并一律增资为旧人民币 5000 万元。⑦ 经过初步整顿，有 21 家钱庄在市军管会金融贸易部批准下复业。⑧ 1950 年 3 月，随着全国统一财经工作的开展，物价日益稳定，投机行为日渐收敛。除 4 家钱庄因违法经营被勒令停业以外，其余钱

---

① 《关于本市各钱店资本至少须在五千元以上才准营业等给各商会各区所钱业分会的训令》，南京市档案馆藏，档案号：1002 - 002 - 0330。

② 《钱庄日渐增多，须加以限制，即日截止登记等情呈市政府》，南京市档案馆藏，档案号：1002 - 002 - 0330。

③ 中央储备银行调查处：《各地经济动态：南京》，《中央经济月刊》第 1 卷第 1 号，1941 年，第 64 页。

④ 《江苏典当钱庄》，第 224 页。

⑤ 《关于恢复钱庄经营的问题》，南京市档案馆藏，档案号：1045 - 001 - 0034。

⑥ 《南京金融志》，第 178 页。

⑦ 《华东区管理私营银钱业暂行办法》，南京市档案馆藏，档案号：1023 - 001 - 0533。

⑧ 《南京金融志》，第 179 页。

庄皆因业务清闲、收不抵支而闭门歇业。在同和钱庄于 1950 年底停止营业以后，南京钱庄业的历史走到了尽头。

## 二　南京钱庄业的组织管理方式

### （一）南京钱庄业的种类

南京的钱庄，按照营业范围和资本规模的大小，可以分为三类，分别是汇划庄、钱庄和兑换铺。

汇划庄是钱庄中资本最为雄厚、营业范围最广的一类钱庄。汇划庄可以操纵金融市价，在全行业中最具实力。汇划庄经营的业务包括与外埠之间的汇兑、各种存款、放款和贴现等。汇划庄的资本规模可以达到 2 万元，如怡丰钱庄便是南京市面上较大的汇划庄，资本额为 2 万元。①

钱庄属于南京钱庄业中的第二类，其经营业务和汇划庄大致相同，但资本额与营业范围不如汇划庄那样巨大。其资本额在 1 万元上下，仅次于汇划庄。钱庄不仅经营与汇划庄类似的存放款、汇兑、贴现等业务，还经营铜元兑换等零散业务。南京的仁泰昌钱庄与顺康钱庄便是这类钱庄的代表，资本额均为 1 万元。②

兑换铺是南京钱庄业中资本数额与营业范围最小的一类。其资本数额从数百元到 1000 元不等，经营的业务主要是货币兑换、买卖杂票以及杂洋等。因资本数额与营业范围较小，兑换铺被认为"其实仅可称为钱铺而已"。③ 乾泰钱庄和泰祥钱庄便是这类钱庄的代表，资本额分别为 500 元与 800 元。④

虽然汇划庄、钱庄、兑换铺在资本数额与营业范围上有所差异，但它们都是钱业公会的会员，相互之间以同行看待，享有同行的权利。

### （二）南京钱庄业的组织形式

南京钱庄业在组织形式上可分为独资与合资两种。独资钱庄是指以一个人的资本开设的钱庄，如李子芬在 1879 年开设的聚源钱庄便是一家独资

---

① 实业部国际贸易局编纂《中国实业志·江苏省》，实业部国际贸易局，1933，第 60 页。
② 《中国实业志·江苏省》，第 63 页。
③ 《中国实业志·江苏省》，第 50 页。
④ 《中国实业志·江苏省》，第 61 页。

钱庄。① 合资钱庄是指两人或者两人以上的股东共同出资开设的钱庄，也称为合伙钱庄，以王正记、刘宝林、李聘卿等人为股东的汇丰钱庄便是一家合资钱庄，如表 1 所示。

**表 1 汇丰钱庄调查表**

| 经理姓名 | 岳子章 | | 41 岁 | | 河北 |
|---|---|---|---|---|---|
| 股东姓名 | 王正记 | 年龄 | 30 岁 | 籍贯 | 南京 |
| | 李聘卿 | | 32 岁 | | 山东 |
| | 刘宝林 | | 34 岁 | | 天津 |
| 资本数额 | 法币 5 万元 | 独资抑合资 | 合资 | 营业种类 | 存放、汇兑 |
| 店员人数 | 15 人 | 待遇 | 平均每人 80 元 | | |

资料来源：《汇丰钱庄调查表》，南京市档案馆藏，档案号：1002 - 002 - 0337。

初期的南京钱庄多是独资钱庄，其中一部分钱庄在经营钱庄业务的同时，还兼营米业。随着经营业务的增多，合资钱庄的数量也在增加，至 1934 年时，南京 29 家钱庄中有 16 家为合资钱庄。②

日伪统治时期，南京钱庄业畸形发展，日伪政府为整顿金融业，规定钱庄改制为股份有限公司；抗战胜利以后，国民政府继续规定钱庄以股份有限公司的形式经营。尽管如此，钱庄实际上的股东不过两三人。其中多数为大商号的负责人，或者兼营银行、银楼、典当等业，有的甚至将钱庄改为银行。由于部分钱庄的股东为商号负责人，因此不同钱庄的业务也有所不同。祥丰钱庄便是钱庄业中股份有限公司的代表（见表 2）。

**表 2 祥丰钱庄股份有限公司董事、监察人及重要职员名册**

单位：岁

| 职别 | 姓名 | 年龄 | 籍贯 | 住址 | 备注 |
|---|---|---|---|---|---|
| 董事长 | 张梦文 | 46 | 浙江鄞县 | 南京鼓楼大方巷 3 号 | 前任南京国货公司经理、太平保险公司经理，现任大康营造厂厂主 |
| 常务董事 | 王利人 | 43 | 南京 | 南京小彩霞街 28 号 | 前任蚌埠元大钱庄经理 |
| 董事 | 童懋堂 | 35 | 南京 | 南京马道街 26 号 | 前任南京汇余钱庄经理 |
| 董事 | 冯澹然 | 46 | 南京 | 南京信府河 125 号 | 现任南京肥皂公司副经理 |

---

① 《南京金融志》，第 176 页。
② 《南京金融志》，第 181 页。

续表

| 职别 | 姓名 | 年龄 | 籍贯 | 住址 | 备注 |
|---|---|---|---|---|---|
| 董事 | 周少彭 | 55 | 江都 | 镇江打索巷 62 号 | 前任中和钱庄经理 |
| 监察人 | 刘古香 | 50 | 安徽贵池 | 南京沙湾街 39 号 | 现任利民公司董事长 |
| 监察人 | 易超宇 | 51 | 湖南长沙 | 南京止马营 7 号 | 前任湖南国货公司经理 |
| 经理 | 王利人 | 43 | 南京 | 南京小彩霞街 28 号 | 前任蚌埠元大钱庄经理 |
| 副经理 | 姜景瀚 | 66 | 南京 | 南京走马巷 26 号 | 前任蚌埠元大钱庄副经理 |
| 襄理 | 蒋徒云 | 26 | 镇江 | 南京信府河 129 号 | 前任兴裕钱庄襄理 |
| 襄理 | 姜星海 | 32 | 南京 | 南京走马巷 26 号 | 前任元丰钱庄襄理 |

资料来源:《祥丰钱庄·股份有限公司董事人监察人重要职员名册》,南京市档案馆藏,档案号:1002 - 002 - 2092。

## (三) 南京钱庄业的内部组织

南京钱庄业内部组织比较严密,分为内勤和外勤两个部分。内勤一般设有客室、信房、清账、洋房、汇划,分别对应接待、文书、账务、银洋、汇划等业务;外勤一般设有跑街、银行、钱行,分别负责与顾客、银行、同行之间进行联系,有时还会设置跟跑作为助手;此外,钱庄里还有学徒与栈司负责杂物,具体情况如图 1 所示。

具体而言,由经理全权负责钱庄的事务,并配备一至两名协理或者襄理辅助经理处理事务。有时,在经理之上会设一督理,是股东委派的职员,"乃专为监察经理之行为,及参预庄中重要事件而设",并无实权。① 经理以下的职员,都是经理聘定,分配职务,各有职司。职员按职责划分,可分为八课,又称"八把头"。

清账。专门清理账目事务,"凡一切编制月结年结;决算盈亏;计算利息等务具属之。"② 有时设立帮清作为助手处理账目。

客室。专管接待宾客及处理与宾客相关的事务。

汇划。掌管会计事务,主要职责为考核存欠、记录账目、管理出纳、查核票据等。③ 并设置"副汇划"作为助手。有时另设"帮汇划"一人,专门管理出票。起初汇划下还有"进出水"一职,管理元宝收解,后因解现停止,该职务也被取消。

① 《中国实业志·江苏省》,第 51 页。
② 《中国实业志·江苏省》,第 51 页。
③ 《中国实业志·江苏省》,第 51 页。

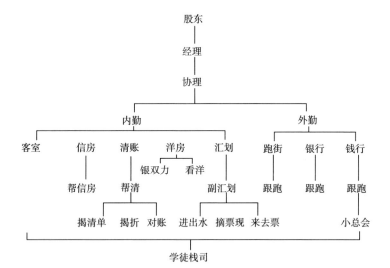

**图 1　南京钱庄业的内部组织**

资料来源：《中国实业志·江苏省》，第 52 页。

　　钱行。又称市场员，管理市场拆银、买卖银元。部分钱庄配有"副钱行"一人。

　　跑街。专门在外承揽生意，"为借贷往来之局间人"，[1] 负责调查客户的信用状况、身家营业及财产等。有时配有跟跑作为助手。

　　洋房。又称"洋务"，"专司银洋钞票之出纳及洋款账目之记录"。[2] 有时设置"帮洋房"作为助手。

　　银行。专门负责钱庄与各银行之间拆款往来等业务。

　　信房。掌管书面往来文件、接洽客路、代理收解。设有"帮信房"作为助手，职务为抄留底稿。

　　"八把头"职位的设置与业务处理的程序，根据钱庄的需要各有不同。"大概平常缺银之庄，以'钱行'置诸第一。"[3] 有时，钱庄中处理巨额存款且被经理倚重的跑街，其职位会高于钱行。与银行来往方面，如果有巨额款项的通融，银行的职位会在钱行之上。

　　"八把头"之外的栈司，俗称"老司务"，职责为送银、送票、解银行、打回单等。学徒或者练习生"仅司收票、抄录、传递等杂务而已"。[4]

---

①　《中国实业志·江苏省》，第 51 页。

②　《中国实业志·江苏省》，第 51 页。

③　《中国实业志·江苏省》，第 51 页。

④　《中国实业志·江苏省》，第 52 页。

# 三　南京钱庄业的业务

南京钱庄业的业务范围，与自身规模大小有一定的关联。如规模较大的通和钱庄，经营的业务就包括存款、放款、汇款、兑换等；规模较小的钱庄，如鸿大钱庄，其经营的业务仅兑换一种。[①]　总体而言，南京钱庄业经营的业务主要包括存款、放款、贴现、兑换、汇兑、代兑银行支票、洋厘等。

### 1. 存款

南京钱庄业的存款业务分为定期存款与活期存款两种，操作过程也极为简便。当存款方准备将一笔钱款存进一家钱庄时，存款方与钱庄的正、副经理进行接洽。接洽过程中，双方需确认这项存款是长期还是短期，利息为多少。正、副经理同意之后，存款方将会得到收据，即为存据。存款方将存款存入钱庄后，获得的利息数额不仅与存款的时间长短相关，与存款所处的时节也有所关联。同样一笔存期为六个月的存款，如果存款的起始时间为正月，存款的利息是五六厘；如果存款的起始时间在六月份，则存款的利息是七八厘。[②]

### 2. 放款

南京钱庄业的放款业务主要分为保证放款与信用放款两种。其中，保证放款是指借款人寻找一人作为保证人，与钱庄订立凭据，钱庄放款。如果借主没有按期还款，则钱庄可以向保证人索要还款，保证人在此时要负起还款的责任。保证放款的时间较短，且利息极高，在一分一厘以上，有时高达一分四厘。[③]　信用放款需要跑街探明借款人的信用状况，由正、副经理来决定是否放款。信用放款时，要言明利息，订立凭证，借款人要按期还款，如果借款人不能按期还款，那么借款人就很难再从钱庄获得借款。对于熟识的客户，钱庄往往会在旧历年初之时送折上门，约请用款。利率视期限的长短而定，通例是三个月或六个月为一期，长期约为一分三厘，短期约为一分一厘。[④]　保证放款与信用放款都无须抵押物。

### 3. 贴现

贴现指对没有到期的汇票、庄票等扣除利息之后，付给款项。贴现又

---

① 《南京金融志》，第 176 页。
② 杨文澜：《南京钱业之概状》，《钱业月报》第 1 卷第 2 期，1921 年，第 3 页。
③ 杨文澜：《南京钱业之概状》，《钱业月报》第 1 卷第 2 期，1921 年，第 3 页。
④ 杨文澜：《南京钱业之概状》，《钱业月报》第 1 卷第 2 期，1921 年 2 月，第 3 页。

称拆息，分普通贴现与担保贴现两种。持票人以未到期的票据，向钱庄预支现银时，按市场贴现率扣取自贴现日至到期日的利息。以收下票据作为凭证的，称作普通贴现；票据为凭的同时，又以抵押品作为担保的，称为担保贴现。贴现率一般为一分。[1]

### 4. 兑换

清朝银钱并用，银两制度大为发展。晚清时期，南京市面上流通清龙洋、银两、外国银元、银角、铜元等各式各样的货币，这种货币流通复杂混乱的局面直到"废两改元"训令颁布后才有所改善。[2] 货币制度的混乱为钱庄经营兑换业务创造了空间。兑换业务分为两种，分别为"门市""往来"。顾客用银元换铜元、铜元换银角为"门市"，进出按洋价计算，每元取利二三文；"往来"进出按洋厘计算，每元取利一厘或半厘。[3] 由于利润微薄，很少有银行开展此项业务。

### 5. 汇兑

该项业务指汇款者在汇款时将汇款的金额与汇水一并交给钱庄，由外账房给予汇票的称为票汇，由外账房出信通知另外一处钱庄兑银的称为信汇。如果汇款者希望立即将款项汇出，可以参照电汇的方式进行汇款，但汇款者需要交一笔电汇汇费。南京的钱庄以汇往上海的款项居多，每千元的贴水为六角、八角至一元不等，"票汇银款例迟期十天"。[4] 汇往北京、天津、汉口等地的款项的贴水需要临时面议。如果需要汇票、银票，则每千元的贴水要加票贴二钱。[5]

### 6. 代兑银行支票

此项业务的情况与兑换纸币大致相同。"每元进出增减三厘，所以谋顾客之便，借资扩充己之门面也。"[6]

### 7. 洋厘

如前文所述，可以看到，在相当长的一段时间内，南京市面上流通着各式各样的货币，混乱的货币系统为钱庄经营兑换业务创造了空间。南京钱庄业在经营存款业务的过程中，存银两有利息，存银元无利息。银元存

① 杨文澜：《南京钱业之概状》，《钱业月报》第1卷第2期，1921年2月，第4页。
② 南京市地方志编纂委员会编《南京市志·贸易、金融、旅游》第4册，方志出版社，2009，第619页。
③ 杨文澜：《南京钱业之概状》，《钱业月报》第1卷第2期，1921年2月，第2页。
④ 杨文澜：《南京钱业之概状》，《钱业月报》第1卷第2期，1921年2月，第4页。
⑤ 杨文澜：《南京钱业之概状》，《钱业月报》第1卷第2期，1921年2月，第4页。
⑥ 杨文澜：《南京钱业之概状》，《钱业月报》第1卷第2期，1921年2月，第4页。

入钱庄时，要按照洋厘行情折合成银两；提取时，又要将银两折合成银元进行交付。由于掌握操纵洋厘的特权，所以在存取过程中，钱庄获得不少好处。不仅如此，往来户以银洋进出时，钱庄会依据洋厘的行市，从每一万两中抽取二两的票贴。[①] 存取之间，钱庄可以同时收取票贴与洋厘两项费用。1933 年，国民政府颁布"废两改元"训令，南京钱庄业自此失去了垄断洋厘的特权。

## 四　南京钱庄业与其他金融机构之间的关系——以银行业为例

纵观整个民国时期，南京钱庄业与其他金融机构之间有着密切联系。其中钱庄业与银行业之间的关系最为密切，既有合作，也有竞争。

### （一）南京钱庄业与南京银行业之间的业务对比

作为民国时期重要的金融机构，南京钱庄业与南京银行业在经营的过程中，既有相似的地方，同时又有所区别，主要体现在以下两个方面。

1. 业务经营范围的异同

南京钱庄业起源于兑换，随着商业贸易的发展，至清朝时，规模较大的钱庄开始经营存放款业务。[②] 随着清末金陵关的设置与对外贸易量的增加，南京线庄业经营的业务开始增加。辛亥革命爆发时，南京钱庄业经营的业务包括兑换、汇兑、往来、存放款等。[③] 辛亥革命后，南京钱庄业在动荡中发展，业务没有太大的变化。1927 年国民政府奠都南京以后，南京钱庄业随着南京经济的繁荣迎来了又一个发展高峰，经营的业务也逐渐齐全，包括存款、放款、押款、汇兑、贴现、兑换、代兑银行支票等。除兑换业务因"废两改元"训令与"法币政策"逐渐消失以外，剩余业务基本上保存至钱庄业消亡。

南京银行业最早成立于 1905 年，[④] 成立之初便开始经营存放款业务。随着时代的发展，南京银行业的功能逐渐齐全，除因兑换业务赢利的空间过小而不经营以外，钱庄业经营的存放款、押款、汇兑、贴现、代兑银行支票等业务，南京银行业都在经营。南京银行业不仅经营与钱庄业类似的

① 《南京金融志》，第 182 页。
② 《南京金融志》，第 174 页。
③ 《南京金融志》，第 175 页。
④ 《南京金融志》，第 93 页。

业务，钱庄业所不能经营的业务，如发行货币、经理国库等，南京银行业也经营。[1] 更广泛的业务范围为南京银行业成为南京主要的金融机构增添了优势。

2. 存放款业务上的不同

南京钱庄业与南京银行业不仅在业务范围上有一定的区别，具体到一些业务，如存款、放款，二者也有所不同。

存款业务方面。民国初年，尽管南京银行业起步并开始吸收存款，但由于商家熟悉本地商情，不愿意将存款存进银行，而是将存款存于钱庄。在此情况下，南京银行业以官府为对象吸收存款。以 1933 年为例，官府存款占到了中央银行、中国银行、交通银行、通商银行等银行存款总量的44.39%。[2] 直到 20 世纪 30 年代中后期，随着南京钱庄业的衰落，南京银行业才开始争揽工商业的存款。

放款业务方面。在经营放款业务时，不管是信用放款，还是保证放款，南京钱庄业都不需要抵押物；而南京银行业在经营放款业务时，自始至终都需要抵押物。正是因为在放款业务中无须抵押物，南京钱庄业在 20世纪 30 年代中后期随着经济环境的恶化走向衰落。

## （二）南京钱庄业与南京银行业之间的合作

从清末民初至 1927 年国民政府奠都南京，尽管钱业公会试图以各种方式限制银行业在南京的发展，但随着国民政府出台一系列有利于工商业的政策，银行业仍然在南京获得了蓬勃发展的机会。1934 年，南京市面上的银行数达到了 20 家。[3] 银行业的迅速崛起，不仅给钱庄业的发展带来了巨大的冲击，银行业内部的竞争压力也越来越大。出于争揽业务的需要，一些银行与钱庄展开了合作。为了获取更多的利益，与银行之间展开合作，同样成为不少钱庄的选项。具体而言，在准予透支、承办拆放、贴现、购期票等业务上，一些银行会给予钱庄一定的优惠。不少银行会将资金存放在钱庄之中，在九一八事变以前，钱庄业透支银行 200 余万元，"一·二八"事变后，南京银行放出款项 400 余万元，其中贷款给钱庄的数额约有五分之四。[4] 以通汇钱庄为例，在通汇钱庄倒闭案发生时，通过整理通汇钱庄的账目，可以发现其与四明银行、中国国货银行、浙江兴业银行等存

① 叶楚伧、柳诒徵主编《首都志》，第 1073～1075 页。
② 《南京市志·贸易、金融、旅游》第 4 册，第 534 页。
③ 叶楚伧、柳诒徵主编《首都志》，第 1073～1075 页。
④ 吴承禧：《中国钱庄业之危机（续）》，《国闻周报》第 11 卷第 2 期，1934 年，第 1 页。

在 837798.27 元的商欠数额（见表 3）。

**表 3　通汇钱庄倒闭时与各银行之间的商欠数额**

单位：元

| 行名 | 结欠银元数 | 结欠规元数 | 规元折合银元数 | 合计 |
|---|---|---|---|---|
| 四明银行 | 124149.11 | 40000.00 | 54794.53 | 178943.64* |
| 中国国货银行 | 8494.39 | 5500.00 | 7534.25 | 16028.64 |
| 浙江兴业银行 | 2117.66 | | | 2117.66 |
| 盐业银行 | 38510.36 | 7272.00 | 9961.64 | 48472.00 |
| 大陆银行 | 108398.20 | 59104.08 | 80964.49 | 189362.69 |
| 市民银行 | 9895.21 | | | 9895.21 |
| 中国农工银行 | 6938.75 | | | 6938.75 |
| 中南银行 | 5568.98 | | | 5568.98 |
| 金城银行 | 67149.25 | | | 67149.25 |
| 国华银行 | 50547.29 | 12000.00 | 16438.36 | 66985.65 |
| 交通银行 | 12039.09 | | | 12039.09 |
| 中国银行 | 15627.59 | | | 15627.59 |
| 上海银行 | 50116.06 | | | 40116.06 |
| 聚兴城银行 | 437.81 | | | 437.81 |
| 邮政储业局 | 14863.14 | | | 14863.14 |
| 江苏银行 | 70064.53 | 40930.00 | 56068.49 | 126133.02 |
| 中央银行 | 19741.24 | | | 19741.24 |
| 总计 | 604658.66 | 170191.92 | 233193.61 | 837798.27 |

　*此处数值应为 178943.64，档案记载数值为 178943.63。

　注：原档案数据如此，可能有误。

　资料来源：《社会局继续登记通汇钱庄存款数目》，南京市档案馆藏，档案号：1023 - 001 - 0015。

　　通过表 3 可以看出，存放银元于通汇钱庄的 17 家银行中，有 12 家银行的存放数额超过了 1 万元。其中，四明银行、大陆银行、江苏银行的存放数额超过了 10 万元，数额不可谓不大。由此可见，在通汇钱庄倒闭之前，南京钱庄业与银行业之间有着良好的互动关系。

　　南京钱庄业与南京银行业之间的良好关系，不仅体现在银行业将诸多钱款存放于钱庄之中，当钱庄经营过程中出现资金周转问题时，银行会借款给钱庄，以解决其燃眉之急。如 1935 年 5 月，裕昌钱庄因为资金周转问题，与中国通商银行南京分行签订了一份价值 5000 元的透支契约，规定中国通商银行南京分行向裕昌钱庄提供 5000 元的透支款项，透支月息为一分二厘，裕昌钱庄则需在 1936 年 5 月 21 日前将本息还清。[①]

虽然南京银行业在民国奠都南京之后迅速崛起，给钱庄业的经营活动带来了冲击，但因诸多钱庄采取了与银行合作的措施，南京钱庄业不仅没有衰落，反而在 1931 年迎来了鼎盛时期，数量达到了 68 家。[②] 这一局面的出现不仅有赖于局势的稳定、市面经济的繁荣，同样有赖于钱庄业与银行业之间良好的互动。

### （三） 南京钱庄业与南京银行业之间的竞争

整个民国时期，尽管南京钱庄业与南京银行业之间展开了一定程度的合作，但竞争才是二者关系的常态。二者间的竞争在清末大清银行江宁分行、裕宁官银钱局、交通银行南京分行等官办银行设立之时便已展开。为了保证在南京金融环境中的优势地位，钱业公所在 1910 年通过决议，规定在洋厘买卖时，银行不能加入。国民政府奠都南京之前，由于南京的金融环境一直处于动荡之中，南京市面上的银行只有中国银行、交通银行、江苏银行、上海银行的分支机构，且业务量较小，南京钱庄业尚能保持优势地位。然而，南京钱庄业的优势地位随着国民政府奠都南京逐渐丧失。

1927 年后，随着国民政府政策支持与工商业的不断发展，南京银行业快速发展，至抗战全面爆发前夕，南京银行业的数量达到 30 家。[③] 这一时期，南京银行业不仅形成了一定的经营规模，在资本数额上，与钱庄业相比，也形成了巨大的优势。即便是当时规模较小的南京农民银行，其资本规模也达到了 50 万元。[④] 正因具备雄厚的资本数额，所以在经营存款、放款、汇兑等业务时，南京银行业显得更加从容。此外，中国银行南京分行等银行还经营国际汇兑、经理国库、发行货币、经营债券等业务，这些业务都是钱庄业所无法做到的。银行业不仅在经营业务种类的竞争中处于优势，在与钱庄业相同业务的竞争上，也逐渐获得优势地位。20 世纪 30 年代初，钱庄的存款利息通常为五六厘，而南京银行业的存息在 1932 年时便达七厘以上；[⑤] 加上中央、中国等银行发行利息很高的公债，钱庄业在与

---

① 《南京裕昌钱庄与中国通商银行往来透支契约》，南京市档案馆藏，档案号：1023 - 1 - 0992。

② 叶楚伧、柳诒徵主编《首都志》，第 1075 页。

③ 《南京金融志》，第 93 页。

④ 叶楚伧、柳诒徵主编《首都志》，第 1075 页。

⑤ 沈雷春编《中国金融年鉴（民国二十八年版）》，台北，文海出版社，1979，第 240 页。

银行业的竞争中逐渐处于下风。《首都志》记载，"据该业公会主席朱德铸面称，其盛世每年全业营业约二三千万元不等，现年仅可营业二百万元。恰成十分之一之比"。[①] 钱庄业营业额的缩减是由多种因素造成的，但不可否认的是，银行业的竞争给钱庄业的经营带来了巨大的冲击。

尽管在国民政府奠都南京以后，为了争揽业务，不少银行与钱庄展开了合作，但这种"合作共赢"的基础并不牢固。20 世纪 30 年代初，受战乱、水灾的影响，许多钱庄不能收回放款，只能闭门歇业。"废两改元"训令的发布及"法币政策"的实施，让钱庄的经营更加举步维艰。1931 年底，南京规模最大的通汇钱庄突然倒闭，各大银行为了自身的利益，将通汇钱庄的股东、负责人等告上法庭。由此事引发的银行业与钱庄业之间的纠纷持续了两年之久。在这些因素的影响下，南京银行业纷纷采取收缩政策，钱庄业与银行业之间的"蜜月期"也因此逐渐结束。尽管笔者透过震丰钱庄、京康钱庄等钱庄的账目，看到钱庄与银行在 1949 年还有往来，但不管是往来的银行数量，还是往来的金额，与 20 世纪 20 年代末30 年代初相比，都有较大的差距。在多重因素的影响下，自 20 世纪 30年代中期起，南京钱庄业不可避免地走上了衰落的道路。尽管如此，在整个民国时期，钱庄因为具备存款、放款、汇款等功能，在金银保管、减少货币不必要的转运、促进工商业与农业发展、稳定金融环境等方面，发挥了重要作用。

# 五　南京钱庄业衰落的原因

南京钱庄业从 20 世纪 30 年代初的鼎盛走向衰落，并在新中国成立以后消亡，有着多种多样的原因，归纳起来，主要体现在外部原因与内部原因两方面。

## （一）南京钱庄业衰败的内部原因

### 1. 资本规模较小

20 世纪 30 年代初，南京钱庄业发展达到了鼎盛时期，但即便是此时，南京钱庄业的资本规模仍相对较小，"同业数量与资力，在十都市中占末尾"。[②] 1932 年，南京共有 56 家钱庄，资本总额仅为 336400 元，平均资本

---

① 叶楚伧、柳诒徵主编《首都志》，第 1076 页。
② 沈雷春编《中国金融年鉴（民国二十八年版）》，第 143 页。

额只有约 6000 元；在这 56 家钱庄中，资本额超过 10000 元的钱庄只有 17 家，剩余的 39 家钱庄，有 37 家的资本额低于 5000 元，资本额在 1000 元及以下的钱庄有 20 家。① 这样的资本规模，不仅与同城的银行业存在巨大差距，即便与外埠钱庄业相比，也要小很多。如 1912 年，受时局动荡的影响，上海钱庄业的发展陷入低谷，钱庄数量为 28 家，资本总额为银元 1488000 元，平均每家资本额也达到了 53100 元。② 不仅如此，20 世纪 30 年代初，与常州、无锡等城市相比，南京钱庄业的资本额同样处于较小的状态。常州 20 家钱庄，拥有 604400 元的资本额，平均资本额达 30220 元；在无锡，18 家钱庄的资本总额达 1220000 元，平均资本额将近 7 万元。③

资本规模的狭小决定了南京钱庄业在面对金融风暴时缺乏应对能力。当面对 1931 年长江流域暴发的洪水对经济秩序的影响，以及 1932 年"一·二八"事变的冲击时，在缺乏足够银钱来源与资本支持的情况下，不少钱庄只能选择关门歇业。

2. 业务上的缺陷

业务上的缺陷也是南京钱庄业衰落的原因之一。南京钱庄业在给客户放款的过程中，多以信用放款为主，不需要财产或者物品作为抵押。即便是经营押款业务，那也是 20 世纪 30 年代以后的事情。虽然在信用放款的过程中，有跑街确认借款者的还款能力、正副经理审查等环节，但在实际的经营活动中，借款者难免会遇到困难，无法及时还款。一旦无法收回放款，钱庄的经营活动便会受到巨大影响。20 世纪 30 年代初，受洪水暴发与战乱等因素的影响，南京钱庄业的业务受到影响。由于资金运转出现中断，对于客户提款与信用借款等要求，钱庄只能拒绝，大量钱庄也因此歇业收账。这一情况的出现与多数钱庄信用放款时无须抵押物的做法有着一定的关系。

3. 经营人员缺乏足够的金融知识

从经营管理方面来看，钱庄管理人员的素质无法跟上时代的需要，是南京钱庄业走向衰落的重要原因之一。

① 《江苏典当钱庄》，第 325～327 页。
② 《上海钱庄史料》，第 191 页。
③ 实业部中国经济年鉴编纂委员会编《民国文献资料丛编中国经济年鉴（1934～1936）》第 2 册，国家图书馆出版社，2011，第 318 页。

**表 4  南京钱业同业公会理事名单（1941 年 6 月 15 日）**

| 职务 | 姓名 | 籍贯 | 学历 | 职业 |
|---|---|---|---|---|
| 理事长 | 汤绍衡 | 江都 | 中学 | 市商整会整理委员，仁记钱庄经理 |
| 常务理事 | 徐崇文 | 江都 | 中学 | 信余和记钱庄经理 |
| 常务理事 | 王利人 | 南京 | 中学 | 元丰钱庄经理 |
| 理事 | 高震寰 | 南京 | 中学 | 天宝协记钱庄经理 |
| 理事 | 蒋国祯 | 南京 | 中学 | 鼎泰钱庄经理 |
| 理事 | 吴瑞堂 | 南京 | 中学 | 成康钱庄经理 |
| 理事 | 郭守权 | 灌云 | 私塾 | 鸿泰钱庄经理 |
| 理事 | 张迪光 | 南京 | 中学 | 通成钱庄经理 |
| 理事 | 李子良 | 江都 | 中学 | 中和钱庄经理 |
| 候补理事 | 陈若遇 | 江都 | 中学 | 恒和钱庄经理 |
| 候补理事 | 王云辅 | 南京 | 中学 | 裕成钱庄经理 |
| 候补理事 | 詹少初 | 江都 | 中学 | 顺泰钱庄经理 |

资料来源：《江苏典当钱庄》，第 339 页。

通过表 4 可以看出，尽管钱业公会的理事、委员在钱庄中担任重要的职务，但他们的学历普遍不高。包括理事长汤绍衡、常务理事徐崇文、常务理事王利人在内的很多人，最高学历只有中学，还有部分人的学历仅为私塾，如郭守权等。钱业公会的委员、理事的学历尚且如此，更不必说钱庄内部的工作人员。这种情况的出现，某种程度上与南京钱庄业的管理模式有关。由于跑街、学徒等职位并不需要太高的学历，不少钱庄的工作人员在十六七岁便加入钱庄，以练习生的身份从事钱庄的经营活动。他们从学徒、跑街开始做起，经过长时期的经验积累，获得一定的职位，进而升任经理。虽然这些管理人员通过常年工作积累了大量的经验，但由于文化程度不高、缺乏现代金融知识，所以当时代潮流发生变化时，他们无法对钱庄的经营活动进行及时的调整，导致钱庄为时代所淘汰。

### （二）南京钱庄业衰败的外部原因

#### 1. 政府政策的影响

从政府政策的角度看，国民政府出台的"废两改元"训令与"法币政策"，给南京钱庄业的业务带来了巨大的冲击。

1933 年，为了统一币制，财政部在 4 月 5 日出台了"废两改元"训令，训令规定："为布告事，兹定自四月六日起，所有公私款项之收付，与订立契约票据，及一切交易，须一律改用银币，不得再用银两。……其在是日以后新立契约票据，与公私款项之收付，及一切交易，而仍用银两者，在法律上无效。至持有银两者，得依照银本位币铸造例条之规定，请求中央造币厂代铸银币，或送交就地中央、中国、交通三银行，兑换银币行使，以资便利……"[1] 面对"废两改元"训令，南京钱业公会以"骤闻废两改元之议，于敝业利害有关"，"即为此次改元，是否为全国币制实行统一计乎，抑仅为因应潮流而仍不能有澈底之改革乎，如仅为因应潮流计，斯亦已耳。否则未废未改之前，而有先决之为题数事，不可不群加研究也"[2] 等理由表示反对，但终究无济于事。由于"废两改元"训令废除了买卖洋厘的特权，南京钱庄业控制金融市场的能力被削弱，收入也大为减少。

1935 年 11 月，国民政府推行"法币政策"，"自本年十一月四日起以中央、中国、交通三行所发行之钞票定为法币，所有完粮纳税及一切公私款项之收付盖以法币为限，不得行使现金"，"旧有以银币单位订立之契约，应各照原定数额，于到期日概以法币结算收付之"。[3] 银本位的废除，给身处绝境的钱庄业带来巨大打击，金银存取、汇兑业务不能再正常进行。面对如此情况，钱庄也只能照做，别无他法。1934 年，南京市面上尚有 29 家钱庄，但在国民政府政令的影响下，1937 年时，南京市面上的钱庄仅剩 6 家。[4]

2. 国内动荡局势的影响

纵观整个民国时期可以发现，南京钱庄业的发展一直遭受着时局动荡的影响。

光绪中期时，南京的钱庄数量为汇划庄 40 余家，中小钱庄百数十家，但在清末战乱的影响下，1912 年时，南京仍在经营的钱庄仅剩 9 家。[5]

同样的情况亦发展在南京国民政府时期。1927 年后，政局相对稳定，经济得以发展，在政府政策的支持下，南京钱庄业有了快速发展的空间。然而，好景不长，20 世纪 30 年代初达到 68 家后，受洪水暴发与战乱等因素的影响，南京钱庄数量又很快减少到 6 家。局势动荡对钱庄经营的影响可见一斑。

---

① 财政部财政科学研究所、中国第二历史档案馆编《国民政府财政金融税收档案史料（1927 ~ 1937 年）》，中国财政经济出版社，1997，第 397 页。
② 《京市钱业公会详述废两改元意见》，《中央日报》1932 年 10 月 24 日。
③ 《国民政府财政金融税收档案史料（1927 ~ 1937 年）》，第 424 页。
④ 《南京金融志》，第 177 页。
⑤ 《南京金融志》，第 175 页。

全面抗战爆发后，南京城内的多数金融机构撤离。尽管日伪当局对申报开办钱庄的条件较为宽松，1944 年时，南京市面上的钱庄数量达到 114 家，但真正从事存放业务的钱庄只有 30 余家。[①] 抗战胜利后，国民政府颁布训令，对市面金融秩序进行了整顿，有 21 家钱庄得以复业。[②] 但在金融体系崩溃、国共内战等因素的影响下，钱庄业仍然没有摆脱消亡的命运。

3. 银行业的竞争

作为与钱庄相类似的金融机构，南京银行业的迅速崛起，给南京钱庄业的经营活动带来了不小的冲击。南京银行业不仅与钱庄业经营类似的业务，还经营钱庄业所无法经营的业务，如国际汇兑、经理国库、发行货币、经营债券等。不仅如此，在相同业务的竞争中，钱庄业渐渐处于下风。以存款业务为例，20 世纪 30 年代初，钱庄的存息常年稳定在五六厘，银行业的存息达七厘以上。[③] 此外，由于南京钱庄业通过洋厘特权从存放款业务中收取手续费，往来户有了额外支出，所以，随着南京银行业的业务逐渐齐全，南京市面上的农工商户开始转向银行，与银行进行业务往来。钱庄业的功能逐渐被银行业取代。南京钱庄业公会主席朱德铸有过类似的描述，南京钱庄业发展最鼎盛的时期，一年的营业额可以达到两三千万元不等，但随着形势的发展，到 20 世纪 30 年代中期，全行业的营业额减少到了 200 万元左右。虽说钱庄业营业额的缩减是由多种因素造成的，但不可否认的是，银行业的竞争是钱庄业经营额缩减的原因之一。

1927 年，国民政府奠都南京，局势稳定，市面经济逐渐发展。银行业与钱庄业出于各自发展的需要展开了合作，但这种合作关系并不紧密。20 世纪 30 年代初，受战乱、自然灾害等因素的影响，诸多钱庄因银根紧缩而倒闭。1931 年底，南京市面上最大的通汇钱庄倒闭，由此引发的银钱业纠纷长达两年之久。面对这一局面，南京银行业采取紧缩政策，逐渐断绝了与钱庄业之间的往来。在银根紧缩、银行业步步紧逼的情况下，20 世纪 30 年代中后期，南京钱庄业逐渐走向衰落，并随着新中国的建立最终消亡。

# 小　结

南京开埠以后，贸易量的增加为南京钱庄业的发展带来了机会。辛亥革

---

① 《江苏典当钱庄》，第 224 页。
② 《南京金融志》，第 179 页。
③ 沈雷春编《中国金融年鉴（民国二十八年版）》，第 240 页。

命爆发后，在其他金融机构的作用远不及钱庄的情况下，南京钱庄业在较长时间内处于优势地位。国民政府奠都南京以后，市政革新，局势稳定，南京钱庄业取得了较快的发展，并在 20 世纪 30 年代初迎来其鼎盛时期。尽管南京钱庄业在业务上有着操作方便、手续简单的优势，但由于资本规模较小、信用放款无须抵押物、经营者缺乏现代金融知识，所以其在经营过程中面临着不小的风险。20 世纪 30 年代中后期，在局势动荡、不利于钱庄的政府政策、银行业的竞争等因素的冲击下，南京钱庄业走上衰落的道路，并最终消亡，其中原因不得不让人深思，也为当今金融机构的经营者提供了借鉴。

# 南京国民政府时期农村土地金融政策演进和实践刍议

束荣华[*]

**提　要**　国民政府农村土地金融政策肇始于孙中山民生思想中蕴含的朴素土地金融设想，在农村金融危机和中共土地革命的双重冲击下，迅速融合了西方土地金融理论而演进成形。抗战前，国民政府的农村土地金融实践已由朴实思想脱胎形成明确概念，即通过国家信用实现土地的金融化，达到土地融资和融权的双重目的；进而演进成明确政策，即设立国家土地金融机构，推动土地金融货币化，限制土地持有数量，由政府通过金融手段强制赎买超额土地进行均等分配，最终实现"耕者有其田"；并在山西和江浙局部地区进行了试验，但试验效果与设想存在较大差距。

**关键词**　国民政府　土地改革　土地金融

农民土地问题是中国近代革命史的一个基础命题，不仅在共产党革命理论中占据中心地位，在国民党施政纲领中也占据核心地位，孙中山十六字革命纲领中就有"平均地权"。解决近代中国农村土地问题，无非两个路径：一是暴力征收，二是和平赎买。国共两党分别按这两个路径进行了实践。限于羸弱的财政状况，国民党不可能通过实款现付赎买实现农村地权均等化分配，唯一可行路径是借助金融手段，通过信贷、债券、证券等延期支付方式，来实现"耕者有其田"目标。在孙中山确定"照价购买"基调后，土地金融政策渐成国民政府土地改革政策体系的基石，其成效直接决定着国民政府土地改革目标能否实现，也直接影响着国民政府农村治理能力以及对广大农民的动员能力。南京国民政府建立后，国民政府农村

---

＊　束荣华，南京大学中华民国史研究中心博士研究生。

土地金融政策逐步演进成形并投入实践，后因全面抗战爆发大部搁浅中止，但仍在一些地区进行了试验。在国民党败退台湾后土地改革获得成功，不可忽略的重要因素就是沿袭并真正实施了抗战前已成形的土地金融政策。

20 世纪 90 年代，随着中国房地产业的起步，有经济学者开始关注民国时期土地融资的尝试，通过定量分析对 20 世纪 40 年代国统区的土地融资情况进行了分析总结；[①] 有学者在研究国民政府 20 世纪 40 年代"扶植自耕农"运动时，对土地融资情况进行了详细分析。[②] 由于地政学派是民国时期土地金融政策的主要鼓动者，所以有学者在研究地政学派土地思想时，也论述了地政学派的土地金融思想，[③] 其重心还是探讨抗战后地政学派主要成员的土地金融理论和实践。关于 20 世纪 30 年代国民政府土地金融实践的研究，目前学界主要集中在对这一时期地方当局的土地金融实践的事例研究，侧重从经济学角度对其进行解读，[④] 对这一时期国民政府土地金融政策的演进过程鲜有分析，对土地融资与融权的特点分析亦不够清晰。

## 一  土地金融政策的思想溯源

孙中山土地思想中已蕴含着朴素的土地金融思想，这也是国民党早期土地金融政策的思想来源，其中后期直至败退台湾后土改的土地金融政策理论框架事实上也是对这种思想的沿承和发展。"平均地权"是孙中山土地思想的核心，如何实现，孙中山在不同时期都做过阐述，基本倾向通过土地和平赎买实现，而土地和平赎买必须要有国家土地金融政策支撑，孙中山虽没明确提出过土地金融概念，但已勾勒出土地金融政策的基本轮廓。孙中山土地思想在同盟会、民国初年、广州大元帅府三个时期有个演

---

① 参见黄贤金《国统区土地资金化的历史考察及本质探析》，《中国农史》1994 年第 3 期；龚关《中国农民银行办理土地金融探析》，《中国农史》2009 年第 4 期。

② 郭德宏：《南京政府时期国民党的土地政策与实践》，《近代史研究》1991 年第 5 期；黄正林：《国民政府"扶植自耕农"问题研究》，《历史研究》2015 年第 3 期。

③ 王玉、徐琳：《民国时期地政学派土地金融思想研究》，《贵州社会科学》2018 年第 12 期；王玉：《地政学派土地思想研究（1933～1949）》，博士学位论文，上海社会科学院，2019；史玉渤：《黄通与国民政府时期的土地改革》，硕士学位论文，陕西师范大学，2018。

④ 吴福明：《江苏土地金融工具的探索：1935～1937 年》，《学理论》2012 年第 15 期；吴福明：《20 世纪 30 年代山西土地金融之探索》，《晋阳学刊》2013 年第 1 期。

进的过程，其蕴含的朴素土地金融理论框架也逐渐成形，在其逝世后，国民党延续了这种理论框架并发展成熟。

同盟会时期。孙中山早年即对土地问题高度关注，在1894年初《上李鸿章书》中就大篇幅论述土地和农政问题，孙中山土地思想凝练成革命纲领，见于1903年其为东京青山革命军事学校制定的入校誓词："驱除鞑虏，恢复中华，创立民国，平均地权。"[①] 1905年中国同盟会成立时，誓词续作同盟会政治纲领，此后孙中山不断对"平均地权"内涵进行诠释。孙中山在1906年秋冬间与黄兴、章太炎等制定《中国同盟会革命方略·军政府宣言》，对"十六字革命纲领"进行阐释时，首次阐述"平均地权"的含义："平均地权……当改良社会经济组织，核定天下地价。其现有之地价，仍属原主所有；其革命后社会改良进步之增价，则归于国家，为国民所共享。肇造社会的国家，俾家给人足，四海之内无一夫不获其所。敢有垄断以制国民之生命者，与众弃之。"[②] 孙中山对"平均地权"内涵的解释，后被概括为核定地价、涨价归公、国民共享。这其实已经有土地金融思想的影子，国家给土地核价实际就是使土地货币化、证券化，涨价归公里面已经有借助金融手段实现土地增值、均等分配的含义。

民国初年。南北和议后，孙中山辞去临时大总统，袁世凯继任，革命党人在首届内阁中居半，孙作为革命党人领袖，积极宣传革命党的施政理念，其间其土地思想内容进一步具体化，增加了土地由国家购买的论述。较早涉及此意可见于他辞任临时大总统时的《在南京同盟会会员饯别会的演说》（1912年4月1日）："本会从前主义，有平均地权一层。若能将平均地权做到，那么社会革命已成七八分了。……求平均之法，有主张土地国有的。但由国家收买全国土地，恐无此等力量，最善者莫如完地价税一法。……然只此一条，不过使富人多纳数元租税而已。必须有第二条件，国家在地契之中，应批明国家当须（需）地时，随时可照地契之价收买，方能无弊。……有此两法互相表里，则不必定价而价自定矣。"[③] 其后在1912年至1913年的演说中不断提及，如《在广州报界欢迎会的演说》（1912年5月4日）："我国则察看情形，然后定税地标准，因地价现在不平均故也。今于无可平均之中，筹一自然平均之法：一、即照价纳税，

① 广东省社会科学院历史研究室等合编《孙中山全集》第1卷，中华书局，1981，第224页。
② 《孙中山全集》第1卷，第297页。
③ 《孙中山全集》第2卷，第320~321页。

二、即土地国有。二者相为因果，双方并进，不患其不能平均矣。"① 《在山西同盟会欢迎会的演说》（1912 年 9 月 19 日）："平均之法，人多误会为计口授田，若古井田之法，则大不然。……今平均地权有一最善、最简之法，即按价收税而已。……价重者税亦重，所负担并不加重，而价轻者税亦轻，得享平均之利益，至公平也。"② 孙中山增加了国家在必要时可按核定地价照价收买的提议，也认识到全由国家购地收归公有再均等分配是不可行的，实际上蕴含了用延期支付等金融方式实现土地权属均等化的思想。

广州大元帅府时期。1913 年 3 月，国民党代理事长宋教仁被刺杀后，孙中山和平建国理想破灭，其颠沛流离继续革命斗争，直至 1923 年孙中山从上海回到广州重建陆海军大元帅大本营，才有了相对稳定的根据地。孙中山对"平均地权"学说进行了完善，其中包括许多土地金融方面的内容。1924 年 1 月，由他审订的《中国国民党第一次全国代表大会宣言》讨论通过，其中对"平均地权"要旨做了权威阐述，"国民党之民生主义，其最要之原则不外二者：一曰平均地权……盖酿成经济组织之不平均者，莫大于土地权之为少数人所操纵。故当由国家规定土地法、土地使用法、土地征收法及地价税法。私人所有土地，由地主估价呈报政府，国家就价征税，并于必要时依报价收买之，此则平均地权之要旨也"，③ 明确了政府通过价买来实现均地，这是土地金融政策的前提。在国民党一大上，孙中山反复强调农民和土地问题，并提出了金融设想："国民党之主张，则以为农民之缺乏田地沦为佃户者，国家当给以土地，资其耕作……农民之缺乏资本至于高利借贷以负债终身者，国家为之筹设调剂机关，如农民银行等，供其匮乏，然后农民得享人生应有之乐。"④ 1924 年 4 月，国民党发表孙中山《建国大纲》，其第十条"每县开创自治之时，必须先规定全县私有土地之价。其法由地主自报之，地方政府则照价征税，并可随时照价收买。自此次报价之后，若土地因政治之改良、社会之进步而增价者，则其利益当为全县人民所共享，而原主不得而私之"，⑤ 政府通过税收和金融方式实现平均地权。1924 年 8 月 17 日，孙中山在广东省高等师范学校讲授《民生主义》第三讲时，又提出了"耕者有其田"口号："中国自古以来

① 《孙中山全集》第 2 卷，第 355 页。
② 《孙中山全集》第 2 卷，第 473 页。
③ 《孙中山全集》第 9 卷，第 120 页。
④ 《孙中山全集》第 9 卷，第 120~121 页。
⑤ 《中华民国国民政府建国大纲》，《广州市市政公报》第 187 号，1925 年，附录，第 93 页。

都是以农立国 …… 至于将来民生主义真是达到目的，农民问题真是完全解决，是要'耕者有其田'。"① 值得注意的是，国民党一大确定联俄联共后，孙中山土地思想开始有了倾向苏俄的趋势，在 1924 年 8 月 21 日孙中山在广州农民运动讲习所第一届毕业典礼上的演讲中初见端倪："现在俄国改良农业政治之后，便推翻一般大地主，把全国的田土都分到一般农民，让耕者有其田……我们现在革命，要仿效俄国这种公平办法，也要耕者有其田，才算是彻底的革命。"② 苏俄式土地征收必然排斥土地金融政策，但随着孙中山 1924 年 11 月北上入京商定国是，随即病逝于北京，这种设想党内高层再无人提及。

孙中山"平均地权"思想的重心是围绕"地价"展开的，政府无论是通过照价收买实现土地数量上的均权，还是通过增值税收实现土地收益上的均权，都需通过土地货币化、证券化等金融途径，借助资金信贷方式等金融手段实现，这就是朴素的土地金融思想。

## 二　土地金融政策成形的外在动因

国民政府土地金融政策虽脱胎于孙中山的土地思想，但其演进过程受到诸多因素的影响和推动。国民政府定都南京后，即面临着农村经济危机的严峻考验，土地兼并和金融枯竭是其中的突出问题，这客观上加快了土地金融政策的出台。在国民政府土地金融实践从朴素思想，到明确概念，再到明确政策的过程中，地政学派发挥了巨大作用。

农村经济危机的冲击。20 世纪 20 年代末 30 年代初，在世界经济危机、持续内战以及频繁自然灾害等诸多因素影响下，中国农村颓势显露，"吾国年来天灾匪祸，接踵而来，虽救济肃清已收伟效，然农村经济业已崩溃无余……我国今日，内因封建势力之未尽铲除，外受国际资本主义之不断侵蚀，农村之崩溃已由隐蔽状态而趋于显露"。③ 当时舆论聚焦农村问题，"农村破产""农村危机""救济农村"等言论频频见诸报端。农村经济危机引起国民政府高度重视，不得不正视两个问题：资金短缺和土地不均。内政部认为，农村经济危机，金融枯竭是其重要原因："现代中国农

---

① 《孙中山全集》第 9 卷，第 399 页。
② 《孙中山全集》第 10 卷，第 556 页。
③ 《中国合作学社关于以合作方式繁荣农村方案致国民党中执委呈》（1932 年 12 月），中国第二历史档案馆编《中华民国史档案资料汇编》第 5 辑第 1 编《财政经济》（7），江苏古籍出版社，1997，第 59~60 页。

村金融已陷入恐慌状态，一般农民虽欲发展生产事业，然每苦缺乏资本。"[①] 行政院也认同："我国农业金融枯窘已极，各地农村破产堪虞，诚宜设法早图救济。"[②] 中国农村核心问题是土地问题，土地一直是农业生产最核心的生产资料，在农村经济危机中，土地分配不均问题再次凸显。在农村金融和土地都出现问题的情况下，社会学界和国民党高层开始有借助土地金融手段以和平方式实现"耕者有其田"的意见。1931 年，孔祥熙在设立农民借贷所提案中对土地融资就有了初步的设想，"以不动产或视借贷人之身分觅具连环妥保借贷之"。[③] 1932 年，中国合作学社呈国民党中执委《关于以合作方式繁荣农村方案》提出了运用金融手段实现土地自有自耕的目标，"欲使信用合作社自由运用其力量，使佃农自耕农化，自耕农独立化，非有各种长期、中期、短期农民金融机关以为之辅导不可"。

地政学派的力推。国民党三大之后，特别是《土地法》公布后，国民政府在全国上下开展了一系列声势浩大的土地改革运动，其中一个重要方面就是成立了地政研究机构和地政机关。1930 年 8 月，在中央政治学校设地政研究班，开始培养和培训地政专业人员，1933 年地政研究班改为中央政治学校地政学院；另外，国民政府于 1931 年春在内政部下设中央地政机关筹备处，各省也相继建立了大大小小的地政机构。30 年代初的土地改革声势引发了地政研究大热，吸引了众多留学归国的学者和政界、金融界、商界的知名人士加入，萧铮、万国鼎和黄通等是其中重要的理论家。1932年 7 月，留德回国的萧铮将《集中研究土地专家筹划推行本党土地政策办法》[④] 寄呈蒋介石，蒋批示核拨筹备经费。萧铮依蒋批示组织国内土地方面的多位专家和官员召开"土地问题讨论会"，其后于 1933 年 1 月成立中国地政学会。中国地政学会会聚了当时国内研究土地问题的专家、学者以及实际从事地政工作的政府官员，对国民政府土地政策的影响较大，后演变成著名的地政学派。地政学派的成员普遍认为通过非暴力方式解决中国土地问题的主要手段是土地金融政策。他们在继承孙中山朴素的土地金融思想基础上，融合了欧美土地金融理论，明确提出了土地金融概念，主要

① 《内政部为第二次全国内政会议有关农村救济提案致实业部咨文》（1932 年 1 月），《中华民国史档案资料汇编》第 5 辑第 1 编《财政经济》（7），第 51 页。
② 《行政院关于设立中央农业银行拯救农村破产案函》（1933 年 5 月），《中华民国史档案资料汇编》第 5 辑第 1 编《财政经济》（7），第 76 页。
③ 《国民党中执委关于孔祥熙提议设立农民借贷所以拯救农村危机案公函》（1931 年 11月），《中华民国史档案资料汇编》第 5 辑第 1 编《财政经济》（7），第 48 页。
④ 万国鼎：《发刊词》，《地政月刊》第 1 卷第 1 期，1933 年，第 1~2 页。

以英国亨利·乔治"单一税"、德国达马熙克土地改革学说等为参照，为国民政府土地制度改革进行政策设计。地政学派领头人萧铮在留德期间，与德国土地改革先驱达马熙克熟识，"达氏与不佞（萧自谦）友谊至笃，私人函札积存至百数十通"。[①] 达氏是德国土改的温和派，他倡导以和平方式推进土改，他主张发放土地债券筹资协助农民购买土地及整理改良土地的土地金融理论，因与中国国情比较契合而流行一时，萧铮对此很是推崇："土地金融政策，是实现耕者有其田最有力的经济方法。地价税制度与租佃改革，只是间接的扶助自耕农之创设，要实现'耕者有其田'，最重要的还是经济方法，便是以土地金融的机构，运用土地信用，对农民投资，使其取得耕地，然后由耕者逐年摊还地价。这种制度，在普鲁士已有很显著的成绩，其他各国亦均有仿行，既直接又易见效。"[②] 地政学派重要成员万国鼎也积极赞同土地金融制度："需地者大都困于经济，恒须贷款始能购地，且地价数额颇巨，恒非短期内所能清偿，耕作之赢利有限，息高亦无力偿付，故必以长期低利之款贷与之。……故必成立特殊金融制度，由国家设立土地银行，以土地为担保，发行土地债券，始能筹划巨资以调剂之。"[③] 黄通是地政学派后期土地金融政策理论的集大成者，他的专著《土地金融问题》完整地提出了中国土地金融实践的观点，要点为：由国家专门的土地金融机构提供资金或信用担保，无（少）地者获得长期低息资金或信用担保购买到土地，并将土地抵押给国家土地金融机构，采取分期偿还款项的方式实现对土地的所有。黄通同时阐明，土地金融政策要与租佃改革政策、国内移垦政策、自耕民保护政策等一起配合，才能实现"耕者有其田"，重点是国家发行土地债券弥补资金不足，并通过强制措施让地主出售多余土地。除上述代表人物外，地政学派其他成员对于土地金融问题也十分重视，开创性地提出了一系列关于土地银行、土地债券、农业保险以及合作信用等土地金融制度的具体构想，地政学院从1935年第二届年会开始至全面抗战前的三次年会中，都通过了土地金融方面的决议。1935年第二届年会："实行设立农业及土地金融机关，以调剂农村经济，奖励土地生产，扶持自耕农。"1936年第三届年会："（1）政府应组织土地金融机关，援助农民取得土地；（2）现有佃耕地之佃农，得补地价百分之二十至百分之五十，请求政府代为征收之，其余部分由政府担保其分年

---

① 萧铮：《纪念达马熙克先生》，《地政月刊》第3卷第9期，1935年，第1226页。
② 萧铮：《平均地权和耕者有其田》，《地政月刊》第5卷第2~3合期，1937年，第162页。
③ 万国鼎：《扶植自耕农概论》，《地政月刊》第5卷第2~3合期，1937年，第146页。

摊还；（3）现有佃农过多及地权过于集中之区域，政府应发行土地债券，征收土地，分给佃农。"1937 年第四届年会："（1）土地银行之设立及农地合作社之提倡，为创设及维持自耕农场之必要手段，应即实施；（2）政府发行土地债券，仅先征收不在地主之土地，依次及于不自耕作之土地，以供创设自耕农场之用。"① 地政学派作为国民政府土改政策智囊团，其核心成员遍及高校、科研院所以及与土改密切相关的政府部门。内政部、实业部、中央政治学校地政学院、立法院土地法委员会、参谋本部陆地测量局、实业部中央农业实验所等中央部门以及各地的民政部门和地政部门都是其团体会员，此外很多政要是特别会员（即赞助会员），如何应钦、宋子文、居正、陈立夫、陈果夫、张继等。② 这些先天优势使地政学派土地金融主张深刻地影响了国民政府的土地金融政策，强力助推了国民政府土地金融政策的演进。如黄通所言："土地金融机构之建立，为实现平均地权之重要步骤，故年来有识之士，争相倡导，尤以中国地政学会为最力。"③

## 三　土地金融政策框架的演进

孙中山逝世后，国民党宣称其忠实继承孙中山思想衣钵，孙中山土地纲领随着国民党历次重要的决策会议，逐步确立为国民党的施政纲领，并以法律形式固化，《土地法》出台后，在地政学派的持续推动下，土地金融政策逐渐成为解决土地问题的重要手段。

早期决议略见雏形。1925 年 7 月，陆海军大元帅大本营改组为国民政府，国民党政纲中继续延承孙中山"平均地权""耕者有其田"的土地思想纲领，但如何进入操作层面仍在探索中。孙中山逝世后的初期是国共合作密切期，共产党的诸多观点直接影响国民党的土地政纲，土地政策与农民运动捆绑，这个时期国民党已明确提出设立农民银行、公荒地分配、解决农民信贷问题等初步的土地和金融设想。1926 年 1 月，国民党二大通过的《农民运动决议案》经济部分指出，"己、从速设立农民银行，提倡农民合作事业；庚、从速整理耕地，并整顿水利，改良农业；辛、清理官荒，分配于失业贫民"。④ 1926 年 7 月，国民革命军北伐，一路势如破竹，

① 黄通：《土地金融问题》，商务印书馆，1942，第 46 页。
② 《中国地政学会会员录》，《地政月刊》第 4 卷第 7 期，1936 年。
③ 黄通：《土地金融问题》，第 46 页。
④ 《中国国民党一二次全国大会宣言及决议案》，大东书局，1929，第 51 页。

同年 10 月，国民党中央及各省区联席会议在广州召开，会上通过了《关于本党最近政纲决议案》。该决议案中"关于农民者二十二条"，就有涉及土地和金融条款："（七）设立省县农民银行，以年利百分之五，借款与农民，（八）省公有土地，由省政府拨归农民银行作基金，（九）荒地属省政府，应依定章以分配与贫苦农民。"[①] 1927 年 3 月，国民党二届三中全会发布了《对全国农民宣言》，直面农村经济形态中的症结问题，"贫民不仅无土地，而且无资本"，[②] 重申了之前各重要会议通过的涉及土地问题的政纲，通过了《农民问题决议案》，其中涉及农民土地和金融问题，规定了"区自治机关内应设立（土地）委员会……以筹备土地改良及实行政府所规定关于土地整理与土地使用之各种办法"，国民政府农政部"并应设法立即组农民银行，年利百分之五，贷款与农民"。[③] 此时期，当局对土地金融的理解还停留在土地信贷业务阶段。

《土地法》奠定了基础。1927 年 7 月，国民党宁汉合流后，国共合作彻底破裂，以孙中山"三民主义"正统自居的国民党，无论是出于法统道义，还是现实形势，都亟须解决中国的土地问题，国民党开始紧锣密鼓地制定土地改革的施政纲领和法律架构。1928 年 2 月，胡汉民、林森组织班子拟出《土地法原则》九项，提交国民党中央政治会议讨论。同年 12 月，国民党中央政治会议通过，交立法院作为制定土地法的原则依据。立法院于 1929 年 2 月成立由吴尚鹰牵头的起草小组，经一年半反复修改商榷，完成了《土地法》草案。1929 年 3 月，国民党三大召开，国民党宣布结束军政期，进入训政期，会议通过的建设决议案，对土地金融政策提出较为明晰的纲领："第二，县自治开创之时，必须由政府制定土地法，土地使用法，地税法，地租法，农村法等，于此时期，即须规定全县私有土地之价，其法由地主自报之，地方政府则照价征税，并可随时照价收买，若土地因政治改良及社会进步而增价者，则其利益当为全县人民所共享，原主不得而私之。"[④] 1929 年 6 月，国民党三届二中全会通过决议，要求内政部培养土地行政及技术人才，实行调查、测量和登记等土地改革的技术性准

---

① 中国国民党湖北省党部编印《中国国民党第一二次全国代表大会宣言及决议案》，汉口民国日报馆代印，出版时间不详，第 35 页。

② 荣孟源主编《中国国民党历次代表大会及中央全会资料》上册，光明日报出版社，1985，第 310 页。

③ 荣孟源主编《中国国民党历次代表大会及中央全会资料》上册，第 328～329 页。

④ 上海法学编译社编《中国国民党第一二三次全国代表大会宣言及决议案》，上海法学编译社，1931，第 173 页。

备，拟定土地分配的标准；要求农矿部设立垦殖银行。1930 年 6 月，国民政府公布《土地法》，该法试图在革命理想与国情现实中寻求平衡，既承认了土地公有，"中华民国领域内之土地，属于中华民国国民全体"，但又保障土地私用权，"其经人民依法取得所有权者，为私有土地"，① 虽降低了孙中山"耕者有其田"思想的革命性，但从面积、数量上限制土地私有权的规定，还是反映了孙中山平均地权的纲领，孙中山的照价制税、涨价归公、照价征收等主张在条文中也有体现。《土地法》公布后并未施行，直至 1936 年 3 月 1 日，才与后制定的《土地法施行法》同时施行，后因全面抗战爆发，《土地法》后续修订和实施落空。虽然《土地法》在全面抗战前未能全面施行，但《土地法》承认土地个人产权和规定土地超额须售，却是土地金融政策推行的框架基础。

后续提案完善框架。《土地法》虽是对之前国民党土地纲领政策的一次全面总结，但《土地法》公布后，部分条文定义笼统、程序烦琐，各地在参照推进地政工作时出现了诸多困难。学界对于《土地法》立法原则也有疑虑，萧铮借达马熙克之口专栏发文，② 对《土地法》立法原则和地价、税率等条文提出了批评，各界要求修改的呼声日益高涨，至 1934 年，已形成土地法修改运动。在各界要求修改《土地法》的声浪中，此后国民党各重要会议中，各派别对于土地政策提出了许多议案，这些议案后续推动国民政府出台了许多土地金融政策，土地金融政策框架基本成形。1932 年 12月国民党四届三中全会上，冯玉祥一方和马超俊一方分别提交了关于农村救济的议案，会议最终通过《农村救济案》，涉及多项土地金融政策：设立农民银行，解决土地问题，都市过剩之资金返回农村等。③ 同月，国民政府组织召开第二次全国内政会议，会前各省提案，广西省建议"督设农民银行……故为谋农村金融之活动，免受资本家之高利剥削，亟宜就各县地设立农民银行，厘顶专章，专为农民借贷之所"；上海市建议"举办农事借本能于国中广设农民银行固佳，否则或限于财力则宜举办农事借本，一方既可解除贫民所受高利贷之痛苦，一方可使农民得资金之流通，以供

---

① 《土地法》，《东方杂志》第 27 卷第 13 期，1930 年 7 月 10 日，第 115 页。
② 萧铮：《现代土地问题大师谭麦熙克博士对吾国土地法之批评及管见》，《法学季刊》（南京）第 1 卷第 2 期，1931 年。
③ 荣孟源主编《中国国民党历次代表大会及中央全会资料》下册，光明日报出版社，1985，第 181～182 页。

生产之用"。① 上述提案（议案）得到国民政府高度重视，行政院多次转饬相关部委妥拟办法。1933 年，实业部向行政院提案设立中央农业银行获批，行政院回函中重申了发展农村金融的重要性，"然救济之道不一其端，而以流通农村金融，改良农业技术，发展林垦事业为要务"，并明确提出"农业银行采取土地抵押及分期摊还之放款方式"。② 1934 年 1 月国民党四届四中全会上，陈果夫等提出《推行本党土地政策纲领案》，刘峙等提出《为实行土地政策以消灭乱源巩固革命政权案》，中央民众运动指导委员会提出《请迅速施行土地法并救济农民案》，都获通过。③ 1935 年 11 月，国民党第五次全国代表大会期间，土地问题又成为焦点，涉及土地的提案较多，其中两个提案④明确提议设立中央土地银行，建议以土地金融方式扶助和扩大自耕农群体。上述提案得到了国民政府积极回应，财政部相关司局对设立中央土地银行的可行性进行了探讨，认为设立中央土地银行"确为目前急要之图"。⑤ 上述两提案合并为《积极推行本党土地政策案》通过，提出了"实行土地统制、迅速规定地价、实现耕者有其田、促进垦殖事业、活动土地金融"五项措施。1936 年 7 月，国民党五届二中全会又通过了萧铮等提出的"请迅速改革租佃制度以实施耕者有其田案"。1937 年 2 月，国民党五届三中全会通过了蒋介石、汪精卫、孔祥熙、孙科、宋子文等五人提交的《中国经济建设方案案》，全会责令中常会制定五年建设计划，⑥ 确定了推进土地改革政策，设立中央土地银行等土地金融政策正式列入中常会制定的《经济建设五年计划》。全面抗战前，土地金融已成为国民政府一项正式的既定政策。

## 四　土地金融政策初步实践

从孙中山朴素的土地金融思想到国民政府相对成形的土地金融政策的

---

① 《内政部为第二次全国内政会议有关农村救济提案致实业部咨文》（1932 年 1 月），《中华民国史档案资料汇编》第 5 辑第 1 编《财政经济》（7），第 51、57 页。

② 《行政院关于设立中央农业银行拯救农村破产案函》（1933 年 5 月），《中华民国史档案资料汇编》第 5 辑第 1 编《财政经济》（7），第 76 页。

③ 荣孟源主编《中国国民党历次代表大会及中央全会资料》下册，第 229 页。

④ 44 号提案《积极推行本党土地政策案》（萧铮等 24 人提）和 76 号提案《设立土地银行流通金融复兴经济案》（周伯敏等 27 人提）。《中华民国史档案资料汇编》第 5 辑第 1 编《财政经济》（7），第 99～110 页。

⑤ 蒋耘：《国民政府相关部门讨论设立中央土地银行函件一组》，《民国档案》2012 年第 3 期。

⑥ 《中国经济建设方案案》，《中央党务月刊》第 102～103 期合刊，1937 年，第 74 页。

演进过程中，土地金融政策的实践尝试在某些领域和某些地区也在进行。孙中山"平均地权"和"耕者有其田"思想中的朴素土地金融思想基点是通过金融手段实现土地权属的均等化，即土地融权；而当时农村的金融危机中，金融救济的应急之需是通过土地抵押实现土地的融资。全面抗战前国民政府在土地金融的融资和融权两个方面都进行了尝试。

### （一）土地金融机构艰难竭蹶

成立土地金融机构是实施土地金融政策的基本条件，这是当时学界和政界的共识。抗战前国民政府曾有两次动议成立专门的土地金融银行，但都无果而终。1933 年 5 月，在各界呼吁下，行政院同意成立中央农业政策性银行——中央农业银行。中央农业银行是包括经营土地金融业务在内的综合性农业政策性银行，中央农业银行虽获批，但因资金困难，迟迟未能举办。行政院或许对此早有预料，正应了批复实业部回函中所言："关于流通农业金融，……拟订农民银行、农业银行及其他有关发展农业金融之法规、计划，只以资金无着，迄未举办。"[1] 1935 年 11 月，国民党五大期间，代表们设立中央土地银行的提案获得通过，会议转饬财政部办理，财政部当时原则上同意，后因全面抗战爆发以及财政部已在 1936 年 2 月令饬中国农民银行"经营土地抵押放款及农村放款"，[2] 中央土地银行设置事宜暂且搁置。

专业土地金融机构筹组受挫中，比较幸运的是有一些农民银行得以成立，从而能兼营一些简单的土地金融业务，如土地抵押流通贷款和土地改良信用贷款等。"开我国正式农业金融机关之先河者，实唯民国十七年之江苏农民银行"，国民革命军北伐成功后，新成立的江苏省政府于 1927 年 6 月决定，将孙传芳征收未完的两角亩捐作为江苏省农民银行基金继续征收，并呈报中央核准，筹设江苏省农民银行。[3] 1928 年 7 月，江苏省农民银行正式开业。1932 年 10 月，蒋介石决定筹款在原"苏区"发放低息农贷，其在"剿匪"司令部内设立农村金融救济处，作为农村借贷资金的运管监督部门："当经决定创办豫鄂皖赣四省农民银行……且农民银行尤为救农百年大计……经营缔造至速当需数月才能正式成立……兹特于四省农

---

① 《行政院关于设立中央农业银行拯救农村破产案函》（1933 年 5 月），《中华民国史档案资料汇编》第 5 辑第 1 编《财政经济》（7），第 76 页。
② 《财政部关于制定中国农民银行经营土地抵押放款及农村抵押放款及农村放款办法令》（1936 年 2 月），《中华民国史档案资料汇编》第 5 辑第 1 编《财政经济》（4），第531 页。
③ 徐畅：《抗战前江苏省农民银行述论》，《中国农史》2003 年第 3 期。

民银行尚未开办之前，由本部指拨公款一百万元……关于此项监督事务，应由本部设立农村金融救济处。"① 1933 年 3 月，蒋介石于训令中公布《豫鄂皖赣四省农民银行条例》。② 1933 年 4 月 1 日，豫鄂皖赣四省农民银行正式营业，总行设于汉口，郭外峰任总经理。③ 至 1934 年底，该行已办理各项农贷 11255000 元，在扶助农业方面取得了明显成效。④ 鉴于四省农民银行的良好成效，蒋介石决定将其扩展至全国，1935 年 3 月，蒋电告行政院，要求核准四省农民银行改组为中国农民银行："前三省剿匪总部所主办之豫鄂皖赣四省农民银行，成立两年有余，于调剂农村金融颇见成效。现四省之外，陕、甘、浙、闽、湘等省及京沪等市，均次第入股，而其他各省农村金融，亦确有统筹调剂之必要。现拟将四省农行扩大范围，改为中国农民银行。"⑤ 1935 年 4 月 1 日，豫鄂皖赣四省农民银行正式改名为中国农民银行，至 1936 年 2 月，中国农民银行有分行 12 处、支行 1 处、办事处（含筹备）40 处、农贷所 7 处。⑥ 由江苏农民银行和中国农民银行带头，各省此后纷起仿效，成立农民银行，至 1936 年，全国农民银行，包括 1910 年改为商办的中国农工银行在内，共有 32 家。⑦

### （二）土地融资无果而终

山西率先试行村信用合作券。20 世纪 30 年代初，在中国农村金融枯竭的浪潮中，山西所受影响甚烈，"山西的银号因环境的关系向来是以放款给各商号及农民为主，近年来因农村破产农民购买力薄弱，所以商号倒闭，计今年全省商号倒闭三分之二"。⑧ 主政山西的阎锡山对此提出了对

---

① 《为颁布匪区内各省农村金融紧急救济条例由》（1932 年 10 月），转引自中国人民银行金融研究所编《中国农民银行》，中国财政经济出版社，1980，第 16 页。

② 《蒋介石抄发豫鄂皖赣四省农民银行条例暨公布令等文件训令》（1933 年 3 月），《中华民国史档案资料汇编》第 5 辑第 1 编《财政经济》（4），第 507 页。

③ 《郭外峰等秉报四省农行筹备就绪开始营业电》（1933 年 4 月），《中华民国史档案资料汇编》第 5 辑第 1 编《财政经济》（4），第 513 页。

④ 《豫鄂皖赣四省农民银行第三四次营业报告》，《中华民国史档案资料汇编》第 5 辑第 1 编《财政经济》（4），第 521～524 页。

⑤ 《蒋介石关于将四省农民银行改组为中国农民银行电》（1935 年 3 月），《中华民国史档案资料汇编》第 5 辑第 1 编《财政经济》（4），第 524 页。

⑥ 《中国农民银行呈送该行之分行处扩展情形（节略）》（1936 年 2 月），《中华民国史档案资料汇编》第 5 辑第 1 编《财政经济》（4），第 530 页。

⑦ 《吴秀生关于抗战前农业金融及信用社概况的报告》（1938 年 1 月），《中华民国史档案资料汇编》第 5 辑第 1 编《财政经济》（7），第 357 页。

⑧ 齐天绶：《论农村信用合作券》，《监政周刊》新年号，1935 年，第 2 页。

策：“年来金融滞塞，农村破产，乡间利息，高至五六分，六七分，农民不能清偿，金融既不能流通，则商业凋敝，社会形成死象，非有一救济办法不可。且病根在农村，非以救济农村入手不可，所以我主张各村农民以土地作担保，设立村信用合作社，发行信用合作券，使不动产变为动产，以期活动金融，平准利息，救济农村危困。”[1] 1933 年 11 月，太原经济建设委员会（简称经建委）召开村土地信用合作券会议，初步议定了发行土地信用合作券相关办法（阎锡山称为一期），其基本要点为：（1）村设信用合作社（简称村社），有地的村民均为社员，县内村合作社联合组成县合作总社（简称县总社），县总社归县经建委管理，村社归经建委系统在村中的基层机构——经济建设董事会管理。（2）有 5 亩土地以上村民，均由经建委经济统制处按土地数量配发信用合作券，券以土地担保，计数标准取地价区间下限价的 10%，地价按亩计分 1 元以上、2 元以上、5 元以上、10 元以上四档，即 10 元以上的每亩发券 1 元，5 元以上的每两亩发券 1 元，依此类推，地价不值 1 元的不发券，各村地价由村长召集里长开会推选地亩评价委员会评定。（3）券息年利 1 分，领券农民现洋付息，期限为 12 年，期满后不再付本息，土地转卖时扣回本金。领券人到期不能付息，待农产收获后按时价折算扣除，租给他人，由租户在租金内代扣，农民实有困难，政府另行处置。（4）券在村中强制使用，违者处罚，用券在本村购买动产及不动产时较现洋优惠（打九九折），但券不能直接冲抵现洋完粮纳税，农民跨村或跨县使用时，由村社从汇兑基金中汇兑现洋。（5）村社汇兑基金由县总社按各村社发行券额 20% 从县银号以年息 1 分借得现洋，县银号以借给县总社款数 20% 从省银行以年息 1 分借得现洋。（6）合作社利息滚存至本金两倍后，其后年息中 50% 用来扩充合作社基金，50% 用来替代土地负担。[2] 阎锡山指定五台、定襄、崞县、沂县、阳曲、太原、榆次等 7 县先行试办，其效果为“按上项办法试办者共百余村，发券后历时三月，各村均能互为使用，甚至还有出县境周使者”，但“惟因原定汇兑办法，手续稍烦，二成基金，为数较少，恐持券者心理不安”。[3] 试行 3 个月后，1934 年 3 月，阎锡山召开会议决定对合作券发放办法进行修正（阎锡山称为二期），其基本要点为：（1）券由汇兑改成兑现，并取消领券村民缴纳的利息；（2）兑款准备金由原先二成调整为全额，由

①　《晋试办合作券经过及实效》，《中华实业季刊》第 2 卷第 2 期，1935 年，第 212 页。
②　陈光远：《山西发行村信用合作券的真象与我见》，千家驹编《中国农村经济论文集》，中华书局，1936，第 119～120 页。
③　齐天缓：《论农村信用合作券》，《监政周刊》新年号，1935 年，第 4 页。

领券农民分七年分摊，第一年须摊足四成，其余分六年均摊，初始认缴可由领券村民负担四成，县银号息借两成，包办者周转一成，其余三成由领券农民随时摊换；（3）各村社均应寻找殷实商号（富商）包办兑现，包办者可用准备金获利，不另核发经费；（4）兑款准备金，除首年归还县银号借款外，翌年起包办者以年利九厘放贷生息累积，第八年起，所得利息作为代村民交纳田地负担之用。合作券办法修正后，又陆续在平遥、文水、徐沟、清源、介休、代县、沁源、沁县、盂县、武乡等 10 县陆续试办，至1935 年"除武乡试办较迟，尚未散发外，其余 16 县试办 715 村，共计发券 52 万余元"。① 成效如何，当时山西官方说法为："除新试办县分，因发券村庄较少，此时尚看不出如何情形者外，所有旧试办县分，如忻、定、台、崞、及阳曲等县各试办大几十村，或百余村，详察情形，虽因农村凋落太甚，未能骤见大效，但乡村利息，已略减低，商家收账，较前容易，一切不动产，及粮价，亦渐有起色，故一般农民，赖此券之扶助，而因以喘息稍舒者，确属不少。"阎锡山设想合作券"此后如能逐渐推广扩大，普及全省各县各村，则资本平均散布于乡村，可收节制私资之效益，利息大部归公，可减少资产生息之弊害，若干年后，并可代纳田赋，减轻人民之负担，县村可积大宗公款，举办建设事业，其救济农村之效用，自益宏大"。② 但现实与理想之间有着巨大鸿沟，仅过两年，1937 年 4 月，太原经建委训令试办合作券的 16 县，要求各县收回合作券，基金退还村民。③ 这项改革尝试事实上是失败了。

银行谨慎开办土地抵押放贷。土地抵押融资作为土地金融政策中的基本内容，在国民政府早期政纲中就不断提及，但土地作为不动产，能作为有效的抵押物，前提要有明确的地界勘测和清晰的产权归属。清中后期就没再进行大的土地清丈，降至民国，屡经内战，地籍更加混乱不堪，国民政府定都南京后，即开始推进地籍整理事项，但一直到1935 年才初步完成关内省份的土地调查，部分省份完成了土地陈报和地籍登记工作，初步具备了土地抵押放贷的条件。在社会、学界和政府高层的推动下，国民政府也正式"试水"土地金融改革。1936 年 2 月，在设立土地银行和推行土地金融政策的高涨呼声中，财政部令饬中国农民银行"至少应以五千万元，

① 《晋试办合作券经过及实效》，《中华实业季刊》第 2 卷第 2 期，1935 年，第 211～212 页。
② 《晋试办合作券经过及实效》，《中华实业季刊》第 2 卷第 2 期，1935 年，第 213 页。
③ 《太原经济建设委员会训令（统字第 310 号）：为合作券剩余基金交由各村按原领券额分配发还村民仰即知照由》（1937 年 4 月 29 日），《山西省政公报》第 17 期，1937 年，第 73～74 页。

经营土地抵押放款"。① 随后，中国农民银行在江西南昌进行土地抵押贷款方面的试点，以省土地局丈册登记发新证的现耕地为抵押，放款额度为省土地局估价之四分之一，并由合作社转贷给社员，每员不超过 30 元，放款用途限于农业改良、水利备荒、修造农业仓库等，期限不超过 3 年，利率一年以内者月息八厘，两年以内者月息九厘，三年以内者月息一分。由于贷款数额过少、期限过短、利息较高，且仅是短期土地抵押融资，并不涉及土地权属调整，因此中国农民银行南昌分行的试办并没有取得太大效果，随着全面抗战爆发，此项试点也就不了了之。财政部对于南昌的土地抵押放款也持审慎态度，自身信心不足，1936 年 4 月，中国农民银行呈报财政部申请在毗邻南京的江苏六合县办理土地抵押放款业务，5 月，财政部部长孔祥熙指令该行暂缓实施，"俟本行南昌方面办理稍著成效再事统筹进行"。② 在中国农民银行试行土地抵押放款的同期，各地的农民银行和信用合作社也开始试办土地抵押放款业务，"抗战以前各省地方银行拟办土地抵押放款者，有江苏农民银行拟试放一百万元，河北省银行拟试放二百万元，安徽省地方银行拟在寿县霍邱两县试办"，③ 但随着全面抗战的爆发，这些省份的试办并未有效实现。

### （三） 土地融权浅尝辄止

在财政部和银行谨慎尝试土地抵押贷款这些土地融资业务踟蹰不前时，部分省份地方当局开始尝试以金融手段实现土地权属的均等化为目标的土地融权试验，这些试验中以山西土地村公有、江苏启东地价券、浙江嘉兴土地凭证等最为典型。

山西土地村公有试验。红军长征到达陕北之后，中共土地革命运动使阎锡山备感威胁，他随即做出反应。1935 年 8 月至 9 月，阎锡山召集晋西 21 县县长及其他官员举行防共联席会议，高调提出解决土地问题是"防共釜底抽薪之根本方法"。会后，阎锡山公布《土地村公有办法大纲》。1935 年 11 月，阎锡山向行政院呈报，该大纲规定"由村公所发行无利公债收买全村土地为村公有"，再行"就田地之水旱肥瘠以一人能耕之量为一份划为若干份地分给村籍农民耕作"，"人民满十八岁即有向村公所呈领份地

---

① 《财政部关于制定中国农民银行经营土地抵押放款及农村放款办法令》（1936 年 2 月），《中华民国史档案资料汇编》第 5 辑第 1 编《财政经济》（4），第 531 页。
② 《财政部指令：钱字第 25570 号》（1936 年 5 月 25 日），《财政公报》第 96 期，1936 年，第 23 页。
③ 钟襄衷：《我国土地金融实施概况》，《金融知识》第 3 卷第 2 期，1944 年，第 142 页。

之权至五十八岁即应将原领之田缴还村公所"，土地公债以产业保护税、不劳动税、利息所得税、劳动所得税为担保分年还本。[①] 该大纲是一个很粗糙的"耕者有其田"方案，核心是通过发行土地公债这一金融方式，按照孙中山设想的"照价购买"路径来实现"平均地权"。该大纲立意应该说具有进步性，但过于脱离实际，不具备可操作性。大纲中最核心的是土地公债，而土地公债由村公所发行，信用严重不足，不但无利息，且担保还本的四个税基都不足以还本。由于诸多的先天缺陷，阎锡山这个"土地村公有"计划一经推出就受到各方的质疑，地政学派的专家学者一致批判。在普遍的质疑声中，阎锡山选定五台、崞县、定襄等 3 县中性质不同的 7 个村庄开始试行，但只是停留在调查阶段，时人称之为"假试验，真调查"，最终不了了之。阎锡山后来对此总结道："惟因人民数千年私有观念太深，干部训练宣传等技术也不成熟，且因收公在前分配在后，故 75%左右的人民均表示不快，遂即中止实行。"[②]

江苏启东地价券试行。启东县于 1928 年 3 月从崇明县分出设县，崇、启都是长江入海口河沙冲积而成，新造陆地随水势涨坍无常，为应付官府固定捐税，逐步形成了"里排"制度。"里排"负责赔垫坍地捐税，收享新涨滩涂地权，启东县本是河沙冲积而来，故大部地权在"里排"手中，"里排"多为崇明县人，"全县现有租佃面积，约占耕地总面积80%，后因启东分自崇明，故租佃田地底权之属于崇明地主者，又约占租佃总面积80%，佃农年纳租息与崇明地主约计一百余万元之巨"，[③] 因此崇、启主佃矛盾十分突出。1936 年，国民党启东县党部常务委员周儒谦等提议"和平而有效"之"转移崇人在启地权简则"十一条，并呈请江苏省地政局"迅予核准施行"。省地政局饬令启东县地政局"查明实情，拟具详细办法"。[④] 启东地政局局长刘岫青据此拟具了土地改革办法报省地政局，该办法的要点是通过土地债券赎买方式解决佃农缺地问题，根据租佃关系，由政府发行地价券，强制收买地主除自耕田外的"田底"权，转给原佃户，地价券还本付息来自田租收入，由政府担保，佃户缴清地价后，土地归佃户，地价券偿还期限设为六年，年息为六厘，由兴农银行具体办理地价券还本付

① 《阎主任土地改革言论撮要：土地村公有办法大纲》，《山西建设》第 8 期，1935 年，第 1～3 页。
② 《土地改革五十年——萧铮回忆录》，第 323 页。
③ 宇：《社论：启东地制改革平议》，《农业周报》第 6 卷第 4 期，1937 年，第 2～4 页。
④ 王逢辛：《启东移转崇人在启地权评议》，《江苏研究》第 2 卷第 11 期，1936 年，第 1 页。

息等事项。① 江苏省政府令第四行署召集启、崇两县协调推进，但此方案遭到崇明方面激烈反对，因双方意见分歧严重，计划悬而未决。启东土地改革因契合中国地政学会第三届年会的决议，1937 年 4 月，中国地政学会曾敦促江苏省从速实施，后因全面抗战爆发而未付诸实施。

浙江嘉兴土地凭证试点。浙江嘉兴地区土地分配严重不均，据 1935 年嘉兴县政府与浙江大学联合抽样调查：不自耕的地主户数占比 0.53%，其土地占比 15.5%；自耕的地主户数占比 3.25%，其土地占比 19.41%；佃农雇农（不含自耕农、半自耕农）的户数占比 39.35%，其土地占比仅为 2.82%。② 1935 年 11 月，新到任的嘉定地区行署专员王先强在嘉兴地区十县第一次行政会议中，提出"耕者有其田办法大纲"，主张纯粹通过土地金融工具来解决土地分配不均问题，并报请省政府采择施行。③ 1936 年 4 月，中国地政学会第三届年会上，浙江省民政厅厅长徐青浦和王先强联袂提出"推行本党土地政策实现耕者有其田案"，要点是通过政府发放土地凭证将土地收归公有，农民具有永耕权，政府收田租，向原地主付五厘利息，并提备公积金向原地主收回土地凭证。④ 嘉兴县政府在上述提案的基础上，拟定了更为周详的《嘉兴县土地政策实施计划大纲》，核心是其土地金融部分：拟由县政府发行土地凭证，收回原产权凭证，以土地凭证方式收回非自耕的土地，并将土地收归公有后再租给农民，设"永耕权"，农民缴租给政府。土地凭证以"丘"为单位，采用不记名方式，县府土地凭证类似土地债券，票面仅记载所收归公有土地的地号与清丈亩分、地价及利率，可买卖或抵押，利率五厘，期限为十五年，地价利息偿付以田租收入支付，地价本金以公积金、欠赋及"溢管"与"失粮"地的田赋等为担保偿还，还完收回土地凭证。⑤ 此项改革刚启动，即因全面抗战爆发而被迫搁浅。

## 结　论

纵观之，我们可以发现，南京国民政府的土地金融政策在全面抗战爆

---

① 徐方庭：《崇启的租佃纠纷和"耕者有其田"》，《中国农村》第 6 期，1937 年。

② 王先强：《嘉兴县土地问题及其解决方案》，《中国经济》（南京）第 5 卷第 6 期，1937 年，第 37 页。

③ 王先强：《嘉兴县土地问题及其解决方案（续）》，《中国经济》（南京）第 5 卷第 7 期，1937 年，第 44 页。

④ 《中国地政学会第三届年会纪要》，《地政月刊》第 4 卷第 4～5 合期，1936 年，第 861 页。

⑤ 《嘉兴县土地政策实施计划大纲（附表）》，《地政月刊》第 5 卷第 2～3 合期，1937 年。

发前已基本成熟。国民政府土地金融政策在地方的实践虽未能成功，但不能归咎于土地金融政策本身，设立土地金融机构、限制土地持有数量、超限土地照价征收、发行土地债券等土地金融政策的关键点在全面抗战前已经陆续出台，但很多客观因素影响了土地金融政策的落地实施。限于羸弱的财政状况，各级土地银行缺乏必要的资本金，迟迟未能成立，土地融资方面也只能由其他银行兼营土地抵押业务，而银行对于土地质押疑虑重重；缺乏资金担保，各类土地公债、证券、凭证是难以发行流通的，全面抗战前地方当局尝试绕开资金匮乏的现实，凭借纯粹信用担保来实现土地融权改革，虽可归为不切实际的理想化，但更多的是现实无奈之举，山西土地村有公债试点无果而终不能只归咎于阎锡山的空想。土地金融的基础条件是土地地籍权属明晰，国民政府土地整理陈报工作，一直到1935年至1936年才初步完成，客观上也影响了土地金融政策的落地实施。全面抗战爆发后，战时状态在时空意义上打断了既定的土地金融改革进程，启东地价券和嘉兴土地凭证，以田地税赋为担保的类似土地债券形式的土地融权改革，已经具有可操作性。抗战中后期国统区部分地区开展的"扶植自耕农"运动中为数不多的成功范例——福建龙岩创置自耕农放款，基本上就参照了启东的模式，政府强制征收超限土地转售无（少）地农民，以土地债权形式向原地主分期还本付息。1941年4月，中国农民银行奉令兼办土地抵押放款业务，专设土地金融处，黄通担任处长，开办土地抵押放款和土地改良放款的土地金融业务，也仅属于全面抗战前就已确定设立中央土地银行政策的微缩版。而后来台湾土改过程中对土地金融政策的成功运用，事实上是沿用了全面抗战前国民政府既定的土地金融政策，设立台湾土地银行，地主超出规定数量土地政府强制征收，政府折价给原地主配发实物土地债券及公营事业股票等，这些基本政策在全面抗战前国民政府的土地金融政策框架中就已然存在。

需要指出的是，南京国民政府的土地金融政策决策与执行之间存在相互背离的现象。在全面抗战前国民党历次重要会议中，土地改革问题都是重要议题，通过了许多重要决议，国民政府也通过了涉及土地的系列法律，国民党高层和以孙中山信徒自居的地方实力派，对实施土地金融政策推动土地改革，都是抱以热情的，蒋介石、汪精卫、孔祥熙、孙科、宋子文、冯玉祥、阎锡山等国民党高层都曾倡导土地改革，推进落实土地金融政策。从国民党高层决策角度看，土地金融政策应该是既定政策，但事实上，包括土地金融政策在内的系列土地政策都停留在纸面，具体落实拖沓逶迤，国民党政权内部反对势力十分庞大。要达到"耕者有其田"，用土地金融实现土地融权目的，前提要强制地主出售超限土地，而国民党基层掌权者往往本身就是大地主，他们是农村旧土地制度的坚定捍护者。国共合作破裂后，国民党对于农民运动的态度翻转，在大革命中受到打击的农村地主乡绅阶层政治势力得到恢复和强化，区公所是国民党政权在农村的基层机构，"一般说来，无论是新式或旧式的区长，常为当地的大小地主们所包办，这在北方各省尤为显著"。据行政院农村复兴委员会1933年对陕、豫两省66个区长的调查，拥有百亩以上土地的地主约占70%。[1] 在南方，地主势力在基层政权中也十分强悍，据1930年春江苏省民政厅对该省374个占地千亩以上大地主的职业统计，职业为军政官吏的，苏南地区44家，苏北地区122家，占比高达44.39%。[2] 国民党中央土改决策之所以无法落实施行，除了基层政权的强大势力反对，省级和中央也有不少势力反对，萧铮在国民党败退台湾后曾有深刻总结："多数以军人主持省政，其中若干人对中央政令是阳奉阴违"，"我们不能专责地方政府，对于本党居于高级领导阶层的部分同志失去革命精神……在南京建都以后，一些前辈同志在意识上已经松弛下来，行动上便不会积极"，"已买进大批土地建筑大厦，甚至经营房地产生意，因之更牵涉到本身利害关系"，"自从民国廿一年起，我们发动的各种土地改革步骤，统多遭了反对者以'应慎重''再研究'等延宕战略，使土地改革的一切政策都遭了搁置，以致有大陆整个沦亡的后果"。[3]

---

① 李珩：《中国农村政治结构的研究：附表》，《中国农村》第10期，1935年，第34页。
② 陈翰笙：《现在中国的土地问题》，冯和法编《中国农村经济论》，黎明书局，1934，第226页。
③ 《土地改革五十年——萧铮回忆录》，第71~72页。

# 战后天津城区水价研究[*]

朱东北[**]

**提　要**　与传统城市不同，水价无疑是城市经济近代化的新问题。直至战后时期，济安水厂铺设管道越出租界，自来水价格遂成为天津城区特有的官民交涉事项。由于供水、售水与送水彼此依存，自来水成本价格提高后，迅速波及传统零售水业，全市范围的水价接连高涨。在民怨沸腾之际，水价调控的出现其实是政府对封闭行业的直接监管。因缺乏强有力的监管手段，结果是劳资政的会商逐渐演变为遮蔽行业私利的护符。为彻底打破行业垄断，天津市政府一度筹划兴建公营售水站，重建市场与政府合轨的定价机制。尽管原有的社会法则依旧存在，但水价调控举措还是实现了近代化转型，既疏导了正当的商业利益，也强化了工商秩序的管控，对自来水业的公私运营关系产生了深远影响。破除行业壁垒固然紧要，而建立现代经济基础才是革旧鼎新的根本之途。

**关键词**　天津　自来水　公共售水站　张锡羊

　　明清以后，华北城市被"水井""井口"分割，形成了鲜明的街巷、胡同文化，取水一直是居民区与外部环境联系的纽带。在居民利用河水、井水时期，水价并没有成为城市生活的一个紧要问题。20世纪后，自来水的工业化生产完成后，水价开始跃升为居民生活重要的公共问题。特别是

*　本文为天津市哲学社会科学一般项目"近代华北城市聚变进程中的工人伦理转型与共同体建设研究"（TJZL20－001）、天津理工大学校级教学基金一般项目"高校劳动教育体系建设模式与发展路径研究"（YR22－08GJ）的阶段性成果之一。

**　朱东北，天津理工大学马克思主义学院讲师。

到了民国时期，自来水与市民生活关系日益紧密，以自来水为中心的城市公用事业直接触及市民的日常生活，甚至影响制度、观念与习俗的形成。自来水不但迅速转变了城市公共商业运营和市民生活方式，而且给社会制度和思想观念带来了全新的社会基础，为理解华北经济变迁提供了一种更加深入的研究视域。

现有研究集中于商埠城市接受近代化生活方式的考察，关注水业的更新换代、老城区与租界区的差异，尤其关注传统水铺水夫与依赖工业技术的自来水公司之间的关系。近几年开始跳出对自来水本身的考察，开始注意自来水引发的社会变迁，认识到自来水经营趋利性与公益原则之间的冲突，往往酿成影响全市的抗议风潮。还有研究开始考察自来水供水体系出现后，水价与水质开始成为新的社会矛盾与焦点，再现饮水卫生观念、健康知识对日常生活的影响，揭示西方卫生技术与本土舆情及文化的互动。可见，由一种物质观念引入转而进入由此引发的多重社会关系的内在变革，将为自来水社会变迁研究提供进一步拓展的空间。①

战后时期，天津自来水事业才开始呈现出多种业态交错的格局，提供了能够完整考察水业社会中各方经济属性与关系动向不可多得的窗口。由于通货膨胀加剧，城市社会各阶层的生活动荡不安，工人生计举步维艰，全市居民生活亦雪上加霜。水价调控不仅代表着华北城市近代化的程度，也持续影响着盘根错节的民间社会内部关系。因此，自来水价成为华北城市研究的焦点。自来水行业如何协调城市变迁中面临的东西方观念差异，水业社会如何在区域社会变动中谋求各自的经济利益，地方政府如何推进其理念，市场与政府合轨定价机制如何形成，等等，值得讨论。有鉴于此，本文不局限于天津自来水价格的波动问题，而更多的是借水价探讨其背后经济社会生活的历史变迁。

---

① 相关研究有：刘海岩《20 世纪前期天津水供给与城市生活的变迁》，《近代史研究》2008
年第 1 期；王煦《1912 年～1937 年北京公用事业发展中的市民维权活动》，《北京社会科
学》2008 年第 6 期；杜丽红《知识、权力与日常生活——近代北京饮水卫生制度与观念
嬗变》，《华中师范大学学报》（人文社会科学版）2010 年第 4 期；熊远报著，周志国、
成淑君译《清代至民国时期北京的卖水业与"水道路"》，《城市史研究》第 28 辑，天津
社会科学院出版社，2012；曹牧《近代天津工业化供水与水夫水铺的转型》，《历史教学
（下半月刊）》2015 年第 9 期；沈辛成《生活污水系统在上海公共租界的形成——兼论公
共卫生研究中的现代性误区》，《史林》2019 年第 1 期；〔美〕罗芙芸《卫生的现代性：
中国通商口岸卫生与疾病的含义》，向磊译，江苏人民出版社，2007；等等。

# 一　自来水厂的接收与政府管理

天津自来水供应来源于租界区。起初，英商创办自来水厂，确定了双轨运营的模式，一是英租界工部局自来水厂，二是私营的济安自来水有限公司。在为数不多的国计民生行业中，自来水业占有举足轻重的地位。直至战后，天津市"水井（包括洋井）有一二四九眼，其中供饮食用的有二六八眼"。城市中心区和租界区，"大多数都是用自来水"。① 与河水、井水相比，自来水水质更优，逐渐成为市民饮水首选。

由于饮水为民生之首，历届政府无不确保自来水供应。1945 年 10 月，天津复原渐次完竣后，天津市公用局接收旧租界水厂，改称"天津市公营自来水厂"，继续供应第一、第十区住户饮水。② 天津市公用局长张锡羊③兼任经理，董宝帧任副厂长，主持水厂运营，共有"职员七十七人，工人一三一人"。④ 市营自来水厂仍不足以供应全市居民用水，天津市公用局又接收民营济安自来水厂。天津市党部主任时子周任董事长，财政局李金州任官股董事，顾味儒任总经理。由于事关市民生活，天津市沿用所属济安水厂的芥园水厂、西河水厂与第六区水厂，继续供应旧市区住户饮水。

按照城区水源地布局，天津公私水厂供水格局形成，共有自来水厂六家，分别为芥园水厂、赤峰道水厂、杜鲁门路水厂、西北角水厂、威尔逊路水厂、多伦道水厂，⑤ 几乎垄断了大部分自来水供应，"市营者供给用水百分之十五，此外百分之八十五由济安公司供给"。⑥ 出于供水安全考虑，接收后的市营自来水厂、济安自来水厂完全由天津市政府掌控，由公用局直接管辖。

需要指出的是，自来水厂并非政府部门。为监督自来水生产，1946 年

---

① 《是谁垄断本市的水业》，《天津市周刊》第 2 卷第 8 期，1947 年，第 7 页。
② 《本市六大公用事业概况（上）》，《天津市周刊》第 7 卷第 1 期，1948 年，第 6 页。
③ 张锡羊，张伯苓次子。1946 年 8 月，天津市公用局长王锡钧因接收舞弊案被查，张遂由公用局人事处长升任局长、公营自来水厂经理。1948 年下半年，辞去本兼各职。参见《公用局长由张锡羊代理》，《大公报》（天津）1947 年 8 月 31 日，第 5 版。
④ 《本市六大公用事业概况（上）》，《天津市周刊》第 7 卷第 1 期，1948 年，第 7 页。
⑤ 《为报送选举结果请备案事致济安自来水产业工会第一分会批（附呈章程）》（1946 年 1 月 19 日），天津市档案馆藏社会局档案，档案号：401206800 - J00025 - 3 - 005539 - 003。
⑥ 《天津市政府卅五年下半年度施政报告》，天津市政府秘书处 1947 年编印，第 5 页。

1 月 27 日，天津市成立自来水产业工会，马纯藜任理事长。<sup>①</sup> 第一分会包括"芥园水厂工人之一部，其余一部则与西北角威尔逊路、赤峰道等水厂合组"。最后，杜鲁门路水厂组成第二分会。为避免协调滞碍，第一分会面呈社会局劳工行政科长杨乐田，"即速派员调整"，<sup>②</sup> 以利水政。接工会呈请后，社会局出于稳定城市秩序考虑，初步确定稳定供水与联络水业的两项办法。一是提高员工生活补助。4 月 24 日，社会局与自来水产业工会第一分会商讨的结果是，市政府准备自来水厂员工薪资基本金四万元，每人"底薪加一六倍，面粉两袋"。<sup>③</sup> 二是整理基层工会。健全系统成为当务之急，应由社会局专人负责，依照法令划清各厂，力争"包括该业全体工人"，建立"分会组织"。<sup>④</sup>

由于自来水厂工人关乎供水稳定，自来水产业工会成为水业交涉不可或缺的部分。然而，从最初的反应看，天津市政府对此不甚了了。工会理事长马纯藜待基层分会健全后，旋即向市政府申诉：自来水厂工人自身生活虽微，却事关全城饮水，亟须"自六月份起，调整工人职务津贴，并发给面粉一袋，增加底薪二十元"。应工会之请，公用局长张锡羊确定"职员基本数五万元，加成一百六十倍，工人基本数四万六千元，加成二百六十倍"，"职员、工人统另加发面粉两袋"。1946 年 8 月 2 日，市公用局重订新办法。8 月中旬，市政府又重新核定，经第 46 次市政会议议决："该厂员工生活，自不致因粮价波动而受影响，甚属合理。"<sup>⑤</sup>

自来水厂员工获得支持，表面上是市政府、公用局接纳工会呈请，其根源在于公、私两厂员工待遇划一有助于稳定其生活，保障自来水业运营。虽在交涉中水厂公、私性质各异，但自来水产业工会理事长马纯藜十分注重维持待遇均等，以达安定之生活之意。例如，济安自来水公司是股份制公司，与普通员工不同，高级职员与董事会关系密切，薪金待遇享有特权。8 月 27 日，马纯藜得知公司将"暗增高级职员二十余人薪金，增为

① 《为筹备就绪举行成立大会派员参加事致社会局呈（附章程等）》（1946 年 1 月 27 日），天津市档案馆藏社会局档案，档案号：401206800－J00025－3－005539－004。
② 《为增加会员薪金事致胡局长的呈》（1946 年 4 月 27 日），天津市档案馆藏社会局档案，档案号：401206800－J00025－3－005796－001。
③ 《为济安自来水工会第一分会请求增薪事致胡局长签呈》（1946 年 5 月 25 日），天津市档案馆藏社会局档案，档案号：401206800－J00025－3－005796－002。
④ 《为调整自来水业工会及组织系统列表致胡局长签呈》（1946 年 5 月 22 日），天津市档案馆藏社会局档案，档案号：401206800－J00025－2－003485－001。
⑤ 《为调整自来水厂职工待遇给市公用局的指令（附发调整标准一份）》（1946 年 8 月 23 日），天津市档案馆藏市政府档案，档案号：401206800－J00002－2－000941－024。

三十余万元"，特代表工会同公司经理顾唯如商谈。市政府收悉后，为保持待遇一致，提出应"详查注意"商谈动向。公营水厂与济安自来水公司隶属于公用局，张锡羊提出两厂员工"待遇办法，不便两歧"。① 尽管自来水产业暂时可以勉强维运，但零售水价失范给天津市政带来更大难题。

## 二 零售水价的私营垄断

因天津城区水源稀缺，自来水供应在政府介入之外，极其依赖私营水铺，不仅取水归属于私人店铺，销售、运送之零售业也有垄断之风。随近代卫生观念的形成，自来水逐渐取代河、井生水，零售业愈加繁盛。20 年代后，先是支引水管，再承包"井口"，开设水铺，供应全市百分之八十居民用水。② 出于供水便利，天津"水铺有六八一家，水夫七一五一人"，"以零售自来水为生计之市民约二万人"。③ "在水管放水时，人则呼之为掌柜的；在挑送水时，人则呼之为挑水夫；在拉水时，则呼之为水车夫，其身份并无店主与伙友之分。"④ 掌柜、水夫同时加入职业工会的水铺十分普遍。

据公用局统计，第三、第四、第六、第八等区为水商供水区，人口稠密，"约占全市总数百分之五十以下，且多生活困难，经济拮据"。⑤ 在这些固定的区域，水铺往往作为私有财产而被继承，垄断之风由来已久。在天津建城以后，"卖水"无可避免地带有"占利"性质，肆意加价时常出现。零售水业纷乱不一，水价随之高低不均，"河北一带，一小茶壶的开水需要一百元，南市也许就要二三百元"。⑥ 价格居奇，有利可图，又与基层市侩文化相融合，导致城区"水阀""水霸"的产生。对此，主管水业的社会局劳资行政科杨乐田调查显示，天津"水业情形特殊，其经营者（水商）亦多系半资半劳性质，虽雇用少数工人，（掌柜）本身亦从事劳

① 《为自来水厂十月份起调整员工待遇致市政府的呈（附调整标准表一份）》（1946 年 11 月 5 日），天津市档案馆藏市政府档案，档案号：401206800－J00002－2－000942－029。
② 李绍泌、倪晋均：《天津自来水事业简史》，《天津文史资料选辑》第 21 辑，天津人民出版社，1982，第 47 页。
③ 《为拟订公营售水站增设书事致市社会局的函（附计划书及意见等）》（1948 年 8 月 1 日），天津市档案馆藏社会局档案，档案号：401206800－J00025－2－002831－009。
④ 《为解散事水业纸业工会与社会局往来函（附诉愿函件）》（1948 年 8 月 14 日），天津市档案馆藏社会局档案，档案号：401206800－J00025－3－005656－019。
⑤ 《标准水桶——市府决照原议实行》，《大公报》（天津）1947 年 9 月 3 日，第 5 版。
⑥ 《是谁垄断本市的水业》，《天津市周刊》第 2 卷第 8 期，1947 年，第 8 页。

动，且资本较少"，[1]"水夫有的是水铺掌柜雇用的，有的是自己独立从水铺里买水挑送给住户，在贱买贵卖之下，谋点利润"，[2] 这就造成了零售水价的法外空间。

与依赖外国技术的水厂不同，零售水业与地方民情的关系紧密。虽然零售水业团体完成了近代转型，但"性质"参差，意见不齐。如 1946 年 4 月 5 日，天津市社会局召集水业职业工会、水商同业公会商讨价格。由于尚属首次议价，沿用了传统水业惯用的"挑"计量，水铺门市售水每挑 20 元，水铺或挑夫送水，"每挑另有脚费十元，共计每挑三十元"。[3] 但实际价格远高于此。其实自来水的厂价每十加仑自来水"不过才要三十七元"，但"现在到水铺买一挑水（顶多七八个加仑）需要二百元左右，要是水夫挑送的恐怕五六百元也不止"。[4] 4 月 17 日，水车业职业工会理事长朱成义即致函社会局提出两点疑问：第一，水车业职业工会多系送水夫组成，利益攸关，为何水车业职业工会不得参加会商；第二，水价 20 元，获利几近"十八倍"，"岂非暴利"。[5]

中心城区零售水业卖水方式特有的复杂性，也加剧了政府主管官署的分歧。社会局长胡梦华即认为，"如不准成立，掀起风波，必致影响治安及市民饮料"。[6] 复原之际，便形成了"先恢复，再调整"的方案，待局势稳定后，再求劳资分开。然而"劳资混合"已成积习，所代表利益多有歧见，因关乎"社会秩序与民生的安定"，卫生局第四科金华国有畏难情绪，提出"会员份子复杂，良莠不齐，监督指挥不易"，[7] 应先行调查整理，再由卫生、社会两局议定办法，以求妥善处理。

1946 年 7 月 20 日，天津市政府召集社会局、警察局、公用局、工务

① 《为查本市水业团体各工会的特殊性将来自应加以调整事致农业经济科的往来函》（1946 年 7 月 2 日），天津市档案馆藏社会局档案，档案号：401206800 - J00025 - 3 - 00148 - 028。
② 《是谁垄断本市的水业》，《天津市周刊》第 2 卷第 8 期，1947 年，第 7 页。
③ 《自来水价格定为每挑二十元》，《益世报》1946 年 4 月 6 日，第 4 版。
④ 《是谁垄断本市的水业》，《天津市周刊》第 2 卷第 8 期，1947 年，第 8 页。
⑤ 《为自来水价格是否暴利事致天津市政府社会局的呈》（1946 年 4 月 17 日），天津市档案馆藏社会局档案，档案号：401206800 - J00025 - 3 - 001250 - 001。
⑥ 《为查本市水业团体各工会的特殊性将来自应加以调整事致农业经济科的往来函》（1946 年 7 月 2 日），天津市档案馆藏社会局档案，档案号：401206800 - J00025 - 3 - 00148 - 028。
⑦ 《为肥料业清洁业分别成立工会事致胡局长的签呈》（1946 年 5 月 24 日），天津市档案馆藏社会局档案，档案号：401206800 - J00025 - 3 - 005709 - 010。

局以及济安自来水公司会商，以求"一劳永逸，彻底解决市民饮水问题"。① 8月12日，社会局第四科长姚金绅提出具体办法：济安自来水公司应设"供应处"，其利好有三点：一是"公家无消耗公帑之虞"；二是"公司发展其营业"，推进自来水市政；三是"水铺包商仍可为贫苦市民、老弱无力者，供给饮水，于挑夫并无重大影响"。② 然而，这种做法仍然存在隐患：一是水价难免悬殊，二是水铺必将起而反对。③

实际上，济安自来水公司早有此类计划，在铺设水管不足时，曾将水厂自来水管接入"井口"，进而就近售卖，也被称为"井口售水制"，市政府"供应处"之议只是这种旧制的翻新。然而，铺设水管的水铺与自来水公司达成一致后，水铺独占经营供水进一步加剧了用水畸态，富户价低，穷户价高。在送水区域，"水霸"习行旧日风气，蛮横异常，"简直是水的独占专利者，也更是天津社会的托拉斯"。至1946年9月16日，济安自来水公司上呈称：设立井口难免"用户安装水管者，日渐增多，各水铺相继林立"。④ 对此，社会局调查认为，"水霸""水阀"确为城区水业特有现象，他们多是"市井人物"，不仅哄抬水价，阳奉阴违，而且煽动同业抗拒法令。

综合以上"实情"，胡梦华认为应"妥商办法"，⑤ 从源头上整顿水业，徐图变革。10月12日下午3时，社会局、警察局、公用局与济安自来水公司会商办法，以"尽利为至要"为根本之策，具体方案是，先于"水商较少、市民取水不便地区，酌量恢复井口"，其后"逐渐推行"，以先"便利市民之取用，后无妨水商之售卖，并筹并顾"。⑥ 井口选定后，社会局"召集水商（同业）公会、水车夫工会负责人"，通告各会员"协助

---

① 《为召开会议商讨自来水供应处办法事给警察局公用局工务局济安自来水公司的函》（1946年7月20日），天津市档案馆藏社会局档案，档案号：401206800－J00025－3－001250－023。

② 《为筹设供应处事给济安自来水公司的训令（附原签呈）》（1946年9月4日），天津市档案馆藏社会局档案，档案号：401206800－J00025－3－001250－014。

③ 《自来水供应无问题，济安出水较战前增一倍》，《大公报》（天津）1946年8月7日，第5版。

④ 《是谁垄断本市的水业》，《天津市周刊》第2卷第8期，1947年，第8~9页。

⑤ 《为筹设供应处赴济安公司查复情形致天津市政府秘书处的函》（1946年9月21日），天津市档案馆藏社会局档案，档案号：401206800－J00025－3－001250－025。

⑥ 《为商讨筹设自来水供应处事给警察局公用局的函给天津济安自来水公司的训令》（1946年10月11日），天津市档案馆藏社会局档案，档案号：401206800－J00025－3－001250－027。

推行"。① 然而，考虑到"消防管道关系重要，未便利用"，天津市政府最后确定"供应处暂时"无设立之必要，应从缓议"。②

尽管如此，社会局仍认为应力求"变通办理"，"早日促其实现"。③实际上，在城区边缘地带筹建供应处仍然困难重重，不仅面临消防对接、材料施工等现实局限，而且其本质上只不过是扩大自来水的商业运作，这不仅对于根深蒂固的传统水业垄断无济于事，而且往往因为固有的盈利习惯。因此，在此种商业运作日盛的自来水供应体系里，员工生计与市民生活的矛盾往往会不断激化，逐渐演变成天津城市近代化愿景的障碍。

## 三　员工生计与市民生活的折冲

1946 年底，杜建时升任市长时宣誓："全市每一个角落、每个市民的日常生活，都能达到'安'、'便'、'足'的最高境界"，④ 尤其是"市政设施，须特别着眼于工商经济，使一切工商业能够在安定环境之下，日趋健旺，能够在金融活泼之下，日即繁荣"。⑤ 在倡导之下，11 月 5 日，张锡羊草拟了自来水厂员工 10 月份薪金调整标准，呈报批准。11 月 9 日，杜建时特别指令公用局，自来水业员工待遇关乎社会民生，不可与其他行业等同，"不得率尔（自行）核准"。⑥

不同于井水、河水取自天然，自来水价自然包含水价与劳力价两部分。除此之外，产、送水者之生计与用水者之民生的诉求取向，也不乏矛盾之处。对于此种两难，杜建时着重考虑先行统筹调配米、面、煤等生活物资，采取多种联动措施，待市面平稳后，物价波动自当迎刃而解。然而，与其他公用事业价格调控相似，由于物资的调运缓慢，为保障民生，政府制定法定价格势在必行。如张锡羊就曾指出：生活物价大起大落之下，水价、电价务须以煤、面价格为基，以上涨的比例为准，"每涨落五

① 《商讨恢复井口制售水会议记录》（1946 年 10 月 12 日），天津市档案馆藏社会局档案，档案号：401206800 - J00025 - 3 - 001250 - 008。
② 《为改定恢复井口制售水等制社会局的指令》（1946 年 10 月 2 日），天津市档案馆藏市政府档案，档案号：401206800 - J00002 - 3 - 002904 - 012。
③ 《为筹设自来水供应处改为设立井口售水制事给济安自来水公司的训令》（1946 年 11 月 20 日），天津市档案馆藏社会局档案，档案号：401206800 - J00025 - 3 - 001250 - 019。
④ 《本府施政方针》，《天津市政统计月报》第 1 卷第 4、5 期合刊，1946 年，第 5 页。
⑤ 《天津市政府卅五年下半年度施政报告》，第 1 页。
⑥ 《为自来水厂十月份调整员工待遇给市公用局指令》（1946 年 11 月 9 日），天津市档案馆藏市政府档案，档案号：401206800 - J00002 - 2 - 000942 - 030。

百元，则每百加仑水价涨落二元"。①

之所以将煤、面价格作为自来水价的参考，在于两种物资乃自来水厂人、机运营的必需品。1947 年 1 月以来，煤、电价格上调，自来水市政运营成本自然提高。为避免自来水公司停运，天津市长杜建时指令胡梦华注意水价波动，尤应指导水业工商团体，遵照法定水价，"随时督饬各商，切实遵照，不得私行增价"。② 1 月 20 日，考虑到民生艰难，临时参议会决议："值百物腾贵之际，公营事业自不宜增价，如不得已必须加价时，亦不得超过原价百分之五十，以免刺激物价。"③

恰此时，合理定价之呼声不绝于耳。由于自来水用户"率多贫苦市民，血汗所获不足以养其家"，况且水价"极不一致，民众早已喷有烦言"。④ 因此，自来水产业工会即向社会局呈请政府核准水价。与此同时，第二区保民方文义也极力呼吁："本市水铺及担水夫对于用水住户态度蛮横，随意增加"水价，请政府"即予惩办，以儆刁顽"。⑤ 在此舆情波动背景下，自来水市政如何实现统筹变革成为天津市紧要之事，整理水业势在必行。

1947 年 2 月 6 日，为确定合理的零售水价，天津市政府又召集水业职业工会、水商同业公会会商。据统计，此时市面零售水价分别为"水铺售给水夫每担五十元，水铺售给用户每担八十元"。经此次会商后，自来水价"增为一百二十元"，⑥ 以十加仑计，"住户自取每担二百元，水铺售给水车夫每担一百三十元，水车夫送售用户每担均为三百五十元"。⑦ 由此可见，天津市公用局期望通过微调，稳定水夫生活，尽可能减轻百姓用水负

① 张锡羊：《公用事业价格》，《益世报》1948 年 5 月 21 日，第 5 版。
② 《为调整水商水夫售水价格事致天津市政府社会局的指令》（1947 年 1 月 14 日），天津市档案馆藏社会局档案，档案号：401206800 - J0025 - 3 - 001148 - 047。
③ 《济安自来水增价不得超过原价之半》，《益世报》1947 年 1 月 21 日，第 4 版。
④ 《为水车工人职业工会收回检定水桶公定水价成命事致杜市长的呈（附会议记录一件办法说明书一件成本计算单一件计算公式一件原呈文一件）》（1947 年 9 月 16 日），天津市档案馆藏市政府档案，档案号：401206800 - J0002 - 3 - 002893 - 047。
⑤ 《为界内水铺不按公价售水予以取缔的提案》（1946 年 11 月 1 日），天津市档案馆藏社会局档案，档案号：401206800 - J00025 - 3 - 004861 - 046。
⑥ 《为调整水价执行事致天津市水商业同业公会水业职业工会水车业职业工会的训令》（1947 年 2 月 6 日），天津市档案馆藏社会局档案，档案号：401206800 - J0025 - 3 - 001148 - 048。
⑦ 《为水车工人职业工会收回检定水桶公定水价成命事致杜市长的呈（附会议记录一件办法说明书一件成本计算单一件计算公式一件原呈文一件）》（1947 年 9 月 16 日），天津市档案馆藏市政府档案，档案号：401206800 - J0002 - 3 - 002893 - 047。

担，同时保障水业兴旺。

然而，这个提价方案仍无法实现稳定从业生活与保障市民利益的平衡。因天津市物价腾升，自来水厂处于供水体系的源头，2 月 12 日，自来水产业工会理事长马纯藜上呈市政府称：工人生活无法维系，"温饱不足，叫苦呻吟"，应谋救济之策。经过磋商，自来水产业工会居于"谋求会员福利之立场，一再向济安（自来水）公司要求改善"，济安自来水公司干脆公开账目，"煤、电费用消耗大半"。① 在工会表达水厂员工利益的同时，正值国民政府颁布的《公务员待遇调整办法》下达市政府。借助此次自来水产业工会、中央法令实施之机，公用局长张锡羊也提请改善员工待遇，"基本数改为九万元，加成数改为八百倍"。②

在此期间，马纯藜再次提议："自来水为津市公用事业主要部门，关乎社会秩序，系于市民生活，为建国计，为社会安宁计，惟朝夕对各厂员工劝慰忠告实情，借以消弭不幸之工潮。"尽管如此，"员工被生活所迫，离去他就"，仍无可避免。为扩大影响，维护权益，自来水产业工会又派人到社会局面呈，还分赴公用局、警察局、市政府、参议会请愿。对此，社会局胡梦华表示赞同："自来水厂虽系民营，但关乎公用事业，水价既不可增加，而员工生活确成问题。"③

事实上，以面粉时价每斤 700 元为准，自来水厂员工工资"支俸二百元之职员，与市属机关同俸级之职员所得相等，支俸二百元以上者，则较同俸级之职员待遇为低，两百元俸级以下者则较市属机关职员待遇为高"。④ 1947 年 3 月 19 日，提高自来水厂员工待遇的提案经市政会议第 75 次例会决议通过。各方呈请后，自来水厂员工与市属机关职员拥有同等待遇。天津市公用局慨言：相对于他业工人，"他们是不用管理的，从不作无理的要求，但有理就一定坚持"。⑤ 尽管自来水厂员工待遇提高稳定了社会秩序，但在物价高涨之下，所增加的待遇又演变为新一轮"增价"风波转嫁到市民身上，引发了更深层次的利益博弈。

---

① 《为自来水前途堪虑迅谋补救方策致社会局呈》（1947 年 2 月 12 日），天津市档案馆藏社会局档案，档案号：401206800 - J00025 - 3 - 003630 - 001。
② 《为自来水厂调整职工待遇致杜市长的呈》（1947 年 2 月 24 日），天津市档案馆藏市政府档案，档案号：401206800 - J00002 - 2 - 001115 - 020。
③ 《为自来水前途堪虑迅谋补救方策致社会局呈》（1947 年 2 月 12 日），天津市档案馆藏社会局档案，档案号：401206800 - J00025 - 3 - 003630 - 001。
④ 《为调整自来水厂员工待遇给市政会议的提案（附员工所得比较表一份）》（1947 年 3 月 11 日），天津市档案馆藏市政府档案，档案号：401206800 - J00002 - 2 - 001115 - 021。
⑤ 《本市六大公用事业概况（上）》，《天津市周刊》第 7 卷第 1 期，1948 年，第 7 页。

## 四　劳、资、政的交涉与博弈

　　自来水不仅改变了城区住户的用水方式，也促成了频繁的官民互动。作为政府不断提倡卫生饮水观念的产物，自来水既是生活必需品，也是相关服务行业的必要物资，不断高涨的水价成了公共交涉的焦点。1947年初，自来水厂员工待遇提高不久，新一轮水价也向全市公布实施，如以百加仑计，凡政府机关、团体、水铺为370元，而普通用户为400元。新水价一经通告，洗浴、餐饮等用水商户运营成本骤然增加，合理水价如何订立遂成为牵动各方的紧要问题。

　　增价风波愈演愈烈，官民会商成为调控水价的首要环节。1947年4月25日，张锡羊再次召集水业各方来局会商厘定"合理"水价。参加者有自来水厂副厂长陈静澜、社会局谢天职、警察局萧研展、公用局统计主任吕懋仁、水业职业工会理事长傅文生、水车业职业工会理事长朱冠英、水商业同业公会理事长刘仁甫等。此次会议改变了估算方法，确定加仑、英寸等英制单位。水桶标准尺寸定为："甲、桶口直径十三寸六；乙、内径桶长十一寸二；丙、底直径十二寸一。"若以此水桶送水，每10加仑水价为350元。①

　　四五月间，"天时渐暖，用水剧增，贫苦市民实不堪负担"。②为消减民怨，遏制来自独占利益团体的反弹，自来水价格成为会商的重中之重。4月29日，市政府召集各报记者，一方面从舆论上打压"水阀"投机，另一方面为整顿水业造势。具体计划有四："（一）解决水阀；（二）旧英租界碱水问题；（三）水卫生问题；（四）天津市水建计划。"③而市政府更倾向于统筹水源，杜建时即勒令张锡羊"应先行（水厂合并）计划，未雨绸缪，以免发生断水之虞"。④市政府认为，产水关系健康、卫生，是"开源"之策，应筹备将公营自来水厂与济安自来水厂归并为一。

　　不同于市政府态度，张锡羊倾向于"统筹施策"。但是需要指出的是，

①　《为整订本市零售水价一案办理经过情形及记录通告说明备文请鉴核备案致杜市长的呈（附会议记录）》（1947年4月30日），天津市档案馆藏市政府档案，档案号：401206800－J0002－3－002893－019。
②　《水阀其醒》，《大公报》（天津）1947年4月29日，第5版。
③　《津筹备划一用水》，《益世报》1947年4月30日，第4版。
④　《为具报计划市自来水及改善第十区水质办法致公用局的训令》（1947年5月13日），天津市档案馆藏市政府档案，档案号：401206800－J0002－3－002868－012。

虽然这种政策包含了工、商、政、民的参与，但仍然是强化法定水价效力的延续。比如，在他看来，实施水价的定、调并举，非整顿水业不可。他的做法有两点。一是增加供应。新增 10 处供水站，由公用局经营管理。[①] 二是统一衡器。推行标准水桶，将每担统一为 10 加仑，加盖"度量衡检定所"及"公用局核定"火印，以便监督。具体步骤是，从 5 月 7 日至 5 月 10 日，按日分区检定。具体安排是：5 月 7 日，检定二、四、五区；5 月 8 日，检定三、九区；5 月 9 日，检定七、八区；5 月 10 日，检定一、六、十区。[②] 在此期间，申请检定的水商有 65 家，水夫有 238 人。共检定合格 205 个，不合格 125 个。[③]

尽管公用局屡次推动水业团体配合实施，实际上水业、水车业职业工会并未响应。社会局胡梦华为消除障碍，以界限混淆、职权不分、屡肇纠纷为由，勒令解散水业职业工会，依法筹组合法团体。[④] 上项会商决议并没有得到切实遵办。第一次检定水桶后，水业职业工会理事长傅文生即提出：本会"（水夫）会员体力强弱各别、老幼不等，难负标准重量"，[⑤] "他们卖苦力气天天不断的供给市民用水，功劳也不算小呀！一旦有什么影响了他们的利益，（工会）当然是要出头说话的"。[⑥] 由此看来，水业职业工会对社会局不满，还是因为政府定价过低，影响送水利益。对此张锡羊即言：水铺假"工会"之名作梗，"（水夫）亦不无（有）观望心理"。[⑦]

更为棘手的是，水商同业公会与全市工商界摆出一致姿态。虽然其意并非与工会相同，却无形阻碍了水业整顿。1947 年 5 月 24 日，该会理事长刘仁甫表示：本业"生活程度骤增，开支浩繁，对于前定水价殊感不能

---

① 《津筹备划一用水》，《益世报》1947 年 4 月 30 日，第 4 版。

② 《为实施零售水价制定标准水桶按期派员协助办理并检发检定水桶事给三区公所训令（附有关表）》（1947 年 5 月 6 日），天津市档案馆藏第三区公所档案，档案号：401206800 - J0032 - 1 - 000309 - 061。

③ 《为整订零售水价一案执行检定核备案致杜市长的呈（附统计表一纸）》（1947 年 5 月 17 日），天津市档案馆藏市政府档案，档案号：401206800 - J0002 - 3 - 002893 - 027。

④ 《水职工会奉令解散，社会局决定善后办法》，《中南报》1947 年 5 月 7 日，第 4 版。

⑤ 《为水车工人职业工会收回检定水桶公定水价成命事致杜市长的呈（附会议记录一件办法说明书一件成本计算单一件计算公式一件原呈文一件）》（1947 年 9 月 16 日），天津市档案馆藏市政府档案，档案号：401206800 - J0002 - 3 - 002893 - 047。

⑥ 《是谁垄断本市的水业》，《天津市周刊》第 2 卷第 8 期，1947 年，第 8 页。

⑦ 《为整订零售水价一案执行检定核备案致杜市长的呈（附统计表一纸）》（1947 年 5 月 17 日），天津市档案馆藏市政府档案，档案号：401206800 - J0002 - 3 - 002893 - 027。

维持，纷请设法调整"。① 需要说明的是，5 月 27 日，社会局得知后表示"体恤"，但水政决策不容动摇，只准许"添验五加仑一担之水桶，标明半桶字样，计价仍以十加仑为准"。直至 6 月，政府开始分区检定，"结果寥寥无几"。② 6 月 30 日，傅文生直指社会局不顾水业实际，向社会部提出诉求以求公道。③

工商团体与政府各不相让，反映了双方势均力敌，然而这也是政府不能接受的事实。7 月 11 日，官民矛盾白热化后，一方面，社会局长胡梦华只得"请警察局取缔"。④ 之所以水业整顿进展迟缓，水商水夫固守其利，成为天津市政的最大民生难题。另一方面，天津市政府遂再次召集各方会商。1947 年 8 月 23 日，张锡羊主持召集水商业同业公会，水业职业工会、水车业职业工会、水夫职业工会、警察局、社会局以及各区区长，参加零售水价及标准水桶实施办法讨论会议。张锡羊强调水业整顿要点：第一，统筹产水机构，"使其经营方式与产水成本合理而具效率"；第二，规范零售业，"使容器有标准，价格无偏执"；第三，建设新市政，"配合市政一般发展，改善并扩充水政设施"。⑤

此次会商中，工商团体代表行业利益，而并非单纯替政府办事。这种"表利"大于"辅政"的政府与团体关系，致使官民交涉遇到阻碍，水业整顿迟滞，从根本上进一步推动公用局从依赖水业团体向打破水业壁垒转变。水车业职业工会理事长李凤舞主张："本业（会员）从事售水跋楼梯、涉泥潭，倍极艰苦，所获仅足一饱。所备水桶率为七八加仑，若将现有水桶废置不用，殊不经济，一律另作新桶，亦（经济）实力所未逮。"⑥

① 《为物价波动如何调整水价事致天津市政府社会局呈》（1947 年 5 月 24 日），天津市档案馆藏社会局档案，档案号：401206800 - J0025 - 3 - 001122 - 022。
② 《为水车工人职业工会收回检定水桶公定水价成命事致杜市长的呈（附会议记录一件办法说明书一件成本计算单一件计算公式一件原呈文一件）》（1947 年 9 月 16 日），天津市档案馆藏市政府档案，档案号：401206800 - J0002 - 3 - 002893 - 047。
③ 《为解散事水业纸业工会事与社会局往来函（附诉愿函件）》（1947 年 6 月 30 日），天津市档案馆藏社会局档案，档案号：401206800 - J00025 - 3 - 005656 - 019。
④ 《为处理水业职业工会破坏会务事致天津市商会指令（附原呈）》（1947 年 7 月 16 日），天津市档案馆藏社会局档案，档案号：401206800 - J00025 - 3 - 005696 - 004。
⑤ 《为发讨论零售水价及施行标准水桶会议记录事给天津市十一区公所的函（附会议记录）》（1947 年 9 月 17 日），天津市档案馆藏第十一区公所档案，档案号：401206800 - J0039 - 1 - 000074 - 007。
⑥ 《为发讨论零售水价及施行标准水桶会议记录事给天津市十一区公所的函（附会议记录）》（1947 年 9 月 17 日），天津市档案馆藏第十一区公所档案，档案号：401206800 - J0039 - 1 - 000074 - 007。

对于水车业职业工会提出的问题，各方反应不一。水商业同业公会理事长刘仁甫发言称：遵守政令固然无疑，但请政府体恤，高买低售，"实难维持"。第二区长梁叔达持中立立场，考虑各方论调，应补验全市之"不合格"水桶。第六区长赵子彬陈述：各保"已有三分之二申诉民户饮用水之困难，请速设公立水站售水"。公用局第二科李长劭认为："事关全体市民，不能以不了了之"，新水价既然确定，市民若"不能买到所值之水量，恐行致纠纷"。此次会议后，天津市长杜建时认为应厉行法令，一方面要切实完成水桶检验，另一方面不合格水桶不得以每担 900 元售卖。同时布告市民：务必"使市民得以合理之代价，得到（卫生）饮水"，① 稳定秩序。

工商团体的抵制在意料之中，关键是如何经由上下联动，获得有效的变革之道。天津市政府力求"分而治之"推进水业整顿。这就要先整合各方实情，遏制底层利益集团的反弹，再对社会变动加以适当的管制。一是扩建售水站。在短期内，划分区域，准许"市民自由申请"，② "设立公共售水站，（以）平价供水，限制水铺之垄断，计划全市三百余保，平均每保有一售水站"，在此之后，再"设流动售水站，以特制之水车，供给市民住户用水"。二是对水商加强监管。9 月 1 日至 9 月 10 日，对于水商"投机取巧"，③ 再次检定标准水桶，"自十一日起，全市水桶，即须完全划一"，④ 由公用局全权办理。

水车业职业工会李凤舞的表态最终没有得到重视，从一个侧面表明水价会商本质仍然是政府主导的法定机制。究其根源，这种机制的形成更多是"水阀"独占零售业造成的。事实上，李凤舞曾一再上呈市政府："水商系设铺租管雇佣人工，每月担负除工资福食各费外，尚有房租、电费及损失在内"，水夫则不同，"除水车、水担之临时修补及牲畜饲料外，别无担负"，纯属"受雇者"。"自有津市以来，闻有节限衣、食、住，未闻有限于售水，公用局之检定，殊欠妥当"，却于事无补。⑤ 为减弱水业反弹，

① 《设置公共售水站》，《天津市周刊》第 4 卷第 3 期，1947 年，第 3 页。

② 《三十七年度上半年度工作报告（工作述要）》，《天津市政统计月报》第 3 卷第 6 期，1948 年，第 9 页。

③ 《标准水桶——市府决照原议实行》，《大公报》（天津）1947 年 9 月 3 日，第 5 版。

④ 《设置公共售水站》，《天津市周刊》第 4 卷第 3 期，1947 年，第 3 页。

⑤ 《为水车工人职业工会收回检定水桶公定水价成命事致杜市长的呈（附会议记录一件办法说明书一件成本计算单一件计算公式一件原呈文一件）》（1947 年 9 月 16 日），天津市档案馆藏市政府档案，档案号：401206800 - J0002 - 3 - 002893 - 047。

张锡羊指令基层各区、保，为克期完成，"非由市民检举及警局协助不为功"，① 进一步加大政府推行水价的力度。直到9月10日，水车业职业工会会员仍"无一人受检"。总体来看，天津市零售水业整顿无法得到有效推动，可以看作是工商团体已经成为私商护符所致，公用自来水价波动背后代表的商业利益无疑需要市政体系转型与变革。

## 五 水价纠纷的变奏与赓续

从"水业整顿"到"统筹施策"，市场与政府合轨的定价机制逐渐形成。在此进路中，公用事业的公私双轨运营固然可以减轻政府独占运营之繁，但也陷入了增价维运的困境。尤其在公营运行力所不逮时，也会因私营成分而丢失其最初的公用本意，以政府平价为代表的水价调控已成为大势所趋。天津市政府其实并不担心自来水供应区域的饮水问题，相反，十分忧虑挑送水区域潜在的种种不可控状况。从一开始，天津市民生活就深受影响，一方面"贫苦市民紧缩用水"，另一方面"水价愈高，纠纷愈多"。② 换言之，从根本上革新市政体系，才是平抑水价的不二之选。

基于长治久安考量，张锡羊力谋改弦更张，正式抛出公共售水站提议，具体可行办法有二：一是新建售公共水站，二是重订水价估算方法。依照此种方案，既可从根本上打击"水阀"，也可以避免新的垄断滋生，进而可以高效实施政府法定水价。为了调动政府与民间资源，共建市政设施，达到既供给民需也动员民力之效，公用局抛出计划，让行业外"市民"自由申请设立公共售水站，筹措十分之五建筑费，由区公所全权运营。日后收回成本后，再收为"公产"，须由公用局分别指派员工监理。水站设管理员一人，长工一人或数人。公共售水站水价格依据法定水价标准，全天对外售水，即"每日晨七时起至下午十时止"，③ "遵照公定水价售卖，并使用标准水桶"。④ 正如张锡羊上呈市政府所言：兴建公营售水站，"以扩充水源，而期增强供应，该项措施不但水价取得合理，而于饮

① 《为划一零售水价事给第二区公所令》（1947年9月9日），天津市档案馆藏第二区公所档案，档案号：401206800 - J0031 - 1 - 00026 - 010。
② 《为拟订公营售水站增设书事致市社会局的函（附计划书及意见等）》（1948年8月1日），天津市档案馆藏社会局档案，档案号：401206800 - J00025 - 2 - 002831 - 009。
③ 《关于议决公共售水站管理办法案的送达通知单（附提案）》（1947年9月1日），天津市档案馆藏市政府档案，档案号：401206800 - J0002 - 3 - 002904 - 020。
④ 《防止水商垄断，津市筹设公营水站》，《大公报》（天津）1948年5月6日，第5版。

料卫生及劳力方面均有裨益"。①

在中心城区之外兴办"边远地区"市政工程，最为紧要的是筹措经费。据初步统计，"接引支水管设站"，"每站需用工料费用数千万元乃至亿元以上"。经费、物资奇缺之时，动用这笔庞大的费用建设基础水站是一个棘手问题。为收协同共济之效，张锡羊提出"取之于地方，图利于地方"的原则，不仅"利用民有私管接装"，② 而且大力倡导私营水铺改建公共售水站。考虑到公营售水站难免在现有水道之上修建，公用局首先查明，新建售水站，"不致影响自来水流量"。③ 经此一系列安排，基本上扫清了兴建公共售水站的障碍。

从 1947 年 9 月起，公用局开始会同各区公所，选定水站地点，着令各区公所详细呈报各区"人口分布情形及需设水站地点，勘查拟议，并备图表"。④ 9 月 16 日，公用局基本确立了"每保设立一处售水站"的布局，"以期早日完成"。⑤ 在第七区，水站选址"以距现有（私营）水铺较远为最适宜"。⑥ 在第八区，尚存日伪时期"机械水井"及相应管道，公用局认为应具报水管起讫地点及管径，"以便利用已有材料，改善饮水事业"。⑦

自 10 月起，天津市政府开始依照粮价走势，实施新水价。为避免纠纷，天津市公用局建议，将新水价每月向全市公布。然而，这些做法并未立竿见影，还是引发了不小的纠纷。一些水商坚持认为，此项办法推行，必致断绝生路。在百姓负担与公用事业运营之间，张锡羊则认为：如若平价政策"不偏不倚"，必能兼顾多种市场要素。1947 年末，全国经济委员会颁布通行各地的公用事业计价公式，天津市水价遂改为"以煤、电、柴

---

① 《为筹设公共售水站及自费售水站等情形致杜市长呈（附提案）》（1947 年 8 月 31 日），天津市档案馆藏市政府档案，档案号：401206800 - J0002 - 3 - 002972 - 036。
② 《关于售水站水管与私有支水管相接问题致杜市长的呈（附管理办法草案）》（1947 年 8 月 7 日），天津市档案馆藏市政府档案，档案号：401206800 - J0002 - 3 - 002904 - 021。
③ 《关于议决公共售水站管理办法案的送达通知单（附提案）》（1947 年 9 月 1 日），天津市档案馆藏市政府档案，档案号：401206800 - J0002 - 3 - 002904 - 020。
④ 《为勘查设立售水站址事给第五区公所训令》（1947 年 9 月 2 日），天津市档案馆藏第五区公所档案，档案号：401206800 - J0034 - 1 - 000382 - 038。
⑤ 《为设立售水站事给第一保的训令（附略图）》（1947 年 9 月 16 日），天津市档案馆藏第八区公所档案，档案号：401206800 - J0037 - 1 - 000651 - 109。
⑥ 《为设立售水站选妥地点事给各保训令》（1947 年 8 月 30 日），天津市档案馆藏第七区公所档案，档案号：401206800 - J0036 - 1 - 000388 - 004。
⑦ 《为设立售水站事给第一保的训令（附略图）》（1947 年 9 月 16 日），天津市档案馆藏第八区公所档案，档案号：401206800 - J0037 - 1 - 000651 - 109。

油、外汇价格及工人生活费指数作为因数"，①最终确定法定价格。实际上，这种社会纠纷反映了官民的不同认识。之所以双方各行其道，其实质在于在物价腾高之下，水商为求自保，必然抵制法定水价，并不期望水价"公平"。

水价平抑须政府与民间步调一致，才能不致功亏一篑。由于行业积习已深，多数水铺仍在工会组织范畴，水商业同业公会无法囊括全市。经过历次推动整顿，水业职业工会的存在渐渐不利于政府管控工商秩序。社会局长胡梦华也直言：该会"不顾多数市民福利，一味阻挠，殊非所宜"。②因此，天津社会局认为，应切实依法改组，严加取缔。为免除纠纷，既规范从业者又"便于管理"，社会局致力于重新登记从业人员。直到1948年6月底，"水商登记61家，水夫登记492人，自来水承装商登记47人，考验水管技工386人"。③

1948年5月，煤、粮、外汇价格上涨，自来水价格涨至每百加仑24000元，④ 6月涨至31000元。⑤ 7月，天津市召开各区长联席会议，各区情形不一，各方意见纷呈。第一区保民大会上，即有人陈述："本保零售水商任意增加水价，毫无标准"，应设立公共售水站多处，以"保民而轻负担"。⑥ 第一区、第十一区也上呈公用局："水源缺乏，每年屡有水荒之虞"，应设法安装公共售水站，"以解除以往痛苦"。⑦ 第十一区第十三保保长王子清也上呈："应赶速装设，以应需要。"⑧

至1948年8月，天津市长杜建时综合考虑社会民生之艰、水政大局与

① 张锡羊：《公用事业价格》，《益世报》1948年5月21日，第5版。
② 《为水车工人职业工会收回检定水桶公定水价成命事致杜市长的呈（附会议记录一件办法说明书一件成本计算单一件计算公式一件原呈文一件）》（1947年9月16日），天津市档案馆藏市政府档案，档案号：401206800－J0002－3－002893－047。
③ 《三十七年度上半年度工作报告（报告表）》，《天津市政统计月报》第3卷第6期，1948年，第37页。
④ 《自来水涨价，市府核准每百加仑二万四千元》，《大公报》（天津）1948年5月23日，第5版。
⑤ 《自来水本月调整价格，百加仑三万一千元》，《大公报》（天津）1948年6月23日，第5版。
⑥ 《为设售水站致市公用局的呈》（1948年7月20日），天津市档案馆藏社会局档案，档案号：401206800－J0025－3－004966－031。
⑦ 《为呈报辖区第十一至十三保请求安装公共售水站事给市第十一区公所的指令（附该公所呈）》（1948年7月15日），天津市档案馆藏第十一区公所档案，档案号：401206800－J0039－1－000074－023。
⑧ 《为安装售水站事致王区长的呈》（1948年11月16日），天津市档案馆藏第十一区公所档案，档案号：401206800－J0039－1－000074－039。

华北前途再次提出，公共售水办法"尚属可行，应准照办"，①应由公用、民政两局会商推进，长期谋划。数月后，华北战局急转直下，国民党政权摇摇欲坠，天津公用局长张锡羊递交辞呈，市政府暂以地政局长吴惠和兼理公用局。吴接任后，公用局第四科李维新提议："大局紧张之时，为免生纠纷，拟将公共售水站计划，暂行缓办，俟大局平静，再行继续办理。"②至此，天津水政变革草草收场。

# 六　结语

近代水业变迁蕴含着经济、政治与社会变迁的多层内容。在王朝国家的社会管理体制下，饮水来自私营水铺，水价随市场行情起落，并没有真正意义上的"公用事业"，因此缺乏真正意义上的公营行业。对于近代城市变迁而言，自来水提升了城市饮水品质，清洁、卫生与便捷等现代理念随之普及。民国时期使用者激增，自来水开始成为华北市民"一时不可缺少"，又"接通万象"的变革因素。在新兴的自来水市政运营关系里，天津水业社会日益形成。源自公与私、新与旧对立属性及利益诉求，它们组成了一个既紧密联系又各自为利的内部关系网络。政府水价管制，成为近代市场价格总体平稳与城市民生的最后保障。在盘根错节的生产与供需关系中，制订与调控水价开始成为一个影响区域经济社会变迁不可或缺的问题。

不同于传统城市，现代政府治理也延伸至民生行业的运营领域，以形成合理的生活必需品价格。水价作为影响市场价格的基础环节，如何有效地管控价格波动，愈来愈影响着城市治理的实效。从天津自来水价格演进看，政府除了监管产水、售水、送水与饮水层面外，也逐步强化了对自来水成本价格的管制。明清时期就已形成的水业垄断与独占，是天津城市自来水事业发展亟须打破的壁垒。由于这种封闭性，对水价影响巨大的零售行业，凭借团体之力拓展了更大的活动空间，水业具备了更多与城市社会沟通及表达的方式。政府监管基本形成后，自来水公司、水业公会与职业工会，形成了与底层生活紧密相连的同业社会形态，这与西方自治社会完全不同。

---

① 《为准设公用售水站事给民政局冯局长指令（附民政局公用局的会呈）》（1948 年 8 月 3 日），天津市档案馆藏民政局档案，档案号：401206800 - J0026 - 2 - 000075 - 059。
② 《关于暂缓设置公营售水站致杜市长的呈》（1948 年 12 月 23 日），天津市档案馆藏市政府档案，档案号：401206800 - J00002 - 3 - 002904 - 073。

　　自近代自来水出现以后，水价成为牵动着普通民众生活的关键因素，自来水作为华北匮乏的资源在城市空间的影响日益巨大。出于稳定战后社会秩序的目的，政府对传统水业壁垒的强力打击愈演愈烈，这些举措的进度甚至影响着地方政府对城市公用事业公私运营关系的抉择。不断渗入传统水业社会的水价管控，其实质是城市供水体系的重新布局。在天津市政府的主导下，公营成分的比重增加，私营成分不断缩减，自来水市政由私人向公共经营的转化尤其明显，这不仅是地方政府公用事业安置的唯一途径，也是市场利益无序博弈的必然结果。这种特有的演变过程成了更高层面上国家政治主导民生行业定价机制的根源。随着天津解放，人民政府在华北建立，才迈入了自来水政统一的新时期，自来水业的公私运营关系也走上了新的道路。

# 民国时期上海滑稽播音述论*

张丽芬**

**提　要**　抗战时期，上海为中国电台播音事业的诞生与发展提供了绝佳的场域，滑稽播音正是民国上海播音发展史上不可或缺的组成部分。在20世纪三四十年代，滑稽播音界涌现出於斗斗、沈菊隐、张冶儿、筱快乐、袁一灵、徐天麟、姚慕双与周柏春等大批滑稽名家。他们注重将文化、娱乐与商业相融合，并以滑稽播音为利器，为民代言，建构兼具谐谑性和讽刺性的城市公共文化空间。同时，他们编撰滑稽播音刊物，为后人留下了中国早期电台播音发展史的珍贵文献。

**关键词**　民国　上海　电台　滑稽播音

　　滑稽播音是无线电事业中贴近现实、反映时事的重要节目类型。抗战期间，上海民生凋敝，经济萧条。游艺场和剧场生意冷清，但人们对娱乐的渴望是战争无法抑制的，此时无线电广播就为特殊环境下民众的娱乐生活打开了方便之门。同时，商店也利用电台这一新兴媒体播放广告，以便在日益萧条的市场中苟延残喘，获得一线生机。因此，无线电事业在百业俱衰的孤岛上海蓬勃兴盛起来。关于民国广播的研究，学界已有诸多论述，① 但专门针对上海滑稽播音史的研究尚比较缺乏。笔者拟以民国报纸、

---

　*　本文为2022年度江苏省社会科学基金项目"滑稽戏非遗传承人口述史资料的挖掘与整理研究"（22YSB006）阶段性成果。

**　张丽芬，江苏理工学院文旅学院中文系副教授。

①　民国广播研究代表性著作有徐卓呆编著《无线电播音》，商务印书馆，1937；赵玉明《中国现代广播简史（1923～1949）》，中国广播电视出版社，1987；汪学起、是翰生《第四战线——国民党中央广播电台掇实》，中国文史出版社，1988；陈尔泰《中国广播发轫史稿》，中国广播电视出版社，2008；等等。论文有汪英《上海广播与社会生活互动机制研

刊物、戏单、地方志、唱片、老艺人访谈等第一手资料为基础，细致爬梳民国上海滑稽播音史的发展历程，挖掘沉寂大半个世纪的滑稽播音名家名作，还原历史的本来面貌。

# 一 滑稽播音在战时的异军突起

早在 1922 年"12 月，美商中国无线电公司经理奥斯邦（E. G. Osborn）将一套无线广播电台发射机设备悄悄运抵上海，租用外滩广东路大来洋行的顶楼办公室秘密筹备，并与美国人在上海创办的英文日报《大陆报》合作，于翌年初开办了中国境内第一座广播电台，正式开播'新闻简报、音乐、演说和其他特别娱乐节目'"。[①] 在此之后，"从一九三一年到一九三二年（民国二十年至二十一年），上海民营的广播电台突呈可惊的兴旺的现象，两年之中，新建的电台几乎有了三十多座。……至一九三四年（民国二十三年）底有五十四座"。[②] 上海已成为当时世界上无线电台最多的城市。广播电台这一新兴媒体空前的传播力度，在署名"克仁"的文章《申报一席餐，电台大宣传》中可见一斑。[③] 新闻界中发行时间最久的，当推《申报》，截至 1947 年已有 70 年历史。然而它的销量却始终比不上《新闻报》。《申报》研究对策，公开招待上海各民营电台主持人，请求各电台替《申报》宣传；作为回报，《申报》亦在分类广告中为各电台鼓吹。可见，广播电台作为 20 世纪 20 年代的新兴媒体，其影响力和覆盖面甚至超过了老牌媒体《申报》。

1937 年"八一三"事变后，抗日战争局势日渐紧张，动荡不安的战时环境使游乐场濒临倒闭，上层人士也无心举行堂会，滑稽艺人的生活陷入困顿，举步维艰。在此危难时刻，无线电通信技术为滑稽艺人在困境中找到生路、拓展生存空间提供了捷径。民国时期上海电台大部分以播放娱乐节目为主，滑稽播音便是其中不可或缺的热门节目。上海"五马路有一家'亚开'电台，是滑稽的大本营，从中午开始到午夜为止，全部是滑稽节目，姚慕双、周柏春就在这电台初露头角。这时江、鲍、刘春山等每天有

---

究（1927~1937）》，博士学位论文，华东师范大学，2007；朱莺《民国时期广播事业发展状况研究》，《求索》2004 年第 3 期；等等。

① 王中英、叶中强主编《城市语境与大众文化——上海都市文化空间分析》，上海人民出版社，2004，第 65 页。

② 上海通社编《上海研究资料续编》，上海书店，1984，第 717 页。

③ 克仁：《申报一席餐，电台大宣传》，《泰山》第 2 期，1947 年，第 12 页。

近十档节目"。① 前人失载之播音滑稽泰斗於斗斗及其夫人唐英英编唱的《滑天下之大稽》详细道出了上海滑稽家诸家特色和拿手好戏。

> 民国时代也有滑稽家，中西都有大能人，闲来无事电影看，外国人劳来哈台卓别林。东方笑匠上银幕，韩兰根同殷秀岑。滑稽才子徐卓呆，程专利齿默称至尊，滑稽说到游艺圈，独家（应为脚——笔者注）戏首创王无能，学一样来像一样，顶顶拿手哭妙根。他的搭档钱无量，近来是做做旧货生意经，其次让为刘春山，潮流滑稽唱新闻，游码头来热水袋，雅俗共赏尽欢迎，搭档就是盛呆呆，拉得一手好胡琴，自从春山归地府，盛呆呆，悉心研究画布景，江笑笑搭仔鲍乐乐，笑话奇谈有名声，老牌火烧豆腐店，明伦堂要算那摩温。程笑亭拿手活捉张三郎，从前搭档管无灵，自从唱了伪巡长，同那裴扬华珠联璧合交关灵……②

《滑天下之大稽》纵横古今中外，囊括天下滑稽名家，从古代东方朔、老莱子戏彩娱亲到民国时代的中西滑稽艺人，并且按传播媒介和表演场所分门别类，一一介绍，可谓微型的"滑稽史"，具有重要的史料价值。滑稽电影名家韩兰根和殷秀岑与西方滑稽影星劳来哈台、卓别林并驾齐驱，滑稽才子徐卓呆擅长编剧。游艺场中独脚戏的开创者王无能与搭档钱无量，代表作为《哭妙根笃爷》；潮流滑稽刘春山与搭档盛呆呆，代表作为《游码头》《热水袋》；江笑笑与搭档鲍乐乐，代表作为《笑话奇谈》《火烧豆腐店》《明伦堂》；程笑亭的《活捉张三郎》；裴扬华与管无灵的《伪巡长》。电台滑稽中久负盛名的是中西滑稽姚慕双、周柏春、笑嘻嘻三人档。社会滑稽筱快乐《社会怪现象》登上皇后大戏院舞台后，轰动整个上海滩，筱快乐剧团的小刘春山和时笑芳创造了苏滩的变调"怪调"，即将原来的苏赋调变长、变慢，成为一种特殊声腔的"怪调"，是谓"苏滩反出新调门"。这种"怪调"竟然风行一时，艺人们争相模仿。笔者于 2018 年采访年逾九旬的小刘春山③得知，时笑芳由于抽鸦片，唱不快，所以才创造出了这种慢腔的"怪调"。精神滑稽唐笑飞代表作为《包公巧打东洋人》，搭档麒派滑稽吕笑峰代表作为《追韩信》；幽默滑稽朱翔飞以"说"

---

① 《滑稽论丛》，上海文化出版社，1958，第 21 ~ 22 页。
② 於斗斗、唐英英：《滑天下之大稽》，《大声：无线电半月刊》第 1 期，1947 年，第 12 页。
③ 小刘春山（1926 ~ 2019），上海人，其父系"滑稽三大家"之一的刘春山，自幼受到熏陶，高中毕业后即辍学从艺。嗓音条件好，擅长歌唱，深受观众喜爱。

著称，代表作为独脚戏《七十二家房客》；什锦滑稽包一飞代表作为《方卿见姑娘》《十八家叉麻将》；能派滑稽程笑飞代表作为《滑稽无线电》；歌唱圣手王亚森以"唱"著称；文化滑稽沈菊隐代表作为《青浦道场》，搭档为沈一乐。

除了舞台上的滑稽会串，滑稽名家还踊跃参加电台滑稽大会串。电台滑稽会串汇集诸多滑稽艺人，他们使出十八般技艺，轮流出场，笑料十足，听众能够最大限度地享受其中的乐趣。光君《记空中滑稽》载，每晚5~11点，勤政电台之空中滑稽，"阵容非常坚强，赛似天天大会串"。朱培声担任报告，"括辣松脆，风趣万分"。第一档是张冶儿领导的冶儿剧团，热闹非凡。第二档为杨笑峰剧团的《方卿见姑母》，杨笑峰饰演的苏州姑母刻薄势利，令人切齿，"真不愧老牌滑稽"。而孟晋扮演方卿，"满口国语，像做话剧一般，唯小嘴巴嗓子不大好，唱两声不能使人十分满意。此外有饰红云婢女者，逼紧了喉咙使人难熬"。第三档是袁一灵、徐天麟、姚乐乐，是日姚乐乐讲清和桥事迹。第四档是杨华生、张樵侬、笑嘻嘻、沈一乐四友谈唱，开场一支唱词《儿童教育》，由沈一乐主唱，"腔圆字正，字句浅显，裨益儿童不少"。观众反响热烈，一曲方罢，电话源源不断，"真是滑稽界中的红档"。继之以沈一乐主讲的《测字笑话》，裴凯尔为绿叶陪衬，"令人捧腹不止"。第五档为沈笑亭、杨柳村、范笑卿、沈笑亭，唱《英文不二不三》，他们在滑稽界中仅次于姚慕双和周柏春，继唱《女子三十六行》《关梦》，该剧团以"唱"见长。①

与舞台滑稽兼顾说、噱、做、唱相比，播音滑稽家则更关注"唱"，唱功成了滑稽家在竞争激烈的滑稽界占据一席之地的重要因素。1949年，电台最进步滑稽当推"袁徐姚"，袁一灵和徐天麟都拥有好嗓子，袁一灵是"金嗓子"，徐天麟可称为"银嗓子"，"姚乐乐艺术甚佳，吃亏在一条嗓子，有时如牛叫，怪难听"。②另一则评论也从侧面论证了嗓音在播音滑稽中的重要性。文彬彬身材矮小，习武行，以行为滑稽著称，尤其是滑稽京戏中的武丑更是出神入化。1957年，他以精湛的演技塑造了善良、勤劳且具有反抗精神的三毛，受到周恩来的接见和鼓励。但在电台滑稽中，他却并不出众。"滑稽界有一后起人材叫文彬彬，在国际表演，此人面部和表白，与程笑亭有异曲同工之妙，惜仅有看相，到空气中，说不定就没有

① 光君：《记空中滑稽》，《中国无线电·滑稽世界》第21期，1949年，第10页。
② 《袁徐姚最卖力》，《中国无线电·滑稽世界》第19期，1949年，第11页。

听相也。"① 由此可见播音滑稽与以往的剧场滑稽、堂会滑稽不同，它对滑稽艺人嗓音要求甚高，其中"唱"的优势尤其凸显，"唱派滑稽"蓬勃兴起。

## 二　播音滑稽之雄於斗斗的编创贡献

自从无线电"无空不入"以来，滑稽界发掘出诸多新型人才，於斗斗即是播音滑稽时代的编剧天才。他"说噱弹唱，件件皆能，嗓子又像金钢钻，尖锐而甜蜜"，② 红遍十里洋场。於斗斗在滑稽界尤其是播音滑稽流行期间享有盛誉，但前人研究未及，甚至连权威的《上海滑稽戏志》的"人物传"都失载，实乃一大憾事。笔者搜集民国报刊上的稀见文献，力图考证於斗斗的人生轨迹，彰显其为上海播音滑稽事业所做之不可磨灭的贡献。滑稽名家程笑亭曾为於斗斗作《赠斗兄》："苏台奇士足堪夸，欬唾生珠笔底花。愧我庸才无学识，敢教弄斧鲁班家。"③ 程笑亭盛赞於斗斗才华横溢，妙笔生花，编创大量滑稽传世佳作。

於斗斗，生于 1907 年 3 月 3 日，吴王台畔人，原名於莲卿，字梦楼，笔名不读书生。1928 年卒业于沪北华童中学，国文根底深厚，诗词歌赋，窃喜咏吟。曾创办海陆贸易公司，出版诸多著作。尝随郑正秋先生游，编电影剧本甚多。④ 1931 年，於斗斗在明星影片公司剧务部担任剧本修正者。上海山东路 23 号人美书局出版其著作甚多。待郑正秋殁，於斗斗志不得逞，乃赴吴门任教。电台播音兴起之际，於斗斗重归上海，在电台上大显身手，演奏钢琴、京胡、二胡、三弦、琵琶、笛、箫等。他的唱功了得，"口齿很清楚……讲到一条女喉咙，简直甜而且润，一只拷红已经红得发紫，听来好像同金嗓子周璇相仿，滑稽界里似乎寻不出第二个来了"。⑤ 1945 年，於斗斗与徐文娟离异，1946 年与唐英英结婚。夫妻两人在大中华播唱谈唱，於斗斗以滑稽文化人自居。他还担任上海滑稽公会秘书，同刘春山合办《上海戏》，担任江笑笑、何双呆、姚慕双等团体的剧务顾问，同时还兼任斗斗剧团团长。

於斗斗为滑稽界之杰出人才，讲胜于唱，编胜于讲，滑稽播音员之唱

---

① 《滑稽界近事》，《中国无线电·滑稽世界》第 21 期，1949 年，第 10 页。
② 顾宣鸿：《慕名成交》，《中国无线电·滑稽世界》第 19 期，1949 年，第 11 页。
③ 程笑亭：《赠斗兄》，《咪咪集》第 3 卷第 10 期，1938 年，第 20 页。
④ 何双呆：《於斗斗先生传》，《咪咪集》第 3 卷第 10 期，1938 年，第 21 页。
⑤ 小张：《闲话"於斗斗"》，《广播无线电》第 11 期，1941 年，第 12 页。

词剧本，大都编自於手，内容简洁明了，无重复弊病，尾端押韵准确，聆之使人耳适。於妻唐英英擅唱什景歌剧。两人曾于金都、民声、大同、铁风等电台表演，深受听众喜爱。1946年，於斗斗与滑稽前辈张冶儿合作，播唱于东方、华美，元昌、鹤鸣等电台，日间大中华大陆电台仍有夫妻档节目播送。[①]观众反应热烈，评价极高，"编剧名家於莲卿，文坛健将一明星。……而今播音唱滑稽，笑话奇谈歌新声。当日新闻随口唱，信口道来押清韵。琴棋书画般般会，说噱弹唱件件精"。[②]

笔者有幸觅得前人失载之於斗斗创作的滑稽播音代表作《外国鹊桥相会》，在七月初七鹊桥相会日为电台公会编制的对唱开篇中，用诙谐幽默的口吻道出诸多信息，真实再现了当时电台播音之盛况，并在篇末巧妙地将滑稽和广告融为一体，滑稽艺术、文化宣教、现代商业得到完美的结合。

　　（于）杨柳邨仿佛像牛郎，一曲清歌恨悠悠，腹中牢骚无其数，则好对仔织女泪双流。（杨）於斗斗，依稀像织女，只为他专门唱女口，满腔悲愤无从诉，则好对仔牛郎抖勒抖。（于）筱快乐勿能比啥个人，因为织女勿带小丫头，看看牛郎背后头，小快乐则好暂时做一次老黄牛。（杨）同时还有四大电台转播，再把唱片发，就是精美中美大亚搭好友。（于）转播的电台像喜鹊，把那牛郎织女的声浪收。……（于）耕田织布成落伍，生意要寻新潮流。（杨）无线电畸形大发展，电台生涯正勿邱。（于）织女想做报告员，希望播音界里做皇后。……（杨）听说电台公会出版，广播无线电，内容丰富正考究，电台界拆穿西洋镜，播音的消息多多有。（于）里向有，刘春山信箱正滑稽，有问必答放噱头。（杨）滑稽唱词材料好，编辑就是於斗斗。（于）游艺界有倒秘密先报告，杨柳邨，采访个本领真勿邱。（杨）小品文字更加多，琳琅满目不胜收。（于）附刊电台节目表，详细准确勿遗漏。凡是听众人人必须备，消磨无聊好遣愁。……（杨）宣传文化为宗旨，普遍教育最为尤。（于）随心所到皆可唱，极好机会难板有，请君摇电话抬贵手。[③]

①　《於斗斗张冶儿合作》，《胜利无线电》第4期，1946年，第19页。
②　陈瑞麟、陈云麟编《於斗斗先生开篇》，《咪咪集》第3卷第10期，1938年，第19页。
③　於斗斗：《外国鹊桥相会》，《广播无线电》第13期，1941年，第17页。

这段《外国鹊桥相会》正如一段野史，可补正史之阙。20 世纪 40 年代，上海四大电台分别为精美、中美、大亚和好友电台，於斗斗、杨柳邨、筱快乐三人组成的斗斗剧团在电台唱滑稽的工作时间是从“四点钟唱到深夜两点钟”。《广播无线电》杂志正是在电台蓬勃兴起的大好形势下应运而生，该刊设有“刘春山信箱”，以与听众互动，有问必答，噱头十足。附刊有电台节目表，便于听众查看节目时间。该刊为半月刊，全年出版 24 期，订阅地点在虹庙弄电台公会推广部，联系电话和电台联系方式也完全公开，并号召观众来电点唱，可谓细致入微。最后申明“宣传文化为宗旨，普遍教育最为尤”。难能可贵的是，原本枯燥的广告巧借七夕节牛郎织女鹊桥相会的典故串联，想象力极为丰富，杨柳邨饰演牛郎，於斗斗饰演织女，筱快乐饰演牛郎的老黄牛，“下凡”做电台生意，电台公会出版《广播无线电》正可以为其指点迷津，趣味盎然，可见於斗斗的匠心独具。

於斗斗不但能编会演，而且善于理论总结。《播音讲义》就是於斗斗总结自己一年零三个月的播音经验而成的。[①] 可以据此推断他从 1933 年 11 月就投身于播音事业。《播音讲义》第一章为“个性之研究”。话剧界的文艺剧作者陈大悲、汪仲贤、顾雷音，文明戏界文友沙不器、李昌鑑、卢继影、吴颐庐、沈陛云、沈菊隐，都抛下了书局文场的工作，而投身于电台事业，可见电台播音发展之迅猛。“我们在播任何一部戏剧的时候，最须注意到的一点，便是剧中人的个性。我们要认清这一目标。……我们最注意到的，便是要认真摹仿剧中人的个性。”於斗斗向国人介绍影片《桃李劫》，袁牧之和陈波儿尽显才华。他认为，观赏这类经典影片，可以获得宝贵的戏剧经验。除了注重角色的个性，还要关注发音和腔调。龙钟、言论、老旦、花旦、浪漫旦、正旦、悲旦、小生、反角、丑角、娘娘旦、童子生、姑娘旦、彩旦都有不同的发音标准，演员要根据自己的发音条件个性化地饰演。而播音话剧中的李昌鑑、顾一痴、沈朔风三人能够同时扮演多种角色，於斗斗自己也曾在《夫妻之道》的话剧里兼饰六个角色，成绩斐然。“譬如我扮一个老旦，要把自己的本身，当做真的老太婆一样。你扮老生，虽然你年龄还轻，可是也须把自己认做老年人一般。同时，把这目光，更要加到对方的身上去。那末，这一对老年夫妇的对白，一定很够味儿，可以绘声绘影，淋漓尽致的了。”[②] 此处作者强调要身临其境，深入“体验”，再生动“再现”，可谓深得个中三昧。

---

① 於斗斗：《播音讲义》，《申声月刊》第 2 期，1935 年，第 81~87 页。
② 於斗斗：《播音讲义》，《申声月刊》第 2 期，1935 年，第 84~85 页。

　　第二章"言语冲突的矫正"。作者认为，播音时最忌讳的便是"言语冲突"，尤其是在角色复杂的戏中，更易产生这种问题。作者建议用"临渴掘井"的暗示法，若甲要阻止乙的发言，或者丙要丁停话，可以用"一举手"表示，代替"请不要说"。避免"言语冲突"的另一种方法是在剧本上下功夫，包括两种方式。其中一种是固定式。"我们仅指白话剧，固定式的剧本，大率仿学校游艺话剧一般的程序。编剧者写了一部剧本，用油墨钢笔板来多印几份，分给演员们去读。临到播戏的时候，大家拿着剧本围坐在一处，全神贯注的看着。论到甲，甲说上一句，挨到乙，乙也念了几句。以后也就跟着剧本而各各依次发其言论。"① 有时演员觉得刻板的你一言我一语太枯燥，往往会脱离剧本即兴加入自创的台词，这时就需要领导者随时关注，并且找到头绪将剧情理顺。播音时遇到的更大困难在于演员万一遇到几个字不认识，那就顿滞或含糊念下去。於斗斗的《播音讲义》详细总结了广播剧中可能出现的问题，并在实践中找到行之有效的解决方法。在民国广播剧发轫之际，这份《播音讲义》为中国播音事业的发展奠定了坚实的基础，尤为珍贵。

## 三　民国上海滑稽播音刊物探析

　　上海播音滑稽界不但在编创剧目上力求推陈出新，紧跟时代潮流，而且还注重创办播音刊物，善于运用舆论武器，惩恶扬善，将社会教育、商业利益、大众娱乐三者完美结合，开拓了滑稽艺术的公共空间，提高了滑稽艺人的社会地位。民国时期具有代表性的上海滑稽播音刊物包括《播音天地》《滑稽经》《中国无线电·滑稽世界》《胜利无线电》等。篇幅所限，笔者择其一详述之。

　　滑稽戏剧研究会理事长沈菊隐兼任上海市播音协会理事长，于1949年创办《播音天地》。沈菊隐在《播音天地》创刊号上发表的《播音员的责任与使命》，为民国时期发展近20年的播音事业做了完美的总结。"播音是神圣的事业，播音员是神圣的自由职业，播音员的素质、学识和修养是播音事业发展的决定因素，正和新闻记者的对于报纸一样。"② 沈菊隐首次将播音事业提高到治国安邦、关系国计民生的高度。"因为无线电可以供给人们各种娱乐上的，使人们在生活疲劳之余，得到精神上亨（应为

---

① 於斗斗：《播音讲义》，《申声月刊》第2期，1935年，第86页。
② 沈菊隐：《播音员的责任与使命》，《播音天地》创刊号，1949年，第1页。

享——笔者注）受的调节。……人们既欢迎无线电，在人口庞众的上海，一切国策政令，往往不易普遍深入民间，收到实际效果。古谚说：'天下兴亡，匹夫有责。'我们播音界游艺同志身为国民一份子，尽可利用话筒为宣传工具，在节日的内容中，配合当前的国策政命，编插阐扬宣传的辞句，唤起全国人民的注意，过去我们对于打击奸商□□米蛀虫，曾博得社会上一般的同情与支持，私人纵遭意外损失，然而收获到舆论上的赞扬，间接造福民众，亦所值得。"①

接着，沈菊隐以"寓教于乐"理论为桥梁，联结起以滑稽播音为代表的游艺节目与教化民众的关系。"娱乐和教育是不可分离的，所谓'寓教育于娱乐'的主张，这是欧美各国教育专家所一致公认的，而且播音与电影同样被公认具有绝大的教育价值，游艺在播音节目中更为大多数人所喜悦。若能在剧情的内容中，寓以教化的意义，那么无形中自然可以收到移风易俗、潜移默化的教育力量，甚或其效能可以驾于单纯教育节目之上，我们最高教育当局前曾有此提示，过去易方朔精神团办有教化游艺的尝试，用意固佳，惜尚未达理想的境界。"② 此处，沈菊隐肯定了著名滑稽家易方朔尝试创办教化滑稽的初衷，倡导游艺界人士顺应教育部门的指示，在娱乐大众的同时教化大众，承担匹夫之责。

最后，沈菊隐警醒播音艺人要洁身自好，检点自身行为，多做裨益国家和社会的事，从过去低三下四"吃开口饭"，转变成有操守、有担当、裨益国家的新型艺术家。

如果说沈菊隐从宏观理论视角阐发和总结了上海电台播音的社会功能，那么於斗斗则从微观的视角，将报纸作为电台的参照物，探讨了电台播音无可替代的价值："报纸，是民众的喉舌，有广大的宣传力，所谓无远弗届，无微不至，是舆论的代表，是传递消息的利器，但不识字的拿来包包五香豆，弥觉可惜！"报纸虽可快捷地传递信息，但对读者的文化素养有更高的要求，而电台恰好能弥补报纸的不足。"电台，是大众的喉舌，也有扩大的推动力，靡靡（靡靡）之音，深入民间，近至室内，远达天边，是舆论的替身，是广播消息的工具……"报纸与电台是互补的两种舆论前驱，一则以笔伐，一则以口诛，"虽不伐亦知天下事，虽不诛亦懂现时代"。电台播音的舆论功用虽明，但"弹词、越剧、沪剧、歌唱、平剧、角剧、谁剧（应为淮剧——笔者注）之类，老先生传有脚本词谱，殊难发

---

① 沈菊隐：《播音员的责任与使命》，《播音天地》创刊号，1949 年，第 1 页。
② 沈菊隐：《播音员的责任与使命》，《播音天地》创刊号，1949 年，第 1 页。

挥'舆论'，则'舆论'寄托于故事节目与滑稽节目中矣！"於斗斗将滑稽节目与弹词、越剧、沪剧等地方戏比较后，将针砭时弊、引导舆论的希望寄于滑稽节目和故事节目，因为它们在题材上灵活多样，应时而变，具有强烈的现实性。这也正是沈菊隐创办《播音天地》的宗旨所在。《播音天地》乃"播音圈中剧艺界的'舆论'，园地天地之间，可以谈天得以说地，播音同志有甚苦闷，一致'舆论'起来，幸勿则'论'弗'舆'而辜负本刊焉"。结尾提到"写于圣诞之夜冻死许多难民的时候"，[①] 透露出作者对国计民生的关注，对黎民苍生的悲悯情怀。在连年战乱、民生凋敝的时代，以於斗斗为代表的滑稽界人士并未只关心一己生计，而是将触角延伸至最底层的草根阶层，希望以电台播音为舆论利器，为民请命，具有强烈的社会责任感和使命感。

无独有偶，前人研究失载之筱快乐的《社会怪现象》恰恰以出色的滑稽艺术实践了以沈菊隐、於斗斗为代表的电台滑稽家的目标。

　　白日青天旗飘扬，胜利曲唱来欲断肠，不信但看光明后，产生多少怪现象。无论军政学，勿论农工商，国家成畸形，社会变凄凉，民生难安定，工业难伸张，法币币制低，物价日日涨，国货呒销路，舶来品风行，房屋闹恐慌，社会多奸商，黄金变紫铜，白米头颈硬，贪官并污吏，投机与奸商，内战未少息，国共意参商，东北难民多，西南少食量。胜利之后怪现象，一时岂能说端详，敝人也是民众一份子，骨梗在喉胡咙痒，并非区区发牢骚，公正地位有立场，民族民权与民生，三民主义来商量，不偏不倚，公正词章，代表老百姓，呼吁立主张，但愿确立民主国，勿愿看见怪现象，然而奇怪现象何其多，我来信口雌黄唱两声。

　　……希望国共来合作，免得自家来打仗，不休不眠如此苦，为国为民好榜样，不哭张，自有一般贪官污吏坏坯子，登浪当中不顾礼义廉耻，绞出许许多多怪现象，人家看勿起自家要识相，希望快点来觉悟，埋头苦干学好样，肃清大奸商，打倒怪现象，中国个将来有立场。[②]

筱快乐正是以《社会怪现象》而名噪一时，从上文两个片段可以发现

---

① 於斗斗：《播音舆论》，《播音天地》第 2 期，1949 年，第 7 页。
② 筱快乐：《社会怪现象》，《胜利无线电》第 4 期，1946 年，第 14 页。

个中奥妙。《社会怪现象》正如现代版的《官场现形记》，面对抗日战争胜利后百业萧条、百姓哀号、百官乱舞的社会怪现象，作者如鲠在喉，他直言不讳，为民请命，希求国共合作，尽快结束内战，"肃清大奸商，打倒怪现象"，使中国成为现代化的民主国家。上述播音滑稽刊物为民国滑稽演剧史以及中国早期电台播音史保存了诸多珍贵史料，有待进一步整理和挖掘。

综上所述，上海在抗战时期为电台播音事业的发展提供了绝佳的场域，滑稽播音是民国电台播音史上的重要组成部分。在 20 世纪三四十年代，滑稽播音界涌现出於斗斗、沈菊隐、张冶儿、筱快乐、袁一灵、徐天麟、姚慕双与周柏春等大批滑稽名家。他们注重将娱乐、文化与商业相结合，并能坚持"位卑未敢忘忧国"的责任感和使命感，以滑稽播音为利器，伸张正义，建构具有谐谑性、讽刺性的城市公共文化空间。同时，他们编撰播音滑稽刊物，为后人留下民国时期电台播音发展史的宝贵记录和可资借鉴的历史经验，在民国播音史上留下了浓墨重彩的一笔，理应被历史铭记。

# 五四运动时期师长辈的组织行动
# 与师生关系变迁

## ——以江苏教育界为中心

徐佳贵*

**提　要**　相对于学生群体所受的关注，五四时期师长辈的组织行动值得引起进一步的重视。而江苏（含上海）的情况，亦呈现出与北京不同的面貌。基于江苏省教育会等五四前既存教育组织的活跃，江苏的师长辈在五四爱国风潮中表现出更强的自组织与组织学生及其他民众投身运动的能力。之后，不少师长辈有意通过自身的组织行为，推广导向地方/公民自治的"学生自治"，而未如部分北大中人那般倾向于压抑学生在社会政治层面的诉求。但至次年，师长辈对学生减少支持，春夏间的学生反日运动亦迅速从高点回落。在五四运动时期，江苏师长辈的权威由于学生组织的蔚起而受到空前挑战，但师生间的权力关系未被颠覆；唯列宁主义党团的兴起，终致此种关系在后续的历史时期有了进一步的改变。

**关键词**　五四运动　师生关系　国民大会　江苏省教育会

五四运动对于近代中国师生关系的变迁，有着举足轻重的意义。对此，现今研究多聚焦于此期的学生个体或群体，凸显学生自主性与权利意识的昂扬，并着重揭示某些颠倒或意图颠倒传统师生权力关系的表现。而不同于专列思想言论，学者已注意到学生的组织行为、群体文化与这一议

---

*　徐佳贵，上海社会科学院历史研究所副研究员。

题的关系。① 相对来说，师长辈在此种关系的展示中或被视为被动的一方，或主要以观察者、言说者的面目出现，② 其在五四时期的行动，尤其是组织化的行动，并未受到太多重视。③

不过在此，笔者也不是要专论五四时期的"师长辈组织"。因一些组织虽由教育界师长辈领导，但本身可能包括学生，或是跨界的组织。本文的切入点是"学生"组织被公认为一个有异于以往"教育界"组织的相对独立的类别，存在一个历史过程；学生与老师辈何以在组织上出现普遍的分立，这个问题本身便值得历史化的考察，而五四运动正是该过程中一个关键性的节点。本文侧重师长辈依托组织的行动，梳理五四时期的师生关系变迁。这并非否认学生一方能动性的显著发展，而是略人所详，从另外的角度提升"五四"现场的完整性，并促成对于此期学生能动性之"限度"的进一步评估。

因师生关系问题所涉变量甚多，本文所论将限于一定的时空范围。在时间上，下文所谓五四运动，专指 1919 年 5～6 月的爱国运动，但"五四（运动）时期"是指 1919 年五四事件至 1920 年初的反对鲁案直接交涉运动，这一年左右也是现今五四运动史中的学生运动部分通常涵盖的时段范围。在空间上，以往论者聚焦的老师辈人士，多侧重北京，尤其是北京大学的知识人或教职员，默认首都的师长辈足以"代表"全国；而京外地区的一些老师辈读书人的材料虽也曾被引用，但甚少被置入其所在地域的情境展开讨论。本文以江苏教育界为中心，以上海、南京两个省内政学重镇的材料编织论述的主线索。④ 对此，近年一些学者已揭出江苏省教育会这

---

① 全国范围的研究，参见刘一皋《"五四"运动中的学生群体行为分析》，《开放时代》2009年第 10 期；马建标《学生与国家：五四学生的集体认同及政治转向》，《近代史研究》2010年第 3 期；杨天宏《学生亚文化与北洋时期学运》，《历史研究》2011 年第 4 期。

② 近年的重要研究，参见罗志田《课业与救国：从老师辈的即时观察认识"五四"的丰富性》，《近代史研究》2010 年第 3 期。

③ 本文所谓"组织"，可为动词（organize），也可为名词（organization）。若仅指后者，可能会让人有意无意地倾向静态或定性先行的分类分析，而忽略组织实际上是一个"动"的过程。另，一些研究会区分"学潮"与"学生运动"两个概念，笔者鉴于二者含义界限难以明晰，文中基本是混用的。而"学生运动"在当时及今日的一些论者那里可指乎校内规章的活动（如教师指导下的"学生自治"等），本文则倾向于与"学潮"近义的用法。

④ 以往学者通常强调从"五四"到"六五"，运动的"中心"存在从北京到上海的转移。笔者认为，尚须言明当时上海亦是江苏省的一部分，上海的一些行动推及苏省其他地区，及与省内别地的互动，便要比其与省外地区的互动来得自然、顺遂（尤其是当涉及省内行政系统时）。而南京作为江苏省垣与督军驻地，也不见得只能被视为京沪联络或此种中心转移过程中的"中间点"，其在运动中的地位不宜被默认为始终低于上海。

一体制内教育组织在运动中的重要作用。① 唯须指出,苏教育会实际上不能完全控制苏省或沪、宁等地的教育界,本文所论的组织行为与师生关系变迁,也将同时顾及对于苏教育会与其他组织势力之间互动的探讨。

# 一 "堵"不如"导"

1919 年 5 月 4 日北京的学生运动,对于京外地区而言基本属于一起突发事件。在江苏,4 日的省内各界人士似未组织何种成规模的集体行动,具体到教育界,如江苏省教育会的实际"一把手"、副会长黄炎培,是在 4 日当天,才结束 1 月末开始的南洋考察,回到上海。② 而三天后适值"五七"国耻纪念,上海方面对于该日的纪念活动则已有准备。与此相应,上海各大报纸系于 5 月 6 日登出北京五四事件消息,而登于报章的留日学生救国团通电与"五七"大会通告中,均未提及北京学生运动;且在通告中,列名大会的 20 余团体主要系政治团体、同乡会、教育会等,上海本地学生的重要性,在通告中并未显现。③ 之后,上海方面获悉五四事件,响应北京学生才成为筹备方的一项重要主张。6 日午后,黄炎培邀沪上各校代表,"为明日国民大会事谈话";④ 7 日当天,包括沪上大中小学师生在内的 50 多个团体及临时加入的十余团体共五六千人参加了在上海西门外公共体育场举行的国民大会,黄炎培出任大会主席。早先,黄氏与淞沪护军使卢永祥、警察厅长徐国梁等有过接洽,"劝告各团体勿为激烈行为";⑤ 而据沪报报道,当日的大会与会后学生及各团体的街头游行,规模盛大,秩序井然,因租界不准队伍通过,便据原计划游行至大东门外散队。之后各团体化整为零,复有代表至南北和议会场请愿;有学生队伍自主行动,终亦保持和平状态,未曾酿成事故。配套的医疗、后勤,亦早有安排,实

---

① 谷秀青:《五四运动中的江苏省教育会》,《宝鸡文理学院学报》(社会科学版) 2013 年第 6 期;陈以爱:《五四运动初期江苏省教育会的南北策略》,《国史馆馆刊》(台北) 第 43 期,2015 年。

② 黄炎培:《我之最近感想》,《教育与职业》第 14 期,1919 年 8 月。

③ 《学生救国团之通电》《开国民大会之传单》,《申报》1919 年 5 月 6 日,第 10 版;《国民大会紧要通告》,《民国日报》1919 年 5 月 6 日,第 1 版。

④ 《黄炎培日记》第 2 卷,华文出版社,2008,第 62 页。8 日夜,黄氏又邀薛敏老、胡适、穆藕初、谢无量、丘心荣、沈肃文、蒋梦麟、沈恩孚、张东荪等在沪的商、学、报界要人"会餐于家",具体商议情形则不清楚。

⑤ 《徐国梁报告上海召开国民大会代电》(1919 年 5 月 14 日),中国社会科学院近代史研究所、中国第二历史档案馆史料编辑部编《五四爱国运动档案资料》,中国社会科学出版社,1980,第 211 页。卢永祥对此次国民大会的默许,部分或与其为山东人有关。

施情况良好。① 可见此次国民大会准备之充分，相比北京五四事件意外迭出（如请愿书未能递交公使，对北大学生领袖而言部分游行学生"意外"转去赵家楼），及 5 月 7 日留日学生在东京遭遇流血冲突，在参与者规模、组织者的控场能力及与当局的协调能力等方面，均更胜一筹。《申报》便报道称："上海数年以来，无此等大集会。"进而从官民合作的角度赞许道："二十一条要求之际，沪人尚呼诉无门。今次本埠长官竟能顺从舆情，不加拂逆，对此可惊可骇之多人会议，除警察保持沿途秩序外，并未加班，绝无一兵一士踪影。会场以内，全由童子军分任照料。"② 沪上"五七"大会的盛大和平，在一些时人眼中正是最可称道之处。

江苏省内如南京、无锡、南通等地，也是在 5 月 6～8 日即得知北京五四事件消息。在南京，5 月 7 日同样召开了包括本地学生参与、凸显和平的国民大会，地点先在南京的基督教青年会，后改至城北鸡鸣寺。而现场举定的会长为南京青年会干事温世珍，副会长为金陵大学教职员应尚德，③可见基督教青年会与教会教育系统的师长辈对于南京爱国运动之发轫的作用。此后在 5 月内，苏南松江、常州（应指武进）、无锡、太仓、嘉定、常熟，及苏北淮安、扬州、宿迁、泗阳等地均举行国民大会。另有"国耻纪念会"等名目，如研究者所判断的，江苏各地对于五四事件的反应或对于"国耻"纪念的参与，在速度与广度上均颇可观，④ 而各地的教育会与教育界师长作为地方精英，也通常扮演了集会组织者的角色。

以上江苏各地教育界在五四事件后不久的作为，可归结出以下特征。首先，是较多采用了"国民大会"这一集会形式。此种形式晚清已见于国内，可能从日本传入，⑤ 内容模板则包括法国大革命等宣扬近代国民/公民观念，并曾成立"国民公会"之类的组织的西欧重大历史事件。而在五四时期，这一集会实践也不时见于其他省份，但其他省内不一定如苏省这般普遍。民国代清，多少由于国称"民"国，"民"至少属于名义上的国家主人翁，"国民大会"也在五四前夕成为一种集体表达"民意"的行之有效的方式。且相比学生自发的集体行动，它倾向于将老师、学生及其他各

① 《五月七日之国民大会》，《申报》1919 年 5 月 8 日，第 10 版；《万众一心之国民大会》，《民国日报》1919 年 5 月 8 日，第 10 版。

② 《五月七日之国民大会》，《申报》1919 年 5 月 8 日，第 10 版。

③ 《苏省学生力争山东问题》，《新闻报》1919 年 5 月 9 日，第 2 张第 2 版。

④ 范崇山、罗瑛：《五四运动在江苏》，《扬州师院学报》（社会科学版）1986 年第 2 期。

⑤ 《国民大会》，《汉文台湾日日新报》1905 年 7 月 4 日，第 1 版；《本馆接到日本反对和约专电》，《申报》1905 年 9 月 8 日，第 2 版。

界人士一并融入"国民"范畴之中，其中，师生之间既有的权力关系通常不在质疑调整之列。职是之故，再加上可以泛指读书人的"士"仍可居于"四民之首"，在"士"之中"师"的地位又通常高于"生"，于是"师"仍可较为自然地自居于且被公认为全"民"之首，江苏多地此种"国民"集会的主持者往往是教育会的头面人物或学校教职人员，也便无足称怪。当然，道理如此，这一"民首"地位的展示，尚须较强的组织行动力作为支撑。如北京虽亦于 5 月 7 日举行国民大会，但主要是由反安福系的政界人物发起，且由于当局严加防范，当日集会的规模与声势远逊于 4 日的学生爱国运动。[①] 要之，与北京、浙江杭州等处的师长辈在一开始的行动中较学生更为被动不同，江苏五四爱国运动在最初阶段，似未格外突出学生的作用。[②] 上海、南京及江苏其他多地的老师辈表现出了更强的自组织与组织其他民众投身集体行动的能力，且这种能力并非依赖于个别人，而是与教育会及城市学校这些省内既存的重要教育组织机构息息相关。

做一回溯，江苏省的师长依托组织"引导"学生，亦有传统，且此种传统屡见于民元以降的爱国运动。1915 年，因"二十一条"交涉，国内掀起反日风潮，江苏学生与本省政、商、学各界精英共同参与其中。而一些江苏教育界人士有意将此次外事交涉作为"国耻"，列入学校教育规程。苏教育会干事吴家煦（和士，五四前夕已成寰球中国学生会重要职员），受此"国耻"刺激，极力鼓吹"军国民教育"，其具体内容较之民初教育部所定同名宗旨更为极端，宣称当前国亡无日，需要将各大中小学校直接视作军校，"与军事无关之一切学科悉为删除"。[③] 苏教育会其他职员不似吴氏这般激烈，然而主动积极地引导学生关注国事的态度，则与吴氏无异。在交涉结束不久，苏教育会干事会便议决采纳吴氏的提议，定每年 5 月 9 日为"国耻纪念日"，"是日职教员等定时集合各学生，将此次中日交涉情形，讲述一遍，并加入学历，以免中辍"。[④]

只是，通过组织行为激发学生的爱国心，不等于学生集体行为所表达的爱国诉求均会得到满足。1918 年，留日学生因反对中日密约集体归国，

---

① 《国耻纪念日之国民大会》，《晨报》1919 年 5 月 8 日，第 2 版。

② 前人曾将上海五四运动整体定性为"民众的运动"（a popular movement），而非"大众运动"（a mass movement），因当时所谓"民"并未将上层精英排除。见 Joseph T. Chen（陈曾焘），*The May Fourth Movement in Shanghai*，Leiden：E. J. Brill，1971，pp. 4 - 5。

③ 吴家煦：《军国民教育救国篇》，《中华教育界》第 4 卷第 2 期，1915 年；吴家煦：《军国民教育设施法》，《中华教育界》第 4 卷第 6 期，1915 年。

④ 《会员吴君家煦请通告各县教育会定五月九日为国耻纪念日书》《致各县教育会书》，《教育研究》第 23 期，1915 年。

苏教育会曾与留日学生代表接洽，设法让归国者插班上课；① 但最终，除却留日学生救国团在沪成立本部继续活动外，大部分留学生还是在行政部门与教育会的要求与劝说下，返日继续学业。②

1918 年 11 月以降，上海、南京等地师生均举行了庆祝欧战"胜利"的集会活动，这可被视为五四前夕学生集体行动的一次大规模演练，只是这种演练仍在师长辈的掌控之下，或基本未曾冲击师长辈所欲维系的地方权力格局与社会秩序。而至次年的五四事件，情况开始发生变化。北京在五四事件后迅速成立学生联合会组织，5 月 11 日，上海亦成立学联，此后苏省多地陆续以旧府属为单位或以旧府属之首县命名，成立本地学联。

学联的成立，多非教育会等体制内组织直接授意，③ 可也不是与苏省的老师辈完全无关。如 5 月 8、9 日的上海学联预备会，均在复旦大学举行，④ 成立会则在上海静安路的寰球中国学生会内。寰球中国学生会与复旦大学有人事上的重要联系，复旦校长李登辉（腾飞）系该会发起人，并屡任会长。学联成立会上，各校出席代表多为复旦"旧同学"，选出的学联干部亦多有复旦背景，如首任会长何葆仁、起草学联宣言的瞿宣颖（兑之）等。此外，对学联出力最多的复旦教职员，尚有国文部主任邵力子（仲辉）。邵氏虽在大学执教，但并非苏教育会会员，而是中华革命党人，主持该党在上海的喉舌《民国日报》报务。据当时上海学联的副会计、复旦学生朱承洵（仲华）忆称，邵氏于 5 月 5 日晚间在报馆得知北京五四事件消息，即于次日清晨赶至复旦，鼓动学生分头往劝沪上各校响应。⑤ 总的来看，尽管 1919 年的《民国日报》在上海各大日报中销量并不甚佳，影响未可高估，⑥ 但身兼政、报、学多重身份的邵力子与叶楚伧等驻沪革命党人在五四期间积极参加各种鼓动"民气"的集会活动，进而借助学联

① 《江苏省教育会议事月表（民国七年一月至十二月）》，《江苏省教育会年鉴（1919）》，上海江苏省教育会，1919，第 27 页。
② 黄福庆：《五四前夕留日学生的排日运动》，《中央研究院近代史研究所集刊》（台北）第 3 期，1972 年。
③ 此处只论五四学联组织形成的"近因"，晚清以来的"远因"或"背景因"，参见桑兵《晚清学堂学生与社会变迁》，广西师范大学出版社，2007。
④ 《壮哉学生联合会》，《民国日报》1919 年 5 月 10 日，第 10 版。
⑤ 《学生联合会职员录》，《民国日报》1919 年 5 月 16 日，第 10 版；史氏：《学潮酝酿记》，《复旦》第 8 期，1920 年，第 95~96 页；仲华：《故事零拾（续）》，《复旦同学会会刊》第 2 卷第 4 期，1933 年；朱仲华：《五四忆旧》，共青团上海市委青运史研究室编《上海青运史资料》第 1 辑，1984，第 30 页。
⑥ 陈以爱：《五四时期东南集团"商战"舆论和抵制运动》，《中山大学学报》（社会科学版）2019 年第 5 期。

及其他各界的组织行动扩大本方影响，这些超越单纯纸墨功夫的努力，成效也未可抹杀。

　　明确受到革命党影响的，还有以上海国民大会为名的常设组织。5月12日，国民大会上海事务所成立，其办事处设在法租界霞飞路世界和平共进会会址。次日，推举留日学生救国团干事长王兆荣（宏实）任主席，而各科正副主任中有多名革命党员。① 可见苏教育会即使对上海本地教育界，亦有力所不及之处，中华革命党对于北京当局的强烈敌意与留日学生既有的激进倾向相结合，遂使以上海国民大会为名的常设组织的立场显得较为激进。②

　　学联之类组织的兴起，为激进政派提供了扩大影响的良机；不过另一面，学联组织与既有的体制内教育组织亦能保持合作，并共享运动的一些重要目标。如所周知，五四事件本属外交政治事件，但也危及首都教育界的人事。不久后北大校长蔡元培辞职南下，江苏省教育会对这一人事更动极为紧张，因北大如果易长，便会危及苏教育会历来认同并参与维持的全国文教革新局面。据此，苏教育会及趋新师长辈也有充分的动机，协同学生向北京当局施压。5月下旬，黄炎培、蒋梦麟在一封致北大胡适的信中称"北京学生宣言已到，大为国人所许可"，并提及在华讲学的杜威来函，"劝'勿馁气，此为唤兴国民潜力好机会'"，可见苏教育会支持此次爱国运动的基本态度。③ 由多年任苏教育会干事的贾丰臻担任会长的上海县教育会，也为延续之前该会已在提倡的"社会教育"而特地通告沪上各校，应乘此"外交失败、青岛告急"的时机，由教职员准备演讲资料，以"提倡国货、唤醒国民"。④ 有学者指出，5月间苏教育会与上海学联的表态至少在客观上产生了互相"唱和"的效果，前者的相对温和与后者的相对激进可以形成配合。⑤ 而上海学联的各部职员中，亦有年纪较轻的老师辈（但基本上不是苏教育会会员），如上海澄衷中学校长曹慕管（微吾）、寰

---

① 《国民大会干事会议纪》，《申报》1919年5月15日，第10版；吕芳上：《革命之再起——中国国民党改组前对新思潮的回应》，台北，中研院近代史研究所，1989，第36页。

② 当然国民大会并非教育界或学生组织，且揆诸后事，上海学联与上海国民大会的立场也并不完全一致，见后文。

③ 《黄炎培、蒋梦麟致胡适》（1919年5月22日），中国社会科学院近代史研究所中华民国史研究室编《胡适来往书信选》上册，社会科学文献出版社，2013，第35页。

④ 《县教育会之通函》，《申报》1919年5月20日，第11版。

⑤ 陈以爱：《五四运动初期江苏省教育会的南北策略》，《国史馆馆刊》（台北）第43期，2015年。

球中国学生会日校教员裴国雄、民生女学教员任矜苹、市北公学教员潘公
展等都曾为评议部职员，学联与本地师长的联络，本也存在组织架构自身
的保障。①

　　学生自主的跨地域联络，此时也得到了空前加强。这也不仅是基于学
生自身意愿，早期有东南舆论曾称，可以"中学以上各推代表，先假省教
育会为结合本省青年之机关，而借各省教育会之互相连络，以结合全国青
年之一大联合"。② 这里尚是提议学生借助省教育会之间的既有联络功能开
展活动；而仅三日后，论者转而倡议各地各校学生直接联合、联络，并在
各地学生联合会的基础上成立"中华民国学生联合总会"。③ 在自力与外力
的共同作用下，学生的跨地域联络更趋常规化、更少师长辈的干预，与此
相伴随的，便是学生更有效率的跨地域"模仿"。1919 年 5 月间，全国不
少地方都经历了学生发起或参与集会—成立地方学联及救国十人团、宣讲
团等组织—地方发动总罢课的三阶段变化，这一阶段性首先出现在北京，
之后在上海等地也出现了相似的变化节奏。不过，师长辈对于学生各种组
织化行为的宽容度还是有差别的，大体而言，当学生的集体行动从师长辈
多能接受的利用课余时间的集会游行、抵制仇货（及提倡国货）转向总罢
课之类严重危及正常教学秩序的方式时，师生原先的"团结"便出现更多
裂隙。

　　继 5 月 19 日北京学联总罢课后，22 日，上海学联也宣布将实施总罢
课。④ 苏教育会副会长黄炎培亲至会场苦劝，方争得学联同意将罢课之期
延后三日。⑤ 应予说明的是，除却老师辈向来对于学生废学的忧虑，苏教
育会此举还有其他方面的考量。在同意蔡元培北还复职后，北京政府转而
要求代理部务的教育次长袁希涛出面敉平学潮，而袁氏正有江苏省教育会
背景，与黄炎培、沈恩孚等苏教育会领导人关系极为密切，此番学生继续
罢课，便将危及袁氏在京的地位。之后，虽经袁希涛"声泪俱下"的劝

① 《学生联合会职员录》，《民国日报》1919 年 5 月 16 日，第 10 版。另可参见〔日〕小野
　信尔《五四运动与上海的知识分子——以周剑云等人为中心》，郝斌、欧阳哲生主编《五
　四运动与二十世纪的中国》，社会科学文献出版社，2001，第 1077 页。
② 澹庐（俞颂华）：《青年于国耻纪念日之感想若何？》，《时事新报》1919 年 5 月 9 日，第 3
　张第 3 版。
③ 澹庐（俞颂华）：《学生联合会组织法之商榷》，《时事新报》1919 年 5 月 12 日，第 3 张
　第 3 版。
④ 《学生联合会开会纪事》，《申报》1919 年 5 月 20 日，第 11 版。
⑤ 朱仲华：《五四运动在上海》，中国社会科学院近代史研究所编《五四运动回忆录》
　（续），中国社会科学出版社，1979，第 267～268 页。

导，北京学生仅只同意暂停讲演，仍拒不复课；[①] 上海的省县教育会会员与各校师长劝说复课，但总罢课在推迟三天后，仍依议于26日进行。在教育总长傅增湘离职后，次长袁希涛的职位也陷于危殆，北京"安福系"有意接手教育部，而蔡元培之复职也再生变数。围绕京学界的人事问题，原对苏教育会颇为有利的局面（蔡元培复职、袁希涛代理教育部务）由于北京当局的压力与南北学生的不配合，立时有翻转之虞。[②]

在江苏其他一些地方，事态的变化与上海相似。在苏州（10日）、南京（13日）、常州（15日）等地首先成立的，是"学界"联合会而非"学生"联合会。其中，南京的学界联合会先由南京高等师范学监主任陈容（主素）、教员陶知行（后更名行知）、河海工程学校校长许肇南（先甲）、法政学校校长钟福庆（叔进）等共同拟定章程，成立会则，推许肇南为临时主席，后推举应尚德、陶知行分任正、副会长，会址设在江苏省教育会的南京分事务所。[③] 然而，力图"引导"学生运动的陶知行等人也未将此种学界联合维持多久。5月底，因南京师长无法遏止各校学生提前罢课，陈容请辞高师学监主任之职，[④] 应、陶也辞去联合会领导职务；不久，学生自行推举代表，在省教育会分事务所另组学生联合会，"专以学生为主，校长、职教员概不加入"。[⑤]

截至5月底6月初，上海、南京、苏州、无锡、南通、扬州、徐州、海州等地均已成立学生联合会，在一个师长辈的组织行动能力甚为突出的省份，学生组织相对于既往教育界组织的独立性也已开始趋于普遍。与此相应，"学生"自成一"界"，而有别于所谓"教育界"的表述，在沪、宁等地报刊中也渐趋常见。究其缘由，有学生自身的联络与模仿，也照样存在某些涉及学界的政治势力的鼓动。其中，中华革命党的态度应较研究系等更为激烈，如对5月底6月初苏教育会劝止罢课的尝试，该党操持的

①　《京学界仍坚持罢课》，《申报》1919年5月25日，第7版。

②　参见陈以爱《五四运动初期江苏省教育会的南北策略》，《国史馆馆刊》（台北）第43期，2015年。

③　《学界组织联合会》，《新闻报》1919年5月15日，第2张第2版；《专电·南京》，《新闻报》1919年5月16日，第1张第3版。"学界联合会"之名并非始于五四，但地方的学界联合会蔚起，应受五四运动影响。

④　《陈容呈明学生罢课情形恳准辞职事》，南京大学校史研究室编《南京大学校史资料选编》第2卷（上），南京大学出版社，2019，第38页。陈容正式去职在10月。

⑤　会长为高师学生黄曙寰，副会长为金陵大学学生吉斌俊。见《宁垣学生联合会之宣誓》，《新闻报》1919年6月4日，第2张第2版。相比之下，常州武进的学生联合会似乎寿命较长，至1921年仍在活动。

《民国日报》接连做出激烈表态，予以警告或嘲讽。不过，中华革命党的影响主要限于上海，对苏省其他地区的影响存疑，而苏教育会此后对于爱国运动也并未转入消极。26 日上海总罢课开始，苏教育会交际部干事蒋梦麟在致胡适的信中称会中同人已然"将舵把住，不至闹到无意识"，对于控制局面依然颇有自信。①

6 月初，苏教育会积极参与上海"三罢"运动。此间，谋求再度扭转5 月底以来不利的首都教育界人事局面，可能也构成了苏教育会行事的一部分动力。6 月 5～12 日的上海"三罢"之起，有上海自身的脉络，因上海学联及部分师长辈几乎一直在实践中估测动员工商界响应的可能性，北京"六三"事件消息的南传，应只是增强了上海方面反应的烈度。② 4 日，江苏省教育会黄炎培致函上海县商会（南商会），请商会联络商学各界于次日集议，共同向官厅施压；③ 同日晚 7 时左右，上海方面收到天津学联关于北京大批拘捕学生的信报，沪上积聚的"民气"骤升至新的高度。④ 5日晨，罢市正式开始，黄炎培偕寰球中国学生会总干事朱葆康（少屏，也是南社重要成员、苏教育会会员）往晤淞沪护军使卢永祥，同时通电北京再请惩办国贼。下午，商、学、报各界在宁波路卡尔登饭店集会，黄氏亦到现场并向商界建言，应"以'不办卖国贼不开门'八大字印刷数千份，遍贴各商店之门"，之后上海及江苏多地诸多商铺贴出此一标语，或即基于黄氏这一"跨界"的建议。黄还总结说："吾人办事，亦须如学校中之有课程。今日功课，须发表中西文宣言，其西文者宜送登西报。明日功课，开会亦其一端，罢市不停，须每日开大会也。"对集会、宣传事宜给出"指导性意见"，挑明了己方在此番风潮中运筹帷幄的志愿。会后蒋梦麟复作为"教育界"代表，与商界代表虞洽卿、报界代表张东荪、学生界代表朱承洵等前往总商会（北商会）接洽，以实现全埠共同行动。⑤ 而上海之外一些早先尚未罢课的地区，也于上海"三罢"开始后开始罢课。在江北的南通，苏教育会名义上的正会长张謇之子张孝若与各校教职员在得知地方罢课消息后，于 4 日召集各校代表开谈话会劝导学生，但罢课仍于

① 《蒋梦麟致胡适》（1919 年 5 月 26 日），《胡适来往书信选》上册，第 37 页。
② 另外，6 月 2 日是 1919 年的端午节，是商家收账的节点，节点过后商界会更少顾虑，上海澄衷中学校长曹慕管已言及这一点。见《纪卡尔登之各界茶话会》，《申报》1919 年 6月 6 日，第 11 版。
③ 《昨日县商会又开会未成》，《申报》1919 年 6 月 5 日，第 11 版。
④ 《天津学生来电》，《申报》1919 年 6 月 5 日，第 4 版；《商界允今日罢市消息》，《民国日报》1919 年 6 月 5 日，第 10 版。
⑤ 《纪卡尔登之各界茶话会》，《申报》1919 年 6 月 6 日，第 11 版。

6 日如期开始，此后师长辈大致配合或默许学生的斗争，直至斗争于获悉上海方面结束之后结束。[①]

总的来看，苏教育会黄炎培、沈恩孚、蒋梦麟等人在"三罢"中表现活跃，始终协同学生，向北京政府施加压力。6 月 7 日，卢永祥与沪海道尹沈宝昌等又召集上海商学各界会议，主张商界先行开市，之后军政当局再电请北京罢免国贼。对这一官方意见，商界领袖颇有动摇，而学界代表曹慕管等与到场学生则坚持必须北京政府罢免国贼在先。僵持之际，到场的苏教育会驻会干事沈恩孚将矛头转向淞沪警察厅长徐国梁，指出商界罢市正是徐氏数日前当街殴打爱国人士所激而成，商学界的抗争乃是激于义愤而"自动"，其中绝无"党派意味"。之后，沈与上海县教育会会长、江苏第二师范校长贾丰臻又强调当前劝说复课仍将无效，尽力为学生举动辩护。[②] 会后事态表明，军政当局令商界从速开市的意图无法落实，"三罢"并未终止，且继续向上海周边扩散。也是在 7 日，南京全城罢市，当天暨南、农校、金陵大学学生在下关等处为军警所伤。[③] 苏教育会亦迅速致函南京军政当局请惩肇事警长，并在之后持续追究此事。[④]

不过，教育界的多数师长作为长辈与体制中人，也未一味遵从学生意志，而是在勉力维持政府与学生间的力量平衡。上海及江苏其他地区在 6 月初的罢课、罢市活动（一些地方的"罢工"是否开展，未见明证），无论在舆论还是实践中均甚为强调"和平""合法""遵守秩序""切勿暴动"，虽然围绕抵货等问题时而发生街头冲突，但参与运动的各界民众基本未曾冲击地方军政当局，在一般舆论表述中社会秩序也未陷于混乱，苏南如此，江北亦然。[⑤] 这相当程度上当然是自居全省教育界代表，且能与省军政当局频繁接洽的江苏省教育会等公团的立场影响所致，其领导人的教育界关系网络遍及全省，省县教育会屡有函牍或人员往来，可以交换意见、协调步骤。另外，江苏大部由直系而非皖系控制，而直系当时未成众矢之的；上海的淞沪护军使卢永祥，虽不属于直系，但在地官声也尚好，因此即便是当时集中于上海的激进政派分子，也未将卢氏认作与皖系或安

---

① 参见中共南通市委党史工作委员会编《江海奔腾：1919～1937 年南通地区革命斗争回忆录》，上海社会科学院出版社，1989，第 1～4 页。

② 《昨日南商会中之官民会议》，《申报》1919 年 6 月 8 日，第 11 版。

③ 《宁学生被殴捕之惨状》，《时报》1919 年 6 月 10 日，第 4 版。

④ 《省教育会请惩肇事长警［警长］》，《新闻报》1919 年 6 月 10 日，第 3 张第 2 版。之后，苏教育会干事、南京高师附中主任陆规亮等人又在集会中力挺学生，提请警察厅长向各校谢过道歉。见《警厅布告学商》，《新闻报》1919 年 6 月 19 日，第 2 张第 2 版。

⑤ 《江北近事》，《新闻报》1919 年 6 月 18 日，第 2 张第 2 版。

福系一伙。① 宁、沪当局通常不在"公敌"之列，本省统治秩序动摇的可能性原也较小。

另外，关于"三罢"的基本目标，师长辈的意见也未与学生完全合拍。这一目标在"三罢"伊始便甚明确，即只需北京政府将三"国贼"免职便可——所谓"使政府朝去曹陆章，则风潮可夕定"。② 6 月 5 日，上海教育界（包括苏教育会、上海县教育会、寰球中国学生会等，但不包括学联）与商界联合致电北京政府，提及："曹陆章诸人是否卖国，自有公论；而路约之误国，实已显然。政府宁袒此数人，以失全国人心，抑尚愿维系全国人心，罢此数人以谢天下？"③ 此语颇有代政府考虑的意味，即三人究竟是否属于"国贼"或许存疑，但三人并非皖系或安福系骨干，罢免三人对于北京当局也损失不大，是可以接受的平息民愤的策略。而另一方面，自 5 月以降上海学联与上海国民大会的卖国贼"名单"则并不限于曹陆章，而是几乎一直包括段祺瑞、徐树铮（有时还包括徐世昌、靳云鹏等），有意铲除整个皖系甚至北京当局；上海的中华革命党与研究系的舆论，也倾向于直接惩办段、徐（树铮）诸人。虽然黄炎培诸人对于安福系也素无好感，但"三罢"实际的执行，显然是遵循了多数教育界师长与商界相对温和的意见，将汹涌的"民气"导向一个政府大概率会接受的方案，从而使民气得以宣泄，政府亦得舒压。最后，江苏各地的"三罢"风潮在各地确认三人去职之后如约结束，而北京当局欲将此番开市的"功绩"归于黄炎培、虞洽卿等，通令嘉奖，黄、虞基于舆论压力以及自身在政府与学生间寻求平衡的策略，谢而未受。④

学联的命运，则忧喜参半。上海学联会址在"三罢"过程中被封闭，之后会址辗转多地，但 6 月 16 日，全国学生联合会又在上海成立。除却各地学生代表、商界人士，成立会尚有苏教育会、寰球中国学生会、国民大会、教会学校代表与沪上其他学校的师长辈代表出席。其中，黄炎培代表"教育界"在场演说，尤为重视"组织"的重要性，称组织团体若欲对"外"应当先巩固"内"，无论何种团体，均应尽力保持内部"融洽一

---

① 如之后上海国民大会曾通电北京，宣布与北京"卖国"政府"脱离关系"，同时却又鼓动南京李纯、上海卢永祥"宣布独立，出兵讨贼"，足见苏省的军事领袖依然被他们视作可以"争取"的对象。见《国民大会之紧要声明》，《民国日报》1919 年 7 月 1 日，第 10 版。

② 公振：《坚持到底》，《时报》1919 年 6 月 8 日，第 6 版。

③ 《汇纪请惩国贼援救学生电》，《申报》1919 年 6 月 6 日，第 12 版。

④ 际安：《请问虞黄二君》，《民国日报》1919 年 6 月 23 日，第 11 版；《黄韧之不受北廷嘉奖》，《民国日报》1919 年 6 月 24 日，第 10 版。

致"。同在现场的蒋梦麟，则径称现今南北"政府已无希望"，此后学生与民众要学会自力更生。邵力子此次代表报界致辞，更是明言"学生似必不能不预政事"。① 到场师长辈的表态各有侧重，而均未否定学生对于政治社会事务的热情，只是多少由于各自的组织立场，肯定的程度存在一定差别。

全国性的学生联合组织立于东南，得到了本地师长辈的允准甚或支持。唯平心而论，学生的集体行动对于5月以降运动目标的达成，实质性的贡献究竟几何，这一点在江苏，较之在北京会更成为问题。虽然据说上海"三罢"最后一日，商界中人必待学联代表到达才愿意开市，② 但曹、陆、章之解职，毕竟是在商界加入后，在包括教育界师长辈的各界"国民"共同努力下才取得的成果。"三罢"结束，上海学联即声言鉴于工商界之力量，此次学生"决不敢居功"。③ 之后，上海学联曾接受民生女学教员任秒苹的提议，以段祺瑞、徐树铮未受惩办，再议罢课；之前曾参与联络浙籍商界人士的曹慕管致信学联表示异议，④ 其中便提到学联"罢课旬日"，政府"非惟无惩办国贼之表示，并用严厉手段对付京校学生"，若无工商界加入斗争，学生独力又能取得什么成果？⑤ 不久后，罢课主张便经学联复议取消。⑥

6月下旬，全国学联与苏教育会、寰球中国学生会及上海、南京的欧美同学会等组织联合通电，要求拒签和约，警告外交专使"如或违背民意……当与曹章陆同论"，意指再掀民众运动。⑦ 不过激进倾向也继续受到打压。7月2日，国民大会上海事务所遭法租界当局封闭，上海学联亦发布通告，与国民大会撇清关系。⑧ 整体而言，1919年5~6月江苏教育界的情况是，相对独立于既往教育界组织的学生组织在省内趋于普遍，但颠覆既有师生权力关系的激进倾向似未成为主流。多数立场稳健的师长辈的组织行动，也是以"引导"为主，"防堵"之举虽亦不时见报，但似多表现

---

① 《全国学生联合会成立纪事》，《申报》1919年6月17日，第11版；《全国学生联合会之成立》，《时报》1919年6月17日，第5版。
② 朱仲华：《五四运动在上海》，《五四运动回忆录》（续），第273页。
③ 《慰问商工界》，《民国日报》1919年6月13日，第10版。
④ 《曹慕管致虞治卿等书》，《时报》1919年5月27日，第5版。
⑤ 《曹慕管劝学生上课》，《新闻报》1919年6月19日，第3张第1版。
⑥ 《曹慕管复任秒苹书》，《时报》1919年6月22日，第5版。
⑦ 《各团体力拒欧和会签字》，《新闻报》1919年6月25日，第3张第1版。
⑧ 《麦高云致上海英总领事（十九）》（1919年7月4日），《上海公共租界工部局警务处档案》，《近代史资料专刊·五四爱国运动》（下），知识产权出版社，2013，第347页。

为各地立场较"保守"的校长、教师的个体或小团体行为，而基本未上升到省级或县域组织的层次。而苏省"三罢"运动的成果，是包括商学工与师生在内的"国民"合力取得的，并未一味顺从学生意志，这可能也让某些师长辈保持了一面肯定学生能动性，一面继续居于指导者地位的"自信"。至 6 月末和约争端告一段落，苏省师长接下来要面对的，便是学生高扬的自主意识应再"导"往何处的问题。

## 二　助成"学生自治"

5~6 月的学潮，"有识者视之，皆以为于教育上有莫大之价值，且为中国教育改良之新动机"。[①]　"三罢"过后，苏省不少师长辈对学生好"动"更觉忧虑，其中某些趋新者有意将学生的注意力导向文化教育本身的革新，然而在实际操作中，这却不一定是以彻底否定学生对于校外事务的热忱为代价。据称，江苏第二师范校长贾丰臻 5 月底曾参与劝阻上海学联罢课，[②]　却又受到蒋梦麟转述的杜威对于五四运动评价的感染，以 19 世纪马志尼的"少年意大利"为喻，憧憬"少年中华"，对之后上海"三罢"风潮中学生的表现也给予了相当的肯定。与多数师长一样，他并不赞成罢课这一形式，曾告诫学生应转以"学问"为"应时之利器"，但不无抵牾的是，他又希望学生保持与政府、商界的联络，积极投身社会革新运动。[③] 7 月 11 日，苏教育会干事员会推顾树森、黄炎培起草"学潮后教育之革新方法案"，后在该年的全国教育会联合会上提出。[④]　同日，"国民教育促进团"在沪成立，以李登辉为主任，沈恩孚为副主任，苏教育会的黄炎培、蒋梦麟与上海其他十余团体的师生代表出任干事。[⑤]　这一团体旨在组织师生由学校而社会，"启蒙"平民，拟经一年时间将团务从上海及其周边发展至内地。[⑥] 8 月 14~18 日，苏教育会组织召开"江苏中等以上学

---

① 《教育革命之动机》，《南京学生联合会日刊》1919 年 7 月 24 日，转引自中共江苏省委党史工作委员会、中国第二历史档案馆编《五四运动在江苏》，江苏古籍出版社，1992，第 441 页。
② 天放：《罢课（续）》，《民国日报》1919 年 5 月 29 日，第 12 版。
③ 贾丰臻：《少年中华》，《教育杂志》第 11 卷第 6 期，1919 年；贾丰臻：《再论少年中华》，《学生》第 6 卷第 8 期，1919 年。
④ 《开会纪录》，《江苏省教育会月报》1919 年 7 月。
⑤ 《国民教育促进团成立》，《申报》1919 年 7 月 12 日，第 10 版。
⑥ 《Societies Launch Educational Campaign（国民教育促进团之成立）》，《中华英文周报》第 1 卷第 17 期，1919 年。

校教育研究会"，会中黄炎培等鉴于五四学潮后之趋向及"近今世界教育新潮流"，认为"我国中等以上各学校欲提倡学生练习自治、服务社会种种课外作业"，提出校内"减负"计划，通知师范、中学各校举办。① 对此，贾丰臻撰文明言学生"爱国"与"求学"二者不可偏废，为苏教育会继续鼓励学生关切校外事务的方针辩护。② 上述措施诚然可被认为是"教育"改革，但显然不同于北大蔡元培侧重强调学生应由动返静、研求"高深学问"，而是尽力维持学生业已"动"起来的事实，进一步提示学生在"社会"方面的责任。

此处的"社会"，可能包含"政治"方面。和约虽已拒签，南北大报舆论却并未将之视作外交上的"反败为胜"。相反，京沪大报与京津、东南等地学联报刊屡屡强调和约尚有补签之可能，号召或暗示民众继续以言论或行动向当局施压。江苏省教育会亦以此为提振学生爱国精神的良机，通函外省教育会及江苏省内各校及劝学所、教育会，"印送和约不签字后之外交挽救策，作为地理历史临时教材及讲演资料"。③ 至于内政，6 月 25 日，苏教育会黄炎培在沪上青年会会所主持召开沪上十余团体参与的"国事紧急会议"，议决成立"上海公团联合会议"，每周聚餐集议国事，不定期地通电反对安福系把持国会；④ 同时，苏教育会也密切关注省内政学人事，谨防安福系对本省教育界的渗透。⑤ 省教育界头面人物如此关切国内外政情，对于本省学生的言动应也起到了一定的"示范"作用。

在这样的环境中，江苏学联组织保持了良好的发展势头。7 月底，省内曾有中学校长以妨碍教育行政为由，提请解散学联，却未获江苏省教育厅长及苏教育会实际"一把手"黄炎培等人的同意。且黄氏等人的态度得到了《南京学生联合会日刊》的称赞，论者进而声称，学生理所当然要参与"社会事业"，而"教育家"则应当"鼓励学生勉为试验，不畏错误，

---

① 《江苏中等以上学校教育研究会开会纪事》，《江苏省教育会月报》1919 年 8 月；黄炎培：《减少授课时间与精选教材问题》（1919 年 8 月 17 日），《新教育》第 2 卷第 1 期，1919 年 9 月，实为 10 月底或 11 月。
② 贾丰臻：《教育时话》，《教育杂志》第 11 卷第 9 期，1919 年。
③ 《江苏省教育会议事月表（民国八年一月至十二月）》，《江苏省教育会年鉴（1920）》，上海江苏省教育会，1920，第 32 页。
④ 《各公团会议声讨新国会》，《申报》1919 年 6 月 26 日，第 10 版。
⑤ 《南京学生联合会致江苏省教育会函》，《申报》1919 年 12 月 31 日，第 11 版；《江苏省教育会复省立第一农业学校许君苏民等公函》，《申报》1920 年 1 月 7 日，第 11 版。

希望其完成，而不能即以完成责之"。① 几乎与此同时，江苏全省学生联合会在南京开始筹备，8月15日在苏州成立。② 在成立会之前，苏省学联曾致函苏教育会，请其阻止某些人提出的取消学联的建议，苏教育会复信径称"本会未闻有此建议"。③ 此外据学者统计，全国学联 1919～1920 年的经费有相当一部分正是由苏教育会黄炎培、沈恩孚等经手向各商号募得的，师长辈对于学生组织的支持，也绝未停留于精神层面。④

　　大致来说，江苏教育界头面人物对学生运动的态度，较北大方面部分主倡思想学术革新的师生更暧昧一些。进言之，除却现实权益，这也涉及本已在苏教育界流传甚广的某些教育理念：相比研求"高深"学术，苏教育界的头面人物历来更强调"学校"与"社会"的衔接，且这种衔接能导向政治层面的目标。至爱国风潮告一段落，这些付诸组织行为的教育理念中最引人注目者，便是"学生自治"的推广。⑤

　　"学生自治"之名，在晚清业已出现。当时全国一些省区设有"学生自治会"，但多是被理解为学生自修、自省的组织，与传统书院生徒互相切磋的制度多少相通，同时也可能受到了梁启超等将"自治"比附传统的修身、致良知理论，以联结"一身之自治"与"一群之自治"之类思路的影响。⑥ 而另一方面，晚清亦有东南论者曾断言此"自治"与"地方自治"中的"自治"迥异，"个人之修省，与朋友之箴规，绝无与于治法"，纯系误用。⑦ 不过，重在培养学生自主性的"自动"教育，也几乎同时引入国内，在此，江苏省教育会（时称江苏教育总会）表现得尤为积极。1909年，基于派员赴日考察所得，江苏教育总会开始在省内推广"单级教授法"，此法被认为足以养成儿童之"自动力"。⑧ 进入民国，江苏继续成

---

① 《教育革命之动机》，《南京学生联合会日刊》1919年7月24日，转引自《五四运动在江苏》，第442页。

② 《江苏省学生联合会消息》，《申报》1919年8月19日，第7版。

③ 《江苏省教育会议事月表（民国八年一月至十二月）》，《江苏省教育会年鉴（1920）》，第39页。

④ 吕芳上：《从学生运动到运动学生（民国八年至十八年）》，台北，中研院近代史研究所，1994，第387页。

⑤ 关于民初学生自治风潮的宏观研究，见向华《民国前期学生自治研究》，博士学位论文，华中师范大学，2014。

⑥ 中国之新民（梁启超）：《新民说九·论自治》，《新民丛报》第9号，光绪二十八年五月一日（1902年6月6日）。

⑦ 心史（孟森）：《论自治与官款》，《申报》1908年9月8日，第3版。

⑧ 《江苏教育总会开会报告辞》，《申报》1909年6月29日，第18版；沈恩孚：《江苏教育总会附设单级教授练习所毕业赠言》，《申报》1909年12月27日，第2版。

为引进欧美"自动"教育的重点区域，且苏教育会中人继续将之与一些中土修养与学术传统，如率性修道论、阳明心学等作比附。① 再依照传统的"修齐治平"序列，从"身"至"天下"以求"修己安人"，"自动"教育的成果便被认为可以自然而然地惠及全民，所谓"既入社会，惟能自动者足以感化社会，而不为恶社会所感化"。② 据当时舆论，学生"自动"在许多情况下可直接替换为学生"自治"，或二者形成近义并列。且由于在"治法"展示上趋于相对完善，"学生自治"与"地方/公民自治"之类的理念或倡言之间，也开始建立较为稳固的逻辑关系。

民国时期，由于中央权威事实上的削弱，"浙人治浙""苏人治苏"之类成为公然的倡议甚或行动。尤其在袁世凯死后，一度受抑的"地方自治"的呼声重新高涨。且此时所谓的地方"自治"，已进一步超越晚清时仅能辅助"官治"的意义，"自"的重要性越发突出，此种意义重心的进一步偏移可能也影响到了"学生自治"中的"自治"之义。在个人层面，"学生自治"仍可被理解为"起居则自监其身，动作则自察其行"，"以己治己，以己正己，而不逾矩"。③ 且"自治"可以继续与"自立""自修"等"自"字开头的语词互换或连缀，如五四之前某江苏学生在阐发本地学生自治会的意义时所言："欲得自由，先求自励，果能自立，尤贵自修。不知内讼之功，易受外来之侮。大贤学道，日思三省以求诚；亚圣安贫，家守四箴以立训。"④ 而在社会政治层面，苏省老师辈已普遍强调"学生自治"是为养成合乎"共和精神"的"国民""公民"，这实是依循了民国权源于民、理应自下而上立国的思路，从某种意义上讲，师长辈可以通过掌握未来"国民"的塑造之权，由教而政，由地方而中央，隐操民国的形塑之权。以上两个层面的整合，同时也是传统的修身－济世关系与当前国体（或曰政体）所需要的个人－群体关系的并合融汇；唯在实现途径上，"学生自治"越来越不被认为通过"自动""自治"的个人简单聚合即可收效，而是须经由讲求恰当方法的组织化训练，方能达成目标。

五四前夕，美国方面的理论资源与实践经验（包括教育学说与青年会系统的"社会服务"实践等）开始在各种可以归为"自治"或"自动"

---

① 沈恩孚：《学生之修养》，《中华学生界》第1卷第1期，1915年；张佩玉笔述《沈信卿先生讲演自动主义教育》，《吴县教育杂志》第5期，1917年。

② 沈信卿：《自动主义之教育》，《环球》第1卷第2期，1916年。

③ 沈世仁：《学生自治与学业之关系》，《少年》第6卷第9期，1916年；唐沂：《说学生自治》，《学生周刊》第1卷第2期，1917年。

④ 高增荣：《学生自治会序》，《学生》第4卷第1期，1917年。

主义的思想学说中凸显。1919 年 4 月底，美国实验主义哲学与教育学家杜威来华，江苏省教育会成为在沪招待杜威的主要组织团体。杜威先在上海、杭州、南京等地演讲，后至北京，"自动"教育理念得以与"实验/实用主义"等名目一道广播海内。而 1919 年夏爱国运动期间，为回应外界对于罢课废学的担忧，江苏各地的学联屡屡表态学生将自行安排"自修"，并委任学生纠察员予以监督；江苏的某些师长辈可能基于向来对于"自动"教育的信奉、对五四学潮系国民"自动"精神之体现的定性，对此种"自修"亦持默许甚至支持的态度。此外在罢课期间，江苏省教育厅曾下令各校提前放假，但苏省各地反应不一，有些地方或学校直接以此名义遣散学生，有些则在罢课结束后重新上课，官方揆诸情势，也有意让各地各校自行处置，提出已经放假者尽可"自修"。① 学生运动在事实上推广了学生"自修"的做法，而到当年暑假结束之前，将"学生自治"从零星施行变为全面试行，也已成为苏教育会方面的正式议题。② 会中创设"学生自治团组织法研究会"，定"由中等以上各学校共同研究"；苏教育会并委托南京高师方面"调查共和国关于各级学校学生自治团之组织方法，编辑印分"，以资教育界参考。③

　　1919 年下半年起，相比北京方面似乎在操作中凸显高校学生自治，江苏省内的实践更为讲求"全面"，从"儿童自动"到"大学自治"，几乎全线推进，施行机构也绝不限于"中等以上各学校"。这些高、中、初等学校多以美国学校规章及相关报道为蓝本，地方的学生自治实践且能受到留美归国者的亲自指导。④ 师长辈强调，这种自治不是指向个人的自治，而是"要组织一个团体的自治"。⑤ 对此，除却成立一般的学生自治会（或称学生会），鼓励学生自主组织处理某些方面的学习生活外，江苏教育界复提倡"学校市""自治村"之类的组织形式。⑥ 学生模仿西方（偏美式）

---

① 《江苏教育厅决定提前放假训令》，《五四运动在江苏》，第 116 页；《南京暨南学校实行上课》，《时报》1919 年 6 月 18 日，第 4 版；《杨士晟关于江苏督军在国贼罢免后已令学生上课电》（1919 年 6 月 12 日），《五四运动在江苏》，第 172 页。

② 《纪省教育会各项研究会》，《申报》1919 年 8 月 18 日，第 10 版。

③ 《江苏中等以上学校教育研究会之议决案》，《申报》1919 年 8 月 20 日，第 10 版；《致南京高等师范学校请调查共和国各级学校学生自治团之组织方法书》，《江苏省教育会月报》1919 年 10 月。

④ 《第八中学近事》，《申报》1919 年 9 月 15 日，第 7 版。

⑤ 顾树森：《学生自治的种种问题》，《教育与职业》第 16 期，1919 年。

⑥ 关于学校市在中国传播的研究，见李林《学校市：民国时期一种"学生自治"的实践及得失》，《近代史研究》2020 年第 3 期。

民选、地方行政与三权分立，开展由"学"及"政"的自治训练。如南京省立第四师范附小成立的学生自治组织以校训为名，称"诚毅市"；[①] 上海中华职业学校的学生自治组织，则称"职业市"。[②] 另外，夏间爱国运动时尚在海外考察教育的苏教育会交际干事郭秉文（8 月底由南京高师代理校长转为校长）[③] 回国，在苏教育会报告欧美教育近况，亦大力鼓吹"自动"。他称："大战之结果，始知以英美人与德人战，一抵一，德人每至失败，何也？英美人之教育向主自动，故其个人之能力与其敏活，实胜于德人之机械的行动也。"[④] 在英美"自动"教育与欧战胜利之间建立浅显直白的因果关系。在郭氏主持下，南高师废学监制，成立学生自治会，积极开展校内学生自治，并通过演说、刊文、组织人员往来学习交流等方式，指导本省中初等学校的学生自治。而蒋梦麟虽于 7 月北上，但仍主持上海《新教育》月刊，该刊在 1919 年下半年开始的第 2 卷中登出多篇师长辈撰写的专论学生自治的文章。黄炎培主持的中华职业教育社的刊物《教育与职业》，也于 1919 年末推出"学生自治"专号（第 16 期，12 月 31 日）。

　　要之，苏教育会作为一个历来政治立场并不十分激进的组织，却在五四前后致力于养成学生的自动、自治能力；且这种训练也从不限于对书本学问、校内生活的探索，而是重在养成学生投身社会甚至政治性事务所需的能力。不过另一面，在多数师长的设想中，"学生自治"须兼具"自组织"与"被组织"的意味，其间老师辈不可缺席，仍须尽"指导"之责；学生对于"自治"，须实现"自觉"遵守规章法则，而绝非放任自流。[⑤] 早在 5 月间，陶知行在探讨南京学界联合会组织办法时，即强调"自动"不是"学生自动，教员不动"，而是要"大家自动"，师生在"自动"中实现优长互补，[⑥] 之后又多次在演讲与刊文中强调这一点。1919 年下半年，苏教育界师长的见报文章也极力解释"学生自治"的"真义"不是不要"约束"，[⑦] 并屡引杜威之言为据，强调"自治"绝非"无治"，"自"与

---

① 《附属小学校学生自治规程》，《江苏省立第四师范学校通信》第 17 期，1919 年 10 月。
② 《中华职业学校职业市第一年概况》，《教育与职业》第 16 期，1919 年。
③ 《咨江苏省长商请正式委任郭秉文为南京高等师范学校校长薪俸应改照规程办理文》（1919 年 8 月 22 日），《教育公报》第 6 卷第 10 期，1919 年。
④ 《调查战后欧美教育之报告》，《申报》1919 年 10 月 5 日，第 10 版。
⑤ 吴济笔述《袁观澜先生演说词》，《江苏省立第三中学杂志》第 2 期，1917 年。
⑥ 《陶知行论学界联合会组织办法书》，《时报·教育周刊》1919 年 5 月 19 日。
⑦ 进之：《学生自治的真义》，《时报·教育周刊》，1919 年 12 月 22 日。

"治"理应并重。①

　　同时，教育界师长也在自行筹建"教职员联合会"。这类组织对于学生自治，兼具"配合"与"指导"的意图。早在 5 月间，北京已组织教职员联合会，在江苏，则似乎是苏州最早成立各校教职联，其宗旨兼具"支持"学生与"补救"学业的意味。② 稍后，苏教育会干事、商务印书馆编辑庄俞主张，相比"为政府制定之被动"的教育会组织，当前应再建立体现"现任教育责任者之自动"的"教员联合会"，这是教职员谋求"自治"的有效形式。但这不是要与学联形成对立，而是对学生形成保护与指导，毕竟校务仍须教职员负责，而不能由"学生自决"。③ 江苏其他地区成立教职联，似多在 1920 年初，名目有"教职员联合会""职教员联合会""教员联合会"等。其中南京的省立以上学校教职员在江苏省教育会分事务所会议筹建联合会，④ 唯因派系问题"屡议屡废"，成立之事陷于停顿。⑤ 总的来看，与北京教职联类似，江苏的教职员联合会也不完全是为对学联或学生施加影响而设的组织（比如也可用以争取教师自身薪资权益），但其与既存省县教育会之间的权限之别并不明确，在职能上，也无法对实际行事并不"被动"的后者形成替代。⑥

　　问题是，在"学生自治"实践中如何把握分寸，依然令各地师长辈深感棘手。苏省部分鼓吹学生自治的师长辈在不久后也承认，五四以来"学生多感情用事，不受校规之拘束"，一些地方"所谓自治事业者，日惟攘

---

① 参加少年中国学会的南高师职员杨贤江，也称学生自治不可脱离学校，行"自治"后更加不可放纵。有无锡学生也说"学生自治"有"学"自治的意味，故与地方自治不能全同。见杨贤江《学生自治何以必要》，《学生》第 7 卷第 2 期，1920 年；储炳源《对于学校自治和地方自治的几个问题》，《弘毅日志汇刊》第 2 期，1920 年。

② 《江浙抵制日货汇志》，《申报》1919 年 6 月 4 日，第 8 版。苏州另有小学教员联合会之组织，后改吴县国民学校教员联合会。见《小学教员联合会》，《民国日报》1919 年 8 月 13 日，第 6 版。

③ 庄俞：《组织全国教员联合会》，《教育杂志》第 11 卷第 7 期，1919 年。

④ 《省立以上学校职教员在江苏教育分会会议筹商组织联合会》，《时报》1920 年 1 月 27 日，第 2 版。

⑤ 《教职员联合会之停顿》，《新闻报》1920 年 2 月 6 日，第 2 张第 2 版。据称停顿牵涉师长辈内部的派系之分，大致按学校分为两派：一派为高师及附中附小、暨南、河海、金陵大学、青年会、南京中学及其他教会学校等；另一派为省立第一农业、第一工业、第四师范、第一中学、第一女子师范、法政、钟英等校。另上海曾于 1921 年 6 月成立教职联，见《学事一束：上海教职员联合会成立》，《教育杂志》第 13 卷第 7 期，1921 年。

⑥ 地方教职联遇事可能还须向省教育会求援，如皋全县学界职教员联合会曾求助于苏教育会，请其向官方疏通，撇清如皋县立师范所办、在地方推广新思潮的《新心报》与"过激主义"的关系。见《省教育会请维持如皋〈新心报〉》，《申报》1920 年 2 月 6 日，第 10 版。

夺权利，徒成捣乱之局而已，办学者至此实已焦头烂额，无法维持"。[1] 学生因"自治"而越发不喜被约束，其中有学生自身思想情感状态的原因，对此今人所论已多。此外，仍须考虑到体制内教育组织对整个省教育界未能全盘覆盖，其间尚有其他势力的显著影响。别地施加的影响暂且不论，单论活跃于上海的政学势力。尤其是研究系及中华革命党—国民党系，在五四后也致力于吸引青年学生；其影响下的报刊也向来喜用"自动""自治"等词，但使用场合可能更偏政治领域，从而可能进一步淡化青年读者感知中校内与校外之间的界限。欧战结束前后，美国总统威尔逊倡议"民族自决"（或译"国民自决"），"自决"二字也常与"自动""自治"等词形成自由替换或连缀、并列关系，从而加强了后者的政治意味；而"决"相较于"治"，显然更利于唤醒"自×"主体的权利意识。此间所谓"自动"，可理解为主体的"直接行动"，[2] 也可与他人"煽动"相对（以撇清本方鼓动之嫌疑）；[3] 至于"自治"，则较苏教育会等组织的用法更像是"民治"的同义词，与当前"官治"形成尖锐的甚至不可调和的对立。杜威来华，使"自动""自治"越发成为中国知识界的时髦词。而各方政派人物对这些语词的运用阐发，仍会将语词本身及其字面意义导入本方既有的言论倾向。如上海《星期评论》的沈定一论"学校自治"，虽承认学校的自治生活是团体的而不同于个人的，但仍从自己身处社会这个"最大的学校"所产生的"自治"经验与规划入题，继而由个人到团体，强调"集团的自治""上面不该有监督机关，下面不该有被治的阶级"，青年学生心中认定"自治便是生活"，勉力做去，无须强制便能成功。[4] 后来胡汉民曾对蒋梦麟明言，五四之后各校风潮迭起，正是受了杜威学说的影响，[5] 此种影响途径应不仅是基于杜威本人作为教育家的论学思路，而且是包括了中土报人或政人自身参与"示范"的"六经注我"的论说方式。

另外，师长辈计划的学生自治通常以学校为单位，在校内受师长指导。可在事实上，学校的学生自治会亦可与本地学联对接，成为学生又一类用以投身校外爱国运动的组织，甚至在与他人（如售用仇货者）发生冲

---

① 俞泰临：《学生自治团之组织与指导》，《教育与职业》第 16 期，1919 年。

② 东苏：《直接行动》，《时事新报》1919 年 5 月 13 日，第 2 张第 1 版。

③ 际安：《自动》，《民国日报》1919 年 6 月 10 日，第 11 版。

④ 玄庐（沈定一）：《学校自治的生活》，《星期评论》第 22 号，1919 年 11 月 2 日。

⑤ 蒋梦麟：《西潮与新潮》，人民出版社，2012，第 133 页。

突时，可径以自治会名义求取外界（如国民党人）的声援。①

　　尽管面向学生放权的改革引起不少争议，江苏教育界的头面人物却未抛却对于"自动"教育、"学生自治"的信念。在他们看来，"固守成见"与"急于维新"均不足取，允执厥中的态度仍是应当的，也是始终存在可操作性的。② 其时有议论指出，国民或学生"自动"固然是好事，但"自动"精神若"不善保、不善用，所生之种种学潮能发而不能收"，则不免令人担忧。③ 而对于是否真能遏止学潮之"横流"，苏教育会的领导人依然能从对 1919 年夏间运动的回望中找到些许信心。1920 年 1 月初，黄炎培在南通的江苏代用师范学校（原私立通州师范学校）的演讲中便提及，从1919 年至今，"政府方面可谓无进有退"，而"社会方面"则有不小的进步，只是尚有改进之余地。这种改进，涉及教育者应"助成"青年之本能的发挥而"靡所遏抑"，唯青年本能在发挥之始，"必审慎周详，斟酌至当，无颇偏，无过激"。如五四运动中，江苏有部分学生因抵货与商家冲突，便是方法不对。学生受过良好教育，而商人相对"眼光短浅，知力薄弱"，"只图一己之私，不顾社会国家之公"，这是商人未受教育之故，对此学生应当采取黄氏以为"极有把握"的"柔以制刚"之策。以 6 月上海"三罢"为例，4 日晚间，学生在南市当街长跪，请求商家闭市，5 日果然罢市开始，这正是"学生用柔和手段之效"。可见罢课方式本身未被彻底否定，再进一步，此类方式与"学生自治"的发展之间也继续存在受到师长肯定的联系。黄氏谓"学潮发生之后，新思潮澎湃而至"，此次新潮之重点正是"学生自治"。但黄氏又重申了自治中师生的权限范围，如在改建校舍、添置校具、延聘职员、招收学生等方面，"学生纵有意见陈述，亦仅供教职员之参考而已"。最后，他又指出一些学生自高自大的毛病需要改正，而学生自治仍须持续进行，国民学校、高等小学这些初等教育机构也应开展自治的基本练习。④

　　综上所述，江苏的"学生自治"，事实上为学生对于社会政治事务的关切甚至投入持续提供燃料，但苏教育界的头面人物及其他一些鼓吹学生自治的师长尚以为局面依然可控。至 1920 年春夏之际，江苏再掀大规模反日学潮，其开初情形类似五四运动，而结果却殊异于 1919 年夏。

① 《江苏省立第九中学校学生自治会来函》，《民国日报》1919 年 12 月 24 日，第 7 版。
② 徐焘笔述《袁观澜先生演讲词》，《南京高等师范日刊》第 264 期，1919 年 12 月 1 日。
③ 默（张蕴和）：《民国八年之新生物》，《申报》1919 年 12 月 31 日，第 7 版。
④ 宋和卿笔录《黄任之先生讲演录》，《南通县教育会汇报》第 8 卷，1920 年。

## 三 从协作到制约

五四后在江苏兴起的"新思潮",虽然凸显"自动"教育、"学生自治"等,但显然不会以此为唯一内容,而是包括书本学理知识的更新。不过,原初即被学生用以投身爱国运动的组织如学联等,也鲜少像蔡元培等人期盼的那样,将组织旨趣真正转向校内学习。1919 年 6 月间的上海学联日刊发刊辞,即宣称"那种'学生不得干涉政治'的奴隶教育,在二十世纪是不适用了",并强调日刊"自始至终有一贯的主张,决不让今日之我与过去之我挑战",语带讥讽地化用梁启超的"名言",预先否决了变更旨趣的可能性。① 同一作者又称,"这几百年几千万人造恶因弄坏了的国家,我们想去弄他好来",便应有足够的毅力,将救国运动"做到底"。② 在全国学联成立会上,上海学联会长,也是后来全国学联副会长何葆仁发言,强调全国学联应成为常设组织,"非可于去卖国贼废条约后所能中止者",这是由于"中国社会不良,卖国贼必不能止绝,故本会以改良社会、正人心、敦风俗为主旨,当与中华民国同终始"。③ 学联必须长存,其旨趣又不宜变更,会中人便须为维持既有的组织旨趣及其指导下的行动不断寻找理由,而以国民资格参与所谓"国民外交",即是一项持续有力的理由。进言之,由于此种组织力量的加持,此时在江苏,师生之间权力关系的变动,可能主要不是体现在书本学问深度的竞争上,而是更多学生具有了以学生身份直接表达"民意"的意识,在校内冲击学校管理,在校外更是在政治社会层面,对师长辈之于"国民"的"代表"地位构成挑战。

1919 年下半年,江苏省内的学联继续密切关注外交政治动向。如 7~8 月的山东马良事件,南京学联除与苏省当局接洽外,还曾组织江浙学生代表赴北京请愿。④ 而江苏教育界师长辈的基本立场,还是支持学生爱国运动的,唯在支持的同时,也凸显"遏其横流"之意。之后 11 月间的福州事件(闽案),苏教育会发布"团结一致"声援闽案的通告,便强调"演

① 天放:《学生联合会日刊发刊辞》,《民国日报》1919 年 6 月 5 日,第 12 版。
② 天放:《勖上海学生联合会同人》,《上海学生联合会日刊》1919 年 6 月 5 日,第 1 版,中共一大纪念馆藏。
③ 《全国学生联合会成立纪事》,《申报》1919 年 6 月 17 日,第 11 版。
④ 《南京学生会加入请愿》,《民国日报》1919 年 9 月 4 日,第 10 版;《各省代表结队抵京》,《民国日报》1919 年 9 月 21 日,第 3 版;《各省请愿代表出狱记》,《申报》1919 年 11 月 11 日,第 6 版。

讲调查之际，无论如何愤激，必须用极诚恳之态度，极郑重之手续，以期感动人心"，各人行事"万勿稍涉激烈"，并特地声称上海学联的历次通告也"本系此意"。①

还是在下半年，全国各地陆续出现常设的"各界联合会"。江苏与全国其他地区类似，各界联合会多由学联联络发起，但其间也有师长辈的参与。如苏州各界联合会规章，由苏州学联与吴县教育会会同起草。② 南京的各界联合会筹备会，以南京高师教务主任、欧美同学会会长陶知行为会长，省农会主任、省议员徐瀛为副会长，南京学联会长黄曝寰任书记。③ 不过，11 月 10 日全国各界联合会在上海四川路青年会会所成立，到场的有曹慕管等少数师长辈人士，还有孙中山、孙洪伊的代表以及章炳麟，却未见苏教育会及县教育会等体制内教育组织的正式代表。④ 这可能是不少体制内业界组织的共同倾向：1919 年下半年起，对于临时性的大型群众集会，苏教育会等师长辈领导的组织已鲜有参加；而在商界，抵货运动导致利益持续受损，江苏一些地方商界的态度也趋于强硬，甚至公然联络官厅反对学生。学联组织的调门持续高亢，其争取其他一些社会界别支持的可能性也在收缩。

至 1920 年初，因直接与日本交涉山东问题事，全国各界再起抗议。1 月底，天津学生代表在与省署交涉时被捕，导致抗议扩大；2～3 月，江苏多地召开国民大会，苏教育会也继续联合上海县教育会、寰球中国学生会、中华职教社、上海欧美同学会等组织，联合致电北京反对交涉，营救天津学生。⑤ 但到 4 月 14 日，因北京政府无视 4 天前的通牒，全国学联宣布全国一律罢课，显露出此次风潮较一年前更为激烈决绝的"对内"性质。如上海学联会长程学愉（天放，复旦学生）所言："今日之罢课，与去年罢课之性质，完全不同。"因"去年之罢课，均含有哀求的性质；今日之罢课，则毫无一点哀求的意思在内。盖均知北庭之不可靠，欲救国，非由我们人民自觉自救不可，故望诸位同胞极力奋斗！奋斗！奋斗！"⑥

---

① 《教育会劝学生勿涉激烈》，《新闻报》1919 年 12 月 6 日，第 3 张第 1 版。
② 《发起各界联合会》，《民国日报》1919 年 11 月 9 日，第 7 版。
③ 《各界联合会筹备会成立》，《新闻报》1919 年 11 月 12 日，第 2 张第 2 版。但该会延至 1920 年 1 月中旬仍未成立，正式成立后可能以徐瀛为正会长。见《南京快信》，《申报》1920 年 1 月 15 日，第 7 版；《南京快信》，《申报》1920 年 2 月 3 日，第 7 版。
④ 《全国各界联合会成立》，《民国日报》1919 年 11 月 11 日，第 10 版。
⑤ 《江苏省教育会等反对直接交涉电》（1920 年 2 月 12 日），《五四运动在江苏》，第 364 页。
⑥ 《上海学生罢课第一日》，《时报》1920 年 4 月 15 日，第 5 版。

　　一开始，省内偏稳健的舆论也曾为罢课叫好，只是同时劝告，"学生之行动仍宜出以郑重，幸勿贻讥于人而亦以轻薄桃花相目也"。[1] 然而，因近一年政治社会革命思潮的传布，尤其是新近加拉罕宣言的抵华登报、苏俄外交连带内政的吸引力增强，[2] 以及"五一"劳动节与"五四"周年纪念的筹备，激进学生已然主张与广大下层民众打成一片（在实践中是否如此是另一回事），并期待此次能将外交与国内政治问题一并予以解决。由此，江苏的北洋系与北京政府当局便更有了一并成为革命"对象"的危机意识。4月下旬，因学生迫促工商界罢工罢市，[3] 转任浙江督军的卢永祥自杭州急赴上海，而此次卢氏与北京政府的立场高度一致——鉴于学生表露出"另建民国"之意，对于罢课决取镇压态度。[4]

　　而全国学联在通告中称"吾辈亦系劳工之一"，将官与非官的政、商、学精英统视为与"劳工"对立的"上层"人物的意识，也更为明确。[5] 于是对于非官方的政学精英来说，其传统上之于全"民"的代表地位也亟待护持。南京的省议会声言"以学生肩国事，譬彼竹林，犹如笋也"，劝告学生上课，并援引国务院消息，强调北京当局并无直接交涉山东问题之事，而当前应由真正代"民"负责的议会等组织承担奔走国事之任。[6] 而在教育界，除却国人自办的学校，教会教育系统的立场也较前更形统一。上海各教会学校校长在基督教青年会会所讨论学潮，议定学生如若到5月4日仍在罢课，便将学校一律停办，"所有学膳宿费，亦不退还"。[7] 南京金陵大学亦于4月28日以"学校为教育之机关，非为救国运动而设"为由宣布解散（后于5月11日恢复上课），而苏州各教会学校亦于5月初宣布遣散学生。[8]

　　苏省师长此次之所以对学生运动持更消极的态度，也关乎其对外地，

----

①　鹃（周瘦鹃）：《自由谈之自由谈》，《申报》1920年4月15日，第14版。

②　加拉罕宣言的传播及其对于中国思想界的重要性，见周月峰《"列宁时刻"：苏俄第一次对华宣言的传入与五四后思想界的转变》，《清华大学学报》（哲学社会科学版）2017年第5期。

③　《华界商店罢市》，《申报》1920年4月24日，第10版。

④　《卢使为学潮事来沪》，《时报》1920年4月26日，第5版；《龙华卢永祥来电》（1920年4月23日），《五四爱国运动档案资料》，第555页。

⑤　《学生加入劳工团体》，《时报》1920年4月22日，第5版。

⑥　《南京快信》，《申报》1920年4月26日，第7版；《苏议会赞同学生行为之两电》，《申报》1920年4月30日，第14版；《苏议会劝学生上课》，《新闻报》1920年5月3日，第2张第2版。

⑦　《教会讨论学潮》，《时报》1920年4月26日，第5版。

⑧　《宁学生罢课的牺牲》，《民国日报》1920年5月4日，第6版；《教会学生离校》，《时报》1920年5月4日，第4版；《南京快信》，《时报》1920年5月5日，第2版。

特别是对北京方面举动的观察。此次北京的行动滞后于上海，学生对于集体行动颇为犹豫，蔡元培等德高望重的师长反对学潮的态度，则已较一年前更为坚决。① 几经波折，部分北京学生于 4 月 22 日决议罢课，② 但罢课后九日内，"却未游行讲演一次、聚众请愿一次"，之后据称将有"暗潮"转明，但实际上仍无太大的动作。③ 天津学生罢课也不顺利，因"受各方压迫"，于 5 月初宣布取消。④ 北方教育界师长辈的态度、学生运动的实际进展，可能也影响了一向注重察形度势、待时而动，且能沟通省县及中外教育界的江苏省教育会。而且东南方面此时也已经以新教育共进社名义邀杜威再次南下讲学，⑤ 大规模罢课必将影响讲学活动；再加上杜威本人此时的意见也倾向于遏学潮之"横流"，⑥ 故而苏教育会也倾向于与本省其他法定精英团体的立场保持一致。4 月 27 日，上海各公团代表与各校教职员"不期而聚集"于苏教育会，讨论学潮善后办法，提及此次工商界"对于学生之态度与去年不同"；各代表怀疑学生此次不是只为争外交，且有颠覆整个北洋当局的企图。有代表请学联派人到会，学联代表到场后，可能基于会场氛围，否认这些反政府传单出于学联授意。之后苏教育会、上海县教育会、上海县劝学所发出公启，称此次学生有"过激"表态，是罢课后22 日、24 日数天与军警冲突所致，之前则纯为力争外交问题，与内政无关。这些教育组织的头面人物一面函请当局惩处涉事军警，一面指出当前罢课"决非救国良策"，学生务必回校"奋勉学业，修养知能"。⑦

　　苏教育会头面人物在 4 月底的基本策略，还是对学生晓以具体利害，以劝说为主。⑧ 而江苏省内无锡等地，此番已因学潮纷起而对省教育会颇有责语。⑨ 另外在南通，张謇等巨绅对于学生罢课废学，也较一年前感到

---

① 《各通信社电》，《申报》1920 年 4 月 25 日，第 6 版。
② 《京学生亦议决罢课》，《申报》1920 年 4 月 24 日，第 6 版。
③ 静观：《京学界罢课中之活动》，《申报》1920 年 5 月 2 日，第 6 版。后来又有报道称，北京罢课在"半月中，于一切所预计之事实，无丝毫发展之可言"，学生自身"亦复志气消觉，索然无生气"。见平心《北京学界新趋势行将收束罢课》，《申报》1920 年 5 月 10 日，第 6 版。
④ 《津学生取消罢课受各方压迫所致》，《申报》1920 年 5 月 3 日，第 6 版。
⑤ 《致教育厅请通令省立各学校校长及管理员各县教育行政人员赴宁听杜威讲演书》，《江苏省教育会月报》1920 年 4 月。
⑥ 参见彭姗姗《因时势而教：杜威对五四时期学生运动的反应与评价》，《兰州学刊》2019 年第 4 期。
⑦ 《各公团之学潮善后办法》，《申报》1920 年 4 月 27 日，第 10 版。
⑧ 《黄、沈对中华职业学生之谈话》，《申报》1920 年 5 月 2 日，第 10 版。
⑨ 省立三师致苏教育会函，见《致省教育会书》，《弘毅日志汇刊》第 2 期，1920 年；《省教育会反罢课软语》，《民国日报》1920 年 4 月 22 日，第 10 版。

更加难以容忍。① 之后，江苏中等以上各校校长及教职员又聚于上海江苏省教育会，全体议决"外交问题应由负责公民抗争，学生应即劝导上课"。他们一面联名致电北京政府，请求从速对日方通牒做出表态，以尊重"民意"。一面又发布"江苏教育同人处置罢课学生之宣言"界定所谓"民意"，称："学生之名义，本为在校受课而成立，既罢课而废学矣，谓之爱国之国民则可，谓之学生则不可"，且"此次罢课之初，各校学生不主张罢课者实居多数，徒以束缚于全国学生评议会之议决案，而于国家前途、本身学业前途未暇详加考虑"。结合"理"与"势"，经众师长讨论，"学生方面宜求两全之道，凡愿上课之学生，均应即日上课，以求学达其爱国之目的；凡不愿上课之学生，顾名思义，当然取销其学生资格，即日离校，以自遂其校外爱国之行动"。② 虽未严厉指责罢课者，但宣示学生应系未来而非当前的"国民"，如若继续罢课即非学生，将其认为的真正的"学生"与学潮积极分子切割。

失去政商精英及教育界师长辈的支持，加以学生组织内部的分歧，学生运动迅速从高点下落。在上海，工商界在部分辍业后一两日便"回复原状"，"五一"当日的纪念活动亦遭军警戒严；③ 在南京，学生同样鼓动商店罢市，"继因各商铺被学生搜查劣货，暗生恶感，不愿再作学生后盾"。④ 整体上看，苏教育会等由师长辈主导的体制内组织此时也未完全倒向官方（如曾请惩伤人军警），但当军政当局对学生组织的追究同时展开，这些师长也基本未再阻拦。5 月 5 日，江苏教育厅长胡家祺下令将不愿上课的学生"开除学籍，以免害群"；⑤ 上海代理淞沪护军使何丰林奉令与法租界当局交涉，查封租界内全国学联、上海学联与全国各界联合会会址。⑥ 江苏

---

① 《南通纺织学生之决心》，《民国日报》1920 年 4 月 22 日，第 3 版；张謇：《致教育厅函》（1920 年 4 月下旬），《张謇全集》第 2 册，上海辞书出版社，2012，第 755～756 页；张謇：《因纺织学校生罢课停办农医校学生不停课筹备加高课程之宣言》（1920 年 4 月），《张謇全集》第 4 册，第 459～460 页。

② 《中等以上各校会议记》，《民国日报》1919 年 5 月 5 日，第 10 版。按会议日期原文作 4 月 3 日，但内容涉及的是总罢课以后的情形，再联系苏教育会行动的前后顺序及登报日期，推测"4"为"5"之误。

③ 《各公团之学潮善后办法》，《申报》1920 年 4 月 27 日，第 10 版；《各界庆祝五一纪念余闻》，《时报》1920 年 5 月 3 日，第 5 版。

④ 《宁学生罢课的牺牲》，《民国日报》1920 年 5 月 4 日，第 6 版。

⑤ 《江苏教育厅转饬开除罢课学生并严禁集会训令》（1920 年 5 月 5 日），《五四爱国运动档案资料》，第 569 页。

⑥ 《学生总会与各界联合会之厄运》，《新闻报》1920 年 5 月 7 日，第 3 张第 1 版；《解散学生机关之院电》，《新闻报》1920 年 5 月 8 日，第 3 张第 1 版。

督军李纯亦奉令解散南京学联，再电达各处解散省内地方学联。[①] 早在 5 月 1 日，镇江已经复课。之后，南京学生于 10 日复课；在苏州，经一向活跃的苏州教职联劝告，苏州学联亦通告于 10 日复课。[②] 此外，5 月 14 日，全国学联亦通告自 17 日起一律上课。[③] 江苏以革新外交内政为名的罢课运动以全面失败告终。南京学联正副会长双双辞职，此后"学生已无系统之集合"。[④] 但南京的各界联合会似乎未遭查禁，[⑤] 上海、苏州等地学联亦得存续，只是活动已转入低谷。

1920 年的这次学潮，可反映出在 1919 年夏间曾予支持的大部分师长辈与其他界别人士中止支持之后，学生运动在政治社会效果方面能够达致的限度。此次运动失败，有学生自身"再鼓而衰"的原因，也有在外向联络上"不能于咄嗟间，得大多数之赞成"的缘由。[⑥] 虽然激进政派一直为罢课学生鼓与呼，对反罢课的"教育家"尽力丑诋，但也无力扭转学潮的颓势；可证激进势力虽已借机扩张影响，但在苏省的实际力量依然有限。师与生在组织上的普遍分立既成事实，然而学生通过跨地域联络意图代表全"民"的行动，终被师长辈同样借助组织行动予以消解。之后，老师辈主导的教授讲学活动基本恢复正常，杜威 5～6 月在东南地区的讲学活动尚属顺利，其中江苏的省县教育会、学校校长与教员继续充当活动的主要组织者。[⑦]

1920 年教育界的"五四"周年纪念，黄炎培所撰《五四纪念日敬告青年》一文，也表露出师长辈为学生运动"善后"的意味。但在文中黄炎培并未指责学生，而是大体维持了早先的教育方针，唯已力图将"学生自治"与学潮切割，明确限制在不至冲破学校管理体制的范围内。[⑧] 而后，

---

① 《宁学生罢课的牺牲》，《民国日报》1920 年 5 月 4 日，第 6 版。
② 《学生上课宣言》，《申报》1920 年 5 月 11 日，第 7 版。
③ 《学生总会议决上课之通电》，《申报》1920 年 5 月 15 日，第 10 版。
④ 《南京学生会近讯》，《时报》1920 年 5 月 18 日，第 4 版。
⑤ 《各界联合会并未查禁》，《民国日报》1920 年 9 月 13 日，第 8 版。
⑥ 《美报观察学潮形势》，《申报》1920 年 5 月 1 日，第 7 版。
⑦ 参见邹振环《"五四"前后江浙地区的"杜威热"及其与江南文化的关联》，《社会科学研究》2009 年第 6 期。
⑧ 黄炎培：《五四纪念日敬告青年》，《新教育》第 2 卷第 5 期，1920 年 1 月，实为 5 月。此后，南京高师教员刘伯明也曾明言美国学生虽不如中国学生往日恭顺，但"总未发生过罢课的事"，"罢课一层"不是"学生应有的精神"。转至浙江一师任校长的原暨南学校教务主任姜琦论及"学生自治"，也强调老师的指导不可缺少，"自治"与"闹风潮""罢课"绝非一回事。见刘伯明口述，王崇实、王兆俊记《学生应有的态度及精神》，《学生》第 7 卷第 9 期，1920 年；姜琦《学生自治的性质及其促进的条件》，《新教育》第 3 卷第 2 期，1920 年。

部分学生运动积极分子也将主要精力转回学业上，如上海学联的首任会长何葆仁于同年7月赴美求学；[1] 江苏省内学生也曾撰文，对于学生运动中的师生冲突进行了反思。[2]

而同在该年7月，经历直皖战争，安福系连同皖系倒台，控制中央的直系表露出刷新政治的意愿；同月底，由苏教育会领衔，沪上十大公团联名致电各报馆，发表严惩安福系、勿起用张勋等复辟"案犯"、遵从"民意"速组"宪法会议"等一系列针对政局的主张。[3] 加以华盛顿会议会期临近、"国民外交"浪潮再度高涨，以及"废督裁兵"运动的蔚起，不少东南教育界师长辈对于外交内政的公开关切得以延续。时人热议如何召开新的"国民大会"，以行使类似国会的职能，其中对于学生是否应当参与选举的问题，老师辈则多持保留意见。[4] 为求实现真正的"民治""自治""文治"，复旦校长李登辉提出计划，称大会代表应从各地商会与教育会中选出，"而尤以教育会为相宜"。不仅如此，且省教育会应作为"最后选举之总机关"，各县教育会则负责监督县内选举。[5] 此番提议，实是主张由省县教育会履行政治意义上的"民"之代表的职责，这或在一定程度上表明了五四后议会与教育会之威望的此消彼长，以及1920年春夏间运动后对学生的"民"之"代表"地位的持续压制，唯摭诸后事，众多提议仅是对于各省县公团操持的地方自治运动有些许促进，而未得实行。

1920年下半年至1922年，江苏省内小型学潮屡发，但多地联动的大规模学生运动进入了两年多的低潮期。不过，新的革命政党已于此间诞生，旧的革命党也行将改组，激进学生将与新旧革命政党汇合，此后，学生运动的高涨便无须再以教育界师长辈或其他法定业界组织中人的集体支持为必要前提。

# 结　语

五四运动时期，在不少师长辈的观念中，作为青年之"士"或"士"

---

① 《欢送何葆仁赴美》，《民国日报》1920年7月20日，第10版。
② 龚祖娛：《自五四学潮以来各校内部时有冲突其故何在》，《江苏省立第二女子师范学校校友会汇刊》第11期，1920年11月。
③ 《十大公团对于时局之主张》，《申报》1920年7月28日，第10版。
④ 关于直皖战争后国民大会问题的研究，见张建冬《1920年国民大会问题研究》，硕士学位论文，辽宁师范大学，2019。
⑤ 李登辉：《对于国民大会之计划及意见》，《民心周报》第1卷第42期，1920年。

的预备形态，学生在"民"中的地位相比其他民众依然为高。1919 年"三罢"运动期间，虽然普通民众在舆论中的地位开始提高，但认为学生以外的民众"程度较低""无知无识"的言论，依然频见于报端。6 月 12日，上海"三罢"告结，当日晚间却仍有民众在租界游行，公共租界巡捕开枪弹压，致一名中国人中弹身亡。尽管死者很可能并未参与游行，纯系遭遇无妄之灾，但因此人系一鞋匠而非学生，国内舆论便未再掀起多大波澜。13 日，时在上海的蒋梦麟在致北京胡适的一封信中称，昨晚有信报，谓学生被巡捕打死，"使我悲痛了一晚"，今晨知晓"流弹打死的系旁人，非学生，我才放心，否则又要放出大花筒来"。① 这里或有庆幸于局势未再恶化的成分，但也能反映出蒋氏对于非学生之民人的罹难，并不十分上心。须知蒋氏在"五四"前后鼓吹"平民主义"教育，力倡原则上的各民平等，且"民"不仅是统称泛指，而且是要兼顾个人与社会层面，凸显其中"民"之个体的价值。可即便如此，当悲剧发生，学生与其他民众依然被默认为"同命不同价"，可以窥见其时"民"内部的等级观念是何等深刻地根植于某些知识人的个人甚或集体的无意识。

加上学生本系"教育"行为的主要受体，教育界的师长辈对于学生群体自然特别重视，对于学生的集体动向，自然也格外敏感。不过，与北京教育界公认的领袖蔡元培选择出走，导致一度"失掉一个学生和政府中间的'第三方面'"② 不同，江苏的"第三方面"在五四运动期间保持了时刻在岗的状态。在他们依托组织的运作与协调下，江苏的五四运动呈现出师生合作、有效维系社会秩序、达成主要目标却又基本未曾冲击地方军政当局的特点；而在组织化的行动中，老师辈的指导者地位虽然开始受到空前的挑战，但并未遭到颠覆。

严格来说，关于 20 世纪世界各地学生运动或学生文化的研究多能表明，在各国各处学生群体中，学潮积极分子的比例一向不高。这些"少数"积极分子通常是通过有效的组织行动，才得以"代表"多数或全体学生，进而形成对于师长辈权威的挑战。本文意欲指出的是，教育界的老师辈对于此种"少数动员（或代表）多数"的学潮的态度，也历来具有一定的暧昧性。首先，"五四"前后的一些组织也难以确定是师长辈组织还是学生组织，如本文提及的寰球中国学生会、留日学生救国团③、欧美同学

---

① 《蒋梦麟致胡适》（1919 年 6 月 13 日），《胡适来往书信选》上册，第 40 页。
② 马叙伦：《我在六十岁以前》，三联书店，1983，第 61 页。
③ 如龚振黄编《青岛潮》（上海泰东图书局，1919）将留日学生救国团归入"学商外公私立各机关"，与省议会、同乡会（而非与学生组织）同列。

会等；进言之，时至民国，越来越多的"师"早先具有"生"的身份，而其他一些师长辈即便从未有新式学生经历，也可能是学生的父兄亲属，基于此种"过来人"身份或亲缘关系，他们对于学生一些较为激烈的言行也会给予一定的谅解或同情。其次，如本文第一部分所述，虽然师长辈整体上不会热烈赞成在读学生介入社会政治风潮，但对于不同的学生集体抗争方式，师长辈的肯定程度也存在差别。最后，如若学生的抗争对象同时也是师长辈的敌手方，甚至该敌手方已引起更多方面或集团的怨愤，那么师长辈也将更有可能以学生为重要盟友，甚至默许、助长学生有"废学"之嫌的活动倾向。五四运动当时的局面便是如此：实控中央政权的皖系与安福系在政学界持续排斥异己，但又缺乏过硬的施政能力作为支撑，在当局内部，直系以及总统徐世昌等与皖系、安福系也并非一条心；巴黎和会外交失败便成为火烧连营的导火线，四处树敌迅速转为四面楚歌。激起众愤，却又缺乏足够的反击能力，此乃民元以来罕见的"理想"公敌；对此，即便在政治上向来不甚激进的师长辈人物，无论更多基于好恶还是更多基于利害权衡，也往往能够更无顾忌地投身于"围攻"行动。①

再具体到江苏，尚须另外注意两个问题。一是江苏本地政府与北京当局在五四时期不甚相同的处境，兹不复赘。二是师长辈付诸组织行为的教育理念。江苏教育界的头面人物在五四之前已注重"学校"与"社会"的关联建构，五四时又因"洋权威"来华，对于助成"自动"教育、"学生自治"之类理念的推广，热情更加高涨。而"学生自治"的目标，对他们来说也始终含有政治意味，即在养成合乎"民国"政体要求的、富于集体能动性的"公民"或"国民"。可是，问题在于，学生究竟只能被认为是"未来"的国民，还是在当前可被认为"已成"国民，或者说得更确切一些，学生是只能在"未来"谋求代表国民行动，还是在"当前"即有机会在此代表性的问题上"抢班夺权"？对此，江苏师长辈的态度似乎同样模棱：有意避免拔苗助长，但也不愿在具体的冲突情境中摒绝可为盟友的生力军。② 其在五四时期依托组织针对学生的实践，遂接近于在添柴煽火之时又汲水抑火；当学生建立常态化的跨地域联络，以集体行动主张自己亦

---

① 时论有云："我今且勿言共和而言专制。专制须用压力者也，试问政府自忖果有此能力以压平其风潮否？既无此能力，而又不早自转圜，即为政府计，亦自困之道也。"见笑（包天笑）《我之忠告政府》，《时报》1919年6月9日，第2版。

② 连带一个问题：学生"有组织、有纪律"地从事社会政治运动以至罢课，是应认作学生注重"文明""秩序"、讲求"自动""自治"的表现，还是应认作"放纵"的表现。对此问题，当时师长辈的态度也颇为含混暧昧。

能或更能代表"民意"，进一步受到强调组织方法的"自治"训练及某些"自"字起头的语词观念鼓励，其对师长辈作为"掌教化者"的地位，不免构成越发明显的威胁。

不过在此，研究者尚须结合时空环境具体而论，而不宜径将一些号称覆盖全局、实却一味突出极端情况的时人论断视作对于当时情形的真确判断。落实到组织行为间具体的博弈过程，学生在众愤退潮、师长与其他各界精英不再给予充分支持的情况下，还是暴露出了集体能动性的局限，这在江苏这样一个师生的组织能力均甚突出的省份可能表现得尤为显著。借用前人著作的提法（但不完全遵从著者原意），① 在五四运动中，实是"学生运动"与"运动学生"并举；而当原先"运动学生"的力量大部退出支持，学生自主"运动"的能量上限也将暴露无遗。师长固已无法从根本上阻止学生依托组织行动对社会政治事务的关切，但此种行动依然难以如其所愿地左右政局与社会。而之后学联自身独立的发展变化，能否使其具备主导政治社会革新的能力，今已不得而知；因列宁主义党团在国内兴起并初步发展，兼及"自运动"与"被运动"意味的学生运动再掀高潮，对此，许多师长辈即使更乏认同，却也将更觉无能为力。

1923 年初，已不再担任苏教育会会长的张謇在一篇评论苏省学生与省议会之间冲突的文章中说："我国校风之嚣，自五九之役始。彼时诚内忧外患，迫不得已而出此，仆当日即虑无以善后。"忧虑的原因，"盖学生犹水在盂，盂圆则圆，盂方则方；犹土在陶，陶瓦则瓦，陶器则器"。这一比喻诚然夸大了师长对于学生言动的"形塑"作用，但称学生由"静"趋"动"，师长辈务必担责，则言之成理。继谓："校员患能发不能收，而亦既发；学生患易动不易静，而亦既动。不知发而欲收之，难十倍于发；动而欲静之，难百倍于动也。果也，复见五四，复见其他，而又复见今日。"最后他叹道："哀我学子，何日而宁静于学？"② 此处张謇颇有将学潮归咎于江苏教育界历来的教育方针的意思。而在此后，学生更加"运动"不已，这在一些人看来预示着光明的未来，可对于某些体制内的教育组织而言已非吉兆。1925 年东南大学"易长风潮"，尽管未曾放弃在斗争中联合亲近本方的学生，但黄炎培、沈恩孚等苏教育界头面人物已饱受革命党与激进学生抨击。约两年后，被目为"学阀"组织的江苏省教育会即遭取缔，自此沦为历史的陈迹。

---

① 吕芳上：《从学生运动到运动学生（民国八年至十八年）》。
② 《张謇忠告苏议会与学校（续）》，《申报》1923 年 2 月 3 日，第 10 版。

# "宁愿见体格强壮的青年":
# 罗家伦体育教育思想的特色与影响<sup>*</sup>

靳铁军　杨　炯<sup>**</sup>

**提　要**　从晚清到民国,在西方教育思潮的影响下,西方体育教育思想开始在中国扎根。体育思想家、体育教育家、大学校长等群体纷纷投身于体育教育,将西式体育与中国现实相结合,视体育为健民强国之良方。中国近代著名教育家罗家伦在主持清华大学、中央大学校务实践中,在"创立有机体的民族文化"的教育思想基础上,形成了较为系统的体育教育思想,尤其是在推动体育的科学化、社会化、现代化、军事化,促进学生德智体三育共进等方面特色鲜明,是民国体育思想的重要组成部分,对当代也不无启示。

**关键词**　罗家伦　体育教育思想　民族文化

　　从新式学堂勃兴的清末到现代大学逐渐走向成熟的民国,体育教育家、体育思想家、大学校长等群体活跃于教育一线,实践着各自的主张,使中国近代体育呈现出"百花齐放、百家争鸣"的盛况。经过不懈的研究,学界逐渐形成了对近代中国体育教育思想变迁的一些共识。从宏观视角看,近代中国体育教育思想经历了"军国民主义—自然主义—民族主义"三个阶段的演变;从微观视角看,这些演变并非线性更替,而是在彼此激荡中前进。在此演变过程中,体育教育家和大学校长发挥了巨大的作

---

　*　本文为南京大学历史学院、南京大学校史工程项目"南京大学百年体育文化的历史演进与当代发展"(项目编号:20190701)阶段性成果。
　**　靳铁军,南京大学中华民国史研究中心博士研究生;杨炯,南京大学哲学系硕士研究生。

用。当前，近代中国体育教育思想领域的主要成果是对思想史的梳理，[①]
以及对体育教育家、思想家的专题研究，[②] 对同样在教育事业发展中起重
大作用的大学校长群体，却关注不足。罗家伦是中国近代著名的教育家，
既是国立清华大学的首任校长，也是民国最高学府国立中央大学的奠基
人。目前，罗家伦研究则集中于其综合性的办学理念和教育思想，[③] 对他
的体育教育思想及实践认识有限。综上所述，考察、总结罗家伦的体育教
育思想，不仅可以为罗家伦教育思想研究增添“体育教育”的维度，丰富
罗家伦教育思想的内涵，也可补足近代体育教育思想史研究中大学校长群
体的短板。

# 一　罗家伦体育教育思想的时代背景

　　1895 年 3 月，中国在甲午战争中失败，《马关条约》的谈判正在艰难
进行中，学者严复在天津《直报》上发表了文章《原强》，阐述中国战败
之由、强大之基。在文中，他直斥当时的中国为“病夫”：“盖一国之事，
同于人身……然使病夫焉，日从事于超距赢越之间，以是求强，则有速其
死而已矣。今之中国，非犹是病夫也耶？”[④] 在他看来，晚清的中国病入膏
肓，一味追求在物质上赶超列强而不解决自身体质偏弱的根本问题，很可
能加速死亡。严复认为，中国要再度强盛，必须提升体质、智识和道德，
强身健体是第一要务。

---

①　罗时铭、谢丽娜：《从西洋体操到西方体育——奥林匹克运动影响下的近代中国人体育观
念变迁》，《体育文化导刊》2005 年第 6 期；李磊：《近代中国社会变迁与体育价值观的
嬗变》，《南昌师范学院学报》2015 年第 3 期；刘营、孙国友、叶瑛：《民国时期体育思
想的历史嬗变》，《南京体育学院学报》（社会科学版）2017 年第 3 期；王秀强：《中国百
年大学体育文化的传承与发展战略研究》，博士学位论文，上海交通大学，2018；等等。
②　刘敏：《中国近代名将蔡锷军国民体育思想及其历史价值》，《南京体育学院学报》（社会
科学版）2017 年第 4 期；戴伟宇：《中国近代思想家谭嗣同体育思想考略》，《南京体育
学院学报》（社会科学版）2017 年第 3 期；律海涛：《论程登科的民族体育思想》，《湖南
科技大学学报》（社会科学版）2011 年第 3 期；丁永亮、刘健、史国生：《论徐镳体育思
想的当代价值》，《南京体育学院学报》（社会科学版）2013 年第 4 期；等等。
③　张晓京：《近代中国的“歧路人”——对罗家伦生平与思想的再认识》，《湖南科技大学
学报》（社会科学版）2008 年第 2 期；徐剑虹：《学术性·民族性·本土性：罗家伦的大
学理念与实践》，《高教探索》2011 年第 4 期；蒋立文：《罗家伦的青年教育观初探》，
《清华大学学报》（哲学社会科学版）2013 年第 2 期；陈晓东：《罗家伦办学实践对当今
大学教育的借鉴意义》，《兰台世界》2014 年第 31 期；等等。
④　转引自徐国琦《奥林匹克之梦：中国与体育（1895～2008）》，崔肇钰译，广东人民出版
社，2019，第 20 页。

严复的观点广受时人认同。1902年2月，中国近代著名军事家蔡锷在梁启超创办的《新民丛报》上以"奋翮生"为笔名发表《军国民篇》，评价严复的《原强》，"眼光之异于常人，独得欧美列强立国之大本也"。[①]蔡锷以古代斯巴达、罗马、蒙古鞑靼、日耳曼的称雄一时，以及日本国民皆兵、实现富强为例，强调了涤荡旧俗、强健国民的重要性。1903年，梁启超也写下《新民说·论尚武》，明确指出"尚武"是一个国家立足的根基。梁启超认为，近代的世界是所谓"武装和平"的世界，能战者才能和。他主张，中国应该一改往日文弱的旧习，国民应该强健体魄、奋其勇力，巩固国防，以期自立于强权之世。[②]

中国的有识之士乃至全体中国人，都视"东亚病夫"的标签为国耻，急切地寻求改造身体、富国强兵、复兴民族的道路。学者徐国琦总结道："中国的这个'病夫'形象驱使很多中国人认真思考如何去'治愈'他们的国家，最终使现代体育运动引进中国，作为拯救中华民族危机的一剂药方。"[③]

对推行现代体育的必要性，人们取得了共识，但采取何种体育教育模式，争论却始终没有停止。1933年4月，罗家伦在中央政治学校做《亡国的教育现状》的演讲，回顾自清末至民国数十年来中国教育的变迁。他指出，清末以来的中国教育，主要受到两个国家教育模式的影响——日本、美国。[④] 戊戌变法、清末新政时期，废除科举、办新式学堂，取法于日本；辛亥革命前后，美国通过退还庚子赔款资助留美学生开始涉足中国教育，随后美国的在华势力甚至自办大学，影响力与日俱增。

在日本的体育教育模式中，体育等同于体操，体操等同于兵操，学堂的体育教育直接服务于富国强兵的需要，这一点也为中国清末以来兴起的新式学堂所继承。1904年，清政府颁布《奏定学堂章程》，明确各学堂都须开设体操科，以兵操为体育教学的核心。在官办学堂之外，又有一批怀着"体育强国"理想的爱国志士，赴日本体操学校攻读体育专业，1906年后相继回国，创办了一批体操学校。其中最有影响者当数徐一冰创办的"中国体操学校"及"中国女子体操学校"，除兵式体操外，更设枪械、武

---

① 奋翮生：《军国民篇·五原因于体魄者》，《体育史料》第17辑《中国近代体育文选》，人民体育出版社，1992，第4页。

② 梁启超：《新民说·论尚武》，《体育史料》第17辑《中国近代体育文选》，第16页。

③ 徐国琦：《奥林匹克之梦：中国与体育（1895~2008）》，第21页。

④ 罗家伦：《亡国的教育现状》，罗家伦先生文存编辑委员会编《罗家伦先生文存》第5册（演讲·上），台北，"国史馆"、中国国民党党史会，1988，第299页。

术、田径等科，培养了一批体育专才。① 通过在学堂中设兵操培养具备尚武精神的国民，将尚武精神等同于体育精神，是当时体育教育的主流。

辛亥革命后的二十年间，美国对中国体育教育的影响增强。美国宗教组织——基督教青年会，通过资助比赛、报道和演讲会推广现代体育运动，将现代体育引入中国。基督教青年会的麦克乐，担任南京高等师范学校、国立东南大学体育科主任长达十年。美国的体育教育思想以自然主义为纲，认为体育即教育、体育即生活，主张用游戏、舞蹈、户外竞技等自然的体育活动，发扬人的天性，反对兵操等形式化体育。② 美国的体育教育思想在中国教育界拥趸很多，后来担任中央大学体育系主任的吴蕴瑞也是其一。

中国的教育取法于美、日，促进了现代教育的兴起，但也留下种种弊端。在体育方面，按日本模式创办的体操科，虽然培养了一批体育教育人才，但由于条件有限，多资质不高、专业性不强，无法为唤起国人"尚武精神"做出实质性的贡献。东南大学体育科主任麦克乐直言："然官立学校，率多从事敷衍。更以教员人材缺乏，故所延者多为军人，所教者皆系兵操，并无教育之价值，及高远之理想。"③ 而仿照美国模式实行自然主义的体育教学，放任学生"游戏、舞蹈、亲近自然"，体育教学缺乏标准，学生手足无措，评判体育的标准则异化为"锦标"，自然主义蜕变成"放羊主义"和锦标主义。1923 年 4 月，北京高师体育教授卢自然在《学生杂志》上撰文批评锦标主义现象，认为锦标主义使体育变成少数人的专利，多数学生成为看客，不利于体育正常发展。④

他国经验难以照搬，有论者认为应当发扬国术。1921 年，东南大学体育专修科的王庚在《学灯》杂志上发表《国粹体育》一文，他指出，体育不仅有强身健体之效，而且要普及，使人人都有运动的习惯。他比较了德国的徒手操、英国的足球、美国的篮球，发现各有优劣，中国要有自己的体育之道，应立足本国国情，发掘国粹精华，推之于全民。⑤ 发扬国粹以适应中国人的民族性，这无疑是可取的，但在新式学堂、现代化学校体系

---

① 段钢城、周德、陆礼华、储剑虹：《中国体操学校》，《体育史料》第 7 辑，人民体育出版社，1982，第 14 页。
② 王秀强：《中国百年大学体育文化的传承与发展战略研究》。
③ 麦克乐：《五十年来中国之体育及武术》，《体育史料》第 17 辑《中国近代体育文选》，第 107 页。
④ 卢自然：《竞赛运动的讨论和锦标主义的批评》，《学生杂志》第 10 卷第 4 期，1923 年。
⑤ 王庚：《国粹体育》，《体育史料》第 17 辑《中国近代体育文选》，第 87~92 页。

越来越占据主流的情况下，国术面临如何"取其精华"、如何适应现代体育教育的难题，且没有成熟的、可供借鉴的经验。

中国近代体育教育事业是在民族危机加深、民族救亡运动风起云涌的背景下逐步发展的。一方面，官方学堂、学校与民间体育教育家积极地引入其他国家业已成熟的教育模式，初步建立起中国体育教育的基础；但另一方面，受制于近代中国中西交汇、矛盾丛生的特殊国情，从外部引进的体育教育模式在本土化的进程中产生了某种程度的异化，全面恢复传统国术则与现代化的潮流相冲突。因此，对于罗家伦来说，如何汲取外来先进的教育模式的经验、克服本土化过程中的弊端，在坚持民族性的同时培养适应现代化的新型人才，是亟待回应的时代课题。

## 二　罗家伦体育教育思想的主旨及特色

罗家伦认为，国家要富强、民族要复兴，必须培养健全、进取、现代的青年人才。而合格的青年人才，至少要具备三个方面的修养：其一，科学家求知的精神；其二，军人的生活习惯；其三，运动家的竞赛道德。[①]在罗家伦看来，这三者与青年的学习、生活关联十分紧密，互相贯通、无法割裂。笔者认为，罗家伦的体育教育思想，建立在他对培养民族复兴之人才的思考的基础上，以"创立有机体的民族文化"为出发点，以培养合格的现代青年为旨归，号召学生在做运动家的同时，也要做科学家和军人，实现德智体三育共进。结合罗家伦的教育实践，笔者将从以下四个方面论述罗家伦的体育教育思想：科学化、社会化、现代化、军事化。

### （一）科学化是体育教育的内核

前文述及，日本的体育教育模式以兵操为核心，美国的体育教育模式以游戏、户外活动等自然体育为核心，但两者在中国的实践都产生了一定程度的异化，最终背离了体育教育的初衷。为纠正日美教育模式的弊端，罗家伦有针对性地提出了两点希望：其一，加强技术的训练；其二，转移学风。[②]具体地说，针对日式速成模式的弊端，他希望学生加强专业研究能力的训练，不能成为粗制滥造的"人才"；针对美式自然主义模式的弊

---

[①]　罗家伦：《现代青年修养的要素》，《罗家伦先生文存》第 5 册（演讲·上），第 444 ～ 446 页。

[②]　罗家伦：《亡国的教育现状》，《罗家伦先生文存》第 5 册（演讲·上），第 312 页。

端，他希望学生培养勤恳踏实、肯下苦功的学风。这些归结起来，就是罗家伦在早期的清华大学和后期的中央大学施教过程中都十分重视的"科学精神""学术精神"。

在就任清华大学校长典礼上，罗家伦做了《学术独立与新清华》的演说，明确强调学术独立是国家独立的一个基本前提，而要使学术独立，关键在于接受科学文化，使科学成为未来中国包括体育教育在内的一切教育事业最重要的一株"根苗"：

> 请一班真正有造就的学者，尤其是科学家，来扶助我们科学教育的独立，把科学的根苗，移植在清华园里，不，在整个中国的土壤里上，使他开花结果，枝干扶疏。①

1928 年 11 月，《国立清华大学校刊》刊登了罗家伦向清华大学董事会递交的关于整理校务的经过及计划的报告，罗家伦向清华师生宣告，学术化是他治校政策的核心：

> 以往中国学校皆过借贷生活，缺少独立精神，此后当使清华成为中国学术策源地。第一，集中本国学者，不当有丝毫派别观念。第二，聘请国外专家，使与本校教员学生共同研究。第三，提倡教员学生热心研究的风气。②

然而，由于国内政局初定、教育经费紧张，罗家伦在整顿清华校务过程中，没有充分认识到体育教育的重要性，以至于开始否定体育系及系内相关专家在推进体育科学研究方面的作用，认为"音乐、农学、体育三系，没有一个正式的学生，而教职员则有五六人之多，每年消耗不下五六万元。结果不惟虚糜校款，反而妨碍全局的进行和他系的发展"。③ 为替清华节省开支，罗家伦将体育系裁撤，④ 并将清华著名体育教育家马约翰降职减薪，此事引起清华许多师生的不满。⑤

1932 年 8 月，罗家伦接任中央大学校长，在总结管理清华经验的基础

① 罗家伦：《学术独立与新清华》，《罗家伦先生文存》第 5 册（演讲·上），第 19 页。
② 罗家伦：《整理校务之经过及计划》，《国立清华大学校刊》1928 年 11 月 23 日，第 1 版。
③ 罗家伦：《整理校务之经过及计划》，《国立清华大学校刊》1928 年 11 月 23 日，第 1 版。
④ 清华大学校史研究室编《清华大学九十年》，清华大学出版社，2001，第 46 页。
⑤ 余才友：《马约翰底体育》，《观察》第 4 卷第 15 期，1948 年 6 月 5 日。

上形成了以"提高学术，创立有机体的民族文化"为核心的治校理念。1932年10月，《大公报》全文刊载了罗家伦在中央大学的演讲《中央大学之使命》。在这篇演讲中，罗家伦强调了各文化部门互相协调的重要性，"无论学文的、学理的、学工的、学农的、学法的、学教育的，都应当配合得当，精神一贯，步骤整齐，向着建立民族文化的共同目标迈进"。① 因此，罗家伦在整顿中央大学校务时，即便发现中央大学财政状况堪忧，东南大学时期的债务仍有未还清的部分，② 仍然放弃了在清华时为节省开支而裁撤冗余院系的做法，而是在中央大学原有的学科设置基础上以"集中"为原则进行整合，他认为"现在大学的通病，就是专门不足，普通亦不足……应该集中精力，从事专门的探讨"。③

在"学术化""专门化"思想的指导下，罗家伦开始重视体育教育的作用。1932年8月，罗家伦就任中央大学校长前夕，国民政府教育部在南京召开"全国体育会议"，议定、颁布了《国民体育实施方案》（以下简称《方案》），首次在国家层面阐明了体育的内涵、划清了体育的范围、制定了详备的规划。④《方案》指出，体育与军事训练、体育与卫生及健康教育、体育与劳动、体育与童子军、体育与国术等，都应纳入国民体育的考察范畴。而为了保障体育事业的发展，体育行政系统、体育设施、体育教材编辑、体育课题研究等工作都需要系统、稳步推进。⑤ 罗家伦对这份渗透着科学精神的《方案》十分关注，履新不到两周，就着手在中央大学推行，责成体育科根据教育部训令查照办理、贯彻落实。⑥

## （二）社会化是体育教育的外延

中国近代体育教育的发展并不是孤立的，而是与中国社会从封建时代向现代文明转型的过程相呼应。罗家伦主持清华校务时，北伐战争取得阶段性胜利，蒋介石领导的国民政府在形式上统一了全国，对国民形象、社会面貌、国际地位都有了新的要求。罗家伦提出"学术独立""接受科学

---

① 罗家伦：《中央大学之使命》，《大公报》（天津）1932年10月23日，第1版。
② 罗家伦：《整顿中大的几项重要措施》，《罗家伦先生文存》第5册（演讲·上），第245页。
③ 罗家伦：《整顿中大的几项重要措施》，《罗家伦先生文存》第5册（演讲·上），第245~246页。
④ 《体育史料》第16辑《中国近代体育决议案选编》，人民体育出版社，1991，第94页。
⑤ 《体育史料》第16辑《中国近代体育决议案选编》，第95~98页。
⑥ 《举办各项体育竞赛和运动会有关文书》（1931~1934），南京大学档案馆藏，全宗号：648，档案号：01-zd-2518。

文化"正是在教育层面顺应时势的表征。通过教育提升全民族文化水平是
罗家伦的初心，但体育教育能够在此过程中起何种作用，他的认识经历了
一番曲折。罗家伦在清华时裁撤体育系并将马约翰降职减薪，引起师生不
满，认为这是罗家伦对德高望重的马约翰的羞辱，[①] 并会影响清华体育教
育。1929 年 12 月底，马约翰亲自挂帅，率领清华足球队参加第六届华北
足球赛，连战连捷、力克强敌，最终夺得锦标。大赛落幕次日，天津《大
公报》体育消息版以整版的篇幅报道了清华的大胜：

> 华北足球赛圆满闭幕，清华夺得锦标归，二黄告奋勇力克强敌！
> ……下午二时余，一般球迷络绎而至，三时清华冯庸两队入场，
> 傅作义司令行开球礼毕，即开始交锋，激战结果，清华以二比零夺得
> 锦标归！[②]

此次比赛极大地增强了清华在华北的社会影响力。罗家伦在发给清华
足球队的信函中，也勉励、赞扬队员们谨守运动家的道德与风度，增进了
清华的光荣。[③] 足球队回校后，受到全校上下的热烈欢迎，罗家伦也立即
将马约翰复职复薪，请他继续发扬清华体育事业。马约翰以及他倡导的体
育事业在清华内外的影响力，让罗家伦触动很深。

马约翰主张的"让全体学生都参与到体育运动中"、"运动家精神"
（sportsmanship）、"讲究公德、爱护公物"等理念，[④] 后来都融入了罗家伦
的体育教育思想中。1935 年 4 月，中央大学将举办第八届春季运动会。在
运动会筹备阶段，罗家伦在《国立中央大学日刊》上发布公告，指出运动
会在普及体育上的欠缺："查本大学历届运动会，仅由各系科之田径运动
员参加，殊失普及体育之本意……特规定除田径赛外，并增加男女生团体
表演项目五项。"[⑤] 运动会开幕前夕，罗家伦在《国立中央大学日刊·第八
届运动会特刊》头版发表的《运动会的新纪元》中宣告："学校体育的发
展，至少应当是为全校学生的，不是为少数选手的"，"这届运动会是全校

---

① 齐家莹编著《清华人物》，作家出版社，2001，第 12~13 页。
② 《华北足球赛圆满闭幕，清华夺得锦标归》，《大公报》（天津）1929 年 12 月 31 日，第 5 版。
③ 《华北足球赛圆满闭幕，清华夺得锦标归》，《大公报》（天津）1929 年 12 月 31 日，第 5 版。
④ 余才友：《马约翰底体育》，《观察》第 4 卷第 15 期，1948 年 6 月 5 日。
⑤ 《国立中央大学布告第廿三号》，《国立中央大学日刊》1935 年 4 月 25 日，第 1 版。

学生的运动会，务必使全体同学个个都是参预者，没有一个旁观者"。① 在罗家伦的设想中，运动会不仅仅是全校学生们参与体育锻炼的平台，更是展现学生们的风采、为社会国民做表率的舞台。罗家伦表示："本着运动场上的训练，将来担当国事，努力御侮的时候，大家都能向前，大家都能跟上。齐心协力，作国民全体的总动员。"②

### （三） 现代化是体育教育的目标

科学化实现体育教育的范式转换，社会化拓展增强体育教育的效能，两者共同推动了体育教育的现代化转型。罗家伦十分重视通过体育培育适应现代世界大势的市民社会、民族精神。在他看来，运动的精义不止于强身健体，更具有道德层面的意义——在运动场上养成人生的正大态度、政治的光明修养，以陶铸优良的民族性，罗家伦总结为"运动家的风度"。③ 罗家伦常提及一段他在美国游学的往事：他曾现场观摩普林斯顿大学和耶鲁大学之间的一场球赛，普林斯顿大学队伍的赛前宣誓——"我们祈求胜利，但是我们更祈求清白的动作"④ ——令他印象极深。

罗家伦所说的运动家精神，不仅体现在赛场上，更要将公平公正、光明磊落带到赛场外。1933 年 10 月 10 日，罗家伦在《中央周报》上发表《在运动场上训练国民的政治道德》，指出运动场最有利于训练国民的两种政治道德："第一，要能恪守规律，在大众监视之下，作公开竞争；第二，失败了要能坦白承认，不可怨天尤人，甚至以不正当手段谋报复。"⑤ 现代体育必须遵守一定的规则，在公众的监视下，以公开的方式追求胜利，进而制定规则、执行规则也必须公开透明。罗家伦将运动的原则类比为政治的原则，他以罗斯福与威尔逊竞选美国总统为例，罗斯福胜选后，威尔逊第一个献上祝贺。这不仅是由于威尔逊是一位胜不骄败不馁的政治家，更由于民主政治本身就是遵循公正公开的规则的活动——主权在民，一切事务向社会公开、受社会监督。1940 年 11 月，罗家伦在重庆《星期评论》

---

① 罗家伦：《运动会的新纪元》，《国立中央大学日刊·第八届运动会特刊》1935 年 4 月 27 日，第 1 版。
② 罗家伦：《运动会的新纪元》，《国立中央大学日刊·第八届运动会特刊》1935 年 4 月 27 日，第 1 版。
③ 罗家伦：《运动家的风度》，《新人生观》，台北，远流出版事业股份有限公司，1989，第 93 页。
④ 罗家伦：《运动家的风度》，《新人生观》，第 98 页。
⑤ 罗家伦：《在运动场上训练国民的政治道德》，《中央周报》第 280 期，1933 年 10 月 10 日。

上发表《中国的出路——现代化》，指出"要有现代化的生产方式，就要同时有现代化的社会组织……人是有感情意志的动物，固然不能当作机器看待，但是人的习惯行动，必须效率化、规则化，使其能与生产工具的运用相配合"。[①] 而现代体育运动，既是现代化文明的成果，也是社会进一步现代化的动力之一。

## （四）军事化是体育教育的时代要求

在一定程度上，体育教育军事化与前述科学化、社会化、现代化的体育教育模式格格不入，像是 20 世纪初军国民主义体育教育的复归。但罗家伦倡导的体育教育军事化，并非对新式学堂兵操的简单移植，而是结合当时中国国情采取的与时俱进的举措。1928 年 11 月，罗家伦向全体清华学生做了《军事训练的意义和使命》的演讲，开宗明义："军事训练绝对不等于兵式体操！兵式体操不过是军事训练里的一小部分。若是把这两件事弄混了，那便是完全误解军事训练的意义。"[②] 罗家伦早年游学欧美，目睹了英德等发达国家的国民素质良好、气宇轩昂，恍若训练有素的军人，联想到国人状态——"我们中国民族到现在不但体魄衰落，而且精神颓唐不振，习惯浪漫不羁，没有自卫的能力，以致失去自卫的勇气"[③] ——他认为只有通过军事训练才能达到挽救民族的目的："军事训练不仅是体魄的训练，乃是精神的训练，是习惯的训练，当现在的中国，更是一种民族求生存的训练。"[④]

罗家伦力主的体育军事化，在清华进展不顺、颇受阻滞。清华的前身是美国用退还的庚子赔款创办的留美预科学校，清华学生具有明显的自由主义倾向。而罗家伦当时担任北伐军战地政务委员会委员兼教育处长，对清华施行大刀阔斧的改革、裁撤院系、实行军训等一系列行动反映了他雷厉风行的军人作风，这让清华学生极为反感。军事训练遭到学生们的抵制，有些学生冒着被开除的风险，拒绝出席早晚点名。结果军训只进行了不到两个月就草草收场，改为只限一、二年级必修。[⑤]

到罗家伦执掌中央大学时，由于时势发生了变化，军事训练变得迫在眉睫。1932 年 1 月 28 日，日军发动"一·二八"事变，虽然中国守军挡

---

① 罗家伦：《中国的出路——现代化》，《星期评论》（重庆）第 1 期，1940 年 11 月 15 日。
② 罗家伦：《军事训练的意义和使命》，《罗家伦先生文存》第 5 册（演讲·上），第 28 页。
③ 罗家伦：《军事训练的意义和使命》，《罗家伦先生文存》第 5 册（演讲·上），第 28 页。
④ 罗家伦：《军事训练的意义和使命》，《罗家伦先生文存》第 5 册（演讲·上），第 28 页。
⑤ 清华大学校史编写组编著《清华大学校史稿》，中华书局，1981，第 100 页。

住了日军的攻势，但全国人民也认识到了战争并不遥远。9 月，罗家伦在中央大学毕业同学会上的演讲中指出："本人观察现在国难虽甚严重，但尚非最严重之时期，五年以内，当更有重大国难发生。在此期间，国际战争不免爆发，全国恐皆成战场。"① 在此背景下，军训不仅在中央大学得以顺利推行，更成了全国上下各级学校的义务。罗家伦曾在中央大学的一次总理纪念周讲话中，对全体学生提出了"站在民族复兴的最前线"的期望；针对新生，罗家伦尤其要求他们在做好基本功的同时，厉行军事化的生活。② 1935 年，中央大学颁布《国立中央大学军事管理规程》，正式实施军训。③

## 三　罗家伦体育教育思想的实效与局限

### （一）体育教学体系的建构

在教学架构上，罗家伦根据科学性、完整性原则对院系进行调整，构建了系统的体育教学体系。罗家伦重组教育科，将教育原理、教育心理、教育行政、教育社会等系整合为教育学系，④ 负责教育理论、教育行政方面知识的教授；在体育科外，增设了师资科、艺术专修科、军事教育科，扩充了教育的外延。在此基础上，体育科也有了更为广阔的发展平台。为了更好地统筹体育事业，中央大学设立了长学制的体育系以及短学制的体育专修科，以便因材施教。⑤ 在人才培养上，中央大学《体育系简章》中明确指出，体育系不仅要培养体育专家，同时也要培养专业的公共卫生领域教员和经验丰富的童子军教练。⑥ 这种安排，意在从各个层面锤炼出学生过硬的专业能力，当他们走出校园时，能迅速地适应社会的需要。

同时，为了科学、严格地规范学生的修业，中央大学采用学分制。体

---

① 罗家伦：《提高学术，创立有机体的民族文化》，《罗家伦先生文存》第 5 册（演讲·上），第 233 页。
② 罗家伦：《站在民族复兴的最前线》，《罗家伦先生文存》第 5 册（演讲·上），第 441 ~ 442 页。
③ 《中大军训材料》（1935），南京大学档案馆藏，全宗号：648，档案号：01 - zd - 4239。
④ 罗家伦：《缕陈整理中央大学院系情形》，《罗家伦先生文存》第 7 册（函札），第 122 页。
⑤ 《国立中央大学教育学院一览目录》，南京大学档案馆藏，全宗号：648，档案号：01 - zd - 19. 0088。
⑥ 《国立中央大学教育学院一览目录》，南京大学档案馆藏，全宗号：648，档案号：01 - zd - 19. 0088。

育系的学生，主系必修必须达到 72 学分，加上副系必修、选修，总共修满 128 学分方可毕业。体育专修科的学生，除了主系必修之外，还要进行总计 40 小时的教学实习，共修满 92 学分方可毕业。① 在课程设置上，体育系和体育专修科的课程都兼顾了体育、科学、军事、卫生等领域：由体育教育家吴蕴瑞讲授人体机动学、体育教学法、体育管理、童子军、体育原理与课程组织等科目，由赵士法讲授急救、学校卫生与卫生教育、个人卫生等科目，由卢颂恩讲授运动生理等科目。②

### （二）体育教育与社会联系

在中央大学，体育科是体育教育的主导力量。根据《体育系简章》的规定，体育科除教学任务外，还兼领各项课外事业。在校内，负责组织各院运动锦标赛、负责组织全校大型运动会、负责全校学生的身体测验与健康诊断、负责组织教职员工的运动；在校外，则分为问讯、介绍两种职能：前者是向社会上的有关体育活动提供咨询服务，后者则是向各机构单位引介体育师资。③

在引导学生进行体育运动、整肃学生风貌的同时，积极参与校外体育事务、支持社会体育发展也是中央大学体育教育不可或缺的一环。1933 年 5 月，南京市社会局就组织全国运动大会南京市预选委员会一事致函罗家伦，希望中央大学能派代表参加：

> 径启者：兹定本月二十六日（即星期五）午后二时在奇望街市立职业补习学校开民国二十二年全国运动大会南京市预选委员会第一次会议。即希贵校届时派员出席为荷。④

罗家伦回函：

> 径启者：按准贵局公函，嘱派达标一人参加组织民国二十二年全

---

① 《国立中央大学教育学院一览目录》，南京大学档案馆藏，全宗号：648，档案号：01 - zd - 19. 0088。
② 《国立中央大学教育学院一览目录》，南京大学档案馆藏，全宗号：648，档案号：01 - zd - 19. 0088。
③ 《国立中央大学教育学院一览目录》，南京大学档案馆藏，全宗号：648，档案号：01 - zd - 19. 0088。
④ 《举办各项体育竞赛和运动会有关文书》（1931 ~ 1934），南京大学档案馆藏，全宗号：648，档案号：01 - zd - 2518。

国运动大会南京市预选委员会等由。准此，兹特请本校体育科主任张信孚先生为本校代表。特函复，即希查照为荷。①

1935 年 10 月，为保障第六届全国运动会顺利进行，罗家伦批准了体育科吴蕴瑞、吴澂、程登科、高梓、蔡绍逵、周名璋等教授告假担任大会裁判，中断体育科课程长达 10 天。② 更有代表性的事件是，青海省因为路途遥远、交通不便，无法及时派遣运动员到上海参加第六届全运会，于是青海省政府与中央大学协商，从中央大学的青海籍在校学生中选拔运动员代表青海参赛，③ 罗家伦令体育科完成此事。此举替青海省省下了大笔费用，解决了无法派员出席的尴尬，也密切了中央大学与地方政府的联系。当抗战进入相持阶段，中央大学也当仁不让地担起以体育鼓舞全社会抗战精神的重任。1939 年 5 月，五四运动 20 周年之际，重庆社会各界计划举行"青年运动周"活动，以纪念五四精神、鼓舞抗战士气。以中央大学为代表的重庆各大高校决定于 5 月 7 日，在各自学校举行一种特色体育活动；④ 同时举办各类劳动服务、科学运动、文化建设、兵役运动、国民精神动员活动等，⑤ 吸引了大批民众前来参观，展现了青年学子勠力抗战的决心。以体育为媒介，中央大学的师生，一方面自立自强，另一方面积极加强与社会的联系，及时了解社会变化，参与到社会革新进程之中。

### （三） 通过体育教育培养现代性

罗家伦认为，运动的目的不仅是争取胜利，更在于培育符合现代社会要求的公民精神。在罗家伦的影响下，中央大学学生参与体育运动的热情极高。中央大学每年 4 月都会举办春季全校运动会，鼓励全校学生参与其中，既能锻炼学生的身心，也向外界展现中大学生的风采。此外，运动会

---

① 《举办各项体育竞赛和运动会有关文书》（1931~1934），南京大学档案馆藏，全宗号：648，档案号：01 - zd - 2518。
② 《举办各项体育竞赛和运动会有关文书》（1935~1937），南京大学档案馆藏，全宗号：648，档案号：01 - zd - 2519。
③ 《举办各项体育竞赛和运动会有关文书》（1935~1937），南京大学档案馆藏，全宗号：648，档案号：01 - zd - 2519。
④ 《举办各项体育竞赛和运动会有关文书》（1938~1940），南京大学档案馆藏，全宗号：648，档案号：01 - zd - 2520。
⑤ 《举办各项体育竞赛和运动会有关文书》（1938~1940），南京大学档案馆藏，全宗号：648，档案号：01 - zd - 2520。

也是促进团结的良好平台。1937 年 5 月，中央大学联合当时华东地区 9 所大学共同举办"华东九大学友谊运动会"，以运动会的方式加强华东高校之间的联系。1935 年 10 月，第六届全国运动会开幕，中大不仅委派体育科的几位教授担任裁判，还鼓励学生结队赴上海参观，并提供路费、入场券等便利，让学生有机会亲身感受当时最高水平的全国性竞技比赛的氛围，将现代体育精神根植在学生的心中。① 全运会刚刚落下帷幕，中央大学又邀请足球锦标队——香港足球队来南京进行赈灾友谊比赛，② 在促进体育界友好交流的同时也为受灾的地区募款。

培养现代化的公民，不仅要有精神领域的动员，同时要辅以完善的制度建设。罗家伦治下的中央大学，无论是校内外何种层级的运动竞赛，其组织方式都在朝现代化方向转型。院系层面，为了更高效地组织各院系的运动竞赛，中央大学专门制定纲领指导各院系组织起自己的体育委员会；③ 学校层面，则成立了中央大学体育委员会，负责统筹全校课外运动实施计划、审核课外运动收支、举办竞赛、训练运动队、保证运动设备等，④ 促使中央大学体育教育更加成熟。正如罗家伦在《运动家的风度》中所说："各国政府与教育家努力提倡运动，不是没有意义的。他们要在运动场上增强民族体魄，提高国民道德，陶铸健全的民族性。运动场是一个自动的教育场所，它能使人于不知不觉中，把整个的肉体和灵魂贡献出来，接受教育的洗礼。它不但补充，而且扩大近代的教育。"⑤

### （四）体育与军事相结合

1933 年，毕业于原东南大学体育系的高才生程登科从德国柏林体育大学学成归来，决心将德国军事化体育教学模式引入中国。⑥ 程登科的愿望契合了罗家伦的体育军事化政策，回国后不久，中央大学便聘其为体育系教授。程登科深入地考察了世界各国体育理念的变迁，雄辩地证明了

① 《举办各项体育竞赛和运动会有关文书》（1935～1937），南京大学档案馆藏，全宗号：648，档案号：01 - zd - 2519。
② 《举办各项体育竞赛和运动会有关文书》（1938～1940），南京大学档案馆藏，全宗号：648，档案号：01 - zd - 2520。
③ 《体育科教学事务文件》，南京大学档案馆藏，全宗号：648，档案号：01 - zd - 2531。
④ 《人事、体育等各委员会简章草案》，南京大学档案馆藏，全宗号：648，档案号：01 - zd - 838.0003。
⑤ 罗家伦：《运动家的风度》，《新人生观》，第 100 页。
⑥ 程登科：《世界各国体育军事化的例证》，重庆市体育运动委员会、重庆市志总编室编《抗战时期陪都体育史料》，重庆出版社，1989，第 265～268 页。

在这个各国都在为自身的延续而斗争的时代，体育与军事的界限越来越模糊，各国对体育的认识由原先的"个人健身""矫正偏颇""比赛竞技""增进健美""娱乐消遣"等，不约而同地走上了"体育军事化"的道路。①

程登科认为，为使体育能为军事斗争做准备，必须坚决推进"体育军事化"。在中央大学任教期间，他为体育系增添了军事体育的相关课程，制定了体育考试的标准，为学校运动会增添了武装赛跑、投手榴弹等军事项目以及急救、运输伤兵等救护项目，为战时中央大学体育的发展打下了坚实的基础。② 根据我国著名体育教育家徐镳的回忆，中央大学体育系除了运动卫生外，还包括"按摩术与改正体操""急救术""童子军"等体现军事要求的专业课程。③

在罗家伦的支持下，程登科的另一个理念——"军事体育化"也得以贯彻。程登科指出，军事训练以体育的方式在学校推行，也能使军事更富有生机，更能为学生们所接受。为了更好地推进军事教育，中央大学还在教育学院设立军事教育科，统筹军训及军事教育事宜。《军事教育科组织系统及服务细则》规定，军事教育是必修科，分两年教授完，总计 6 学分，以步兵训练为主，旁及炮兵、新武器的各种知识以及战史、战术等。④具体内容上，不仅设置步兵操典、野外勤务、体操教范、步兵射击教范等实战演练，也包括军事交通、城市建设、军事制度、军队生活等，⑤ 使学生尽早熟悉军事。

### （五）时代局限：党化统治与体育军事化

罗家伦是国民党资深党员，有不得不遵循的政治立场。1926 年，他归国参加北伐，即被蒋介石任命为总司令部参议、编辑委员会委员长、战地政务委员会委员兼教育处长，随后历任党史史料编纂委员会副主任委员、宣传委员会副主任委员、中央政治会议委员、外交委员会委员、教育委员

---

① 程登科口述、陈维麟整理《程登科回忆录》，《体育史料》第 14 辑，人民体育出版社，1989，第 58 页。
② 程登科口述、陈维麟整理《程登科回忆录》，《体育史料》第 14 辑，第 60 ~ 61 页。
③ 徐镳：《南京高等师范及其以后的东南大学、中央大学体育系科简史》，《体育史料》第 3 辑，人民体育出版社，1981，第 5 页。
④ 《中大军事教育科组织系统及各种条例》，南京大学档案馆藏，全宗号：648，档案号：01 - zd - 4234。
⑤ 《中大军事教育科组织系统及各种条例》，南京大学档案馆藏，全宗号：648，档案号：01 - zd - 4234。

会委员等职。① 在教育领域，他不仅先后主持清华大学、中央大学，还担任国民党中央政治学校教务长。这导致罗家伦的教育措施无法与蒋介石独裁的"党化"统治划清界限。如 1936 年，罗家伦选定希特勒的《我的奋斗》作为商务印书馆的"星期标准书"；② 1941 年，罗家伦接到国民政府教育部密令，中央大学要严防进步学生赴陕北延安入学。③ 在此背景下，罗家伦推进体育军事化难免遭遇非议。罗家伦对军训十分重视，管理上极为细致，事事直接监督、严格办理。④ 每学年、每学期，军事教官主任都要根据军事教育的进度向校长提交一份进度预定表，由校长批准后送交教育科备案，如果有事延迟还需递交进度实施对照表，以备审核。⑤ 对参与军训的学生，罗家伦更是依照规章严加管束。对那些触犯军训纪律的学生，罗家伦甚至可以"按军法办理"。⑥

罗家伦推行军事化的体育教育，是当时中国特殊国情下的产物，在蒋介石推行独裁统治的环境下有助纣为虐的嫌疑。当国情发生变化，军事化的体育教育也就失去了赖以存在的根基，不适合当今体育教育的需要。即便在当时，体育军事化也未能得到广泛接受。罗家伦主持清华校务短短两年便自请辞去校长职务，虽然此事受南北军阀政治斗争的影响，但最直接的原因正是罗家伦推行体育军事化的举措过于激进，学生怨声载道，最终引发了"驱罗"运动。⑦

## 四　罗家伦体育教育思想的意义与启示

在近代中国，体育是关乎民族生存与前途的一项事业。罗家伦体育教育思想最突出的历史意义是对"体育救国"这一时代课题做出了全新的回应：罗家伦不仅将体育训练与科学训练、人格训练并称，更把运动家的风度、科学家的求知精神并列为现代青年必备的修养。曾任中央大学体育系

---

① 《罗家伦先生行述》，台北"国史馆"编印《国史馆现藏民国人物传记史料汇编》第 6 辑，1991，第 400 页。
② 转引自陈明珠《五四健将——罗家伦传》，浙江人民出版社，2006，第 140 页。
③ 南大百年实录编辑组编《南大百年实录·中央大学史料选》上册，南京大学出版社，2002，第 473 页。
④ 《中大军事教育科组织系统及各种条例》，南京大学档案馆藏，全宗号：648，档案号：01 - zd -4234。
⑤ 《中大军训材料》，南京大学档案馆藏，全宗号：648，档案号：01 - zd -4235。
⑥ 《中大军训材料》，南京大学档案馆藏，全宗号：648，档案号：01 - zd -4235。
⑦ 陈明珠：《五四健将——罗家伦传》，第 137 页。

主任的体育家吴蕴瑞等在理论著作《体育原理》中表示：

> 教育自身于学术类别上观之，系一种应用科学，已无疑问。宇宙间一切学术事务在今日科学昌明时代，无不与科学有关。但我国体育界中，卖艺式之体育家实占大多数，按其措施所以有背科学之处，实因此辈未尝认识何者为科学，及未尝想像到体育是否与科学有关为之也。①

吴蕴瑞等对体育科学化的强调，对体育理论的深入研究，正是呼应了罗家伦对学生们既要当运动家，也要当科学家的期望。

其次，是对"现代体育精神"的弘扬。罗家伦指出，现代体育运动，不仅在乎技，更在乎道，与中国文化中的"君子之争"有异曲同工之妙。②在运动场上，要有公平竞争的意识，"胜固欣然，败亦可喜"，绝不弄虚作假，为人光明磊落；在运动场外，也要遵守社会的规则，依法办事，将中国建设成一个现代化的市民社会。

罗家伦的体育教育思想尽管有着历史的局限，但依然可以为我们今天发展体育事业提供重要启示。当今时代发展体育事业，罗家伦所提倡和弘扬的使命感依旧不可或缺。罗家伦初到中央大学，对全体师生做了题为《中央大学之使命》的演讲，提出"诚、朴、雄、伟"的学风，③至今仍然鼓舞着南京大学的师生们不断奋斗。如今，中国特色社会主义建设已经进入了新时代，社会发展有了新的目标和方向，也出现了新情况、新问题，体育事业的发展要与社会发展的趋势、国家人才培养的目标相适应，培养出面向现代化、面向世界、面向未来的体育人才。

罗家伦强调的体育科学化、体育社会化也应当引起人们的重视。罗家伦治下的中央大学的体育教育，重视学术研究，不断增强师资力量、改善生源，加强系科建设、促进学科融合，在体育研究和人才培养上领先全国。同时，体育不仅为校内师生服务，更是走向社会，与校外社团、行业、社会变迁相结合。当今体育教育发展，无疑可以借鉴中央大学的传统，将科学研究、社会服务和文化传承融会贯通。④

---

① 吴蕴瑞、袁敦礼：《体育原理》，勤奋书局，1933，第6页。
② 罗家伦：《运动家的风度》，《新人生观》，第93页。
③ 罗家伦：《中央大学之使命》，《罗家伦先生文存》第5册（演讲·上），第240页。
④ 王成：《大学职能视域下综合性大学体育发展探究——以南京大学为例》，《河北体育学院学报》2013年第6期。

　　罗家伦的体育教育思想，反映了他的教育思想的核心理念——再造民族性。在他看来，体育运动绝不仅是强身健体的手段，体育本身就有塑造精神的作用，这就是"运动家精神"。当今中国，已经进入了"以竞技体育和全民健身'双引领'的全面建设体育强国的时代"，[①] 随着我国综合国力的增强以及人民生活水平的提高，罗家伦以体育运动重塑民族精神的思想将越来越具价值。

---

① 舒盛芳、朱从庆：《中国特色社会主义体育进入新时代的基本含义解读》，《沈阳体育学院学报》2020 年第 1 期。

# 树蕙滋兰：王德滋先生访问录

齐　琦　胡昕哲*

2021 年是南京大学地球科学与工程学院学科成立 100 周年。一百多年来，南京大学地球科学与工程学院为地球科学研究事业的发展贡献了诸多力量，造就了代代地学人才。曾任南京大学副校长、南京大学地学院院长的王德滋院士在此百年华诞之际，掏出 100 万元的个人积蓄设立了"滋兰奖学金"。滋兰九畹，树蕙百亩，从 1946 年考入中央大学至今，这位已 95 岁高龄的中国科学院院士，与南京大学有着已持续 76 载的不解之缘，退休后仍时刻关心着学院发展与人才培养。他说："我对地质科学的热爱、对南京大学的感情，终生不渝。"

## 一　吹尽狂沙始到金

王德滋，1927 年生于江苏泰兴，那是一个动荡不定、战火纷飞的年代。在他 7 岁时，家中最小的妹妹出生，母亲却因产褥热去世，父亲两年后在为母亲做冥寿时也突发脑出血，随母亲而去。年仅 9 岁，王德滋就在懵懵懂懂中体会到，父母已永远地离开了。从此，他的大哥和两个姐姐挑起了照顾家庭的重担。王德滋的大哥在高中毕业后没有上大学，而是选择留在县城当一名老师，终身未婚。由于家庭生活拮据，即使身患肺结核，大哥仍在病情稍许稳定后就返回县城继续工作，为照顾弟弟妹妹做出了巨大牺牲。

---

　*　齐琦，南京大学党委宣传部副研究员；胡昕哲，南京大学社会学院研究生。

安稳学习，对于小时候的王德滋来说是一种奢望，当时正处于抗日战争时期，泰兴在他读初中时就已经沦陷了。但一旦出现来之不易的读书机会，王德滋都倍加珍惜。他读高中时，学校规定学生每学期需缴一石米作为学费，但同时规定品学兼优的同学可以免缴学费，王德滋就凭借着自己始终居于前三名的优异成绩，获得了整个高中阶段免缴学费的奖励，这也为家里减轻了些许负担。毕业后，他在同乡的劝说下报考并被成功录取到了江苏教育学院数学系，但这所学校的师资水平、教育设施和课程设置都与他心目中的数学系有很大差距，图书馆中缺少英文的前沿学术著作，教务处也只开设日语课。一个学期后，他果断地离开了这个让他失望透顶的学校，直到抗战取得最终胜利，他才重新燃起求学的希望。

他对地质学的兴趣与感情，也早早播下了种子。他读小学五年级时，学校组织游览长江，租了几条木船，由内河行船至港口。一出港口，他的眼前便豁然开朗，江面辽阔，远处与天相接，江面上帆影点点。后来，每当他读起李白的"孤帆远影碧空尽，唯见长江天际流"，就会联想到第一次看到长江的情景。

但他之所以将地质学视作终生理想，还与我国两位地质学先驱息息相关。第一位是丁文江先生，他是我国地质科学奠基人之一，也是江苏泰兴人。1936 年，49 岁的丁文江在沿粤汉铁路调查煤矿时，不幸因煤气中毒去世。王德滋读高中时，才了解到丁文江的事迹，丁文江留学前写下的豪言壮语"埋骨何须桑梓地？人间处处是青山"让他毕生难忘。另一位则是谢家荣先生。有一次，王德滋在同学家偶然读到谢家荣所写的《地质学》，就立刻被祖国的壮丽山河和丰富的地质现象深深吸引。从此，王德滋对地质学产生了更加浓厚的兴趣。

1946 年夏，南京的国立中央大学复员后重启招生。王德滋决心实现早已立下的志愿与理想，追随丁文江等先辈的脚步，考入国立中央大学地质系。他还有幸见到了谢家荣先生，实现了"追星"梦想。丁文江先生生前的格言"登山必到顶峰，移动必须步行"，是王德滋一生从事地质研究、教导后辈地质工作者的理念与原则。

位于国民政府首都南京的国立中央大学，有着浓厚的追求民主进步、盼望止战和平的氛围，这里的进步思想引起了王德滋强烈的共鸣。在还是大一学生时，他就参加了 1947 年的"五二〇"学生运动，和高年级学生以"反饥饿、反内战、反迫害"为口号上街游行，向国民政府请愿。运动遭到了暴力镇压，国民党的宪兵、警察用高压水龙头冲击游行队伍，又手持铁棍猛打学生，当场就有 100 多人受伤、20 多人被捕。面对反动势力的威胁，学生们毫无惧色，与阻挡游行队伍的国民党骑兵对峙。这场具有划时代意义的学生运动犹如燎原烈火，从南京迅速席卷全国，得到了全国人民的声援与支持。国民党的暴行与惨烈的损失亦让王德滋意识到，"大学生既要读书，也要关心国家大事"，于是在认真学习地质学的同时，王德滋加入了一个名叫"自然科学社"的进步社团，后又加入地下党外围组织"新民主主义青年社"。1949年1月，王德滋被中央大学的中共总支委员会吸收成为地下党的一员，在白色恐怖下从事革命工作。

## 二　丹心热血育新人

王德滋是中央大学改名为南京大学的见证者。1950年，王德滋大学毕业，被分配至哈尔滨工业大学读研究生班，但当时的地质系主任徐克勤向校领导申请，增加了一个留校名额，于是在王德滋整装待发时，又突然接到了留校通知，就此成为南京大学地质系的一名助教，1955年被提升为讲师。

新中国成立之初，百废待兴，急需人才。在这种形势下，南京大学地质系决定扩大招生规模，分设金属非金属矿产地质与水文工程地质专业，建立两年制专科学制，迅速为国家培养技术人才。系里安排王德滋为金属非金属矿产地质专业学生讲授"岩石学"课。"给人一杯水，自己得准备一桶水"，为了讲好课，王德滋详细地准备了讲稿与绘图，关起门来反复试讲，又给自己"约法三章"：要脱稿讲课，要有所突出，要敢于面对学生。王德滋还与韩同蓉老师共同准备实验课。实验室规模不够，5个学生需要共用一台显微镜，平均每人每节课只能使用24分钟，因此实验室在晚上也开放，老师到场指导。每一个夜晚，实验室都是灯火通明。即便在这样艰苦的条件下，南京大学地质系仍为国家培育了一大批知识基础扎实、实地工作能力强的地质技术人才，他们大多成了我国地质行业的骨干与专家，成为支撑中国地球科学发展的中流砥柱。1963年，王德滋从系里调到学校工作后，担任了南大副教务长、南大副校长等重要职务，但即使工作繁忙，他仍然抽时间来地质系指导学生，为学生们授课、做学术讲座，指导他们的野外与室内研究工作。

除了人才极度缺乏，大学教材也是当时急需填补的一大缺口，所以王德滋在承担课程教学任务与行政工作之外，编写了《晶体光学》《光性矿物学》等教材，于20世纪60年代初出版。其中，《光性矿物学》是新中国成立后，我国第一本自己编著的系统介绍造岩矿物光性特征的教材，在全国高校地质学科被广泛使用。到20世纪80年代，该书早已脱销，之后的学生只能使用影印版本。2006年，王德滋偶然发现1974年再版的《光性矿物学》（第2版）仍被学校自行翻印，以给学生使用。但由于年代久远，字迹模糊，部分内容也需更新丰富，已届80岁高龄的王德滋在副教授谢磊的协助下，完成修订了《光性矿物学》（第3版）。

1989年，国家教委正式确定南京大学地质系备选项目为世界银行贷款重点学科发展项目，内生金属矿床成矿机制研究国家重点实验室得以正式成立。此前为建立这一实验室，王德滋花费了数年时间，并在专家评审会上做报告，接待教委专家组考察与评估，为南大地质学科发展争取资金与设备支持。实验室成立后，王德滋又马不停蹄地着手实验室建设的准备工作，组织教师调研并采购大型国际仪器、争取实验室用房、组建实验室管理与研究人员队伍。然而待筹建工作基本就绪后，他却将实验室主任的职位让给年轻同志，认为年轻人应当拥有更多机会。

王德滋对青年人是关怀备至的。他的学生刘德良独自在苏鲁两省边界寻找国家紧缺的金刚石和金红石矿时，王德滋在未通公共汽车的情况下步行数十里去看他，坐在昏暗的小油灯下，听取刘德良的工作汇报。他坚持让学生独立工作，希望能培养他们独立思考、吃苦耐劳、刻苦钻研的能力，却又放心不下学生的生活与安全。这样润物细无声的爱护，影响着一代又一代学生。

王德滋常说："青年很重要，国家的未来靠他们！"身为著名的地质学家、岩石学家，他长期到校外的科研和生产一线讲课，也会进入社区，与社区居民、中小学生互动。能够以自己的知识回报社会，对于王德滋来说是一大乐事。在给孩子们科普时，他会运用"桃子"的比喻生动巧妙地形容地球结构，回忆自己"上天、入地、下海"的求学时光与科研生涯，为孩子们答疑解惑，鼓励他们道："你们大多才十几岁，而我已经90多岁，已经感觉到后生可畏了。"

每当有新生进入南京大学地球科学与工程学院，王德滋就会以自己的人生经历欢迎学生开启他们的地球科学研究之路，为学生指明他持之以恒、"坚毅诚朴"的治学之道："坚"，即是要树立坚定的理想、信念、目标，坚持正确的政治原则和创新的学术理念；"毅"，就是要为了实现目标持之以恒，有毅力；"诚"，就是做学问、做人都要始终真诚；"朴"，则是要朴实无华，不务虚名，脚踏实地，埋头苦干。

# 三　用心精至苦钻研

20 世纪 60 年代中期，南大有五项享誉海内外的科研成果，被誉为南京大学的"五朵金花"，其中之一就是地质系教授徐克勤领衔的"华南不同时代花岗岩类及其与成矿关系"的研究。1957 年，徐克勤教授等人在江西南部考察花岗岩与钨矿时，发现了两个形成已有 4 亿年的加里东期花岗岩体。传统观点认为华南仅存在距今 1 亿年左右的燕山期花岗岩，这一发现在地质界掀起轩然大波，遭到许多人的质疑。于是他派王德滋等人前往江西南部开展了长达 4 个月的野外工作，采集标本、测量实测剖面、绘制素描图、用偏光显微镜观察薄片，研究结果证明，被反对者们武断认为的"花岗斑岩"，实际上是一种特殊的"花岗质碎屑岩"。为了确定花岗岩体的时代下限，徐克勤又调动古生物组的师生参与艰苦细致的搜寻工作，最终在龙山群中找到了笔石和海绵骨针，证实了花岗岩确实属于加里东期。这一研究成果不仅获得了国内地质界的认可与多个奖项，还引起了国际地质界的广泛关注。

之后，王德滋通过几十年的研究，不断将花岗岩研究推进至更深层次，并将花岗岩与火山岩的研究相结合，取得了重大成果与进展。以往，花岗岩研究者与火山岩研究者往往忽视彼此之间的联系，1980 年王德滋在浙江莫干山考察时，发现莫干山的山麓为花岗岩，山顶却为流纹岩，当考察团队想找到两种岩体的接触界线时，却发现它们呈过渡状态，这说明花岗岩与流纹岩之间必然存在某种成因联系。于是，他们提出了"次火山花岗岩"这一概念与理论。王德滋团队的其他大量研究也极大地丰富了花岗岩与火山岩相关理论，为地质学的研究发展做出了卓越贡献。例如，他们在江西首次发现并确定了 S 形火山岩在我国的存在，还对我国东部中生代火山岩的橄榄安粗岩省进行了划分，并证实了其与金矿的密切关系。

在科研中，王德滋始终如一地秉持着严谨求实、不畏艰险、脚踏实地的研究风格。他的处女作《江苏高资下蜀煌斑岩的研究》于 1957 年刊载于《南京大学学报》，当时国内高校的科研刚刚起步，他既需要组织并承担教学工作，又有大量行政工作，所以，他的这篇论文实际上是利用十几个星期天写成的。每个周日，他清晨从南京出发，到达高资站后独自徒步十余里才能到达工作地点，然而他就是这样独身一人，翻山越岭考察，采集数十斤重的岩石标本，完成了这项研究。

王德滋的学术精神，也影响了无数学生。即使学生们毕业离校，他也常与他们往来通信，在信中鼓励他们并给予指导，他曾在给学生刘德良的信中写道："几十年的师生情，弥足珍贵，你是我的得意高徒，尽管我们所从事的学科不尽相同，但正是这种跨学科的渗透、交融，才是值得大加提倡和鉴赏的。"王德滋也十分关注学生人文观念的熏陶，他说："科学与人文并不是两条永不交叉的轨道上的列车。"他常说起李四光、竺可桢等地学大师同样具有深厚的人文素养，与学生谈及国家大事与社会发展时，也常忆起中国人民是如何历尽辛苦、艰苦奋斗，一路走来的，而我们作为后来者，要做一个对国家和民族有所贡献的人。

## 四　深知身在情常在

1948 年，当王德滋刚刚读完大学二年级，他的爱情也悄悄降临了。

王德滋与夫人初次见面时，她穿着白色短袖衬衫和黑色背带裙，安静地坐在窗口。几次偶遇后，王德滋鼓起勇气向同乡同学印石打听女孩的名字，才知道原来她叫洪奉青，并且她也有打听自己。一天傍晚，王德滋和好友一同前去观看音乐表演，洪奉青一路上不太开口，却默默照顾着所有人，在所有人沉浸于音乐时，她走到路边买来了水果。尽管直到音乐会结束，她也没有开口说过一句话，王德滋仍默默地想："她真是一位善解人意的姑娘！"

然而随后不久，洪奉青就回到了老家，直到一个意外促成他们再次联系——他们共同的朋友印石由于属于中共地下党支持的进步势力遭到逮捕，印石的爱人和王德滋为营救印石竭尽全力，印石也拜托王德滋全权处理他的信件，其中有一封信就来自洪奉青。王德滋给洪奉青回信，告知她印石被捕的消息，她很快就回了信。这个看似温柔、寡言的少女在信中展现了自己坚守初心、思想进步的另一面，把国民党反动派大骂了一通，王德滋感到他们是如此合拍。从此，二人书信往来不断，渐生情愫。

1953 年，两人登记结婚，终成眷属。虽说结婚是人生大事，经济并不宽裕的他们却没有余钱购置家具、举办仪式，仅花了 20 元钱买了些糖果，分送给三个单位。他们分配到了一个小房间，勉强够放一张双人床、一张桌子和一把椅子，结婚家当就算准备齐全了。

与他们初识时一样，洪奉青一直默默守护着整个家庭。王德滋在南大从事教学科研工作时，由于没有打字机，撰写的论文与整理的材料、翻译的书稿，都只能手写在稿纸上，几经修改，显得有些杂乱潦草。而洪奉青的字迹工整清秀，她也非常熟悉王德滋的字迹，于是在工作之余，还帮助王德滋重新誊写了两三百万字的文稿。他们育有两个女儿，负担一家四口生活之余，夫妻二人还需要赡养各自的家人，生活十分拮据。有一次洪奉青的鞋实在破得不能穿了，只得把家里所有的旧皮鞋卖给收破烂的，再拿出几块钱，才买得起一双中档皮鞋。在王德滋遭受批判的艰难岁月，洪奉青也是一直陪伴在他的身边，关心他的精神与生活状况。

王德滋和洪奉青与学生们的关系都非常好。王德滋的学生邱检生就常带着女儿到老师家里玩，他和王德滋聊工作与见闻时，洪奉青就带着邱检生的女儿到房间弹电子琴。王德滋还很爱和学生们回忆夫妻二人年轻时相恋的故事，从战乱年代的相识相知，到"执子之手，与子偕老"的终生相守，他们的爱情如此动人，仿佛在小说里才读得到。他们经常形影不离地出现，互相逗乐、亲密无间。

自 1996 年开始，洪奉青的记忆力出现衰退的迹象。随着症状逐渐加重，她开始生活难以自理，需要长期卧床，王德滋变成了那个照顾另一半的人，但他同样毫无怨言。他们家与医生家住得近，他便常常主动与医生交流妻子的病况，为她安排营养膳食，更是每天亲自将饭菜弄细碎了再喂给她吃。如果需要外出，无论讲学或参会，王德滋也都带着洪奉青同行，让她旁听，洪奉青的一举一动、细微变化，都牵动着他的心。

后来，洪奉青连对自己的印象也变得模糊了，对王德滋也是"似曾相识"，但每当王德滋走到房门口，她都会招呼他，朋友来看望她时，她也紧紧拉着他们的手不放，尽管她再也叫不出他们的名字。王德滋每天守在床畔，与她讲话，拉着她的手一遍遍地说："老伴、老伴，真正好！老伴、老伴，老来伴！手拉手，向前走！"偶尔，她也会跟着吐出几个字。王德滋在病床畔始终如一的照料，成为洪奉青抵抗疾病的重要精神支柱，而他说："我固然是奉青病中的精神支柱。奉青病情稳定，又何尝不是我的精神支柱！"

2013 年，洪奉青离世，二人同甘共苦、相濡以沫六十五载。如今，王德滋仍将她的照片挂在床头，又挑选出 40 张老照片夹在相簿内，几乎每天都要翻看。年少时，坐在窗边的那个秀丽恬静的少女、日夜祈盼的封封书信，仍常常进入他的梦中。

# "精兵简政"研究的新范式、新材料及其启示

## ——由把增强《困局与应对》一书所见

冯小红*

**提 要** 把增强研究员著《困局与应对：抗战时期中共"精兵简政"研究》一书是迄今为止精兵简政研究领域最为精深的力作。该书突破了以往研究中的"政策－效果"逻辑，揭示了"精兵简政"政策制定与实施过程中的复杂性和曲折性，并深入阐释了该政策出台前中共面临的困境和政策实施过程中的问题与不足，在一定程度上践行了"新革命史"的理念和方法。同时，该书大量使用了冀、晋两大省级档案馆馆藏行政区级和行政分区级档案，不仅在史料运用上有所创新，而且为其践行"新革命史"理念和方法奠定了基础。管窥该书资料搜集的主要渠道，在"新革命史"范式下，举凡根据地相关问题研究，县级革命历史档案、根据地报纸、民间文献和田野调查资料等新材料的发掘整理工作当为一个重要着力方向。

**关键词** 《困局与应对》 精兵简政 "新革命史"

"精兵简政"是中共为应对抗战相持阶段出现的困难局面而实施的重要政策，对于中共坚持根据地、坚持抗战发挥了重要作用。虽然以往学界对"精兵简政"进行过大量研究，但是鲜见全面深入考察这一政策的专著。最近把增强研究员著《困局与应对：抗战时期中共"精兵简政"研究》（以下简称《困局与应对》）一书出版，该书对"精兵简政"的研究在范式探索和材料使用等方面都有所突破，可谓这一领域中迄今为止最为精深的力作。本文拟就该书使用的新范式和新材料做一简单阐释，并从精兵简政资料

---

＊ 冯小红，复旦大学历史学博士，邯郸学院太行山文书研究院教授。

的挖掘出发，就"新革命史"范式下的史料建设问题提一点看法。

# 一　《困局与应对》采用的新范式

关于中国近代史的研究范式，大体上学界谈论最多者当数革命史范式和现代化范式。[①]近年来部分研究革命史的学者在检讨传统革命史范式的基础上提出"新革命史"范式，并产生了一定影响。在倡行"新革命史"的学者之中，李金铮先生是当之无愧的理论奠基人和具体研究的较早践行者。他不但最早提出并界定了"新革命史"概念，而且剖析了"新革命史"的理念和方法；不但在自己的研究中践行"新革命史"的理念和方法，而且指导研究生用"新革命史"的理念和方法写毕业论文。把增强便是在这期间跟随李先生攻读博士学位，其博士学位论文《困局与应对：抗战时期中共"精兵简政"研究——以华北抗日根据地为中心》也被李先生列为"与新革命史相关者"，[②]《困局与应对》这本著作便是在其博士学位论文的基础上修订而成。因此，该专著采用的新范式就是"新革命史"范式。

在笔者看来，《困局与应对》一书至少在以下三个方面与"新革命史"理念和方法相合。

其一，《困局与应对》研究的是中共应对困难局面的政策，在展开研究该政策之前，作者用专节从外部因素和内部因素两方面阐述了中共在1941年前后遇到的巨大困难，这些困难使中共的根据地政权处于内外交困的局面。在书中，对于中共军政机构的内部问题，作者不仅没有刻意回避或对其轻描淡写，反而将其比作"鱼大水小"和"头重脚轻"，较为详细和形象地阐明了当时的问题。1941年前后中共政权遇到的这种内外交困的局面是中共革命过程中遇到的众多"难题"之一，以往的中共革命史研究对这些"难题"往往关注不够和研究不深，李金铮先生分析其中的原因，认为有一个方面必须提到，即"有人认为，揭示困难、困境就是暴露中共革命的问题，就是给共产党抹黑"，并指出此类认识颇为偏颇，不充分揭示这些"难题"，并将其"讲全、讲深、讲透"，就不能理解中共革命胜利来之不易，就无法真正维护中共革命的合法性。[③]《困局与应对》一书完全

---

① 参见徐秀丽《中国近代史研究中的"范式"问题》，《清华大学学报》2015年第1期；崔志海《中国近代史研究范式与方法再检讨》，《历史研究》2020年第3期。

② 李金铮：《"新革命史"：由来、理念与实践》，《江海学刊》2018年第2期。

③ 李金铮：《从"问题"到难题："中共革命胜利来之不易"一解》，《社会科学辑刊》2017年第1期。

吸收了"新革命史"的这一理念，将"精兵简政"之前中共军政机关存在
的问题阐释得十分充分。

其二，《困局与应对》突破了以往中共革命史研究"政策－效果"的
线性逻辑，充分揭示了这一史实的复杂性和曲折性，这正是"新革命史"
范式的精髓所在。①

从表面来看，该书无论是章节名目，还是具体内容，均平平无奇，并
无特殊之处。而在笔者看来，该书恰恰是在表面平淡的章节结构中，不断
体现出历史过程的复杂性和曲折性，在行云流水般的叙述中展现云海蒸腾
和波涛翻滚，于不显山不露水中暗含山水，这正是作者构思行文的高明之
处。如第三章所写政策推行之初的普遍性问题及中共的应对，就是以往精
兵简政研究中很少涉及的内容。这一章既阐述了政策推行之初中共内部的
分歧与争论，又阐述了政策最初推行过程中各根据地的不同做法，恰恰体
现出精兵简政政策实施过程中的曲折性和复杂性。阐释历史过程的曲折性
和复杂性在全书各章节的书写中均有所表现，有意深入了解"新革命史"
范式的读者可在阅读该书的过程中自行体味，兹不赘述。

其三，除阐释成绩之外，该书对精兵简政政策实施过程中各个阶段、
各个层级存在的问题和不足都有所暴露，体现了历史现象的多面性，坚持
了辩证唯物主义的分析方法。该书在研究军队系统的"精兵"、荣退军人
的安置以及政府编余人员的安置等问题时，都坚持了既谈成效又谈"问
题"与不足的方式。如军队系统的精兵一节，从精简组织、加强队伍、缩
减开支、增加灵活性和提高效能等五个方面总结了"精兵"的成效，同时
又从认识分歧、政治动员与解释工作泛化、部分地区对老弱残军人轻率处
理等五个方面研究了"精兵"的不足。这些问题与不足在以往相关研究中
很少提及，这是对既往精兵简政研究的一种矫枉，也是对以往中国革命史
研究中讳谈"问题"的一种矫枉。

## 二  《困局与应对》使用的新材料

把增强在"绪论"中将《困局与应对》一书的创新之处总结为五点，
而被他列为第一点的就是新史料，可见他本人对该书使用的新史料甚为重

---

① 徐畅在《口述史料在抗日根据地史研究中的作用与限度》（《社会科学辑刊》2017 年第 1
期）一文中指出学界对何谓"新革命史"尚无定论，但其核心要义应该是多层次、多角
度立体还原中共革命复杂曲折、丰富多彩的历史本真面相。

视。纵观该书所用史料，举凡档案史料、报刊资料、"三亲"史料①等类别均有使用，但其中最引人注目者仍然是馆藏未刊档案，具体而言就是山西省档案馆与河北省档案馆馆藏未刊档案。

山西省档案馆馆藏"革命历史档案"以晋冀鲁豫边区档案和晋绥边区档案为主，从行政等级②上划分，大体包括边区级、行政区级、行政分区级和县级四个层次。边区级档案有冀太联办档案、晋冀鲁豫边区政府档案、中共中央晋绥分局档案、晋绥边区行署档案等；行政区级档案有太行行署及所属各局档案、太岳行署及所属各局档案、中共太行区及太岳区党委档案等；行政分区级档案有太行区下辖各地委及各专署档案、太岳区下辖各地委及各专署档案、晋绥边区下辖各地委档案等；县级档案包括武乡、左权、潞城等58个县委和县抗日民主政府档案。③

河北省档案馆馆藏"新民主主义革命历史档案"以晋察冀边区档案和晋冀鲁豫边区档案为主，而尤以晋察冀边区档案为最多。晋察冀边区档案大体上也可分为边区级、行政区级两个层次，边区级档案有中共晋察冀中央局档案、边区行政委员会档案等，行政区级档案有冀中区、冀热辽区、北岳区等党委、行署、军区档案。晋冀鲁豫边区档案主要包括冀南区与冀鲁豫区党委、行署及军区档案。④

《困局与应对》书后参考文献共列出该书使用的两省档未刊档案资料57种，按照上文四个层次的分类标准，属于边区级的4种，行政区级的22种，行政分区级的27种，县级的4种，可见作者主要使用的是行政区级和行政分区级档案。之所以如此，主要原因当在于该书研究的主题及"新革命史"的理念。该书研究的主题"精兵简政"是一项政策，而政策推行一般可分为发布层次、组织层次和操作层次，⑤对于这项政策而言，发布层

① "三亲"是指"亲历、亲见、亲闻"，"三亲"史料是指历史事件的亲历者、见证者口述或撰写的亲身经历和见闻的史料。见李朱全《"三亲"史料的由来、特点及撰编》，《海南师范大学学报》2009年第1期。
② 华北根据地的行政等级一般分为边区政府、行署、专署、县、区、村，本文划分档案的四个层次分别对应于边区政府、行署、专署和县。军区系统则有所差别，以晋冀鲁豫边区为例，抗战期间，该边区共有太行、太岳、冀南、冀鲁豫四个军区，各军区又划分为若干个军分区，以下还有县干队、区干队和村武委会。
③ 山西省档案馆编《山西省档案馆指南》，中国档案出版社，1996，第104~383页。
④ 河北省档案馆编《河北省档案馆指南》，中国档案出版社，1998，第75~193页。
⑤ 〔美〕丹尼尔·W.布罗姆利著《经济利益与经济制度——公共政策的理论基础》（陈郁等译，上海人民出版社，2006，第40页）将制度变迁的过程划分为三个层次，即政策层次、组织层次和操作层次，本文对政策推行层次的划分是在丹尼尔所划层次的基础上略做调整得出。

次是党中央，组织层次是各边区党委、政府和军区，操作层次则是层级更低的行政区级、行政分区级及各县的党、政、军组织。① 在研究政策方面，"新革命史"的理念是"注重革命政策与具体实践的互动关系"。② 具体到"精兵简政"，依照"新革命史"的这个理念，首先要研究的就是这项政策在总体上十分庞大的各根据地更低层级的党、政、军机构中是如何具体推行的，推行过程的进展如何，出现了哪些偏差，造成了哪些变化，取得了哪些成效，还存在哪些不足。要回答上述这些问题，就必须有作为操作层次的更低层级党、政、军机构的相关总结、报告及调查材料做支撑。而以往刊布的档案资料中虽收录了不少行政区级档案，但是具体到"精兵简政"专题史料仍较为少见；③ 至于行政分区级档案，刊布的数量要少得多，能反映"精兵简政"的史料更是少之又少。因此，该书作者不得不花大量时间去档案馆查阅原始档案。大量原始档案的使用，不仅使该书在史料运用上有所创新，而且使其在研究上更加扎实有力，为该书较好地践行"新革命史"的理念和方法奠定了基础。

# 三　关于史料建设问题的一点看法

任何一部史学著作都不可能尽善尽美，就践行"新革命史"的理念和方法而论，毋庸置疑，《困局与应对》一书的确做到了。但精兵简政政策影响至深者，一方面是中共的军队和政权，另一方面则是被精简的干部和战士，因而对这一政策的考察既可采用自上而下的角度，从中共军队和政权建设的视角来观察，剖析其从制定到实施的全过程，亦可采用自下而上的角度，从被精简人员的视角来观察它，剖析其心态、行为、重新融入社会后的日常生活以及后来的命运。这两方面均应作为用"新革命史"理念和方法研究精兵简政的题中应有之义。而《困局与应对》一书对于后者的考察稍显薄弱，仍然有进一步丰富的空间。

从研究的难度看，尽管研究前一方面的曲折历程也不甚容易，但相比

---

① 这里所划的三个层次主要指政权系统和军区系统，不包括野战军。中央和边区级政权和军事组织也需要精简自身的机关，从这个意义上看，它们既是发布层次、组织层次，也是操作层次，但它们的"操作"仅限于直辖机关，人数有限，工作量小，与下辖各层级组织总体上的庞大和"操作"的浩繁难以比拟，因此它们的作用主要在于发布政策和组织实施。
② 如太行革命根据地史总编委会编《地方武装斗争》（山西人民出版社，1990）收录了数十条有关太行军区地方武装的档案资料，但是其中缺乏"精兵"的内容。
③ 李金铮：《"新革命史"：由来、理念及实践》，《江海学刊》2018年第2期。

较而言，研究后一方面则更加困难，其中最为困难之处主要在于资料的搜集更加艰难。正如《困局与应对》一书所显示的，研究前一方面所用的资料主要藏于晋、冀两省省级档案馆中，且较为系统；后一方面的资料则散存于县级档案和民间，且由于被精简人员众多及分散安置于广大乡村，因而不仅资料分散，而且有时甚至线索隐晦，无从查找。在笔者看来，研究后一方面较为可行的路径是首先在各级军队和政权的档案中查询被精简人员的名单和安置去向，而后再到县级档案中找寻被精简人员的蛛丝马迹，必要时尚需到根据地所在乡村开展田野调查。搜集资料的过程既十分漫长，又困难重重，不仅要耗费大量的时间和精力，而且一旦其中某个环节的线索中断，便会使整个调查过程前功尽弃。

迄今为止，在笔者所见到的讨论"新革命史"理论的成果中鲜有提及史料问题者，[①] 因此，在这里笔者借题发挥，对"新革命史"范式下华北根据地的史料建设问题提一点不成熟的看法。

正如代雅洁、杨豪在《"新革命史"路径下的华北抗日根据地史研究》一文中所说，目前已出版的华北根据地的主体资料大都是20世纪八九十年代编纂而成，所收基层资料甚少，难以反映历史细节，无法支撑"新革命史"理念下的研究工作。窃以为，若想支撑"新革命史"理念下的研究工作，至少有四方面的资料亟待发掘与整理。

其一，根据地所在县的县级档案资料。这方面资料大体上藏于两类档案馆中，一类是省级档案馆，如前文提及的山西省档案馆便藏有华北根据地山西各县的县级档案；一类是根据地所在各县的县级档案馆。截至目前，尚无人对华北根据地所有县份的档案馆馆藏革命历史档案做过整体性调查和统计，笔者只能从自己的研究和他人的成果中略窥部分县份之端倪，如河北省涉县档案馆藏有抗战期间涉县及偏城县档案共计3个全宗近1000件，[②] 河北省阜平县也藏有大量抗战时期档案，[③] 山西省昔阳县档案馆馆藏解放战争时期档案有7个全宗近3万份。[④] 值得注意的是，这些县级档案不仅包含县委、县政府及所属局、所档案，还包含大量区、村档案，是研究基层社会和组织机构的重要资料。

---

① 目前笔者所见相关研究成果中仅有代雅洁、杨豪《"新革命史"路径下的华北抗日根据地史研究》(《党史研究与教学》2016年第2期)谈及"史料的整理工作需要加强"。
② 2018年8月6~10日，笔者赴涉县档案馆查阅档案，翻阅了馆藏革命历史档案目录。
③ 张永刚：《抗战时期中共阜平县基层政权建设研究》，博士学位论文，河北大学，2019。
④ 樊云剑：《利益、制度与信仰：抗战以来华北革命根据地基层干部研究(1937~1949)》，博士学位论文，南开大学，2011。

其二，根据地报纸资料。华北各根据地都有多种报纸发行，以晋冀鲁豫边区为例，到 1941 年初，边区已发行六种区党委一级及以上级别的铅印或石印报纸，分别为《新华日报》（华北版）、《晋冀豫日报》、《冀南日报》、《太岳日报》、《卫河日报》、《中国人报》，各专区乃至县办的石印或油印小报不下五六十种。[①] 这些报纸登载了大量有关农村基层社会的报道，是研究根据地农村基层社会的另一类重要资料。

其三，根据地所在地区的民间文献资料。此类资料包括家谱、契约、会社文书、商号铺户文书、村庄账簿、村公所收条、委任状、布告、版画、户籍簿、各种证书（退伍证、残疾军人证等优抚证书以及婚姻证书等）、路条等。这些文献原本散存于民间，近年来被部分高等院校、研究院（所）和地方博物馆（纪念馆）征集，[②] 形成了一个搜集、整理、研究华北根据地民间文献的小高潮。这些文献绝大部分是源于根据地农村的原始文献，是研究根据地农村基层政权和基层社会的第一手资料，具有较高的文献价值、文化价值和学术价值。

其四，田野调查资料。田野调查是历史人类学必备的研究方法，在厦门大学、中山大学等相关团队的长期摸索之下，已形成一种较为成熟的模式。近几年，笔者带领邯郸学院太行山文书研究团队，在太行山的村庄开展田野调查。以我们的经验，在田野调查时当特别注意搜集两类资料，一类是年长者的口述资料，具体到抗战时期，就是抗战亲历者的口述资料；另一类是碑刻资料，与平原地区相比，太行山区石材丰富，举凡重修庙宇、处理纠纷、纪念亡者，大都刻碑以记之，具体到抗战时期，大略有英烈碑、纪事碑等。但是，口述资料载体的情况并不乐观。全面抗战爆发距今已有 85 年，对战争年代有记忆的老人至少要有 90 岁的高龄。这些高龄老人今天仍健在的已不多见，其中思维和表达都清晰者更是凤毛麟角。碑刻的状况也不容乐观。随着城市化浪潮的席卷，许多山村只剩下老弱病残，甚至已荒无人烟，不少碑刻掩映于荒草和残垣断壁之间，难寻踪迹；在人烟尚属稠密的旅游区，不少村庄大兴土木，碑刻损毁十分严重。在这种情况下，搜集口述资料和拓碑便带有抢救性质，更是刻不容缓。

---

① 齐武：《晋冀鲁豫边区史》，当代中国出版社，1995，第 340~341 页。

② 清华大学、山西大学、邯郸学院、上海立信金融会计学院等高校和武乡县八路军总部旧址纪念馆、涉县抗战纪念馆、涉县晋冀鲁豫边区税务总局旧址陈列馆、武安晋冀鲁豫边区革命纪念馆等纪念馆（陈列馆）都藏有大量抗战时期民间文献。

# "近代中国历史进程中的国民党与共产党" 学术研讨会综述

卢 华[*]

2020 年 11 月 7 ~ 8 日，由中国社会科学院近代史研究所主办、中国社会科学院近代史研究所中华民国史研究室与革命史研究室承办的"近代中国历史进程中的国民党与共产党"会议在中山大学珠海校区伍舜德国际学术交流中心召开。来自国内外高校及科研机构的 70 多名与会专家学者齐聚一堂，围绕"革命政党与政治文化的构建"、"党－国、党军以及革命政党的组织实践"、"地方社会、基层组织与两党竞合"、"国际视野下的现代中国及其政权建设"以及 20 世纪国共两党历史研究的新路径与新史料等五个大的主题，针对 20 世纪中国历史演进中的国共两党问题展开了热烈深入的讨论。

## 一 革命政党与政治文化的构建

中国社会科学院近代史研究所党委书记金民卿研究员在开幕式发言中指出，国共两党间的斗争与合作是推动 20 世纪中国历史变革的重要线索。他期待此次会议能够在继承前人研究的基础上，将国民党与共产党的历史融为一体，这既是未来学术研究的发展方向，也是回溯时代动态、再现多元的历史场域的必要手段。

"革命"既是 20 世纪全球重大历史现象与研究论题之一，也是 20 世

---

* 卢华，中国社会科学院近代史研究所助理研究员。

纪中国历史演进的重要遗产。1917 年俄国十月革命的成功和布尔什维克政党的国家治理模式，在国共两党共享的革命进程之中扮演了重要角色。1921 年创建成立的中国共产党和由孙中山所引领发起、联俄改组之后的中国国民党便是布尔什维克政党革命东输与中国政治 – 社会需求结合下的产物。此后，国共两党结合中国革命实践经验，创造出自己独特而又高度发达的政党与革命政治文化。

针对俄国十月革命和布尔什维克政党与中国革命的复杂关系，约克大学历史系访问学者赵旭铎在其报告中，分析了中共在创建初期与不同的左翼革命意识形态的复杂关系。他在论文中强调，在中共建党时期，党内知识分子对于如何在中国实现社会主义有不同意见。以上海为活动中心的早期中共领袖坚持无产阶级专政；而在广州的谭平山与陈公博却更强调民主与选举的价值，认为无产阶级革命的前提是工人阶级的思想觉醒，且民主与自治能够促进工人阶级意识的启蒙和政治能力的训练。论文将中国早期共产主义运动放置于跨国史与全球史的框架中，重新审视中国早期马克思主义者的思想资源，并借此展现马克思主义在中国历史语境中多元化解读的可能性。[1] 中山大学历史系博士后林威杰在其论文中讨论了共产国际的路线方针与中共内部的人事斗争和路线之争。林文指出，共产国际扶持留苏学生，实际上引发了中共党内矛盾，不仅没有带来预期中的"革命高潮"，反而严重削弱了中共中央的领导权威。[2]

北京师范大学副教授孙会修以莫斯科东方大学中国班和莫斯科中山大学为例，利用俄国所藏档案分析了早期留苏学生所受的政治文化和革命意识形态训练。这两所大学极为重视培养学生的"发表力"，在党团小组和课堂对中国留苏学生开展了全面的谈话训练。共产国际的重视、苏俄政治文化的影响、"联共"领袖和学校教员的示范，是留学生重视谈话训练的重要原因。[3] 该文对于我们进一步认识苏俄政治文化与中共革命文化的互动，以及中共自身政治文化的发展有重要启发。当然，苏俄的革命经验和建党模式也对国民党产生了重要影响。中国社会科学院近代史研究所助理研究员卢华的论文以关余事件为中心，讨论了在国民党一大召开前，列强对南方革命政府的压制与干涉是如何与民国内部不同势力进行互动的。在此一过程中，国民党明确了联俄改组以及依靠新式学生和受国共影响的农

---

① 赵旭铎：《走向社会主义：中共初期党内知识分子的两种想象》。本文所引均出自会议论文集，后不赘述。
② 林威杰：《在"正确"国际路线下的革命：中共六届四中全会前后的党内忠诚问题》。
③ 孙会修：《"发表力"的养成：中共早期留苏学生的谈话训练》。

工团体的革命路线。①

不过，中国革命经验并不是苏俄革命理念的复制品。毋宁说，中共在此基础上结合中国社会的现实和古典革命传统，做了大量创新，并形成了自己的革命经验范式。华东师范大学的谢敏讨论了中共军队的文艺宣传是如何把文艺创作、革命宣传与群众路线实践结合起来的历史过程。在这一大众被"革命化"和"政治化"的过程中，文艺宣传队的主体——知识分子也被改造为大众之一部分。中国社会科学院当代中国研究所王瑞芳研究员的报告以《解放日报》为中心，讨论了中共是如何以"劳模"（"劳动英雄"和"模范工作者"的简称）典型的塑造和"劳模"经验的推广为中心，对大众进行革命宣传与组织动员的。② 中共的群众路线又与党内整顿、党组织的工作机制有重要关联。北京大学的赵诺在其报告中详细讨论了延安整风运动之前中共内部关于整党活动的思路、机制和内容。赵诺指出，虽然晋冀豫根据地"1940年整党"沿袭了过去"自上而下""关门整党"的方式，但是其思路、办法已经突破原先的限制，较好地解决了组织内之前存在的宗族势力过大的"帮口"问题。在这一整党过程中，晋冀豫根据地的党组织和群众运动的自我融合机制已经开始酝酿，对随后的党内整风运动起了衔接作用。③

山东大学的宋弘则以如何开会为中心，讨论了会议这一在中共根据地日常政治生活中占据重要地位的论题。他的报告，既突出了为何中共多元的政治和社会目标对于会议数量有特别要求，又指出了会议展开过程是如何与中共政策的传达过程相衔接，而成为中共整个政治文化精神和决策落实过程中重要一环的。④ 南开大学博士生金伯文讨论了全面抗战期间，中共是如何利用日伪宣传品来进行反向动员与敌情侦察的历史过程。金伯文分析指出，研读和利用日伪宣传品逐渐成为中共政治宣传的重要法宝，日伪宣传品也为中共对内宣教和对敌反宣传提供了重要内容。⑤

## 二 党－国、党军以及革命政党的组织实践

国共两党对于布尔什维克政党的革命模式，是有选择的吸收和利用

① 卢华：《"敌友"区分：关余事件中国民党的秩序理念转型（1923～1924）》。
② 王瑞芳：《塑造劳模：〈解放日报〉与陕甘宁边区"劳模"运动》。
③ 赵诺：《关于中共晋冀豫根据地"1940年整党"的历史考察》。
④ 宋弘：《开会：华北抗日根据地军民的政治生活》。
⑤ 金伯文：《全面抗战时期中共对日伪宣传品的搜集与利用》。

的。其中，由党引领和指挥军队、通过军事斗争由革命政党建立政权的党－国和党军模式是学习的重点。这一党军、党－国模式及其组织实践也有非常典型的中国特色，因此，得到了与会学者的不少关注和讨论。

国民党党军是以黄埔军校为核心展开的，此后，国民党军队在对内和对外的军事斗争中经历了各色调适与演变。中国社会科学院近代史研究所的潘建华通过国民党军队兵站后勤体系的建设，讨论了国民党军队补给的成效与困难，以及它与地方社会和民众的关系。作者认为，国民党军队兵站后勤体系的建设，是中国近代化兵站成体系建设的开始，也是国民党军队能在北伐过程中取胜的重要原因。[①] 南方科技大学李翔教授则讨论了国民党党军体制自其建立之初遇到的困境，以及它如何影响了国民党党军体制完善的过程。李翔指出，在国民党内和军队内部对党代表制的联合抵制声中，1928 年 2 月二届四中全会军事提案审查委员会决定不恢复党代表制严重影响了党军体制的发展。而蒋、冯、阎、李四大集团军总司令均倚重私人关系统领部属，党军体制不得不从名义上的中央集权、以文制武、以党领军的基本国策，降格为单一的各为其主的宣传类事务性工作。党军体制的作用被大幅削弱。[②]

战争过程中，伤兵救护和粮草补给都是重要组成部分。中国社会科学院近代史研究所张静副研究员讨论了以宋庆龄为首的伤兵救护会是如何成为联络各方、领导救伤活动的重要组织的历史过程。她指出，伤病救护会联络中外医护人员组成的红十字救护队，为武汉国民政府第二次北伐期间的一万余名伤兵提供了及时的救护活动。女性群体在其中扮演了重要角色，而且挽救了武汉国民政府不顾财政困难的军事行动所引发的人道危机。[③] 而近代史研究所的姜涛则从看似符合近代化军事理念的国民党军后勤体制出发，讨论其实施过程中遭遇的各种困难，以及由此引发的前线部队士兵生活惨淡和战斗力低下的问题。[④] 他在报告中指出，国民党军前线部队的"吃空额"问题、后勤体系的层层盘剥以及国民党政府中央庞大、下层虚弱的倒金字塔形结构，都是重要的问题源头。

国民党军队的这一后勤问题与中共根据地部队因地制宜的粮食补给策略形成了鲜明对比。南京大学博士生马建凯以淮海战役中国民党军队与解放军的军运系统与战争方式为论题，分析指出，虽然国民党军队在火车和

---

①　潘建华：《北伐时期国民党军队的兵站后勤体系建设》。

②　李翔：《二届四中全会前后"不恢复党代表制"下的党军体制》。

③　张静：《伤兵麋至：武汉国民政府第二次北伐时期的伤兵救护》。

④　姜涛：《抗战时期国民党军军粮补给与士兵生活》。

汽车等近代化运输方面有明显优势，但这一军运方式让其更依赖近代化的道路与后勤体系，很难应对复杂多变的地理情况。而解放军以人兽力运输的传统方式解决了"支前"运输问题，并通过破坏国民党军的近代化军运，瓦解了国民党的优势，取得淮海战役的大胜。[①]

国民党组织的另一个重要问题，是其内部主义和派系纷争过于复杂，上下级之间组织纪律性不强、命令无法贯彻到下层的现象极为普遍。中国社会科学院近代史研究所梁馨蕾从抗战时期国民党中层党务干部的人事任命出发，讨论了朱家骅在担任中央党部秘书长与中央组织部长期间，是如何基于自身人际资源与增强派系势力的需要，大量从其门生、旧属与故交群体中选拔人才的历史现象。作者认为，朱家骅的这一党务干部任用规则与近乎潜规则的内在逻辑，加重了国民党内的派系斗争与门户之见，阻碍了国民党作为现代政党的人事制度建设。[②] 当然，国民党组织涣散、纪律性不强，面对中共的组织和思想建设又感到自身很难与之竞争的局面，党内重要人物并不是没有意识到此问题。台湾中研院近代史所的汪正晟从蒋介石仿效中共实施小组会议的论题出发，详细讨论了蒋介石是如何模仿中共的组织建设进而改造国民党的意图的。他指出，蒋介石在1938～1939年试图激发国民党内的革命性，重新把青年吸引到国民党政权的政治改造和组织建设过程之中。但是，蒋介石在制度设计上的问题也让其小组会议成了单纯研究理论的读书会，最终不免走向失败。[③]

相对于国民党组织建设、人事任用和政治改造的历史教训，中共显然成功得多。南京大学的黄骏从中共在1949年新中国成立前后的干部培训学校出发，以江苏的苏南公学为案例，详细分析了中共解决基层干部匮乏问题的原则与运作机制。作者指出，在苏南公学的开办与招生培训过程中，中共一方面不得不适应现实，大量从当地学校中的"旧知识分子"和留用人员中进行挑选，快速地推进人才培养和革命教育工作；另一方面，中共在学员的毕业去向上，尽量做到个人经历与家庭出身的平衡。这种兼具原则性与灵活性的政策，正是中共组织建设和政治宣传的成功之处，也帮助中共在新中国成立之初，迅速地维护了社会秩序的稳定。[④]

① 马建凯：《"支前"运输的另面：淮海战役中国民党军的军运与解放军的应对》。
② 梁馨蕾：《抗战时期国民党中层党务干部的派用规则与逻辑——兼论朱家骅的人际关系与权力网络》。
③ 汪正晟：《青年叙事与国民党小组会议》。
④ 黄骏：《1950年代初期基层干部的来源构成、思想更新与职位归属——以苏南公学为考察对象》。

# 三　地方社会、基层组织与两党竞合

国共两党的革命立国与新政权的建设，与其他社会力量和地方社会的支持与现实制约关系密切。革命政党的意识形态一方面会重塑社会势力和地方团体的自我认知；另一方面，革命政党的政策落实和组织建设不得不受到地方社会的惯习、传统和人口经济的限制。意识形态和政治宣传不得不调适、演变是历史常态。

北京市社会科学院历史研究所的王建伟研究员以国民党地方党组织在 1920 年代北京的发展为论题，详细分析了国民党在北京的党务工作开展，以及国共合作背景下，国民党内部左派势力是如何与民治主义同志会、孙文主义学会斗争的。作者指出，第一次国共合作确立后，孙中山在共产党人的密切协作下，对革命方略的调整使得北京地方党务发展很快，发动民众的效果有突出表现。但是，国民党内部对于"联俄容共"策略一直多有质疑。颇有影响的早期元老冯自由、邹鲁、谢持等人非常抵制国民党内的左派势力和中共党人。以北京部分国民党势力为基础成立的"西山会议派"和后来成立的孙文主义学会，加剧了北京国民党内的派系和意识形态之争，对后来的国共分裂以及国民革命的走向带来了深远影响。[①]

上海交通大学的马楠则以情况更为复杂的浙江为例，讨论了中共在浙江的地方组织发展以及国民党浙江省党部的斗争问题。[②] 他在报告中指出，在中共早期建党过程中起过重要作用，后却是国民党浙江省党部重要领袖的沈定一，依托其在浙江和杭州一师的社会网络资源，曾使国民党浙江省党部的工作被国共高层和苏联顾问高度评价。但是，随着国共矛盾的凸显，以及宣中华、俞秀松一系和沈定一一系矛盾的加剧，沈定一后来又与西山会议派的反共斗争有所合流，杭州一师的人际和社会网络被内部斗争瓦解。之后，国民党左派和中共势力被排挤出了杭州权力网络。这也为日后北伐军接管杭州和浙江并"向右转"奠定了基础。沈定一和宣中华的省党部之争、国共的分裂以及以鲍罗廷为代表的共产国际的插手让浙江省内的斗争难以简单以"左""右""保守""激进"划分。这既是革命的复杂之处，也是革命意识形态在地方势力的斗争和自我理解中难以因应、不得不进行调整的体现。

---

①　王建伟：《1920 年代国共合作与国民党组织在北京的早期发展》。
②　马楠：《中共在浙的早期组织与两个国民党省党部之争（1922 ~ 1926）》。

国共两党的竞争与合作体现在各个时期，抗战中也不例外。中国社会科学院近代史研究所的张燚明就以皖南事变前后的货币斗争为中心，分析了国共斗争在经济层面的表现。他在论文中指出，为了应对国民党政府停发八路军军饷的问题，中共中央在陕甘宁边区采取了发行边币、禁用法币的策略。中共在禁用法币的措施上因地制宜，灵活多变地发行新边币，有力地控制了陕甘宁边区的法币发行与流通情况。[①]

除了国共之外，中国青年党等第三方势力也深度地卷入了北洋后期和国民政府的历史当中。安徽大学的汪明明以上海大夏大学创建为例，分析了国、共、青三党的意识形态竞争与教育理念角逐。汪明明在其报告中指出，在大夏大学因厦门大学学潮爆发成立后，国共两党主导了大夏的创建过程。其中，国民党争夺校政，中共则主要是获取学生的支持。而青年党则挟其"国家主义教育学"理念，联合国民党右派、校方势力打压中共，将中共挤出了大夏舞台。这也为国民党北伐成功后独霸大夏大学、实施"党化教育"奠定了基础。但是大夏教育学人并不完全受此"党化教育"裹挟，他们以西方高等教育中的导师制度和中国书院传统为媒介，与国民党的"党化教育"保持着距离。[②]

当然，中共组织在地方社会内部也难免遭遇不同势力的纷争与妥协。中国政法大学的博士生刘水展以闽西蛟洋暴动为中心，考察了苏区时期地方内部的派系斗争。作者跳出权力与利益分配的视角，另辟蹊径地从革命者的精神气质与主义信仰展开分析。他指出，闽西苏区内部的斗争主要是围绕傅柏翠和邓子恢展开。前者是孙中山和三民主义的信徒，又是地方宗族领袖，而后者则是马列主义的激进信奉者。地方干部傅柏翠和外来干部邓子恢围绕是否应该发动暴动、实行烧杀策略，以及土地革命实施的具体策略问题，展开了激烈斗争。双方精神气质中的三民主义、无政府主义和共产主义因素，对斗争起到了重要影响。[③] 成都电子科技大学的刘宗灵则从中共四川地下党的经费筹措问题出发，讨论了中共在土地革命时期是如何因应地方社会的现实和传统的。作者指出，四川的革命基础并不如经历过国民革命的两湖赣粤地区，又曾经非常依赖中央拨款。面对经费的困难，在常规手段的基础上，四川地下党以颇具特色的手段获取经费，比如向军阀部队中搞兵运工作的地下党员和四川党部里众多的知识分子党员征

①　张燚明：《发行与遏制：皖南事变前后的国共货币斗争》。
②　汪明明：《1920年代国、共、青三党竞"革"中的大夏大学及其教育学》。
③　刘水展：《行动者、主义与土地革命中的派系冲突——以闽西蛟洋暴动为中心的考察》。

收，还间或采用特别手段如"绑票"和"拉猪"。此外，拥有民团领袖、县乡官员、中小学教师及会社首脑等身份的地方革命者的自我牺牲也确实在四川的地下党务工作中起到了重要作用。①

不过，中共对于地方惯习、传统和势力的因应态度，经历了一个复杂变化的过程。中共对于地方势力、文化传统的应对策略是多变而又灵活调整的。暨南大学的博士生王森华则从萍乡农民斗争出发，讨论了安源工人革命运动中萍乡本地人与安源外来者的"土客"矛盾，以及安源工人和萍矿资方是如何在这"土客"矛盾下不得不联合作战的情形。萍乡地主豪绅联合农民围攻安源的事件，实际上正是中共等外部革命势力进入地方，激化了本地已有的复杂"土客"矛盾，而不是纯粹的阶级矛盾体现。②

以革命根据地的建设为例，中山大学珠海校区历史系副教授张文俊从八路军的晋东南根据地出发，做了深入阐释。他指出，八路军一二九师和山西新军在进入武乡之后，依靠地方的组织牺盟会和阎锡山的势力发动群众，从而掌握了县政。在掌握了县政之后，八路军才广泛改造基层政权，扩充中共基层党组织，并开辟了根据地，但是这种"借力发力"的革命策略也给中共在地方的领导造成了重要限制。地方的乡村文化和社会关系深深地嵌入了中共的党组织中。③ 中国社会科学院近代史研究所的王士花研究员则从另外一个个案——山东敌后武工队的历史出发，讨论了中共敌占区工作的开展和实践情况。作者指出，敌后武工队形式灵活。敌后武工队在地方以类似细胞分裂的方式进行多样发展，"以政治对政治"，"以特务对特务"，精彩地展现出了中共游击战的灵活性。④

浙江工商大学的游海华教授等则从温州的地方精英叶芳率众向中共投诚的事例出发，展示了以温州籍为主的地方军政集团，是如何在保存家乡的乡土情怀下，通过他们与地方士绅和中共的联系网络，从而以地方血亲之联系和中国传统中的家国大义结合起来，顺应政权鼎革之大势、接受新政权领导的历史过程。⑤ 四川师范大学的黄天华则讨论了1949年新中国成立前后，国民党内部的实权派地方军人以及张澜、黄炎培等第三方势力试图与中共联合分治的论题，论及政权交替之际，多方势力的内外互动。这

① 刘宗灵：《"带着镣铐跳舞"：土地革命时期中共四川地下党的经费问题探析》。
② 王森华：《煤业、移民与革命：1927年萍乡农民围攻安源事件探析》。
③ 张文俊：《八路军晋东南根据地的扎根：以武乡为中心》。
④ 王士花：《山东敌后武工队与中共敌占区工作》。
⑤ 游海华、饶泰勇：《政权鼎革与群体抉择：国民党起义投诚部队的心境与权衡——以温州叶芳起义群体为例》。

些实权派军人和第三方势力，在革命局势的变化面前，也灵活地转变认识，接受了中共的领导。[①]

## 四　国际视野下的现代中国及其政权建设

除了革命建立何种中国的主题，国共两党及第三方势力在学习西方制度的经验、建设一个更加现代的政府与治理体系上有着共同目标。如何加强中央集权、提升国家能力是现代政府努力的大方向。厦门大学任智勇教授等讨论了晚清中国的厘金问题。作者以雷以缄为例，分析厘金制度产生的地方渊源，以及这一提升了晚清以来国家汲取能力的重要税收制度，是如何引起了商人和士大夫的不满的历史片段。[②] 南京大学的梁晨教授等则以其团队研究出发，从定量分析角度探究了科举制度瓦解之后，民国大学生的地理来源与个人家庭背景和才能的关系问题。作者在报告中指出，近代化转型大背景下，各地人才供给规模的大小，不仅事关地方的表现和各地人才的成长机会，还在相当程度上决定了不同地区人口参与近代化的广度和深度，从而影响近代化发展的特征与进程。[③]

中山大学珠海分校的杜丽红教授等则讨论了国民党政权在海港检疫制度建立过程中的作用。作者在报告中指出，在一战时局和修正不平等条约氛围的影响下，国民党通过工会和国联的帮助，成功地从海关税务司收回了海港检疫权。只是，受国民政府治理能力和众多因素的制约，其海港检疫管理的控制呈现出多头为政的碎片化状态。[④] 在抗战时期，国民政府的政权建设能力更加受限。四川大学的陈默从1940年前后四川的米荒危机出发，讨论了国民政府成立四川粮食管理局的动因、制度设计以及成效。他指出，国民政府在此一机构中的组织缺陷和人员问题极大地影响了粮食统制措施的落实，这也透露出国民政府执政水平的低下。[⑤] 而华中师范大学的博士生钟欣武则通过山东北海银行的个案，讨论了此一金融机构的农贷规模和发展问题，以及这一机构背后中共建设现代金融体系初始期的成效。作者指出，此一农贷机构虽然存在缺陷，但却是中共早期扶贫事业和

---

① 黄天华：《地方军人、第三方面与1949年的"东南自保""西南自成一局面"》。
② 任智勇、水海刚：《厘金起源脞考》。
③ 梁晨等：《民国大学生地理来源量化考析》。
④ 刘嘉、杜丽红：《国民党政权与全国海港检疫制度的建立》。
⑤ 陈默：《控制与失控：一九四〇年国民政府对于四川米荒的应对》。

民生举措中的重要一环。①

抗战时期，中华民族和日本侵略势力的矛盾是主线。同时，国际势力以及伪政权、地方势力也渗透其中，各方的工作都彼此交杂。南京大学博士生陈紫竹讨论了抗战时期国民政府教育部驻沪办事处的工作情况。这一沦陷区的教育管理机构，一方面有着宣传教育的任务，另一方面又在敌伪政权和日本的压力环境下承担谍报工作，构成了一条隐秘的文化抗战路线。② 中国社会科学院近代史研究所的冯森则从"统制经济"思想的渊源和内涵角度，讨论了这一概念背后的中美日多元国际互动，以及国民政府内部拥有美国教育背景的经济专家对民国经济建设，特别是政府在经济中所起作用的问题。作者在报告中指出，日本侵华和"剿共"的政治因素，是中外学者以及英、美在华投资人评估民国经济建设和经济政策的关键因素。③

在涉及主权和内政的问题上，相对孱弱的国民政府不得不更加依靠国际势力。比如，南京大学陈海懿的论文讨论了九一八事变中国民政府依靠李顿调查团的问题。他从国民政府以及日本政府报告发动的宣传攻势出发，讨论了双方利用"共产主义"因素为各自行动正名的问题。而这也是中共严厉批判李顿调查团报告书的重要原因。④ 中国社会科学院近代史研究所彭鹏的论文则从日本视角出发，围绕其在一战中获得的太平洋岛屿"委任统治权"问题，分析了日本外交策略中殖民主义遗产的持久影响，以及日本与国际联盟关系恶化的缘由。这也开启了日后日本发动大规模侵华战争和太平洋战争的历史进程。⑤ 当然，日本也不是铁板一块。不同人员与机构参与侵略战争的方式和程度也有重大差别。中山大学的叶磊就通过"满铁"调查员大塚令三关于中共的研究工作个案，讨论了日本国家意志与个体意志以及学术之间的复杂纠葛。大塚令三的学术研究、情报收集和问题意识，无不反映了个人在政府的政治和战争意图下进行或主动或被迫调适的难题。⑥

---

① 钟欣武：《全面抗战时期山东北海银行农贷活动探究》。
② 陈紫竹：《抗战时期教育部驻沪办事处考论（1938~1943）》。
③ 冯森：《三十年代太平洋关系学会关于中国"统制经济"的讨论》。
④ 陈海懿：《九一八事变与"共产主义"因素研究——基于李顿调查团视角的考察》。
⑤ 彭鹏：《九一八事变后的赤道以北太平洋岛屿"委任统治"权之争》。
⑥ 叶磊：《在情报与学术之间："满铁"调查员大塚令三的中共研究活动述论（1930~1943）》。

## 五 新路径、新史料和对 20 世纪国共历史研究的省思

近年来，德国思想家科塞勒克所引领的概念史进路在中国近现代史的各方面研究中都有所体现，概念史研究也蔚然大观。这一研究理路在此次与会学者关于国共两党历史的研究中有所体现。上海社会科学院的蒋凌楠在其报告中，讨论了"苏维埃"这一外来的新式政治组织概念是如何被译介和传入中国的历史过程，以及这一过程中新式的革命主体——"劳农"——如何进入中国革命的政治语境问题。作者指出，这一跨语境的概念引入，既有苏俄革命本身的输出影响，也与日本社会主义者对于"劳农"内涵的多重释义有关。而中共则在建党初期对"苏维埃"概念和"劳农"的发现，经历了一个从理论到社会实指的政治想象过程。[1] 天津商业大学的杨东副教授则讨论了不同阶段，国民党对于中共的众多称谓中"匪"一词的历史演变与内涵。作者在论文中指出，这一称呼的使用频次与内涵差别，既反映了国共双方的复杂关系，也映射出了国民党宣传系统能力与策略的巨大弊病。[2]

除了新概念史的引入，新领域的扩展也是国共两党历史研究进展的一个表现。比如，国共两党对于探索如何管理及利用新闻业这样一门有着较强技术性和实时性的行业有着较为复杂的历史管理演进过程。中国社会科学院近代史研究所王毅通过切入中国新闻职业化在 20 世纪 30 年代出现重大转折的背景，分析了坚持职业理念的新闻记者如何在国民党新闻统制政策与资本巨头垄断报业的双重压力下，形塑出左翼记者群体，并最终走向革命的历程。文章对于左翼职业记者的探讨，打破了以往左翼研究的组织政治史书写传统，突出左翼记者的职业性，并以此脉络追溯历史，拓宽了国共政治角逐背后的社会文化面相。[3] 华中师范大学博士生饶泰勇则从 1949 年杭州解放前后中共接管当地私营报纸出发，呈现中共如何在 1950 年初完成杭州市私营报纸的改造。[4]

历史研究离不开史料，史学研究的重大突破也往往与新出史料有关。中国社会科学院近代史研究所罗敏研究员《抗战文献数据平台对创新中共抗战史研究的方向与可能》一文，集中讨论了抗日战争与近代中日关系文

① 蒋凌楠：《"苏维埃"概念传入与"劳农"的政治发现（1918~1925）》。
② 杨东：《命辞遣意——国民党称共为"匪"的概念迁衍与话语意指蠡探》。
③ 王毅：《左翼职业记者的革命之路及其影响》。
④ 饶泰勇：《新中国成立前后中共对私营报纸的整顿及其结果——以杭州市为例》。

献数据平台的发展情况。这一平台不仅为推动中国近现代史、抗战史研究打破了学科与史料壁垒，而且也为全景式地展现国民政府和中共抗战历史，推进多元互动国际史视野下的抗战和近现代史研究奠定了良好基础。①

在闭幕前的圆桌讨论中，南京大学张生教授指出，前辈学者的努力为国共两党的历史研究做出了榜样，而青年学者需要继续积累他们敏感的问题意识和扎实的史料基础，贯彻学术精神，做出推进。南开大学李金铮教授则从"共有历史"的角度，对该会议做了高度评价。第一，他指出，以国共为主题的会议并不多见，而这次又以年轻人为主导，值得肯定。第二，他认为国共两党，有斗争、有合作，有胜利、有失败，但是 20 世纪的重大历史问题需要从两者的角度展开综合研究。同时，历史源流和延续性对于国共两党的研究也很重要，学者们要挖掘历史传统对中共革命和国民党的影响。第三，国共两党的历史和经验都需要结合中国乡村社会去理解。中国革命如果要得到深入的、有说服力的阐释，需要把中国革命放在乡村和地方社会的历史之中。

厦门大学张侃教授指出，把对两个政党的看法放到诸如沟口雄三和孔飞力等学者的研究中，放入更大的历史视野中，才能对它们与 20 世纪历史和现代性的关系进行完整和多元的揭示。对于年轻学者的报告，张侃教授则从后续研究的角度提出了更高的期望。他指出，年轻学者的历史个案研究不仅要注意与历史场景中的心境和心态的契合，同时还需要有明清史到近代史，通史的视角辅助。南京大学李里峰教授则评论指出：第一，从共有的历史角度，建议以中共为中心，把宏观把握和小的时段研究结合起来，在每个阶段进行耕耘挖掘，为以后的贯通研究打好基础；第二，历史研究不能停留在朴素实证主义的层面，更好的历史研究需要做好理论与实证的互动，学者应该以自我反思与批判的精神扩大视野；第三，在具体的研究上，要善于运用比较的方法；第四，要超越二元对立的认知，克服历史学与社会科学的对立，揭示历史背后的深层因素，尤其是国共两党历史的机制内核，为国共两党的历史研究推进打下更坚实的基础。

---

① 罗敏：《抗战文献数据平台对创新中共抗战史研究的方向与可能》。

【海外史料评介】

# 哈佛燕京图书馆藏“联合国善后救济总署解放区档案”述论*

曾磊磊　姜良芹**

笔者自2014年以来开始从事美国哈佛大学哈佛燕京图书馆藏联合国善后救济总署（United Nations Relief and Rehabilitation Administration，UNRRA，简称“联总”）解放区档案的整理项目。现就联总在解放区的活动情况做一简单介绍，并简要评介这批档案的馆藏情况、主要内容和史料价值，以推进学界相关研究。

## 一　联合国善后救济总署在解放区的活动概况

1943年11月9日，联合国善后救济总署由44个会员国共同成立，主要发起人是美国总统罗斯福，经费也主要来自美国政府，是美国外交政策的产物。联总通过供给粮食、燃料、衣服、房屋和其他基本生活必需品，以及提供医疗等服务，帮助同盟国中受战争蹂躏而无力复兴的国家重建社会经济。

联总的组织可分为决策机构和执行机构。最高决策机构是由会员国代表组成的代表大会，每年召开两次会议，预算、决策等由大会决定。大会休会期间，紧急案件由中、美、英、苏四国代表组成的中央委员会处理。中央委员会下设远东及欧洲两个区域委员会，同时下辖卫生、农业、工

* 本文为国家社科基金抗日战争研究专项工程项目（16KZD019）的阶段性成果。

** 曾磊磊，中国药科大学马克思主义学院讲师；姜良芹，南京大学中华民国史研究中心教授。

业、福利及难民等五个专门技术委员会。

联总的执行机构是联总总署。署长先后由莱曼（Lehman）、拉瓜迪亚（La Guardia）和鲁克斯（Lowell W. Rooks）等人担任。总署下设供应、财务、区域行政三个厅，以及福利、难民、卫生、秘书等七个处。执行机构须向联总大会负责。

联总主要以派遣团（Mission）的形式，在欧洲国家直接开展善后救济。在中国，由于受灾人数多，且地域广泛，联总无法单独展开救济。因此，1945 年 1 月，国民政府设立行政院善后救济总署（China Nation Relief and Rehabilitation Administration，CNRRA，简称"行总"）负责办理善后救济业务。行总第一任署长是蒋廷黻（1945 年 1 月至 1946 年 9 月），继任者是霍宝树（1946 年 10 月至 1948 年 1 月）。行总下设财物、赈恤、储运及分配四厅，以及农业、工矿和卫生三个业务委员会，并在各地设置了 15 个分署。

联总在华设立办事处（UNRRA China Office，简称"驻华办"），负责沟通、衔接、监督、合作等相关事宜。联总先后委派四名驻华办主任，分别是本杰明·H. 凯石（Benjamin H. Kizer，任期是 1944 年 10 月 24 日至 1946 年 5 月 15 日）、代理主任福兰克芮（J. Franklin Ray，Jr.，任期是 1946 年 5 月 16 日至 8 月 26 日）、艾格顿将军（Gren E. Edgerton，任期是 1946 年 8 月 27 日至 1947 年 5 月）和克利夫兰（Harlan Cleveland，任期是 1947 年 5 月 1 日至 1948 年 2 月 24 日）。驻华办下设 15 个分处，分别对应行总的 15 个分署，分处下面设置一些区域小队。此外，驻华办还设有医疗、农业善后和工业善后等专门小组。

中共领导的解放区长期饱受战灾，理应属于联总的救济范围，但是行总最初没有在解放区设置专门的救济机构。中共方面，早在 1945 年 7 月，就成立了中国人民解放区临时救济委员会（简称"解救"），负责解放区的战灾统计和救济。董必武任主席，伍云甫任秘书长。善后救济事务展开后，为了加强与联总、行总的联系，1946 年 7 月，解救设立上海办事处，伍云甫兼任处长。8 月 13 日，解救更名为中国解放区救济总会（China Liberated Areas Relief Association，CLARA，简称"解总"）。解总上海办事处负责与联总、行总的交涉谈判，处理联总物资的分配、内运和救济等与解放区相关的善后救济事务。此外，解总还在开封、天津和北京等地设有分支机构。

根据国内形势和联总物资分配的情况，可将联总在解放区的救济分为三个时期。

1. 第一个时期

1946 年 5 月之前，是联总驻华办主任凯石主政时期，也是联总对解放区善后救济业务的初步办理时期。

国民政府没有意识到解放区的特殊性，忽视其善后救济需求。行政院制定《中国善后救济计划》时，甚至没有提及解放区的善后救济问题。1945 年 4 月，加拿大驻华大使奥德鲁姆将军（General Odlum）与凯石和蒋廷黻会谈时，询问如何对解放区进行救济，蒋回答与中国其他区域一视同仁。[①] 这是国民政府对解放区救济问题的最早表态。

随着联总在华业务的展开，解放区的救济问题被提上日程。联总开始与中共代表接触。1945 年 9 月底，在宋庆龄的安排下，周恩来与凯石在重庆会晤。[②] 这是联总驻华办和中共高层的首次接触。10 月，在重庆谈判的毛泽东邀请凯石和助理主任毕范理（Harry Price）等 4 名联总人员会面，并告知解放区的善后救济需求，特别强调了棉花和棉布。[③]

按照联总的规定，解放区的善后救济应该享有与国统区同等的权利。

1945 年 11 月，行总与联总签署《善后救济基本协定》时，重申了"无歧视的分配政策"，强调遵守 1943 年联总大会第二和第七决议案。第二决议案规定，"在善后救济中，无种族、宗教和政治信仰的区别，在该地人民相应需求的基础上，公平地分配或分发联总资源"；第七决议案也明确规定："任何时候不得将善后救济物资当成政治武器，不得因种族、宗教和信仰而有所歧视。"[④]

第二和第七决议案为解放区的公平救济提供了充分的法理依据。联总署长莱曼乐观地认为基本协定"确保了联总物资在中国的分配不因当前的政治困难而有所歧视"。

在联总的协调下，1945 年底，周恩来和蒋廷黻签订善后救济协定，规定解放区物资分配一视同仁、不受军政机关干涉等六项原则。[⑤]

在解放区善后救济事务展开的过程中，联总人员直接参与调查、物资

---

① "Memorandum of Conversation among Dr. T. F. Tsiang, General Odlum, and Mr. B. H. Kizer, on the Evening of Wednesday, April 11, 1945," *UNRRA Communist Areas Papers*（以下简称"*UNRRA Papers*"）, Harvard - Yenching Library, Harvard University, Cambridge, Massachusetts, Box 1, File 7, pp. 81 - 82。

② "Communist Areas Program," *UNRRA Papers*, Box 1, File 7, p. 7。

③ "Communist Areas Program," *UNRRA Papers*, Box 1, File 7, p. 9。

④ "Communist Areas Program," *UNRRA Papers*, Box 1, File 7, p. 2。

⑤ "Communist Areas Program," *UNRRA Papers*, Box 1, File 7, p. 14；行总调查处编印《行总在中共控制区之救济工作》, 1946, 第 1~2 页。

分配运输和国共协商等事务。

由于联总、行总不了解各解放区的战灾情况，无法确定所需救济物资，因此联总开始对解放区的灾情和需求进行调查。1945 年 12 月，联总人员调查胶东解放区，并与中共地方官员协商救济问题。① 1946 年初，联总人员考察了苏皖边区。② 此外，联总还调查了中原、晋冀鲁豫、晋察绥等解放区，会同行总代表与中共方面商议救济问题。③ 这些调查有助于弄清解放区的战争损失、社会经济和人口医疗等基本状况，成为物资分配的基本依据。联总、行总和中共地方政府之间的救济协议，推动了善后救济事务的进行。

在物资运输问题上，联总驻华办主任凯石寻求美军的支持，与马歇尔将军（General Marshall）和魏德迈将军（General Wedemeyer）等人协商，希望直接雇佣美国海军船舰运送物资至解放区，可惜没有结果。与此同时，联总驻华办派格兰特（James P. Grant）上尉担任北平军事调处执行部联络员，通过军调处与国民政府和中共方面交涉物资运输等问题。

这一时期，由于国内外和平的呼声高涨，马歇尔来华调停。1946 年 1 月 10 日，国共签订了停战协定。和平的氛围为善后救济创造了良好的条件。联总直接参与，或与行总分署配合，从 1946 年 2 月 1 日至 4 月 30 日，向解放区提供物资约 2859 吨，其中山东获得物资约 1200 吨；苏北 340 吨；豫北 400 吨；湖北 767 吨和 7000 万法币；冀热区面粉 50 吨，外加 100 吨的衣服、鞋子、牛奶和医疗器械等物资；延安获得医疗物资 2.5 吨。④

此外，联总积极协调国共矛盾，推动黄河工程。黄河工程是联总在华投入最大的农业善后项目，旨在让黄河回归故道，以便开垦黄泛区，包括花园口堵口、下游复堤和黄泛区复兴。由于冀鲁故道大部分在解放区境内，黄河归故需征得中共同意，以便修复黄河大堤。1945 年底，联总人员征得中共有条件地同意黄河归故。⑤ 随后，联总推动国民政府实施 1946 年汛前堵口合龙计划，参与国共开封和南京等系列会谈，向国民政府提供堵口器材，并向中共供应修复大堤的物资和工粮。

这一时期，解放区的善后救济遇到越来越多的困难。首先，由于交通

① "A Letter to Kizer Regarding Herbert K. Abrams and Henry M. Rightor's Report," *UNRRA Papers*, Box 1, File 7, pp. 100 – 121.
② "Letter from H. P. Richardson to Kizer," *UNRRA Papers*, Box 1, File 7, pp. 134 – 182.
③ "Communist Areas Program," *UNRRA Papers*, Box 1, File 7, pp. 27 – 35.
④ "Communist Areas Program," *UNRRA Papers*, Box 1, File 7, p. 67.
⑤ "Communist Areas Program," *UNRRA Papers*, Box 1, File 7, pp. 9 – 10, 34.

运输不畅，联总无法将物资迅速运往解放区；其次，联总来华物资品类型号混乱，又缺少有效的组织与合作，导致物资分配和发放困难；最后，国共冲突升级，互相敌视，国民政府阻碍物资的分配，军事干扰和歧视时有发生。① 以上困难削弱了联总、行总对解放区的救济能力。

2. 第二个时期

1946 年 6 月至 1947 年 1 月，是联总在解放区善后救济事务的调整和停顿期。

由于国共内战升级，解放区的救济受到政治对立和军事冲突的严重影响。一方面，联总不得不频繁与国共双方沟通，减少军事干扰和政治阻碍；另一方面，联总、行总和中共方面也不断调整政策，试图以各自的方式处理解放区的善后救济事务。

（1）干扰与沟通

1946 年 5 月，除河南外，几乎所有的解放区都发生了军事干扰和政治阻挠的情况，公平分配已不可能。内战全面爆发后，国民政府加强对解放区的物资封锁，下令上海驻军检查前往解放区的联总船只，并要求联总申请通行证。在解放区，中共干扰善后救济工作的事件时有发生，如不断强化的反美宣传成为联总物资运送的障碍。② 对此，联总试图通过国共高层解决问题。

1946 年 6 月，联总署长鲁克斯、联总驻华办代理主任福兰克芮，在美国特使马歇尔的协助下，与蒋介石面谈解放区善后救济事宜。蒋虽同意联总物资运往解放区，但是要求联总、行总必须完全介入物资分配发放领域，全权监督当地组织分发救济品。③ 在联总人员的要求下，7 月 6 日，蒋介石发布训令，要求军队协助善后救济，"不得稍事留难阻碍通行"。④

中共方面，经过联总的沟通，8 月 25 日，解放军总司令朱德下令，对于救济人员、工作和物资运输，"必须予以充分、便利的保证和协助，不得有任何阻挠或妨碍"。⑤ 8 月 31 日，朱德再次下令，对联总、行总人员、

---

① "Communist Areas Program," *UNRRA Papers*, Box 1, File 7, pp. 62 – 67.

② "Letter, Ray to Chou En – lai, August 17, 1946," *UNRRA Papers*, Box 1, File 11, pp. 249 – 250.

③ "Memorandum, Ray to Marshall," *UNRRA Papers*, Box 1, File 11, pp. 71 – 72.

④ "No. 86 Instruction Order of Chinese National Government," *UNRRA Papers*, Box 1, File 1, p. 1.

⑤ "Chinese Communist Party Delegation Office Instruction Order," *UNRRA Papers*, Box 1, File 3, p. 344.

物资等 "予以保护并准许彼等继续推行工作"。①

除了与国共高层协商以外，联总也加强了日常的沟通。7 月 1 日，联总驻华办设置了军调处北平联络办事处，由联总官员格兰特负责。② 这就强化了军调处的常规性沟通渠道。联总、行总还试图与中共各解放区代表签署救济协议，保证救济物资运输和人员安全。如联总与东北解放区达成了救济协议。③

（2）政治歧视问题

联总非常清楚解放区物资分配面临政治歧视。据联总统计，截至 1946 年 5～6 月，联总运往解放区所在省份的物资有 167152 吨，而解放区仅得物资 4556 吨，占 2.7%，但是解放区人口所占比例为 48%。④ 人口和物资分配的比例严重失衡。

中共一方面指责物资分配太少、不公平，另一方面也在寻求加入联总及其机构，谋求与国民政府对等的政治地位。1946 年 6 月，周恩来向马歇尔抱怨联总物资分配不公，提及行总和联总驻华办中没有中共代表一事。⑤ 同时又向联总署长拉瓜迪亚、驻华办代理主任福兰克芮提出类似要求。⑥ 此后中共方面又要求参加联总远东区域委员会会议和联总中央委员会会议。⑦ 中共试图通过加入联总机构的方式打破国民政府的政治歧视。

对于危及国民政府国际政治地位的要求，联总都拒绝了。联总署长鲁克斯认为，联总奉行无歧视的分配原则，但不会介入中国的内部政治事务，⑧ 因此认同 "行总是代表国际社会承认的中国政府的救济善后机

---

① 《行总在中共控制区之救济工作》，第 60 页。

② "Monograph: Communist Areas Program-Ray Administration," *UNRRA Papers*, Box 1, File 11, pp. 7 - 12.

③ "Agreements Between CNRRA/UNRRA and General Lin Piao Concerning CNRRA/UNRRA Operation and Distribution of Supplies in Communist Controlled Areas in the Northeast, August 1, 1946," *UNRRA Papers*, Box 1, File 11, p. 168.

④ "Memo: By Ritchie G. Davis to B. H. Kizer," *UNRRA Papers*, Box 1, File 11, pp. 252 - 253.

⑤ "Minutes of Meeting Between General Marshall and General Chou En - lai at 5 Ning Hai Road, Nanking, June 3, 1946," https://history.state.gov/historicaldocuments/frus1946v 09/d500, (accessed 22 May 2020).

⑥ "Monograph: Communist Areas Program-Ray Administration," *UNRRA Papers*, Box 1, File 11, pp. 10 - 12.

⑦ "Letter Glen E. Edgerton to General Chou En - lai, September 6, 1946," "Letter from Edgerton to Chou En - lai, December 17, 1946," *UNRRA Papers*, Box 1, File 10, pp. 211 - 214.

⑧ "Cable 3234 from Washington, July 26, 1946," *UNRRA Papers*, Box 1, File 3, p. 124.

构"。①

　　但是，联总、行总还是试图增加解总在善后救济中的参与度。1946 年
7 月，在董必武与蒋廷黻协商后，行总同意解救在上海设立办事处，地址
就在行总总部所在地。② 为了显示无歧视原则，联总邀请解总代表参加解
放区的物资分配，③ 接受解总提交的物资申请计划，以及对联总物资分配
和人事组织的建议。④ 行总也同意在张家口、曹州、邯郸和淮阴等地设立
三方调查团。⑤

　　（3） 人事机构调整与物资分配

　　1946 年 5 月，联总驻华办不再直接办理业务工作，而是更多依赖行
总。对此不满的凯石辞职，由联总远东区域委员会的福兰克芮担任驻华办
代理主任。对解放区救济事务，联总驻华办进行了人事调整。由福康诺
（Douglas Falconer） 负责行政和分配事务，台维斯 （Ritchie Davis） 负责政
策事项，同时也由二人具体负责与国共沟通，解决干扰和歧视问题。

　　除了人事上的变动以外，联总也试图调整机构，强化解放区的救济工
作。行总各分署负责国统区和解放区的救济事务，却对国统区多有偏向。
同时，解放区的范围与行总分署负责的救济区域多有不同。这些导致物资
分配出现问题，因此联总驻华办建议设置直属行总的特别办事处。

　　1946 年 7 月 1 日，行总成立烟台特别办事处，负责运送黄河下游复堤
物资，以及山东和河北八县的解放区救济。⑥

　　南京协议签订后，为了供应黄河工程的工粮和物资，以及安置河床居
民，在联总的建议下，行总于 7 月 22 日成立曹州（菏泽）特别办事处。
为了强化对苏北解放区的救济，9 月 16 日，淮阴特别办事处成立。

　　这些特别办事处，由行总直接负责，不再受行总分署的限制，打破了
国共救济管辖区不一致的矛盾。联总也派员组成区域小组，与行总和解总

① "China Office Monthly Report，No. 9，Section 2，August 1946，p. 4，" 转引自王德春《联合
　国善后救济总署在中国》，人民出版社，2004，第 236 页。

② "Communist Areas Program，" UNRRA Papers，Box 1，File 7，p. 16.

③ "Monograph：Communist Areas Program-Ray Administration，" UNRRA Papers，Box 1，File
　11，pp. 7 – 12.

④ 艾格顿与董必武等人的信件，见 UNRRA Papers，Box 1，File 10，pp. 175 – 176，181 –
　182，204 – 210。

⑤ "Monograph：Communist Areas Program-Ray Administration，" UNRRA Papers，Box 1，File
　11，pp. 11 – 12.

⑥ "Memo：Problems of Administration of UNRRA – CNRRA Regional Divisions in North China in Re-
　lation to Communist Government，" July 4，1946，UNRRA Papers，Box 1，File 11，pp. 84 – 89.

一起从事善后救济工作。这些措施推动了救济工作的展开。

这一时期，联总、行总仍有大量的物资输往解放区。据统计，行总向烟台办事处输送物资3000吨，向菏泽办事处运送物资750吨。淮阴办事处账面上接收了1500吨物资，后来部分转运到石臼所和青岛。

行总分署继续负责皖东、冀南、东北等地的解放区业务。冀热平津分署分配冀南区4672吨物资，运送旧衣12000包；安徽分署向皖东区发放近3吨物资；行总向东北解放区配送医药器材41800磅，联总直接遣送了哈尔滨的外籍难民。[①]

据联总统计，自7月1日至8月1日，运往解放区的联总物资达11150吨。[②]此外，联总还进行了调查和医疗服务工作。

黄河工程方面，在联总的积极参与下，7月22日上海协定达成。[③]随后联总又多次参与张秋、邯郸和上海会谈。联总向中共提供工粮约8500吨，力促国民政府支付中共150亿元河床居民救济费和60亿元复堤工程费。[④]

（4）业务萎缩

联总多方努力，试图保持解放区的善后救济业务，国共高层也表示支持联总的工作，但是，国民政府仍然限制联总物资输入解放区，军事行动危及救济人员的生命安全，并干扰物资运输，加之交通破坏，路线变化，输送物资愈加艰难。

1946年8月，联总、行总商定应急办法五项：第一，作战地点停止救济，工作人员撤退；第二，工作人员不能到达的地点，不得输送物资；第三，行总车辆船只及仓库应有明显的标志，以防止空袭；第四，在局势平静之前，除医药品外，减少物资输送；第五，运河及黄河工程所需物资暂缓起运。[⑤]这些措施是联总业务受限和萎缩的表现。

联总夹在国民政府和中共之间，受到双方的责难和非议。国民政府责备联总不能监督物资在解放区的使用，行总认为联总的政策和建议不切实际。而中共则认为联总物资"含有政治作用"。1946年底，中共决定"今

---

① 行总编纂委员会编印《行总业务总报告》，1948，第110~114页。
② "Monograph: Communist Areas Program-Ray Administration," *UNRRA Papers*, Box 1, File 11, p.48.
③ "Monograph: Communist Areas Program-Ray Administration," *UNRRA Papers*, Box 1, File 11, pp.17-18.
④ 《行总业务总报告》，第113~114页。
⑤ 《行总在中共控制区之救济工作》，第61页。

后我之斗争目的，应主要地放在暴露联总、行总之不公与争取我解救会之独立地位上，不应因争取救济物资而损害我之独立地位或作不应有的妥协"。① 在夹缝中的联总始终不被国共两党所认可。

在军事干扰和政治歧视之下，联总在解放区的业务逐步萎缩。

3. 第三个时期

1947 年 2 月至 10 月，是联总解放区善后救济业务的结束期，也是联总做最后努力的时期。

由于联总在解放区的救济业务停滞不前，1947 年 2 月，联总与行总、解总商量，计划从 1 月底算起，总共向解放区分配物资 77100 吨，价值约 5290 万美元。② 为了尽快分配这些物资，2 月来华视察的联总副署长杰克逊（Jackson）提出物资运输试验期的建议，即从"2 月 25 日起，至 3 月 31 日止，行总至少应以各种适当物资 15000 吨，运到解放区，或以价值 800 万美元之相等物资代替"。③ 为了加快物资分配，联总、行总在 3 月指定专人负责联络工作。解放区的物资分配，由包括中共代表在内的联合分配委员会决定。但是，截至 3 月底，行总统计，运出物资 14000 多吨，到达解放区 11000 吨；④ 而联总认为仅有 8800 多吨物资到达解放区。⑤ 显然未达运送目标。

为了加快物资接收和配发，行总、联总调整了机构和人员配置。行总增设了临清和石臼所两个特别办事处。4 月 22 日，联总向保定绥靖公署和天津市政府交涉，运输 4000 吨物资至临清。5 月 18 日，临清办事处成立。至 6 月 30 日，临清办事处接收物资 7202 吨，已分配 5922 吨，未分配的物资交给解总。5 月初，石臼所办事处成立，分配物资 1360 吨，7 月战事紧张，联总人员撤退。⑥

联总在芝罘、石臼所、泊头和黄河安置工程等处均派遣区域小组，⑦

---

① 《中央关于争取救济物资及斗争方针的指示》（1946 年 12 月 31 日），中央档案馆编《中共中央文件选集（1946~1947）》第 16 册，中共中央党校出版社，1992，第 363 页。

② "Letter from Edgerton to P. H. Ho（13167），February 24, 1947," *UNRRA Papers*，Box 1，File 10，pp. 322 – 323.

③ 《行总业务总报告》，第 114 页。

④ 《行总业务总报告》，第 114 页。

⑤ "UNRRA China Office Report to Washington Headquarters on Shipment to Communist Area〔CCFE（47）54〕," April 7, 1947, UNRRA Papers, Box 1, File 8, p. 6.

⑥ 《行总业务总报告》，第 114 ~ 115 页。

⑦ "Letter Douglas P. Falconer to C. Y. Hsiang, March 26, 1947," *UNRRA Papers*，Box 1，File 10，p. 311.

同时在羊角沟和烟台派驻工作人员。

联总试图增加解放区的物资分配量和运送量。1947 年 6 月，联总修订 77100 吨分配计划：除部分粮食和药品以外，向解放区分配 83367 吨物资，价值 5300 万美元。[①] 据联总统计，1947 年 2 月 1 日至 5 月 31 日，已经运送的物资约 29275 吨，6 月 1 日后待发货量 56062 吨。[②]

实际上，联总输送物资至解放区遇到了巨大的困难。联总需要选择物资品类、运输路线和方式，监督分配，组织运输，协商穿越军事区的通道，手续烦琐复杂，而且联总业务不断受到军事行动的干扰，工作人员的生命安全受到威胁。[③] 早在 1947 年 4 月，联总内部已经提议停止华北的业务。[④] 6 月 30 日以后，联总物资受国民政府阻挠，已经无法再运往解放区。

这一时期，联总最关注的是黄河工程。1947 年 3 月，黄河花园口合龙，河水进入下游故道。随着雨季的来临，以及国共两党在下游地区的军事冲突，联总害怕黄河决堤，希望以物资援助的形式帮助中共完成下游复堤工程。

联总驻华办主任艾格顿频繁与国民政府参谋总长陈诚、行总署长霍宝树等商讨黄河复堤的安全保障和物资供应问题。[⑤] 为了避免军事行动影响黄河修堤，6 月 24 日，联总提出把黄河两岸五英里内划为非军事区，并积极与国共两党协商可能性；7 月初，国共和联总三方召开两次东明会议，讨论停战复堤问题。[⑥] 7 月 14 日，联总又提议开放烟台、石臼所两个港口，以便输送修堤用的物资。但是，联总的提议都没有被国共两党采纳。于是，联总远东区域委员会决定，停止淮河以北解放区的物资分配，并撤退联总、行总人员。[⑦]

此时联总仍未放弃解放区救济业务，试图做最后一搏。7 月 18 日，联

---

① "Statement by the Dictator of UNRRA China Office: Distribution of UNRRA Supplies to Communist Areas in China [CCFE (47) 103]," July 14, 1947, UNRRA Papers, Box 1, File 8, p. 58.

② 该数字包含 2 月前已分配但未发货的积存物资。"CNRRA-UNRRA Supply Program for Communist Areas-Summary," UNRRA Papers, Box 1, File 4, p. 291.

③ "Letter, Harlan Cleveland to Colonel Fred D. Harris, COWA 3286, September 15, 1947," UNRRA Papers, Box 1, File 9, pp. 166 – 193.

④ "Report for Future of the UNRRA Program in Civil War Areas, April 4, 1947," UNRRA Papers, Box 1, File 10, pp. 336 – 338.

⑤ 艾格顿的信件和电报，参见 UNRRA Papers, Box 1, File 10, pp. 17 – 24。

⑥ "Memo: Appendix – Situation at Kaifeng, Negotiations over Yellow River Dike Repair and Relief 1947," UNRRA Papers, Box 1, File 9, pp. 102 – 112.

⑦ 《行总业务总报告》，第 115 ~ 116 页。

总驻华办向行总提议，8、9、10 月三个月中，运送物资 5 万吨至解放区。[①] 8 月 20 日，联总中央委员会正式决定实施该计划。然而，不仅该计划无法实行，而且原来分配给解放区的物资也已不能运输。[②]

对于黄河工程，联总念念不忘。7 月底，联总驻华办主任数次与蒋介石沟通，商谈物资输送路线和黄河修堤等问题，[③] 却没有任何结果。8 月 21 日，联总空中调查黄河大堤的状况，[④] 实际上已经不可能有任何作为。

受战争影响，联总于 10 月宣布停运北纬 34 度以北的物资。联总、行总在解放区的善后救济工作随之结束。

来自联总的数据显示，从 1945 年底到 1947 年 9 月底，解放区共获得联总物资 60140 吨，占联总运华物资的 2.5%。[⑤] 联总官方估计，有 2% ~ 3%（以重量计）或 4% ~ 5%（以价值计）的联总物资分配到解放区。[⑥]

联总援华物资价值 52965 万美元。[⑦] 1947 年初，解总要求联总提供价值 17500 万美元的物资，如果不能做到无歧视的公平分配，则不要支持内战中的任何一方。[⑧] 联总业务结束后，解总认为联总成为美帝国主义的政策工具。[⑨]

从人道主义的角度来讲，联总的援助有助于解放区恢复经济、抵制灾害。中共与联总、行总的交涉，为中共与国际组织交往积累了经验。

---

① "Statement of Principle and Proposed Plan for Distribution of UNRRA's Supplies into Communist Areas, July 1947," *UNRRA Papers*, Box 1, File 9, p. 332.

② 《行总业务总报告》，第 116 页。

③ "Minutes of Meeting with Generalissimo Chiang Kai – shek, July 31, 1947," *UNRRA Papers*, Box 1, File 9, pp. 130 – 133.

④ "Memo: Oliver J. Todd to Glen Briggs, August 26, 1947," *UNRRA Papers*, Box 1, File 9, pp. 143 – 145.

⑤ 《行总业务总报告》，第 103 页。

⑥ Chengzhi Wang, Su Chen, *Archival Resources of Republican China in North America*, New York: Columbia University Press, 2016, pp. 56 – 57.

⑦ Nathan Brodsky, "Some Aspects of International Relief," *The Quarterly Journal of Economics*, Vol. 62, No. 4, Aug. 1948, p. 598.

⑧ "Memorandum to Serve as Basis for Conference between Senior Deputy Director, UNRRA, Commander R. G. A. Jackson, and CLARA Representative Tung PI – wu, Wu Yun – fu and Ling Chung, February 26, 1947," *UNRRA Papers*, Box 1, File 10, pp. 331 – 332.

⑨ "Report, UNRRA Relief for the Chinese People, December, 1947," *UNRRA Papers*, Box 1, File 9, p. 354.

# 二 该批档案的主要内容及资料特性

哈佛燕京图书馆藏联总解放区档案是经过精心挑选的。档案主题集中，形式多样，非常全面地反映了联总在解放区的活动状况。这批档案原有 12 组文档，每一组文档都有相应的主题。有些文档列出文件的原始目录，所含文件按照一定的顺序排列，但个别文件缺漏、失序，还出现衍生的文件。在重新编目整理的过程中，尽量保存原档案的系统性，除个别失序文件予以调整外，不打乱原有档案文件的顺序。整体来说，这批档案保存得相当完整，经过整理，编成七册。每册大致内容如下。

第一册：《解放区项目》报告中的前言部分和本杰明·H. 凯石、福兰克芮主政部分。

《解放区项目》是联总驻华办在解放区的活动报告。该报告总共 5 个部分，包括前言部分和先后四位联总驻华办主任任期部分，每部分又分为正文和附件。附件包括信函、备忘录、报告和电报等第一手资料。

前言叙述了解放区业务开展的背景，以及基本协议中与中共相关的内容。凯石主政部分，介绍了联总在解放区开展业务的情况，包括中共领导人毛泽东、周恩来等与凯石会面，驻华办事处与联总总部的讨论，对解放区的区域调查，物资分配和业务开展，联总的人事等相关内容。福兰克芮主政部分，讲述了福兰克芮担任联总驻华办代理主任时期，解放区项目进行的情况，主要内容包括行政机构的设置，黄河谈判的情况，山东、河南、曹州、冀热、湖北、晋绥察、东北等解放区善后救济的业务情况，善后救济的困难，以及联总与相关机构的关系。

第二册：《解放区项目》报告中艾格顿主政部分。报告正文分为 12 个部分，但是没有完成写作，有些内容仅有标题。每个标题下均有附件，包括艾格顿与国民政府参谋总长陈诚、行总霍宝树和李卓敏，与中共代表周恩来、董必武、黎玉、伍云甫等人的通信；联总在芝罘、临沂和淮阴等地的业务报告，以及联总人员的往来信件、电报和备忘录等。内容涉及联总对解放区物资的供应、分配和受干扰情况，黄河工程中的物资补偿和河床居民迁移救济问题，联总在解放区的组织和救济情况，以及解放区的社会经济、交通和医疗卫生状况。

第三册：《解放区项目》报告中克利夫兰主政部分和黄河工程文件。

报告正文简单介绍了联总驻华办在解放区执行业务时的情况，包括联总总部的态度和中国国内的形势。附件包括鲁克斯、克利夫兰与蒋介石、陈诚、张群、霍宝树等人的通信和备忘录，联总与解总的信件和会议记录，塔德（Oliver J. Todd）与格林（William J. Green）等人的来往信件和备忘录，以及解总撰写的报告《联总对中国人民的救济》。附件涉及解放区物资分配数额、运输路线和军事干扰等问题，联总在解放区的救济业务状况，解放区的政治、经济和军事状况，黄河复堤和居民安置救济情况，以及解总对联总救济的看法和态度等内容。

黄河工程文件，包括黄河故道居民迁移救济的会谈记录，黄河工程进度和查勘报告，以及中共渤海区河床灾民情况表和一幅黄运区域图。

第四册：联总远东区域委员会有关解放区的文件和军事调处执行部联总联络处报告。

联总远东区域委员会有关解放区的文件形成于1947年4月以后，此时联总在华业务已接近尾声，联总急切希望分配一批物资至解放区。这些文件包括联总远东区域委员会关于解放区物资分配政策的声明、报告、决议、建议和会议记录，以及联总会员国对解放区分配问题的建议和声明。文件内容涉及联总人员和美国驻华大使司徒雷登与国民政府高层蒋介石、陈诚、张群、翁文灏，以及中共代表周恩来等协商物资输送路线和数量的情况，英美等国对解放区物资分配的意见，联总副署长杰克逊的物资分配计划和执行情况，以及解放区的物资分配情况，等等。

军事调处执行部联总联络处报告，是联总驻华办在军事调处执行部的联络官格兰特撰写的系列报告，包括第3～18号周报、第20号报告。每组报告除正文以外，均包含若干附件。报告正文内容涉及中国各地的军事政治形势，国共冲突区域，联总和行总的业务情况和预期前景，以及联总与国民政府和中共的交涉情况。附件是备忘录、电报和报告等文件，内容比较丰富。

第五册：《联总驻华办事处在解放区的活动报告》和鲍尔斯（Newton R. Bowles 又译包惠士）文件。

《联总驻华办事处在解放区的活动报告》由四份草稿和定稿组成。作者可能是联总驻华办供应局的鲍尔斯（Newton R. Bowles）。报告介绍了1945年至1947年底，联总在解放区的活动情况，以表格形式总结了联总援助的成绩。

鲍尔斯（Newton R. Bowles）文件是联总驻华办供应局的副主任助理鲍尔斯（Newton R. Bowles）收集的文件，包括联总远东区域委员会的会议记录和报告节录，克利夫兰致解总和行总人员的信件，有关山东善后救济的备忘录、日记、报告和信件，有关苏皖边区善后救济的备忘录，如苏皖边区政府主席李一氓致联总、行总人员要求救济的备忘录，以及联总在其他解放区的查勘报告等内容。

第六册：联总驻华办文件（1945 年 10 月至 1948 年 1 月）的第一部分。包括两个主题，一是各方围绕解放区善后救济的协商谈判。这些文件是联总、国民政府和中共在协商谈判时形成的往来通信和备忘录，是见证各方关系的第一手资料。该部分文件有联总署长鲁克斯、历任联总驻华办主任与国民政府高层蒋介石、宋子文、张群、陈诚、翁文灏、蒋廷黻、霍宝树等人，以及中共代表周恩来、董必武和林仲等人的通信和备忘录，还有联总与蒋介石商谈解放区物资分配问题的会议记录和蒋下令配合联总的命令。二是联总人员活动和业务文件，有备忘录、信件、电报、报告、人名录、电话记录和会议记录等资料，谈联总在解放区的一般活动，以及联总在华，特别是在解放区开展的项目和各项业务的情况。

第七册：联总驻华办文件（1945 年 10 月至 1948 年 1 月）的第二部分。该部分档案包括联总中央委员会围绕物资分配和干扰问题形成的会议记录，艾格顿与陈诚、翁文灏、霍宝树等人围绕物资运输和受阻问题的通信，联总驻华办人员的通信、信件、备忘录、报告和表格等文件，关于黄河工程的各方谈判记录和调查报告，联总人员收集的关于黄河修堤和军事行动的新闻报道，以及解总报告《联总对中国人民的救济》和《解放区救济活动公报》节选等文件。

# 三　档案的史料价值

联总解放区档案的时间跨度小，内容却十分丰富。这批档案主要谈论联总在解放区开展善后救济的情况，旁及解放区的社会经济状况，战后国共关系的发展历程、国民政府和中共的外交关系，以及国际组织在中国的运行状况等内容，可推动善后救济史、解放区社会经济史、黄河史和中外关系史的研究。

1. 对解放区善后救济的研究价值

联总在中国的救济区域非常广泛，凡是沦陷区都属于救济范围。已有大量的研究考察行总对国统区的善后救济，少数论著考察了联总、行总或解总三个救济主体在解放区实施的善后救济。① 限于材料和问题意识的不同，这些论著缺乏对联总深入的讨论。联总的作用、政策主张和活动情况等有待进一步探究。联总解放区档案正好弥补了这方面研究资料的不足。

这些档案保存了大量联总人员与国共两党往来的信函，包括蒋介石、宋子文、张群、翁文灏、陈诚等国民党高层，以及毛泽东、周恩来、董必武等中共高层。这些信函和备忘录是了解联总活动的第一手资料。军事调处执行部联总联络处报告，记录了联总通过军调处与国共两党的沟通情况，是了解联总与国共和美国在华机构关系的重要资料。

在决策方面，档案汇集了联总中央委员会和远东区域委员会有关解放区的文件，比较全面地反映了联总对解放区救济的决策过程和态度。

大量的报告、信件、备忘录、会议记录、电报等第一手资料，记录了联总主持的灾害调查、物资分配、运输分发等业务开展的状况，涉及山东、冀热、晋察绥、晋冀鲁豫、苏北和东北等解放区，整体而全面地反映了联总的日常活动，明确了联总和行总业务的联系和区别。

此外，一部分档案涉及联总驻华办的人事组织，如驻华办的人事变动和区域小组设置的情况，来华服务人员的构成、活动轨迹和个人喜好，等等。

联总推动、主导解放区善后救济的过程在档案中比较全面地展现了出来。

2. 对解放区社会经济的研究价值

联总人员对苏皖、鲁东、鄂豫皖、晋冀鲁豫等解放区进行了系列调查，② 军事调处执行部联总联络处报告也介绍了解放区的情况。这些材料涉及解放区的人口、教育、物产、灾害、农民收入、税收、战争损失，农业、渔业和电力、交通等工业生产状况，以及卫生医疗状况，成为探究战

① 代表性论著有赵庆寺《试论国共内战背景下的解放区战后善后救济》，《史学月刊》2013年第5期；岳谦厚、杨曦《传教士安定远与抗战后晋东南解放区善后救济》，《河北学刊》2018年第3期；谢培屏《联合国善后救济总署在共区的救济》，《国史馆馆刊》复刊第23期，1997年；王德春《联合国善后救济总署与中国（1945～1947）》，人民出版社，2004，第215～280页；杨晓峰《内战前后的解放区善后救济研究——以中国解放区救济总会为中心考察（1945～1947）》，硕士学位论文，郑州大学，2017。
② "Letter from H. P. Richardson to Kizer, February 16, 1946," *UNRRA Papers*, Box 1, File 7, pp. 134-182; "Memo. Subject：Investigation of Fisheries Industry, Chefoo, August 7, 1946," *UNRRA Papers*, Box 1, File 1, pp. 189-190; "Report on Hupei Border Region, April 11, 1946," *UNRRA Papers*, Box 1, File 12, pp. 187-195; "Memo: From W. P. Orr to W. H. Day, April 28, 1947," *UNRRA Papers*, Box 1, File 10, pp. 95-98; "Memo: To 8th Field Group Director from S. Kopel, June 2, 1947," *UNRRA Papers*, Box 1, File 9, pp. 40-49.

后解放区社会经济的重要参考材料。

此外，解总是解放区善后救济的主体之一。联总解放区档案保留了大量解总与联总、行总的往来文件，是研究解总历史的重要文献。

3. 对黄河工程的研究价值

黄河工程是联总在华投资最大的善后救济项目。传统研究多从国共斗争的角度进行解释，称之为国民党“以水代兵”的阴谋；[①] 近年来有学者从水利史的视角考察黄河花园口决、堵口工程。[②] 现有研究没有充分论述联总在黄河堵口复堤工程中的作用。

联总解放区档案记录了联总参与和推动黄河工程的过程，国共两党对黄河工程的态度、谈判情况，黄河工程的勘察和施工情况，以及河床居民的迁移救济问题。档案显示，早在 1945 年，联总就与中共方面商谈堵口问题，并与顾问塔德一起督促消极拖延的国民政府做出 1946 年汛前堵口合龙的计划；在堵口复堤的过程中，联总鼓励国共合作，提供物资帮助堵口复堤和居民迁移救济；在黄河花园口合龙后，联总又推动国民政府与中共商谈复堤问题，甚至提议沿河设置停战区，以利于修堤。[③] 这些材料有助于重新认识联总在黄河工程中的作用。

国、共和联总三个相关方不同口径的史料，对研究黄河工程中的矛盾至关重要。该档案增加了联总方面的资料，相信对研究黄河工程大有裨益。

4. 对中外关系史的研究价值

联总解放区档案存有大量国共与联总往来的文件。研究这些文件，可以认识两党不同的政治态度和外交策略，有助于理解国共两党不同的政治特性和当时的国际关系。

联总是美国主持成立的国际组织，对国民党和中共的态度，在一定程度上反映了美国对国共的不同政策。通过考察联总在华职员的活动，又可透视欧美国家的民众对中共的态度。同时，国民党和中共与联总交往的手段和方法各异，反映了两党对国际性组织的依赖程度的不同。这为理解国

---

① 代表性论著有王传忠、丁龙嘉主编《黄河归故斗争资料选》，山东大学出版社，1987，第 1～36 页；乔金伯《国共关于黄河堵口及救济问题在沪谈判述论》，《上海革命史资料与研究》第 5 辑，上海古籍出版社，2005，第 482～493 页。

② 主要研究有鲍梦隐《黄河决、堵口问题研究（1938 年 6 月～1947 年 9 月）》，博士学位论文，山东大学，2013。

③ "Minutes of Meeting with Generalissimo Chiang Kai – shek, July 31, 1947," *UNRRA Papers*, Box 1, File 9, pp. 130 – 133.

共斗争的结果和政党性质，以及国共与国际组织和美国的外交关系提供了一个新的认识视角。

以上仅列举联总解放区档案促进学术研究的几个方面，其史料价值尚待学者进一步发掘。当然，史料的形成具有特定的时空性，作者也带有特定的立场和预设，相信读者会甄别使用。

# 稿　　约

　　《民国研究》系教育部哲学社会科学重点研究基地南京大学中华民国史研究中心主办的学术专刊。创办 20 余年来，在国内外民国史研究专家学者的关注与支持下，产生了良好的社会影响与学术效应，现为 CSSCI 来源集刊。

　　为适应民国史研究学科发展的需要，本刊现改由社会科学文献出版社每半年出版一辑。本刊主要刊载关于 1949 年前之中华民国时期相关史实与理论的研究文章，注重实证，提倡探索。热诚欢迎海内外专家、学者赐稿。

　　来稿要求文风朴实、论从史出、观点新颖、逻辑严密、引文准确、注释规范。本刊采用社会科学文献出版社的投稿格式和注释体例，请各位作者投稿前务必参照改妥，并校订无讹，否则恕不受理。

　　由于人力所限，对于来稿不能一一回复。作者自投稿之日起一个月未接到本刊备用通知者，请自行处理。本刊对决定采用的稿件，有权进行修改、删节。

　　根据著作权法规定，凡向本刊投稿者皆被认定遵守上述约定。

　　本刊专用电子邮箱：minguoyanjiu06@ sina. com

　　电话（兼传真）：025 - 83594638

南京大学中华民国史研究中心

《民国研究》编辑部

图书在版编目（CIP）数据

民国研究.2020年.秋季号：总第38辑／朱庆葆主编.--北京：社会科学文献出版社，2022.7
ISBN 978 - 7 - 5201 - 9591 - 1

Ⅰ.①民… Ⅱ.①朱… Ⅲ.①中国历史 - 现代史 - 研究 - 民国 Ⅳ.①K258.07

中国版本图书馆 CIP 数据核字（2021）第 277208 号

**民国研究**（2020 年秋季号 总第 38 辑）

主　　编／朱庆葆

出 版 人／王利民
责任编辑／李丽丽
文稿编辑／汪延平　李蓉蓉　徐　花 等
责任印制／王京美

出　　版／社会科学文献出版社·历史学分社（010）59367256
　　　　　地址：北京市北三环中路甲 29 号院华龙大厦　邮编：100029
　　　　　网址：www. ssap. com. cn
发　　行／社会科学文献出版社（010）59367028
印　　装／唐山玺诚印务有限公司

规　　格／开 本：787mm×1092mm　1/16
　　　　　印 张：22　字 数：393 千字
版　　次／2022 年 7 月第 1 版　2022 年 7 月第 1 次印刷
书　　号／ISBN 978 - 7 - 5201 - 9591 - 1
定　　价／98.00 元

读者服务电话：4008918866